在清华大学学习和工作 13 年之后，我的职业生涯大体可以分为两个阶段，一段在国企，一段在政府。无论在哪个阶段，主要工作都是围绕企业与企业改革来进行的。可以说，国企改革之路也是我大部分的人生之路。

——陈清泰

陈清泰

陈清泰

高级工程师，教授，研究员

1937年6月17日出生于北京市。1956年加入中国共产党。中共十三大代表，第九届全国政协委员，第十届全国政协常委、经济委员会副主任。

1962年毕业于清华大学动力系汽车专业，并留校任教。

1970年进入第二汽车制造厂。1971年后任产品开发部门技术员、工程师，总成设计试验室副主任，产品设计处副处长。1980年任第二汽车制造厂副总工程师兼产品设计处处长，1983年任第二汽车制造厂总工程师。

1984年8月任第二汽车制造厂总厂厂长。1985年6月兼任东风汽车工业联营公司董事长、总经理。1992年5月兼任神龙汽车有限公司董事长。

1992年7月调任国务院经济贸易办公室副主任。1993年5月任国家经济贸易委员会副主任、党组成员（后任党组副书记）。1997年7月兼任中国人民银行货币政策委员会第一届委员。

1998年10月任国务院发展研究中心党组书记、副主任，2004年11月卸任。

2000年起兼任清华大学公共管理学院首任院长。2012年2月出任中国上市公司协会第一任理事长。2014年5月中国电动汽车百人会成立，任理事长。

1963年获清华大学优秀毕业生金质奖，1988年获得首届全国优秀企业家称号和全国首届经济改革人才奖，并获得第九届孙冶方经济科学奖。先后被清华大学、南开大学、国家行政学院等聘为兼职教授。

陈清泰文集

企改探路 ①

社会科学文献出版社
SOCIAL SCIENCES ACADEMIC PRESS (CHINA)

文集的大部分照片由作者提供。中国企业联合会、世界经济论坛北京代表处和袁普同志也提供了部分照片，向他们给予的支持表示感谢。文集照片基本按时间顺序排列。

我的母校北京二中

1963年,在清华大学宿舍

1963年,在清华大学校门集体合影

清华大学优秀毕业生奖状　　　　　　　　清华大学优秀毕业生奖章

1988年4月，首届全国优秀企业家奖杯　　　光荣在党50年纪念章

1967年4月1日，二汽开工典礼大会在十堰大炉子沟举行

1975年7月1日，二汽第一个基本车型两吨半军用越野车投产下线

1984年1月1日，与孟少农同志等察看试制鄂六吨半平头五缸柴油机汽车

1984年8月9日，与孟少农同志一起调研

1984年10月5日，在二汽襄樊基地奠基仪式上讲话

1985年5月1日，为黄正夏老厂长佩戴全国五一劳动奖章

1985年,二汽新老领导的集体照

1986年1月6日,与老厂长饶斌在一起

1986年1月6日，与周子健同志在一起

1986年10月6日，与支持二汽建设的老领导合影
（左起段君毅、周子健、作者、何光远）

1987年5月7日，与日产柴汽车公司社长川合勇

1987年6月15日，二汽大拉练出发

1988年，全家在二汽

1988年，与在二汽产品设计处工作时的师傅王如湜同志合影

1988年,与马跃同志（左二）到湖北汽车工业学院调研

1989年10月19日,在总装厂装配线参加装车劳动

1990年9月5日，吴敬琏教授到二汽调研

1990年12月19日，东风－雪铁龙巴黎签约

1994年1月23日,"优化资本结构"试点城市预选调研期间在唐山碱厂考察

1994年6月4日,到重庆企业调研

1994年6月29日，出席"优化资本结构、增强企业实力"试点城市清产核资工作会议

1994年，在四川自贡调研困难企业

1996年1月，作为中国政府代表（时任国家经贸委副主任）出席达沃斯论坛并演讲

2000年8月21日，参加社会保障体制改革国际研讨会

2002年，王忠禹、袁宝华及作者等国家经委国家经贸委历任老领导出席中国企业联合会团拜会时的合影

2002年9月18日，出席社会信用建设与中国诚信发展座谈会

2002年9月19日,东风与日产在京签署长期全面合作协议,二汽五任厂长合影
(左起马跃、作者、饶斌夫人张矛、黄正夏、苗圩)

2002年9月29日,与清华大学第一期公共管理高级培训班师生合影

2004年3月22日，在中国发展论坛上与香港大学校长刘遵义和卢迈交流

与谢伏瞻同志在会议中交谈

2004年5月9～21日，率国务院发展研究中心代表团（冯飞、林泽炎等参加）访问德国和意大利，图为在海德堡公司参观

2005年3月7日，在全国政协十届三次会议第二次全体会议上发言

2005年3月26日，出席中国企业管理科学基金会举行的首届"袁宝华企业管理金奖"颁奖仪式，图为袁宝华、王忠禹为获奖者鲁冠球颁奖

2008年5月18日，被聘为上海同济大学兼职教授，吴启迪校长给作者发聘书

清华大学 100 周年校庆，与楼叙真重返校园

2012 年 2 月 15 日，中国上市公司协会成立仪式

2012年9月,与吴敬琏考察中石化,傅成玉董事长陪同

2012年9月,与张景安等在中铝公司考察

2012 年 9 月，在中国建材总公司调研

2013 年 5 月 11 日，出席《吴敬琏文集》首发式暨中国改革座谈会
（左起为陈清泰、吴敬琏、胡德平）

2014年1月27日，与蒋黔贵同志一起看望袁宝华同志

2014年3月21日，出席全国企业管理创新大会开幕式

2017年3月6日，与马跃一起看望陈祖涛

2017年4月28日，接受清华大学公共管理学院发展委员会聘任

中国企联成立

周年座谈会合影 2019年4月3日北京

2019年4月3日，中国企业联合会（原中国企业管理协会）成立四十周年座谈会合影

2019年4月3日，与朱镕基同志合影

2019年9月27日，出席二汽建厂五十周年活动

与社会科学文献出版社总编辑杨群、编辑恽薇以及企业改革政策研究史库和《年纲辑要》主笔陈洪隽等一起讨论书稿

2022年3月26日,在中国电动汽车百人会论坛(2022)发表主题演讲

出版说明

《陈清泰文集》收录了陈清泰同志自1970年以来的主要文稿，包括会议讲话、授课讲稿、研究报告、政策建言和发表的文章等。

陈清泰同志从事企业经营和企业改革工作四十余载，历任第二汽车制造厂工程师、产品设计处处长、副总工程师、总工程师、总厂厂长（东风汽车公司总经理、东风汽车工业联营公司董事长、神龙汽车有限公司董事长），国务院经济贸易办公室副主任、国家经济贸易委员会副主任和党组副书记，国务院发展研究中心党组书记和副主任；是首届全国优秀企业家、首届全国经济改革人才奖获得者；是中共十三大代表，第九届全国政协委员，第十届全国政协常委、经济委员会副主任；是清华大学、南开大学、国家行政学院等院校兼职教授。先后兼任中国人民银行货币政策委员会首届委员、清华大学公共管理学院首任院长、中国上市公司协会首任理事长等。

改革开放以来，陈清泰同志以不同的角色和身份亲历了我国企业改革的全过程——20世纪80年代是大型国有企业的一把手；90年代在政府部门任职，是企业改革政策制定的参与者和组织实施的负责人；进入21世纪，在政府政策咨询机构和全国政协工作，是企业改革和经济社会转型政策咨询工作的参与者和组织者。

陈清泰同志在参与和推进改革方面有丰富的阅历，积累了丰富的工作经验，形成实践、政策、理论相结合推进改革的思想方法、工作方法和工作作风。

《陈清泰文集》包括四卷，分别为企改探路（1992年之前）、攻坚克难（1992~1998年）、上下求索（1998~2004年）、建言献策（2005年之后），收录了陈清泰同志在第二汽车制造厂、国家经济贸易委员会、国务院发展研究中心和全国政协工作期间的文章以及回忆文稿。所有文稿均由著者做了校阅和订正。编者为部分文稿加了导语和注释，意在帮助读者理解文稿的历史背景，也从一个侧面勾勒出四十年来企业改革特别是国有企业改革的历史足迹。

《陈清泰文集》以及即将出版的《改革开放以来中国企业改革政策年谱（上卷）——（1978~2003）年纲辑要》等"企业改革政策研究史库"丛书，对读者重温邓小平领导和开创的我国改革开放伟大历程，了解中国社会主义制度与市场经济体制有机融合的伟大创举，研究公有制（主要指国有企业）与市场经济有机结合的现代企业制度理论体系形成过程，都会有所帮助。

中国企业管理科学基金会
社会科学文献出版社
企业改革政策研究史库
2023年3月28日

序 言

1978年12月，党的十一届三中全会拨乱反正，开启了我国改革开放的新篇章。

在此后的40年间，我有幸以大型国有企业管理者、政府部门主管企业改革的一员和政策咨询机构研究员及组织者的不同身份和角色，目睹并参与了改革的全过程，始终没有中断。

我从事和参与的是国有企业改革和国有资产管理体制改革，经济体制改革和增长方式转型，产业升级和科技创新，以及民营经济与中小企业的改革和发展等，还参与了中央和国务院部分重要文件的起草工作。在这一过程中留下了不少文稿，其中有工作文稿、调研报告、讲话稿，还有公开发表的文章。为了保持工作和思路的连续性，我把这些文稿完整地保留了下来，没想到，这些文稿今天成了宝贵的历史资料。

40多年来，我始终处于改革的第一线，或关注着改革的第一线，因此这些报告、文稿不是学术论文，而是为推动当时的改革而开展的调研报告、提出的问题，以及经梳理、剖析发表的观点及提出的解决方案、政策建言。

我国的改革是渐进式的，40多年是一个较长的时间跨度，改革的方案、政策、路径也是见仁见智。随着改革实践的迅速进行、对改革认知的不断进步，文集中难免有观点前后不一致的地方，也有在今天看来可能不那么正确的观点。但我在对收录的文稿进行校阅和订正时，没有按今天的观点修改原文和内容，只是按照时间顺序，"原汁原味"地保留入册，使之作为一份历史资料保留下来。

历史有时很容易被淡忘。我愿意将这些文稿结集出版，意在通过我这个改革大潮参与者的足迹，从一个侧面反映改革的历程，为研究这段历史提供一点史料，产生温故而知新的效果。

文稿中一些观点、思路和政策建言是在调查研究过程中，我和一起工作的同志讨论、交流形成的。在此，向二汽、国家经贸委、国务院发展研究中心、全国政协经济委员会等曾与我一起工作的同志致意！

感谢中国企业管理科学基金会、社会科学文献出版社、企业改革政策研究史库在组织史料编写、出版和公益基金方面提供的支持。

感谢在国家经贸委时一起工作的蒋黔贵同志和陈洪隽同志，他们在收集梳理本书文稿、为部分文章撰写导语和注释等方面付出了大量的心血和努力。

陈清泰

2023 年 3 月 21 日

第一卷出版说明

本卷收录的是陈清泰同志在1992年之前（主要是担任第二汽车制造厂厂长、东风汽车公司总经理、东风汽车工业联营公司董事长和总经理、神龙汽车有限公司董事长期间）的主要文稿，包括发表的文章、会议讲话、相关报告等，以及著者撰写或口述的回忆文稿。其中回忆文稿涵盖了清华岁月（1970年之前）、企改探路（1970~1992年）、攻坚克难（1992~1998年）、上下求索（1998~2004年）、建言献策（2005年之后）等阶段，亦是读者阅读第一至第四卷文集的背景介绍。

第一卷 目录

亲历国有企业改革的实践与决策过程
（2018 年 12 月 1 日）………………………………… 1

我与中国企业联合会的 40 年不解之缘
（2019 年 4 月 9 日）………………………………… 41

两个集体、两个课堂
（2008 年 3 月 12 日）………………………………… 44

一盘未下完的好棋
（2011 年 9 月 27 日）………………………………… 48

"看了十四届三中全会公报，我长舒一口气"
（2018 年 12 月 17 日）……………………………… 73

东风汽车工业联营公司成立
（2020 年 5 月 8 日）………………………………… 85

马洪与二汽
（2018 年 5 月 21 日）………………………………… 89

勇立潮头唤东风
（2019 年 2 月 19 日）………………………………… 96

结束汽车产品的几十年一贯制
（1982 年 3 月 1 日）………………………………… 103

把二汽建成经营开发型企业
（1984 年 1 月 1 日）………………………………… 120

在第二汽车制造厂科学技术协会第二次代表大会上的讲话

（1984年4月3日） …… 127

在全国科学技术工作会议上发言

（1985年3月2日） …… 138

在全国企业思想教育工作座谈会上的发言

（1985年11月22日） …… 153

在第二汽车制造厂竣工验收大会上的讲话

（1986年1月6日） …… 162

维护政工部门权威，调动企业精神力量

（1986年1月6日） …… 166

企业领导者既要调动物质力量也要调动精神力量

（1986年1月17日） …… 168

关于企业行为和企业动力的问题

（1986年9月4日） …… 176

端正企业行为 建立企业行为自我制约机能

（1986年9月19日） …… 180

企业集团是实现产业结构改组的重要力量

（1986年10月14日） …… 183

与麦克唐纳等国外专家的谈话

（1987年4月23日） …… 186

在东风汽车工业联营公司第九次工作会议上的讲话

（1987年5月21日） …… 194

振兴我国轿车工业的重要抉择
——在中国汽车工业发展战略研讨会上的讲话

（1987年5月25日） …… 213

振兴我国轿车工业的政策支撑

（1987年5月27日） …… 223

一九八七年八月六日的北戴河报告
　　（1987年8月6日） ………………………………… 234

做好转变企业经营机制这篇大文章
　　（1987年11月12日） ………………………………… 240

第二汽车制造厂贯彻十三大精神，深化企业改革的决定
　　（1987年12月1日） ………………………………… 243

厂长要"两个文明"一起抓
　　（1988年1月1日） ………………………………… 253

二汽如何建立企业自我制约的行为机制
　　（1988年1月1日） ………………………………… 259

在第二汽车制造厂党委扩大会上的讲话
　　（1988年2月26日） ………………………………… 263

二汽集团发展与改革的思考
　　——在洛阳企业集团座谈会上的发言
　　（1988年4月1日） ………………………………… 266

东风汽车工业（二汽）集团的发展与改革
　　（1988年9月1日） ………………………………… 277

改革与发展是企业永恒的课题
　　（1988年9月1日） ………………………………… 299

二汽轿车项目选址过程和决策情况
　　（1988年9月5日） ………………………………… 303

变革大企业制度，建立公司化体制
　　——循序渐进地深化大型国有企业改革的思路与实践
　　（1988年11月1日） ………………………………… 308

建设企业文化，开发精神力量
　　（1988年11月30日） ………………………………… 316

二汽轿车项目进展情况汇报提纲
　　（1988年12月28日） ………………………………… 321

3

二汽的企业文化与管理准则
　　——未公开的企业哲学
　　（1989年3月4日）………………………………………… 328

开发精神力量的重要途径
　　（1989年5月1日）………………………………………… 335

把技术生产力落到实处
　　——在国家科委企业科技进步座谈会上的发言
　　（1989年11月16日）……………………………………… 340

二汽集团发展战略的构想
　　——在二汽干部大会上的讲话
　　（1990年7月16日）……………………………………… 353

新的攀登
　　——东风-雪铁龙轿车项目签字仪式的新闻稿
　　（1990年12月19日）……………………………………… 359

从高起点追赶
　　——东风-雪铁龙轿车项目签字后的感言
　　（1990年12月19日）……………………………………… 363

控制总量　突出重点　努力提高基本建设投资效益
　　——二汽"七五"建设情况汇报
　　（1991年1月1日）………………………………………… 366

坚定不移地走发展企业集团的道路
　　——东风集团成立10年总结与发展构想
　　（1991年2月2日）………………………………………… 375

为实现二汽"三级跳"，开创新局面的宏伟目标而奋斗
　　——1991年2月6日在二汽六届职工代表大会
　　　　第三次会议上的工作报告
　　（1991年2月6日）………………………………………… 391

企业集团是发展专业化生产的一支主力军
    （1991年3月4日） 410

发展企业集团之我见
    （1991年4月26日） 417

走发展企业集团的道路
    （1991年5月8日） 420

促成企业依靠技术进步的机制
    （1991年6月25日） 428

科技生产力与搞活企业
    （1991年10月16日） 431

视质量如企业的生命
    （1991年10月23日） 444

风神奔向世界
    ——访二汽厂长陈清泰
    （1992年1月4日） 454

为了中国民族汽车工业
    （1992年2月4日） 457

在二汽1992年科技工作大会上的讲话
    （1992年6月8日） 467

亲历国有企业改革的实践与决策过程*

（2018 年 12 月 1 日）

我从小就有个"汽车梦"，大学在清华学的也是汽车专业。1964 年 2 月毕业的时候，我尽管服从分配留校任教，但一直希望能到汽车厂去真正圆梦。机会终于来了，因为国家要建设第二汽车制造厂（后改为东风汽车公司）。1970 年进入二汽后，我非常高兴地开始了产品设计和实验工作。在进入总厂管理岗位后，我又以较大的精力研究和推进企业的改革和发展。在二汽，我从工程师做到二汽总厂的总工程师、厂长，历时 22 年。1992～1998 年，到国家经贸办、经贸委任副主任，主管企业工作和企业改革。1998 年以后，在国务院发展研究中心和全国政协工作期间，我也以较大的精力研究企业改革。因此，我的职业生涯大体可以分为两个阶段，一段在国企，一段在政府。无论在哪个阶段，主要工作都是围绕企业与企业改革来进行的。可以说，国企改革之路也是我大部分的人生之路。

一　亲历大型国有企业的改革实践

二汽是国家"三线建设"的一个重点项目，1969 年在湖北省十堰市开始投入建设。当时，国家计划是三个车型：两吨半的军用越野车、五吨卡车，还有一个三吨半的军用越野车，总规模年产 10 万辆，计划总投资 16.7 亿元。到 1978 年，总计投入了 14.6 亿元。

---

* 此文为作者口述，原载《见证重大改革决策——改革亲历者口述历史》（中国经济体制改革研究会编，社会科学文献出版社 2018 年 12 月出版。口述整理者：萧冬连、高芳、潘飞）。在编入《陈清泰文集》第一卷时，作者在原文稿基础上做了一些补充。

"要政策不要钱"挽救了二汽

经过"文化大革命"十年的折腾，国家经济已到谷底，无力再给二汽投资，打算把二汽列为"停缓建"项目。然而，三吨半的军用车，军队有需求，开发工作正在进行，一旦停下来，二汽这个"半拉子工程"可怎么办？已有的两个车型肯定支撑不了二汽这么大的摊子。那个时候，在十堰聚集了二汽36个专业生产厂，约七八万名职工，加上家属14万人，还有几万人的施工队伍。工程下马，这么多人怎么办？所以，当时的二汽处在"给把劲可能上去、搞不好就会垮掉"的境地。另外，还有一个严峻的问题：中国自主汽车工业的路下一步到底怎么走？

1979年，第一任厂长饶斌调回北京，由黄正夏同志接任厂长。经历十年建厂的锻炼，二汽的干部大都是创业型的，对新事物敏感，有事业心，敢于担当。面对当时的困境，领导班子十分明白，单靠国家不行，要想办法自己找出路。民用车出来了，二汽是有希望的。民用车的需求很大，市场上又买不到，对我们来说这就是机会。但那个时候，还实行严格的计划经济，对于大型国有企业的经营状况可以概括为四句话：生产计划国家统一下达、生产资料国家统一调拨、生产的产品国家统购包销、企业财务国家统收统支。所以，没有国家计划企业什么也干不成；即便按国家计划生产了车也要以计划价由国家调拨，企业的利润十分有限，只能维持简单再生产，没有施展的空间。

二汽领导班子相信，只要不向国家要钱，事情就相对好办，请求国家在给二汽下达指令性计划的同时，也给部分"指导性计划"。前者完全按计划走，指导性计划按指导性价格购买材料，生产出的产品由企业自销，利润留成作为自有资金完成二汽后续建设。我们把这叫作"自筹资金，量入为出，续建二汽"。1980年，国家批准了我们这个方案，二汽从"停缓建"名单中摘除了。1981年，二汽成立了东风汽车工业联营公司，在全国率先发展横向经济联合。

1982年10月，万里同志来二汽视察。在听了二汽汇报后，他说，二汽可以学习首钢搞承包。我们提出的方案是以1982年上缴的利润为基数，每年递增7%，到"六五"末，利润留成作为自有资金完成二汽的建设任务。

在万里同志的推动下，国家很快就批下来了。这样，二汽就算活了下来。1983年10月，中央领导同志来二汽考察。听了二汽的承包方案后，他提出，二汽的承包可以延长到1990年。很快，财政部以"〔84〕财工字04号文"批准"七五"期间仍按原办法继续执行包干。这期间，二汽要在保障利润上缴的条件下，承包"七五"建成14万辆中吨位卡车生产能力、1万辆八吨柴油车生产能力。较长时间的承包期，给二汽系统考虑中长期的发展创造了条件。这是继首钢之后，在全国大企业中第二个实行承包制。我们有底气承包，是因为二汽建设的生产能力正在陆续释放的过程中，而且未来的卡车不愁销路。我们保证首先完成国家调拨计划，完成利润递增上缴，政府就放了心；再支持二汽一部分自产自销，以企业留利完成建设任务，国家也减轻了负担。这个方案保障了国家的收入，二汽也获得了自主发展的余地，两者都欣然接受。二汽之所以能"活"下来，这是非常关键的一条。

1982年11月，姚依林同志到二汽视察。我们根据厂里发展的需要，请求国家批准二汽有自营进出口权。他回北京之后，反复跟有关方面讨论，较快地批准二汽建立东风汽车进出口公司，这在全国的企业中可能是最早的一个。自营进出口权给我们带来很大的好处，除了设备、零部件进出口的效率提高、成本降低外，作为一个企业可以独立地和国外厂家建立联系了。比如，福特公司有人要工作来访，我们发邀请就算数。我们出国考察和商务活动，直接报外交部批准就可以了。这就使我们获得了一个国际化的起点。

向经营开发型企业转型

1982年底，我担任二汽总工程师，二汽中长期发展的问题成了我关注的重点。当时，有两件事对我触动很大。一个是曾与二汽相似的很多三线企业，在国家停止投资后衰落的景象令人不寒而栗。另一个是1980年我到美国MTS公司谈判采购整车电子液压振动实验台，顺访了一些美国汽车和零部件公司；1981年中汽总公司组织我和一汽的史汝辑、田其铸到德国看法兰克福汽车博览会，还访问了德国的一些汽车和零部件企业。这两次参观考察使我大开眼界。可以说，对我后来的汽车生涯产生了很大影响。对比我们曾作为发展样板的一汽，使我感受颇多。一汽1956年出了解放牌，几十年没有换型升级，还是那个"老解放"，企业活力日减，大家惋惜地把它叫作"汽车产品几十年一贯制"。我想，二汽必须吸取教训，及早考虑后续发展。有感而发，我写了两篇文章：《把二汽建设成经营开发型企业》《结束汽车产品的几十年一贯制》。二汽不能总把自己当作完成国家计划的生产工厂，维持简单再生产。在国家要搞活企业的情况下，二汽要生产，更要去"经营"；要做好今天，还要准备好明天。这两篇文章得到饶斌的赞赏，他对我的想法很赞同。

企业的自有资金是很有限的，到底如何分配？搞生产的包括专业厂的干部要求改善技术装备、改善工艺，提高生产保障能力，我主管技术工作和未来发展，就希望加大技术投入，保障企业的后劲。两边都有道理，问题是如何平衡。二汽前任总工程师孟少农是我国汽车行业唯一的中国科学院院士、汽车行业的资深专家，对问题看得比较深远；黄正夏厂长是一个改革精神比较强，具有前瞻性的领导。1982年，在资金还很困难的时候，厂里决定建立三大中心——教育培训中心、技术开发中心和技术装备中心。我们坚信这三大中心的实力可以保证二汽的后劲。

教育培训中心方面，当时二汽完全没有城市依托，为加强教育培训能力，二汽设立教育处统筹和管理教育培训工作，除建立38所中小学外，还以自有资金组建了湖北汽车工业学院，从全国聘请教师，培养本科生，相当部分毕业生可留厂充实一线岗位，保障上岗人员的基本素质。与德国弗兰霍夫学会合作在中国建立了第一所"双元制"的技工培训学校，德国人很严谨，他们带来了老师、教材及全新的教学方式，我们也派了很强的力量学习、配合。效果非常好，学生毕业进厂就可达到四级工水平，很受欢迎。当时每年的教育投入达到4000多万元。在技术开发中心建设方面，专门建了一个园区，有2000多名工程师，从产品设计、工艺到材料、油料、油漆、热处理和计算中心等，配备了比较齐全的实验设备；还建设了试制车间、在襄樊建设了一个当时全国最具规模和水平的汽车道路试验场。可以说是当时国内汽车厂家研发力量数一数二的。技术装备中心集聚了五个专业厂和工厂设计研究院，形成了包括专用机床、模具、非标设备、刃量具在内的研发、制造能力和工厂设计能力。这些二汽技术改造和发展必需的硬件软件很多是当时外面买不到的，不得不自己做。

一个绕不过去的问题

1984年8月，我接任厂长后，面临一个绕不过去的问题，就是1984年初在二汽内部推行的"分层经营承包责任制"。二汽对国家的承包很成功，在国家停止投资后二汽没有死掉，靠的就是通过对国家的承包，实行"自筹资金，续建二汽"。但是，把对国家承包扩展到内部，实行分层经营承包却存在很大争议，最大的争论出在分层经营的问题上。各个专业厂和生产单位对总厂承包并经营，车间再对专业厂一级承包经营，专业厂作为一级财务核算单位。为防止下边走偏，在承包制的前面还冠以"三全面"，即"以全面质量为基础、以全面技术进步为核心、以全面经济效益为目标"。这项制度实行后，对调动大家的积极性非常有效，36个专业厂以及生产性承包单位劲头十足，全厂干得热火朝天。到1985年就发现了大量问题。但是，水泼出去容易，收回来难。

首先是负责销售的副厂长周维泰发现这样干不行，用户反映产品质量下降、外边拼装东风车的越来越多。接着，管质量、管生产调度、管财务的副厂长纷纷提出这种做法必须及时调整。因为承包了，专业厂拼命搞产量，超产部分可以对外自销，总厂只管结果，放松了过程管理，质量当然就下降了。另外，各个专业厂有了自主权、自主钱，开始自己到外面搞投资和小联营，二汽销售、计划、规划、财务的严格管理体系开始涣散，甚至失控。

我到专业厂做了些调查，征求班子成员的意见，找李子政、李惠民等老领导讨教，我确认这种状况不能持续。但各个专业厂已经成为"既得利益者"，职工从奖金和福利上也分享了好处。当时，专业厂也有实际困难，那就是各自都办着一个"小社会"，要管职工的住房，要改善生活，要管子弟上学等等，因此他们总希望有点灵活的钱，自己来支配。

我们发现，这种承包办法造成专业厂"质量差、效益不一定差"的现象。总厂有较严的质量标准，产品质量不合格不能装车。这样正好，总厂不要的，他们自己拿出去卖。生产零件部件的、搞发动机等部件总成的都这么干。发动机厂要自销发动机，就需要缸体毛坯，没有总厂的调度令，铸造厂不能给。发动机厂就说，有的毛坯质量不合格，要求"补废"，铸造厂只能按总厂规定补。后来，铸造厂发现发动机厂把那个有残的毛坯加工装机卖出去了。他们就派技术员过去检查，发现质量确实不合格，就拿榔头把毛坯给敲碎。这时，出现了"地下调度处"，一些个体户从铸锻厂买出毛坯，转手提价卖到负责加工的专业厂；从零部件厂买的零件倒卖给装配厂。在这种情况下，十堰周围搞拼装车的越来越多，一些倒买倒卖的专业户在专业厂不仅能买到发动机、车架，几乎什么零部件都能买到，那时装了车不愁卖不出去，没人管它合格不合格。这样，各个专业厂真实的财务状况总厂已经很难掌握，胆子大的"效益"就好，胆子小的就差一些。当时，社会上"一包就灵"、包干要"横向到边，纵向到底"的舆论很强，可这对汽车这样高度专业化的企业内部绝对是不适用的，但要停下来阻力很大。首先是专业厂，另外在总厂领导中也有不同看法，还有的中央同志也支持。当时，我非常为难，我是厂长，出了问题怎么向国家交代？

1985年6月，我到北京去向饶斌同志汇报，也向吕东、朱镕基同志做了汇报。在向吕东汇报时，他说："专业厂可以独立核算，但不能独立经营。每个专业厂的利益不能独立在二汽之外，不然就乱套了。""大量流水线生产，不能给专业厂经营权"，"不能有外卖产品的权，这么搞会走到邪路上去"。为此，国家经委召开了一次部委领导的会，国家经委副主任袁宝华、国家计委甘子玉和饶斌、中国人民大学副校长黄达和机械工业部等领导到会，我汇报了情况：多渠道对外营销，把自己的市场搞乱了；迁就外部的卖方市场，把质量管理搞乱了；搞两本账、小金库，把财务搞乱了；多头对外投资，分散了力量，冲击了整体战略；各单位之间的不平衡，造成了福利攀比和内部矛盾，二汽多年严格的管理受到了很大冲击。我还讲了如何处理的意见。领导们听后，普遍认为，承包对解决企业与国家关系有明显效果，但在企业内部必须因地制宜，认为二汽要妥善处理，平稳结束内部的分层承包。后来，这个事情还惊动了中央领导同志。1985年2月，马跃被任命为二汽党委书记。6月，中汽总公司李刚、陈祖涛代表机械工业部和上级组织来厂宣布二汽和东风联营公司领导班子调整。我继续做厂长，马跃做书记，整个班子年轻化了。调整后，较快统一了认识，针对分层经营承包做了大量工作，平稳化解了这个问题。到1986年，二汽基本恢复了正常的管理和秩序。

二汽的产品发展和生产布局

作为汽车人都明白，汽车从无到有的阶段，需求量最大的是四五吨的中吨位卡车，随着汽车保有量的增加，需求结构会发生变化。从卡车来看，一个是向大，一个是向小。也就是大型车和轻型车占比增长，中吨位车占比会逐渐变小，这是已经被市场验证了的规律。另外，汽车保有量再增加，卡车的比例会下降，轿车的比例会上升，最后轿车稳定在75%～80%。直到20世纪80年代初，国内几乎都是中吨位卡车，后来南汽搞了一个小一点的"跃进"牌。而轿车几乎为零。1958年一汽出了"红旗"牌，但那是高级公务车，数量极少，上海有个"上海牌"，后来也不太灵光了。因此，二汽必须尽快布局未来的卡车产品，之后考虑上轿车。当时，我们就向国家提出二汽的卡车要向两头发展，搞重卡和轻卡。那时一汽也在向国家争取，几经周折，后来国家定了，叫作"一汽向下，二汽向上"。就是一汽生产轻型卡车，我们向重型卡车发展。对此，我们不太赞成，因为轻型卡车的批量大，二汽不能放弃。尽管如此，终究打开了一条路。这样，二汽就开始开发重型车。首先往上走是八吨车，但我们还不甘心。在重型车站稳后，厂里几经研究决定，轻型车还得干。于是，我们在襄樊搞了一小摊子，专门研发轻型车。这样，就在卡车产品上形成了较好的布局。

另外，是生产布局。二汽按"三线建设"的要求建在了十堰。但汽车生产的特点是"大进大出"，十堰从哪个方面看都不适合汽车产业发展。在十万辆国家建设任务即将结束的时候，我们开始了"三级跳"。十堰是第一个基地，1984年"跳"出十堰，到了襄樊，开始布局武汉；再一跳，跃出湖北，走到全国。当时没提"走向世界"，因为那对我们来说还太遥远。这样就开始了在襄樊的工作，规划占地约10平方公里，首先建了一个占地3000多亩的汽车道路实验场，又建起了电厂、动力厂和道路、上下管网等基础设施。这就为后来的生产工厂建设创造了条件，接着建了铸造厂、柴油机厂、试制工厂，后来又建了一个轻型车厂。再后来与雪铁龙合资的发动机、变速箱工厂也建在了这里，形成了一个新的生产基地。

壮大内涵发展能力

建设时期，经饶斌和黄正夏两任厂长，用十五六年时间为二汽打了一个很好基础。我接手时，10万辆建设任务即将完成，二汽正在由建设期走向发展期。

国家由计划经济转向有计划的商品经济，企业与政府的关系也在变化；承包后有了自主权、自主钱，发展的空间在迅速扩大。二汽的经营理念、管理手段、运作方式，必须随形势的发展而转变，由一个国有工厂转成一个现代公司是必然的选择。在经历了"国家计划、国家投资"，"自筹资金，量入为出"的建设阶段后，二汽进入了发展期。"国家投资"不再有了，"量入为出"必然捆住自己手脚，二汽的经营方式必须转变。总结二汽改革实践的经验，我提出要抓住"三大法宝"，进一步用好三大中心，壮大内涵发展能力。

第一个法宝就是"灵活经营"。概括地说，就是凡是当期有计划商品经济允许的经营方式都要用好、用活、用足。具体看，有三个方面。一是把生意做活。追踪市场需求，不断升级产品（如EQ140－2），改进质量和性能，卖出好价钱；二是以既有底盘和部件为基础，开发系列化多品种车型，扩大市场占有率；三是实行工商并举，在获取生产性收益的同时，开拓经营性收益、售后服务的收益。灵活经营的另一个含义是，在新旧体制交替时，计划经济体制仍在起作用的部分也要用好。例如，争取更多的"指导性计划""指导性价格"的指标，就可以增加企业的效益；再有就是以进取的精神，在符合改革方向的方面争取国家的支持，为自己创造"小环境"，获取改革的先发效应。例如，实行承包、获得进出口权、实行计划单列、设立财务公司等，这些举措不仅增强了二汽的活力，也对其他企业的改革起到了示范作用。

第二个法宝是"挖掘金山"。较长时间以来，二汽十分注意通过引进新技术和现代化管理提高生产率。但我们并不知道自己的潜力到底有多大。两件事对全厂震动很大。一个是生产线的控制系统由分离元件换成单板机，就这么一项技术措施，故障停工时间就下降了约70%，而且每次维修时间和成本也大幅度降低。另一件事，是1987年我们请日本的日产柴公司七位专家，到车桥厂最薄弱的环节——转向节车间考察、咨询、帮助改善，前后工作了9个月。结果，这个车间人员减少三分之一、产量增加三分之一。就是这样，还只相当于日本生产率的一半。我们组织各个专业厂领导到现场参观、听课，全场为之震动。当时大家把这叫"一个流"管理，就是把生产线上的在制品减到最少，"只有一个"。由于没有在制品，一台设备出问题全线就得停产，倒逼整个管理系统把检修等做到好上加好。把装备的间距缩小，工人可多机床管理，工厂面积也节省了；在制品少了，库存减了，资金利用率就提高了。对于每个员工来说，生产率就高了，相应地，工资、奖金也就上去了。大家说用这套管理的眼光看各个生产环节，可以说二汽埋藏着一个巨大的"金矿"，要用技术和管理这两把"利斧"把"金矿"挖出来，走内涵发展的路，大有可为。

第三个"法宝"就是"横向经济联合"。"自筹资金，量入为出"，在旧体制下是巨大的进步，但终究是企业自己有多少钱，才能办多少事。再进一步，就是利用社会上的生产能力、技术能力，利用二汽的产品、技术优势，开展各种形式的合作，特别是通过股份制等办法撬动社会的资金，办二汽要做、自己又做不到的事，这集中体现在东风汽车工业联营公司。联营公司以二汽为核心，以东风系列产品为主业，以多种形式集群式发展，推进专业化分工，组织专业化生产，实现优势互补，促进中国汽车工业的结构优化，实现双赢和多赢。

这些工作是1979年饶斌离开二汽前就开始运作的。在全球汽车业中，二汽可以说是一个"怪胎"，当时国内没有零部件供应能力，二汽只能自己搞。包括螺钉螺母等标准件、活塞环、节温器，甚至制作车厢的木板都有自己的专业厂。另外，生产的车型却很单一，使用效率更高的各种专用车、改装车却很少。

这种"大而全"的生产组织结构和产品结构是不合理的，所以，当时厂领导希望通过横向联合打破这一局面。例如，专用车、改装车的特点是品种多、批量少，很适合地方中小企业用二汽的底盘组织生产，二汽从中可以扩大销路。1978年厂里由李岚清牵头组织了一个小组，到全国各地区考察。回来后，就选择了8个地方企业搞联营，有的搞零部件配套，有的搞改装或售后服务，这就是后来所说的"老八路"。当时不少企业有一定生产能力，但没有当家产品，处境都很困难。二汽的经济技术实力、市场信誉得到了社会的广泛认可。这种横向的生产联合、经济联合、营销联合，受到了地方企业的欢迎。多种形式的联营企业很快超过了100家，形成了"南方一大片"，这也成为重组汽车行业、发展专业化生产、集约化经营的典型案例。1981年，东风汽车工业联营公司成立，企业间的联合由技术和生产上的协作，发展到经济上的联合，又到资产的联合，逐步深化。二汽新老领导一直视其为二汽发展的一个重要支柱。

1986年3月，国务院领导听取了二汽等企业集团的汇报后说：世界上有跨国公司，我们现在首先要促进跨省区、跨部门的企业组织形式，这是非常有生命力的企业组织形式，是新的经济纽带。

构造经营开发型的组织管理体制和机制

处理"分层经营承包"的过程使我考虑了很多。二汽基本上是按照一汽大而全的生产体系建设的。但是整车与零部件的经济规模完全不同，各种零部件的经济规模也不同，把它们都放到以整车生产纲领为基准的垂直一体化的管理体制之下，必然造成多数专业厂有劲使不出，导致效率低、效益低。而在这种工厂制的体制下，很难摆脱"一放就乱，一收就死"的魔咒。与此同时，我也在考虑二汽这样大一统、大而全的组织管理体系中，造成多数生产线"规模不经济"，违背了经济规律，将来在市场中肯定没有竞争力。零部件厂要按照经济规模生产就必须成为专业化的生产厂，独立在市场上打拼，总厂原则上不给予保护。它的产品可以为东风车配套，也可以为其他厂家配套，具备条件时还应打入国际市场。但东风车也可以不用它的零件，选择外部零部件厂配套。从长远看，应将前方厂分为总装、整机与零部件两类专业厂，分类管理。

"分层经营承包"可以调动专业厂的积极性，但那是一条邪路。由工厂制向公司制转型是唯一的出路。也就是要按照公司＋事业部、＋分公司和子公司的三层次体制进行改革，重新划分集权和分权的边界，使权力和责任对等，从体制机制上确保每个层级的努力都有助于公司效益最大化和公司目标的实现，而不是相反。二汽规模再大，也只是计划经济体制下完成国家计划的生产工厂。1983年到总厂工作后，我就特别关注二汽向公司制转型的问题。我借各种机会与有关人士讨论大型企业组织管理方面的问题。当时，北京有一个由欧盟出资设立的中欧企业管理培训中心（设在中国企业管理协会），也就是中欧管理学院的前身。我曾向这个中心的主任博思迈专门请教，他说国际上大型公司多为三层次结构，即投资决策中心、利润中心和成本中心，并按此分权分责，我听了很受启发。之后，请蒋一苇教授来二汽介绍股份制，讨论二汽的股份制改革方案。把吴敬琏、周小川、楼继伟、郭树清等经济学家请到二汽调研企业改革，给我们讲课。福特副总裁麦克唐纳来二汽考察，我也和他认真讨论大公司的组织结构和内部的投资、采购、销售、财务、人事等方面集权和分权的边界。

1986年，二汽第一批争取到在国家计划单列。计划单列的好处是，我们有直接和国务院有关部门对话的权利。我们的计划可以直接报到国家计委，技术改造可以直接报到国家经委，和财政部也有了直接的通道，可以直接向他们汇报反映。他们对我们有更多的理解，就会在可能的范围之内给我们必要的支持，比如计划指标的分配、投资项目的审批等，在当时的体制下，这都是非常重要的事。

1987年，二汽第一批建立企业财务公司，对联营公司缓解流动资金压力、提高资金周转效率、增强联营公司凝聚力发挥了很大作用。我记得，每天和联营公司之间的财务来往差不多几十万到几百万，后来就是上千万。大量的往来我们可以不通过银行，而是通过财务公司来支付、处理，财务成本大幅度地下降。这些改革对增强企业活力有很大的好处。可以说二汽发展过程中留下了一串改革的脚印。

1987年初，国家体改委邀请国际企业管理大师德鲁克和西蒙等在北京钓鱼台国宾馆给国内的专家和企业领导讲课，我到会听课、参加讨论后大受启发。之后，我找到一本德鲁克写的《卓有成效的管理者》（中文版），当作教科书反复阅读。7月，中企联责成我和上海电器公司宓麒廷、中国振华电子工业公司董事长徐英莲带队到美国、日本企业考察。此时正是二汽研究体制转型的时候，这对我来说是一次非常重要的机会。在美国考察了CE燃烧公司、戴纳汽车零部件公司、西屋的质量与管理中心、康明斯柴油机公司，还有一家运输公司等；在日本考察了丰田、日产、三菱重工等公司。我们仔细了解和讨论了这些公司的组织结构、集权与分权、董事会的组成与权力和责任，公司的战略、财务、市场采购与销售管理等。这些公司的体制机制与中国的工厂完全不同，给我印象最深的是他们敬畏客户、敬重投资者，坚持用户第一，给股东创造价值；对外追踪市场、灵活经营，内部对财务、投资是严格的集中管理，对销售、采购等则是严格的计划管理。如 CE 是个大型跨国公司，它的现金流控制到以小时为单位。公司总部抓住不放的是公司战略、财务、投资、重要人事。如戴纳的总部非常简洁，管什么？就管战略、管政策、管财务、管对外投资和采购、管二级机构的主管人员。类似这些讨论对我理解现代公司的组织和机制都很有启发，对后来二汽改革方案的制定有重要参考意义。

为了制定适应经营开发型的组织管理体制的改革方案，我们用了一年多的时间，组织了100多名干部，研究整理出报告资料74万字。研究了多种可能的方案，在这个基础上领导班子又对照党的十三大精神反复研究，进一步完善了方案，还在处级干部中征求意见，统一认识。方案确定后，就做"三定"工作，就是定机构、定职能、定编制。这次改革的总体目标定为"建立经营开发型体制的基础，转变经营机制，发展生产力"。改革方案的要点是二汽和二汽集团向公司制框架转型。归纳起来，就是实现"三层次""五加强""一提高"。

关于"三层次"管理体制，最上边是公司总部，是个简练的机构，是公司战略中心、投资决策中心，统管公司的计划、财务。第二层是事业部。如卡车部、零部件部、采购部、销售部、发展部，还有轿车部等，这是利润中心，以盈利为目标，按总部计划组织生产、开展营销、采购、进行投资，赚取利润上缴总部，由总部统筹公司的战略与风险决定资金投向。因为最赚钱的部门不一定是最应该投资的部门，暂时不赚钱的不一定是不该投的。第三个层次是生产单位，如专业生产厂。它们是成本中心，按计划组织生产、保证质量、控制成本。在这个体系的三个层次间，既不存在集权，也不存在放权，而是各司其职，责权对称。三者按照制度规定协调运行，既能保障二汽在当期的生产营销中不断进取，获得更高的收益，又能使二汽跟踪市场、高瞻远瞩，为进一步发展谋篇布局。

关于"五加强"，就是针对二汽和二汽集团的现状，进一步加强经营开发能力。第一是加强营销能力，有外国咨询专家告诫我们，目前就二汽集团来说，把经营和销售在企业中的地位提得多高也不过分，因为太薄弱了；第二是加强技术开发能力，尽快做到生产一代、开发一代、预研一代；第三要加强零部件开发能力，"放虎下山"，形成一个个小型"巨人"；第四是加强生产准备能力，适应产品的开发和更新的需要；第五是加强二汽与联营厂融合，发展专业化协作，扩大企业的生产经营能力，实现双赢和多赢。

关于"一提高"，就是提高现场综合管理水平，以推进"一个流"为抓手，提高现场综合管理水平，挖掘企业内部生产管理潜力，提高质量、提高劳动生产率。

这项改革牵动面很大，只能成功、不能失败。为此，做好方案准备、统一思想至关重要。1987年10月，我们召开厂务扩大会，专题研究企业组织体制和运行机制改革问题。12月，我作为党的十三大代表参会回来后，组织厂领导和有关处室领导在襄阳基地闭门开了四天的会，主题就是贯彻十三大精神，推进二汽体制机制改革。1988年元月下旬，召开三天全厂厂处领导的工作会，讨论十三大之后二汽的形势任务、现状和矛盾、改革和目标、改革的实施与安排，最重要的目的就是统一认识，激发改革的紧迫性，为1988年下半年实施这一改革做好准备。

轿车项目上马

1986年，二汽三个车型10万辆建设任务完成并通过了国家验收。下一步怎么发展？从卡车的布局上，我们已经有了"向上""向下"的占位，但八吨车还在开发中。当时，卡车的销路很好，比较赚钱。所以，厂里有一种意见，就是年产10万辆翻番，扩大产能到20万辆。另一种意见认为，在10万辆的基础上，通过挖潜、填平补齐，充分利用既有产能，把较多的资金用在八吨车上。我的主张是后者。我想，当务之急是赶快把八吨车搞上去，完成卡车产品布局，再抽出力量上轿车。这样，才能在国内汽车业站住脚，因为这时桑塔纳已经开始生产了，对我们影响很大。经过反复讨论，得到了领导班子多数人的赞同。接着，我们调整了二汽的"七五"计划，砍掉总计约需10亿元投资的64个项目，以有限的资金保证"七五"期间年递增1万辆生产能力，保证老产品不断改进。同时，集中力量开发出具有国内先进水平的八吨平头柴油车，使二汽的汽车产品由长头扩展到平头，由汽油机扩展到柴油机，由中型车扩展到重型和轻型车。调整后，"七五"期间二汽保持了同行业较好的经济效益，完成了卡车的布局，也为轿车发展创造了条件。

筹备上轿车的难度是很大的，首先就是国家这一关怎么过？当时，国家对二汽这类大厂管得很死，因为它是国家财政收入的重要来源。二汽的产品发展、重要项目、重大投资国家不仅要管，而且管得很具体。另外，当时很多人还停留在轿车是资产阶级高消费观念之中。二汽与一汽和上汽不同，从来没有搞过轿车，要让国家批准上轿车非常困难。

1986年10月，我们向国家计委上报了二汽要求"开展普通型轿车前期工作"的报告。12月18日，又通过《二汽动态》向国家计委反映："汽车企业横向联合的积极性很高，但中吨位卡车已经没有发展空间，那么联合起来干什么？"12月27日，国家计委主任宋平在这份简报上批示："二汽多次提出发展小轿车，国家似乎没有必要去限制。"并要求有关司局进行研究。看到这个批示，我非常兴奋，感到有机会。于是，我马上赶往北京，找到国务院经济技术社会发展研究中心，与副主任张盘以及鲁志强等人一起讨论策划。最后，做了一个方案：请当时国家经委的技术经济研究所组织国内调研，由其邀请外国专家介绍国外轿车发展状况；在调研的基础上，举办一次高层研讨会，梳理会上的主要意见，最后向国务院汇报。这是1986年年底1987年年初商定的事。

1987年5月，中国汽车工业发展战略研讨会在二汽召开，段君毅、周子健、马洪、饶斌等老领导，有关政府部门人员、经济学家、汽车企业的领导100多人到场。会议分作两个阶段：第一阶段，由经委技术经济研究所何世耕所长发布调研报告，日产和丰田的专家分别就国际轿车工业情况及对中国轿车发展的建议做了发言。第二阶段，等外国专家离场后，我们闭门讨论，到会的领导都讲了话，政府部门的人发言，企业的人也发了言。大家对汽车业的战略地位、发展目标、未来产品结构、发展模式等进行了讨论，都赞成应及早部署轿车生产，防止中国市场一启动就被国外企业占领。孟厂长的发言讲到汽车产业发展规律，他说卡车最多是"中学水平"，轿车才能达到"大学水平"，中国的汽车工业中学毕业了就应当也有条件

"上大学"；还说，从国际经验来看，"大厂造小车、小厂造大车"，像一汽、二汽这样的大企业，进一步发展还是要转向搞轿车。一汽厂长耿昭杰发了言，我的发言主题是《轿车工业的战略抉择》，提出当前国家必须在五个方面做出决策。

会后，国务院发展中心汇总会议情况，形成了一个政策报告，由马洪主任签报给当时的中央领导。领导有一个批示，意思是：北戴河期间议一次，请计委、机械委准备意见。知道这个消息后，我意识到，接下来就要抓紧落实二汽的项目。我很快就找了中汽，与陈祖涛、李荫寰、薄熙永等人商量，争取中央到北戴河办公期间进行汇报，看能不能把项目拿到。为此，我做了一些准备，8月赶到了北戴河。在那里，我给国务院副总理姚依林写了一个报告，讲到中国发展轿车的必要性和二汽下一步发展的形势，为什么要上轿车，上轿车的思路、资金来源，等等。因为之前有宋平的批示和中央领导对发展中心报告的批示，所以姚依林同志很快决定在北戴河召开国务院会议，专门讨论二汽项目。会议请了张劲夫、李鹏副总理以及计委、经委、机械委、中汽总公司等部委参加。开会前，随着参会领导陆续到北戴河，我逐个进行了拜访，包括李鹏副总理、计委黄毅诚、经委林宗棠、机械委何光远，向他们介绍二汽发展情况和发展轿车的方案，回答他们提出的问题。一个一个谈完，我心里有了底，认为问题应该不大。

8月12日，汇报会由国务院副总理姚依林主持，开得很顺利，到会的人都很支持二汽搞轿车。陈祖涛首先汇报。他讲到刚刚在二汽开过汽车工业发展战略研讨会，大家认为中国发展轿车的任务应当提上议程，条件最好的还是一汽和二汽；还说，二汽在轿车上做了不少工作，国家应当支持。汇报时，我提出不要国家直接投资发展轿车的规划，还提出两种可供选择的方案：一种是"技术引进，自主建厂，进口替代，远期出口"；另一种是"联合开发，合资办厂，出口导向，进口替代"。何光远说，发展轿车再搞"全国支援"另起炉灶的做法已不可取。要上，只能靠一汽、二汽。上海已经既成事实，希望三家发展方式和进度适当错开。黄毅诚、林宗棠和张劲夫都发表了意见，没有人反对。李鹏说："原则上同意二汽的意见，轿车就这三家，也不再批了，口子要守住。"所以，"三大"就是从这里来的。关于两种方式，李鹏说："可先从第二种方式起步，不要走SKD、CKD

组装的道路。"姚依林做总结,他说:"原则同意二汽轿车总规模 30 万辆,分两期实施,第一期 15 万辆。二汽发展轿车应当首先从第二种模式开始,瞄准出口为主,一汽是挡住进口。二汽这条路会艰苦一点,实在不行再说。"会后,形成了会议纪要,二汽轿车项目就此落地。

按照国务院领导"货比三家"的要求,我们先后和五六个国家的 16 家公司进行过接触。最后落到雪铁龙是基于两大因素。一是法国政府承诺这个项目中国可以是"零外汇"。他们提供全部外汇贷款,而且其中一半是软贷款,年利率 2%,宽限期 11 年半。建厂 11 年后企业已经赚钱了,还款的压力比较轻。二是雪铁龙提供一款还没有投放市场的"未来车型"。也就是说,我们两家投产的时间差不多,等于一开始我们就有一个能够跟上当代水平的产品。

在谈判最紧张的时候,遇到了 1989 年政治风波。当时,我们搞产品设计、工厂设计的,还有商务谈判代表等四五十人在巴黎。我们的人搞不清情况,法国人也傻眼了,到底还能不能合作?当时,在巴黎谈判负责人是宋祖慰。他们找到大使馆,但大使馆也弄不清楚国内的情况。这时的经贸部部长郑拓彬在比利时开会,其间到巴黎,跟宋祖慰等人说:"二汽的谈判可能会受到影响,但事情会过去的,你们不应该放弃。"谈判还在继续,但情绪很不稳定。我们决定,这时候要加强领导,请马跃同志出马。6 月 10 日,他出发去巴黎,指导谈判,去督战,稳定军心。

政治风波后,法国政府的态度立即发生变化,对外汇贷款的承诺变得含糊了。10 月以后,国内平静了,东风－雪铁龙这样的大项目法国政府绝不想放弃。我把情况向国务院领导做了汇报。国务院领导当时也有想法,那时候西方国家都在"制裁"中国,希望这个项目成为一个打破封锁的突破口。与此同时,国务院副总理邹家华做了不少工作,疏通国内各部门,国家计委抓紧审批最后的合同。雪铁龙和法国方面也很着急。11 月,雪铁龙前总裁、中国项目总管哈夫纳来到中国。他告诉我,法国政府很重视他这次来华,法国政府官员跟他说:"这个项目,政府是承诺过的,政府始终是支持的。政治风波后,尤其是在七国首脑会议期间碰到了很大的困难,在与中国没有相互对话的条件下做出了决定,冷静下来也感到不妥。现在,外交部正在设法解决这个问题,如果贷款不能解冻,法国财政部长和经贸部长已经答应可以出具正式公函,向中国政府保证这个项目的所需贷款。我们现在去不了,你代替我们去。"PSA集团总裁嘎里威对他说:"不能让德国大众总裁一次次跑中国,你必须去,抓紧沟通,准确表达我们和政府的意见。"我把谈话的情况立即书面向领导做了汇报。11月8日,李鹏总理、邹家华副总理等在北京钓鱼台国接见了哈夫纳。在一段交谈后,李鹏总理说:"万事俱备,只欠东风了!"最终,12月19日,我们东风和雪铁龙双方在法国正式签约。

1991年,朱镕基同志到二汽考察之后,决定让我到北京工作。当时,我有些犹豫,因为我觉得还有很多事没有做完,像企业内部的管理体制改革还没有结束,神龙轿车项目也才定下来,刚开了第一次董事会,我不太愿意放下这些工作,但最后还是决定服从大局。1992年8月17日,我最后一次主持召开了厂务会议。9月,我就到了北京。

二 建立现代企业制度的决策过程

1992年9月,我到北京后就任国务院经贸办(后改为国家经贸委)副主任,由企业管理者转变为政府官员,身处管理国民经济和协调国家日常经济工作的综合部门,主要还是以分管企业工作为主。因为有了大型国有企业的管理经历,所以对于从事和企业相关的政府工作并没有感到不适应。相反,在考虑问题时能考虑到企业的实际情况,比较接地气。另外,以往在和政府多年的沟通过程中,我也了解政府的运行规则。因此,到政府部门工作后,也还算得上得心应手。

"建立现代企业制度"的决策背景

我上任后,首要的任务是研究贯彻《全民所有制工业企业转换经营机制条例》(下文简称《转机条例》),这是镕基同志倡导并组织制定的,1992年7月出台。它与1994年出台的《国有企业财产监督管理条例》形成姊妹篇,是贯彻《公司法》最重要的两个文件。

这里,有一个重要背景。1992年初,邓小平在视察南方期间发表重要谈话,把社会主义姓"资"姓"社"和市场同计划的关系点破、讲透了,这是中国改革道路上的又一次思想解放，为国家经济体制的转型奠定了基础。同年10月，中共第十四次全国代表大会召开，确立社会主义市场经济体制的改革目标。如果说，此前我们的改革还是在计划体制框架下的政策性调整，那么现在则是从国家制度层面实现了创新，也就是既要保持社会主义的优越性，又能利用市场经济体制保障资源配置的高效率。所以说，建立社会主义市场经济的改革目标的确立，既是党的一项伟大创举，也是改革开放的一个里程碑。

十四大之后，中央立即着手研究如何通过一系列理论政策的突破和战略部署，把建立社会主义市场经济体制的改革目标落地。这就是十四届三中全会《中共中央关于建立社会主义市场经济体制若干问题的决定》（下文简称《决定》）所要完成的任务。

1993年6月3日，中财办召集会议。会上决定，为给《决定》的起草打好基础，部署了16个调研课题。其中，由我牵头组织其中第二个课题——"建立现代企业制度"的调研。会上，起草小组副组长曾培炎介绍了三中全会的任务，文件起草的情况，传达了江泽民同志几次提出并要参与起草的同志回答的一个重大问题：公有制、国有经济与市场经济能不能结合，怎样结合？曾培炎说：社会主义市场经济是邓小平思想的重要部分，他早就说，社会主义为什么不能搞市场经济。培炎同志要求大家坚持解放思想与实事求是结合的精神，力争在一些重点难点问题上有所突破。他说：建立现代企业制度，增强企业活力仍作为改革的中心环节。

接到这个调研任务，我感到压力很大。我理解，当前面临着严峻选择：在公有制、国有经济的框架内，如果能找到其与市场经济对接的新的实现形式，培育出千万个独立的市场主体，那么我们就可以顺利实现社会主义市场经济的改革目标。如果找不到公有制与市场机制的结合点，要么为了坚持公有制、国有经济，只得退回到计划体制，要么为了坚持利用市场机制，提高资源配置效率，就得私有化。显然，这两种结果都不是我们愿意接受的。我们要做的是，把公有制和市场机制的"好处"都拿到。这个绕不过去的问题就聚焦到国有企业的改革之上。所以，公有制、国有经济和市场经济能不能结合、怎样结合，也就是国企改革的基本命题。当时，国内外舆论普遍认为，国有经济对应的就是计划经济体制，选择市场经济就只能选择私有化。

我认为,要破解这一历史性难题,用传统的政策性调整是做不到的,必须通过制度创新。建立现代企业制度是一把钥匙,但没有人能解释它的内涵。我的理解是:"使拥有国家投资的企业与其他所有制企业一样,成为平等、独立市场竞争主体"的那种企业制度,就是我们追求的企业制度。这就是《决定》起草小组责成我牵头组织的这个课题必须完成的任务。想到这里,我确实感到压力很大。

6月下旬,由我们国家经贸委牵头,13个部委、院、所共20多人组成的现代企业制度调查研究组立即启动。调研组组织学习讨论,邀请专家座谈,并听取了薄一波、吕东、袁宝华、周建南等老同志的意见,草拟出详细的调研提纲和调研的主要指导思想:(1) 围绕建立社会主义市场经济体制的目标,塑造适应市场经济的微观主体;(2) 既吸收国外企业制度演变中的成功经验,又注意研究中国国情和特色;(3) 运用现代企业制度解决改革中的一些深层次问题;(4) 注意新旧体制衔接和政策的连续性;(5) 重点解决好国有大中型企业问题,制止国有资产流失,提高国有资产运作效率。

7~8月,调研组分赴上海、山东、福建、广东、黑龙江,同其中100多个单位(包括省市经委、计委、体改委、财政、银行等综合部门,有关厅局以及协会、工会,部分国有大中型企业和集体、三资企业,大专院校及研究单位等)300多人进行了座谈。在调研中发现,经过十多年的改革,国有企业的活力和过去相比已经有了明显增强,在所有权与经营权相分离和扩大企业经营自主权等方面取得了显著进展,并在国民经济中进一步发挥显著作用。以1991年为例,全国国有工业企业共10.4万户,数量上占全部工业企业20%,销售收入上占67%,上缴利税上占83.5%。这表明,中央始终将国企改革置于整个经济体制改革的中心环节来抓的战略已初见成效。但是,在市场经济日益发展的现状下,国有企业的活力仍显不足,三分之一企业明亏、三分之一潜亏的局面长期未能得到根本扭转;许多大中型国企一直难以走出困境,有的甚至成为国家的沉重负担。具体体现为五个"重":一是税负重;二是债务重;三是潜亏和亏损挂账严重;四是人员负担重;五是社会负担重。国有企业所处的这种尴尬境地,与那些市场导向的非国有企业——乡镇企业、三资企业等的蓬勃发展相比,悬殊和反差尤其明显、强烈。

"建立现代企业制度"的决策过程

1993年8月10日,调研组修订完成了《现代企业制度调研报告》第三稿,向中央财经领导小组办公室和《决定》起草组做了汇报,就建立现代企业制度的目的、制度要点、实施步骤等提出了思路和框架,共分6个方面40条。

关于建立现代企业制度的目的,调研组提出,现代企业制度是社会主义市场经济体制的基础。在建立现代企业制度的各项要点中,我们提出了理顺产权、完善法人制度,建立现代企业组织制度和管理制度这三个方面。其中,产权问题不仅绕不开,而且首当其冲。就这个问题,我们在报告中提出,理顺产权关系,完善企业法人制度。这是因为,产权问题不解决,国有企业虽有法人的名义却无真正独立法人地位之实,难以实现自主经营、自负盈亏、自我发展、自我约束,难以摆脱作为国家行政机构附属物的处境,而国家也难以摆脱为企业承担"无限责任"的境地。因此,我们提出:企业法人制度的实质,是确认企业拥有独立的法人财产所有权,并据此享有民事权利,承担民事责任,从而使企业真正具备自负盈亏的能力。如果说,此前实行厂长(经理)负责制解决的是企业从无人负责到有人负责的问题;那么,确认法人所有权要解决的是从有人负责到有能力负责的问题。要确立法人所有权,就要理顺产权关系,将终极所有权(即国家所有权、股权)与法人所有权相分离。

对于这次汇报,起草组的领导和专家总的来说还是肯定的。温家宝同志说,建立现代企业制度是建立社会主义市场体制的重大课题,是这次《决定》中的重要内容,对未来发展生产力、巩固社会主义制度非常重要。你们的报告有深度,有突破,你们关于改革的指导思想、步骤、重点、难点和起草组的思路是一致的。同时,你们的想法更周密,更细致,更深刻,应该肯定。接下来,温家宝提出,下一步有几个问题请你们注意:一是建立现代企业制度的改革和现有政策如何衔接?例如,历史包袱怎么办,承包制怎么过渡,和财税、金融将来的关系如何协调,这些问题在方案设计的时候不能回避。二是要对改革的实施步骤做进一步深入的研究,要有一套完善的制度来保障,要预见未来可能出现的问题,要以规范的制度来保障能够平稳地推动。此外,温家宝还提出关于理论突破问题。他说,改革实践需要理论突破,例如,联产承包责任制的提出就是这样。当前,在企业改革中的两权分离等方面,也希望有重要的理论突破。在这个问题上要贯彻不争论的原则,既要使理论界能够畅所欲言,又不要和搞实际工作的纠缠在一起。此外,他还指出,有法人所有权的企业才能独立地承担民事责任,对于终极所有权、法人所有权的概念,要有一个科学严密的界定。

围绕 8 月 10 日汇报会的各方意见,我们又进一步征求了厉以宁、王珏、江平等经济学界、法学界专家学者的意见,经贸委党组也对此进行了专题讨论。在此基础上,又做了两次修改,把"法人所有权"的提法改为"法人财产权"。为做好起草工作,中央决定直接听取部分调研组研究成果。基于我们这个课题的重要性和突破性,我们调研组的汇报被排在了第一个。

9 月 6 日,我代表调研组就《现代企业制度调研报告》第五稿,向中央政治局常委们做了专题汇报。调研组在汇报中提出,要按照社会主义市场经济体制要求组织、建立以法人制度为核心、以公司为主要形式的现代企业制度,主要包括五点内容:(1)确立企业法人制度,依法赋予企业法人财产权。企业不再按所有制形式而是按财产形式和承担责任形式来划分,自主经营、自负盈亏,平等竞争,从而摆脱政企不分的局面,成为独立核算的市场主体。(2)国家作为企业的出资者,享有企业资产的终极所有权(股权),对企业资产由实物形态管理向价值形态管理转变,以出资额为限对企业法人的债务承担有限责任。在此基础上,通过资产流动实现优化配置,从而使国有资产保值增值,巩固公有制主体地位。(3)与现在的工厂制企业相比,作为法人企业的公司是适应市场经济体制最典型和最具代表性的企业组织形式。对于一般竞争性企业,可逐步改造为公司法人企业。(4)公司的所有者、经营者和生产者之间通过股东会、董事会及经理、监事会等机构形成权责分明的有效制衡机制,从而促使企业以追求最佳经济效益为主要目标,保障投资者利益。(5)公司具有科学的财会、用工和工资等管理制度,有明确的经营效益导向和完善的责任监督体系,这有利于它对市场和宏观调控做出灵敏反应,从而规范自身经营行为,并提高内部科学管理水平。由此，通过建立现代企业制度，实现公有制为主体与市场经济的接轨。在财税、金融等体制改革形成市场经济宏观体制框架的同时，构造符合市场经济体制的微观主体，从而实现两者相呼应，从宏观和微观两方面促进社会主义市场经济体制的形成。

会上，调研组还就此前起草过程中几个重大问题的处理建议，以及8月10日汇报会时的讨论意见，向政治局常委进行了汇报。主要包括：（1）关于如何界定企业法人财产权问题。起草过程中，各方对于理顺产权关系，实行国家拥有的终极所有权与法人财产权（或法人所有权）没有异议，但是在使用"法人财产权"还是"法人所有权"概念上提出了不同的理解。调研组最终采用了即将出台的《国有企业财产监管条例》中的"法人财产权"提法，并界定了其与终极所有权的各自内涵，目的是避免因理解上的混乱而造成国有资产的流失漏洞，从而既保证国有资产的统一完整，又保证企业法人财产的独立性。（2）关于在公司体制中如何体现党组织的政治核心作用的问题。这也是在起草讨论中涉及最多、争论最大的问题。调研组认为，建立有中国特色的现代企业制度，企业党组织的政治核心作用不能削弱。因此，结合公司领导体制规范化的要求，我们提出："企业党组织的负责人可通过法定程序进入董事会、监事会，参与企业重大问题的决策"。这样，既从制度上确保了党组织保证、监督作用的发挥，也较好地处理了股东大会、董事会与党组织之间的关系。（3）关于如何推进国有企业公司化改造问题，调研组提出，进行公司化改造不仅是企业名称和外在形态的改变，而且是我国企业制度上的一次重大变革。因此，在推动中必须注意：第一，不是全部国有企业都要改造为公司，改造也不能一哄而上地进行，应从实际出发，依法、有条件、通过试点分门别类、分期分批进行。第二，在工作程序上以有限责任公司作为改革起步，有条件的尽可能改造为多个股东的有限责任公司。第三，设想用十年左右时间稳步推进并完成，从而保证改造的成功率。（4）关于清理和解脱国有企业历史包袱问题。起草讨论过程中，各方一致认为，在向市场经济过渡时，企业背负了大量传统体制下造成的各类沉重包袱，如果这个问题不解决，即使过渡到现代企业制度，也难以改变面貌。为此，调研组提出区别情况，清理、解脱国有企业不合理的历史包袱，并提出了一些具体的政策建议。

汇报之后，江泽民同志指出：这里面涉及很多法律上的概念，比如，对终极所有权等怎么准确理解，要进一步搞明白。此外，会上几个比较集中的问题，一是担心引进了有关产权的概念和改革会造成资产流失；二是关于国有企业是不是一定要向公司转型，有的领导认为没有必要；三是将来企业的资金来源主要靠什么，有的领导认为还是应该靠银行，而不是资本市场，等等。给我的感觉是，一些领导对企业制度为什么必须要改还不理解，也不赞成，认为国有资产就是国家所有，不要在这里做文章。对此，温家宝同志进行了相应的解释和说明。接下来，李瑞环同志说，你们提的这套东西，到底是一个长久规划还是马上就要实行的政策？当前，整个国家改革的根本问题就是企业问题，今后改革成功与否，取决于企业改革能不能成功。所以，改革的最大困难就是企业。从一定意义上来说，其他的改革都要为企业改革服务。会议最后，江泽民同志指出，建立中国特色的现代企业制度，最重要的一点，是要搞清国有资产在符合市场经济发展条件下的实现形式。此外，在国有企业的公司化改造问题上，要稳步推进。除了公司制外，也不排斥其他适合的企业组织形式。总之，一切要从实际出发。

会后，调研组按照会上提出的意见对调研报告又做了认真修改。说实话，我当时的压力很大，感觉中央领导同志似乎对于建立现代企业制度改革的意义和途径还没有形成很好的共识。是我没说清楚，还是方案本身就有问题？后来，曾培炎同志找我谈了一下，他肯定了我们的调研成果，他认为主要还是事先交流不够。在接下来的修改过程中，我们更加注意同《决定》起草组保持更多交流。最终，八易其稿，完成报告。尽管如此，我对接下来《决定》中将怎样表述"建立现代企业制度"，心里还是没有底。

令人惊喜的是，当11月份十四届三中全会召开的时候，《决定》中几乎全部吸收了调研组最后一稿的基本观点，并在此基础上开创性地提出：坚持公有制为主体、多种经济成分共同发展的方针，进一步转换国有企业经营机制，建立适应市场经济要求，产权清晰、权责明确、政企分开，管理科学的现代企业制度。以公有制为主体的现代企业制度是社会主义市场经济体制的基础。建立现代企业制度，是发展社会化大生产和市场经济的必然要求，是我国国有企业改革的方向。《决定》进一步指出，现代企业制度的五大基本特征：一是产权关系明晰，企业中的国有资产所有权属于国家，企业拥有包括国家在内的出资者投资形成的全部法人财产权，成为享有民事权利、承担民事责任的法人实体。二是企业以其全部法人财产，依法自主经营、自负盈亏、照章纳税，对出资者承担资产保值增值的责任。三是出资者按投入企业的资本额享有所有者的权益，即资产受益、重大决策和选择管理者等权利。企业破产时，出资者只以投入企业的资本额对企业债务负有限责任。四是企业按照市场需求组织生产经营，以提高劳动生产率和经济效益为目的，政府不直接干预企业的生产经营活动。企业在市场竞争中优胜劣汰，长期亏损、资不抵债的应依法破产。五是建立科学的企业领导体制和组织管理制度，调节所有者、经营者和职工之间的关系，形成激励和约束相结合的经营机制。所有企业都要向这个方向努力。

这说明，在中央常委会之后，领导同志做了大量工作，统一了思想。《决定》的出台，使我们感受到了中央对于建立社会主义市场经济体制、深化国企改革的决心和魄力。

"建立现代企业制度"的配套措施

1988年我国颁布《全民所有制工业企业法》（下文简称《企业法》），这是我国第一部规范企业制度的法律。1992年，国务院发布的《转机条例》和之后发布的《监管条例》，从落实国有企业自主权和加强对企业财务监督两个方面来落实《企业法》，为企业走向市场创造条件。1993年12月，全国人大常委会颁布了《公司法》，为建立现代企业制度试点提供了法律依据。这样，企业改革就有两条线并行推进。如何处理好两者关系就显得非常重要。尽管建立现代企业制度是改革的方向，但还需要一个通过试点完善相关法律法规的过程；"企业法"加两个"条例"在建立社会主义市场经济的过程中仍具有重要作用，正如当时朱镕基同志所说，它是建立现代企业制度的一块基石。

到1990年，全国大约85%的国有企业都实行种类繁多的上缴利润递增包干的承包制，部分企业实行了利改税。这种一厂一策的做法在改革开放初期调动了企业的积极性，但其不规范性带来了越来越多的矛盾。进入90

年代，国企改革进入解决旧体制深层次问题的攻坚阶段。很多问题不是靠扩权让利所能解决的。比较现实的做法是从搞活企业出发，认真贯彻两个条例，一方面向企业放权，一方面加强监督，促进企业经营机制的转换，以逐步适应市场化的外部环境，为建立现代企业制度打好基础。与此同时，抓紧制定推进现代企业制度建设所必需的政策和文件，选择少数企业开展试点。

由放权让利转向以法律法规加以规范，必须建立一系列与社会主义市场经济体制和现代企业制度相适应的"基础设施"。朱镕基副总理对这件事非常重视。在他的领导下，国家经贸委与财政部、国资局、劳动部等部门一起抓了几件大事，为后续的改革创造了条件。

第一，进行财务会计制度改革，引入三张表，即资产负债表、利润表、现金流量表，使企业财务会计制度基本实现了和国际惯例接轨，可以用国际通行的指标体系清楚地评价每个企业的财务状况和经营状况。镕基同志亲自邀请安达信等国际知名财务公司、咨询公司的专家，帮我们一起来研究企业的财务准则和会计制度，并组织了大规模的企业培训。

第二，建立注册会计师制度。朱镕基同志亲自推动在广州、上海、北京建立了三个会计人员培训中心，培训注册会计师。以后企业年度财务报告都应通过会计师的审计。他说，如果中国能有10万个达到水准的注册会计师，整个经济水平会是另外一个样。

第三，在全国范围内对国有企业进行清产核资，按照新的财务会计制度摸清家底、建账建制。搞了清产核资和新的财务制度，企业在财务管理上"跑冒滴漏"甚至一团乱麻的情况得以改善，整个水平提高了一大块。

第四，进行财税体制改革，以新税制规范政府与国有企业的关系。

第五，完善企业破产制度。镕基同志非常鲜明的观点是，政府有责任帮助下岗失业的职工，绝不能挽救没有希望的企业，因为那是无底洞。为了使丧失竞争力的企业可以依法退出，由经贸委牵头组织有关部门和专家实施破产法的调研。我们到重庆、太原、齐齐哈尔三地，分别邀请政府部门、司法部门、企业领导和专家座谈讨论，听取意见，也讲解实施破产的必要性。从中发现破产过程最难的一点是职工下岗失业的问题，破产清算后没有钱补偿职工。我们就准备由国务院出台一个暂行规定，修订破产财产的分配次序。经国务院批准的《关于在若干城市试点国有企业破产有关问题的通知》，其中最重要的一点是，破产企业的土地使用权出让所得优先用于破产企业职工的安置。这就为每年国家拨出一定的冲销呆坏账的额度，在试点城市开展"有计划的破产"创造了条件。

第六，建立社会保障制度。沈阳国企职工说，"进了工厂的门，就是国家的人"。就是说当时职工没有社会保障，依托的是企业保障，因此职工只能进不能出，没有流动性。进入90年代中期转向买方市场，企业亏损，停工、半停工，发不出工资等状况日益严重。面对严峻的形势，镕基副总理明确提出企业要减人增效，恢复企业活力。要使员工可进可出，必须由企业保障转向社会保障。为此，几乎从零开始建立三条社会保障线：最低生活保障、国企职工养老保险和失业保障。

此外，还有一个情况需要说明一下。1993年底，开始酝酿选择100家企业进行建立现代企业制度的试点。在100家试点企业中，经贸委负责70家，体改委负责30家。从经贸委这边的情况看，试点遇到的第一个问题是，国有企业不知道谁是自己的老板。试点是要按照1993年底公布的《公司法》进行股份制改制，而企业都是按照原来《企业法》登记的。要转成股份制，必须要有一个出资人，或者一个出资人机构，但是，企业找不到，不知道谁是自己的老板。国有企业和政府部门只有行政隶属关系，没有清晰的产权关系。怎么办？很多企业说，那就这样吧，自己当自己的老板。那个时候，你要把出资人机构搞清楚，整个试点工作就要全停下来，什么都动不了。而且，所有者问题又特别敏感，你要让中央来做决定，短时间内是做不出来的。当时，只能在这种条件下去做一点儿事，成效是有限的。最后，多数试点企业选择了国有独资的企业形式，只有少数企业吸收了外来的投资人，搞成有限责任公司，当然上市的股份制企业就更好一些。

三　国有经济的战略性调整

20世纪90年代中期，随着社会主义市场经济体制框架的逐步确立和现代企业制度的建立，出现了一批有活力、有实力、在国内外市场上颇有声誉的国有大中型企业。但与此同时，有相当数量的国有企业机制不活，效益不高，负担过重，处于十分困难的境地。在大规模投资建设搞了若干年之后，整个经济状况已经发生了变化，由短缺开始转向过剩，包括轻工纺织，也包括一些基础制造业。企业没有产业升级和创新意识，依然延续扩张产能的老路，造成恶性循环。在这种情况下，企业的状况急剧恶化，亏损大幅增长。为此，由国家经贸委牵头，进行了一些改革探索，为国有经济的战略性调整创造了条件。

"优化资本结构"城市试点

优化资本结构试点是指以城市为依托，以搞好国有经济为目标，发挥城市的综合功能，配套改革，统筹治理。1994年初，国家经贸委会同国务院九部委提出优化资本结构城市试点建议，得到国务院原则肯定。6月24日，李鹏总理主持国务院第35次办公会，决定将优化资本结构试点列为国有企业改革四项试点工作之一。

8月2日，在国务院会议上，原则同意经贸委等提出的优化资本结构城市试点的方案。主要是以试点城市为依托，在推进企业转换经营机制的前提下，在补充资本金、加快技术改造、减轻债务负担、分流富余人员、实施破产等方面实现重点突破。国务院责成经贸委联合国家计委、财政部、劳动部、中国人民银行、审计署、国家税务总局、国有资产管理局、中国工商银行等9个有关部门共同提出试点方案。从1994年下半年开始，进入试点的城市有18个；到1996年初，扩大到50个大中城市（最后扩大到了118个城市）。

1996年3月，在新进入的32个城市领导的研修班上，我做了一个报告。其中，特别讲了深化国企改革的思路，必须调整的问题和试点的做法。

一是由注重搞好每个国有企业转向搞好整个国有经济，这是搞好国有企业思想认识上的一次解放，工作上的一大进步。从"一厂一策"地搞好单个企业，到"连环解困"，再到国有企业的整体优化；从对所有国有企业的"普度众生"，到集中精力抓"关键的少数"，再通过优势企业采取联合、兼并、收购等方式重整劣势企业。也就是更加注重把单个企业放到区域经济中去考虑，决定哪些企业要扶持，哪些企业要调整，哪些企业要淘汰。

二是由注重减税让利转向优化资本结构，使国有企业改革进入更高的层次。我国国有经济的特点是存量巨大，但结构不合理。这是造成国有企业低效率的重要原因。从对各类企业轮番减税让利的政策调整，到以城市为中心优化国有资本结构，搞好国有企业的工作走上了更多地运用符合市场经济的方法、手段，优化国有资产配置，提高国有资产存量配置效率的轨道，从根本上改变国有企业的低效益问题。

三是由以企业为对象的改革，发展到以城市为依托，发挥城市优势进行综合治理。改革发展到今天，再就企业改革谈企业改革已难以奏效，企业所面临的几乎都是深层次问题，如结构调整，政企分开，企业国有资产管理、运营、监督体系的建立，培育要素市场，投融资体制改革，建立健全社会保障体系，等等。这说明企业自身的改革与各项配套改革的关联度已明显增大，必须把企业改革和相关改革作为一个整体来推进才能奏效。城市作为一级政府和财政，有能力在权限范围内创造改革的良好气氛，使试点工作可以上下联动，横向交叉，配套推进。

四是由注重挽救国有企业转向推进优胜劣汰。解决国有企业的结构性矛盾有两种办法，一是扭转企业的亏损，二是消灭亏损企业。应当说这两种办法同样重要，到底适用哪种办法，要因企业而宜。对于那些已经丧失了市场的企业，政府再用任何传统办法挽救都是无济于事的，应当转向重点扶持优势企业，使它们形成新的生长点，成为结构调整的主力，为那些特困企业的被兼并和破产创造条件。

五是实现优化企业资本结构和国有经济资本结构的目的。以城市和当地政府为依托，从企业内部和外部双管齐下，推动转机建制，优化企业和国有经济的资本结构，是国有企业进入市场的一条必由之路。

优化资本结构城市试点工作的具体做法有以下几点。

"增资"。多渠道增加国有企业的资本金和生产经营资金，减轻企业不合理的债务负担。通过制定有关政策，一方面鼓励企业自觉建立多渠道增补生产运营资金的机制，另一方面抓紧探索建立和完善国家对国有企业的资本金注入制度，为建立现代企业法人财产制度奠定物质基础。以上海市为例，在增资减债方面总结出"六个一块"的思路，即"主体多元吸一块，存量盘活调一块，债权转股换一块，兼并破产活一块，企业发展增一块，政府扶植补一块"。通过"六个一块"，1995年上海市国有工业企业的资产负债率从80%降至73%。

"改造"。把企业改革与技术改造有机结合起来，在推进企业经营机制转换的同时，推进企业技术进步，加速结构调整，促进产品升级换代，使企业获得成为市场竞争主体的技术保障。在改造方面，试点城市或制定城市企业技改规划，或制定技改纲要，将技术改造资金向城市的支柱产业、骨干企业、拳头产品倾斜，培植新的经济增长点，带动了城市工业结构的调整。

"分流、分离"。即分流企业富余人员，分离企业办社会职能，抓紧社会保障体系的建立，创造条件逐步减轻企业办社会负担。作为政府，要致力于建立和完善社会保障体系，逐步实现离退休和失业职工的社会化管理；要创造条件分步接收企业的各项办社会职能；要大力培育劳动力市场，实施再就业工程，并积极探索通过发展中小企业增加就业机会的可靠途径。试点城市在分离企业办社会职能、分流富余人员方面各具特点、形式多样。一是开发新的生产项目，兴办各类企业；二是企业间劳务输出，调剂余缺；三是新建企业优先招收老企业富余人员；四是鼓励职工自谋职业，实行离厂谋职、厂管养老或重新就业；五是对年老体弱职工提前厂内退养；六是分流到社会，进入劳动力市场，参与社会调剂。

"兼并、破产"。破产指对资不抵债、不能清偿到期债务的企业依法实行破产，推动优胜劣汰机制的形成。相对于破产而言，兼并引起的社会震动较小，银行的损失也较小。通过大力推进和规范运作兼并破产，使优势企业得到低成本扩张，困难企业找到最现实的归宿，使国有资产存量在流动中实现优化配置。以上海市为例，按照有所不为才能有所为的原则，把企业兼并与城市的改造规划和实施经济发展战略相结合，与突破地区局限、重构合理的产业结构和企业组织结构相结合，与充分重视产品品牌和企业声誉相结合，与资产重组和国有资产保值增值相结合，提高了国有资本对社会资本的调动力和渗透力。

实践证明，优化资本结构城市试点工作的收效显著。仅以第一阶段试点为例，截至1995年底，在增资减债方面，18城市共增资减债100.99亿元。在改造方面，18城市技改投资总额820.39亿元。在分离分流方面，18城市共分离学校、医院、托幼园所等非生产性机构4218所，分流富余人员

140.67万人。在兼并破产方面，18城市共兼并企业336户，共依法裁定破产终结企业103户，已核销呆账8.16亿元，占需核销呆账总额的33.61%。除了这些具体成绩，尤为重要的是，试点为我们找到了一条符合市场经济、搞好国有企业和国有经济的可行之路，并在此过程中更增强了大家对建立社会主义市场经济体制的信心。

减人增效，实施再就业工程

兼并破产是使国有企业走出困境的一种途径。企业有兼并破产，职工就有下岗分流。1998年3月朱镕基同志在辽宁考察时，就国有企业"三年脱困"问题所指出的办法，其中之一是要推动兼并破产，实施再就业工程，减人增效。

在深化国有企业改革的实际工作中，我们深切地感受到，这是振兴国有企业的一个前提条件和一条根本途径。部分职工下岗、再上岗是经济结构调整时期必然经历的过程。做好下岗职工基本生活保障和再就业工作，是实现党中央、国务院关于大多数国有大中型企业"三年脱困"的一项关键性措施和重点工作，关系国有企业改革的成败。

1998年5月，中共中央、国务院在北京召开国有企业下岗职工基本生活保障和再就业工作会议，部署国有企业下岗职工基本生活保障和再就业工作。6月，《中共中央、国务院关于切实做好国有企业下岗职工基本生活保障和再就业工作的通知》下发，规定此项工作由劳动和社会保障部、国家经贸委组织实施。接到任务后，我们预感到这项工作将会极其艰巨。当时，全国范围内已经属于挽救无望的企业大约有15000户，如果加上其他尚有希望企业的下岗人员，共涉及1200万人左右。这么多人员，如何实施下岗分流、减人增效，推进再就业？这个"马蜂窝"怎么捅，捅出了问题可怎么办？

有一次，我到辽宁调研。省经贸委同志介绍，沈阳市下岗职工108万，每个员工只拿到8000元的补贴。国家经贸委企业司副司长宋毓钟带队到辽宁省杨家杖子矿务局协调企业破产的事。会议结束后，一出门，看到40多名职工齐刷刷地跪在地上，一双双无望的眼睛看着他，他们不知道下岗后如何面对未来。我们这位司长见状，眼泪也哗地涌了出来。这只是当年艰难改革的一个缩影。各地不断传来的一些情况，使我深感国企改革、结构调整真是一场波澜壮阔的革命，国有企业职工付出了巨大的代价。但不改革没有出路，必当迎难而上。

竞争的机制就是催生催死的竞争，既有的产业和企业结构已经不能适应发展的形势，试点城市在可控的情况下推进，通过企业的兼并破产实现结构优化，是现实的正确选择。试点的成果应当是建立和不断完善企业有生有死、职工能进能出的机制。为此，国家经贸委特别注意把下岗职工基本生活保障和再就业工作放在突出地位，强调优化资本结构试点必须与优化劳动力结构相结合，开展减员增效必须与切实保障下岗职工基本生活相结合，在编制1998年全国企业兼并破产计划中，我们提出兼并破产计划与职工再就业计划两个计划同时编制，同时上报，同步审核，同步实施。再就业计划不完善的，兼并破产计划不受理、不审批；再就业计划落实不好的，银行不予核销呆坏账。

同时，经贸委党组认真研究了各地试点情况后提出，要把工作重点放在企业，把中心建在企业，把政策落实到企业。把充分调动企业和职工做好再就业工作的积极性，作为经贸委推动再就业工作的关键环节。具体从六个方面开展：一是督促、指导企业按照"积极稳妥、量力而行、突出重点、加强调控"的指导思想制定下岗分流计划，建立职工下岗申报备案制度。二是指导、帮助企业建立、完善再就业服务中心，规范职工下岗程序，确保下岗职工基本生活，促进再就业。三是督促、检查企业和有关方面按照"三三制"原则落实资金。四是指导和督促试点城市兼并破产、减员增效计划与再就业计划同步实施。五是指导企业加强职工思想政治工作和做好舆论宣传工作。六是教育督促企业领导班子秉公办事、廉洁自律、和群众同甘共苦。

上述措施中，建立再就业服务中心，是保障国有企业下岗职工基本生活和促进再就业的有效措施和基本组织形式。一方面，再就业服务中心既是在社会保障体制还不健全的情况下，创造出来的一种现实可行的保障方式和与未来社会保障方式相衔接的桥梁；另一方面，也是企业与职工建立新型劳动关系，通过市场配置劳动力的一种过渡形式，是减轻国有企业的负担，建立规范的用工制度，引导下岗职工适应市场就业机制的重要措施。

1998年7月上旬，经贸委在上海组织河北宣钢、沈阳黎明、金川有色、宜兴陶瓷、马鞍山钢铁、江汉石油、二重、云锡等130户困难大、人员分流任务重的国有大中型企业负责人参加培训。通过学习《中共中央、国务院关于切实做好国有企业下岗职工基本生活保障和再就业工作的通知》精神、学习上海在建立再就业服务中心中的经验等，真正搞清中心的性质和任务，企业为什么要建中心，如何建中心，如何管理和运作，如何保证中心充分发挥保基本生活、促进再就业的功能。

根据上海和试点城市的经验，我们进一步提出，再就业服务中心的运作要把握好九个要点。（1）建立中心的组织机构，企业领导班子中必须有人负责。（2）积极稳妥地制定下岗分流计划，制定分流方案。按规范的职工下岗程序操作，不得夫妻双方同时下岗。（3）建立下岗职工申报制度，按照当地政府的要求，及时向有关部门办理申报手续，接受有关部门的工作指导。（4）企业、中心要与下岗职工签订协议，明确各方的责任和义务，规范各方的行为。（5）落实人员，要派有工作经验、责任心强、热心为职工服务的专职人员从事中心管理工作（上海的经验是每30～50位下岗职工配有1个联络员或辅导员）。（6）发挥党、团和工会、职代会作用，认真做好思想政治工作，做到"无情调整，有情操作"。（7）明确资金来源，理顺资金渠道，确保资金及时足额到位，中心管理费用和工作人员开支不得在下岗职工基本生活费中列支。（8）根据劳动力市场的需求，组织下岗职工参加再就业指导和再就业培训。（9）与劳动力市场保持联系，多方面寻找和开拓就业岗位，帮助下岗职工再就业。

截至1998年7月上旬，全国已建再就业服务中心7214个，其中试点城市6118个，占85%。另外，到1998年上半年，全国下岗职工数为11.6万人，其中进入再就业中心的有7万人，占下岗总人数的60%。

在推进再就业过程中，通过实行减人增效、下岗分流、再就业中心、基本保障线政策等务实有效的措施，托管、安置1000多万下岗职工。在社会保障制度尚不健全的情况下，开始建立国有企业职工可以流动的机制。在这一过程中，我们也更加深刻地认识到，分流富余人员不仅仅是解决历史包袱，而且建立了企业能生能死和职工能进能出的流动机制。这是经济和企业活力的源泉。在传统体制下，由于缺乏人才流动机制，许多人的潜力和聪明才智不能充分发挥。因此，下岗分流、减员增效，推进再就业工程，绝不是一项简单的救助性慈善事业，而是一项影响深远的战略工程，最终形成通过市场配置劳动力的机制，使企业能够根据生产经营的需要来决定用人数量和调整职工队伍结构，使职工能根据自己的特长、能力来选择自己最能发挥才能的岗位。

抓大放小：放开、放活国有中小型企业

90年代中后期，全国各地的中小型国有企业自发地搞起了产权制度改革。对此，中央领导同志很关注，担心国有资产流失，职工利益得不到保障。其中，山东诸城的做法极为突出。因为这一改革涉及了最为敏感的产权问题，看法各异、褒贬不一，诸城的一把手陈光还被人戏称为"陈卖光"。诸城改革究竟是好是坏，可行还是不可行，引起了国务院领导的注意。

1996年3月，朱镕基同志带领我、体改委洪虎副主任、财政部张佑才副部长、证监会周正庆主席、工商银行刘廷焕副行长等政府部门领导和吴敬琏、张卓元等经济学家到诸城调研。

诸城是潍坊市辖内的一个县级市。我们通过调研了解到，1992年，陈光担任诸城市市长时，该市企业存在的问题确实严重。（1）企业大面积亏损。全部150家独立核算的国有企业，有多达103家明亏或暗亏，亏损额高达1.47亿元。企业资产负债率高达93.5%。（2）全市财政收入增长缓慢。1992年只有1.09亿元，与1980年相比平均每年增加不到600万元。（3）政企不分，企业自主权不落实。政府对国有企业承担无限责任。这种情况下，陈光决定把这些企业卖给职工。在之后的三年左右时间里，陈光通过出让产权、破产等多种形式，将全市近300家乡镇办以上国营或集体企业通通出售给了职工个人，"陈卖光"也因此得名。三年间，诸城市改制企业的状况明显好转，1995年基本扭转了亏损局面。1992年大型企业1户，中型企业7户。利税过千万的企业1户。到1995年发展到大型企业7户，中型企业25户，利税过千万的企业12户。

3月22日、23日，我们在诸城看了几家企业，开了一天半的座谈会，一边听市领导和企业的汇报，一边提问题与他们考论。当时，朱镕基请山东省地市一些干部第二天到诸城来，和国务院调查组的人开会。为了准备第二天的会议，在朱镕基的主持下，3月23日晚，我们调查组连夜先开了个内部会。镕基同志要到会各位对诸城做法分别谈看法，开展讨论。会上，大家对国有企业按净资产转让，对股份制、经营者和员工持股基本肯定；但是，对大股和小股占比过大，对股份合作制等还有些分歧。大家都认为，这作为多种形式中的一种探索，是应当肯定的，诸城的做法是基本成功的。如果各地都能做到，企业有了活力，政府放下了包袱，解决了我们国家的一个大问题。内部会结束时，朱镕基指定由我和吴敬琏在明天的会上发言，其他人做补充，他最后讲一讲。

在第二天的发言中，我根据内部会的讨论精神，主要谈了如下几点。

第一，诸城市在搞好国有企业方面进行了大胆的探索，取得了可喜的进展。三年来，诸城国有企业活力有所增强，经济效益明显提高，财政收入增加，职工生活改善。按小平同志"三个有利于"的标准来看，诸城搞好国有企业的工作是有显著成效的。

第二，诸城搞好国有企业的工作进一步证明了党中央、国务院一再肯定的采取"三改一加强"（改制、改组、改造和加强管理）综合治理的办法，是搞好国有企业的基本途径。从诸城企业汇报的情况来看，那些变化大、搞得好的，实际上还是靠采取企业的综合措施取得的。那些用一种办法、一套模式、"一抓就灵"式地解决企业所有问题的想法只能是一种幻想。"三改一加强"不是孤立的，而是相互联系、不能相互替代的。国有企业有机制问题，要靠改革生产关系来解决；有结构问题，要靠调整来解决；有发展问题，要靠投入和改造来解决；有负担问题，要以企业为主，多方消化来解决；有管理问题，要靠改进和加强基础工作，提高管理和经营效率来解决。其中企业改革要解决生产关系问题，对搞好国有企业有特殊重要的作用，是解决其他问题的重要基础，但它也不能代替其他方面的努力。

第三，深化国有企业改革，要采取多种形式，重点在于机制转换，方向是建立现代企业制度。建立现代企业制度有一个过程，各个企业要根据现阶段生产经营的处境和发展阶段选择适当的形式。对国有小企业来说，股份合作制是一种改革实践的创造，比较适合目前我国小企业生产力发展水平，是小企业转制中的一种重要形式，但也不是唯一的形式。总之，改制的形式可以多种多样，改制的时间可以有先有后。企业改制时重要的是在三个方面下功夫实现机制转换：一是政企分开，建立自负盈亏机制；二是进入市场，形成优胜劣汰机制；三是有效监督，建立能筛选管理者、制止错误决策的机制。

第四，放开放活国有小企业对县市经济具有重要意义。在社会主义市场经济条件下，小企业的地位和作用越来越突出，它是大型企业所无法替代的。去年中央经济工作会议和十四届五中全会明确要求，搞好大企业，放活小企业。从某种意义上说，在社会主义市场经济体制下，大企业代表国家的经济、技术实力，但小企业却创造了市场的活力，二者相辅相成，形成合理的企业结构。

第五，进一步深化改革，不断完善。诸城在搞好国有小企业方面取得很大进步，但工作还没有终结，有一些还需完善，有一些还需要看一看它的发展，再来总结经验。其一，培育企业和职工的风险意识。绝对不能再是盈利时自己分红，亏了找政府，这样才能有强烈的主人翁意识、竞争意识、参与意识和监督意识，这是新体制、新机制发挥作用的基础。其二，不断完善股份合作制的治理结构，探索股民的权利如何发挥作用而不流于形式，真正形成对管理人员的筛选机制和对错误决策的阻止机制至关重要。其三，落实债务责任，处理好积累与分配的关系。现在还是创业阶段，还没有完成原始积累。可以考虑在企业资产负债率降到正常水平（50%～60%）之前，勒紧腰带不分红利或少分红利。其四，向职工转让国家所有者权益收入的使用问题。转让收入由市国资局上收，再以财政贷款方式借给企业的办法不符合国家政策。这些小企业负债率很高，技术改造欠账，流动资金短缺，改制中职工的投入以转让收入形式全部收走，改制中企业并未取得资金增量。这对企业走上良性循环很不利。较好的办法是国有资产仍留在企业，职工的投入作为扩股。其五，社会保障体系要进一步完善。小企业风险大，改制后，政府不再包揽职工的一切，尽快完善社会保障体系至关重要。

1997年，江泽民在党的十五大报告指出："逐步消除所有制结构不合理对生产力的羁绊""国有经济比重少一些，不会影响我国的社会主义性质"。在国有经济结构调整中，集中力量抓好国有大中型企业，放活小型企业，从而把整个国有经济搞好，是一项重要决策。随着企业改革的深化，"抓大放小"作为一个方针得到了肯定，各个城市采取多种形式放开搞活小企业的工作迅速展开。

到 1998 年，全国国有工业企业共近 7 万家，其中有 5 万多家是小型企业，如果国家将它们都"抱在怀里"，搞不好大家就会死在一块。从诸城的中小企业来看，去除债务和扣除社保欠账，每个企业的净资微乎其微，继续留在国有企业之列，掌握在政府手中已经没有必要。采取多种形式将大量小企业放开放活、走向市场是一项正确的决策。"放小"并不是甩包袱，而是为了"放活"。放活企业、放活市场经济，保住和增加就业岗位。

从"管企业"到"管资本"

1998 年，我离开国家经贸委，到国务院发展研究中心任党组书记、副主任，负责产业发展与企业改革的政策研究工作。因此，我的主要精力仍然放在国企改革和国有经济的问题上。

90 年代中后期，通过抓大放小、企业转制等有效措施，国有经济在一般行业大幅度退出，向基础设施、基础原材料、能源、重要服务业、重要制造业集中，取得了较好的成效。通过大规模投资，仅仅用十几年时间，就为我国工业化奠定了较好的基础。但是，迄今为止，在产业领域实物形态的国有企业仍是国有经济的主要实现形式，政府作为市场的监管者，同时拥有、管理和控制着庞大的国有企业群，这就造成政府不独立、企业也不独立，国有经济总体效率较低。这已经成为企业改革和经济体制转型诸多矛盾的焦点。为此，国有企业改革的主导方面应当由针对国有企业自身，转向在国家层面推进国有资产的资本化。国有企业再改革的命题不是政府机构如何改进对国有企业的管理，而是由"管企业"转变为"管资本"。

实际上，自 1993 年提出建立现代企业制度以后，国有资产管理体制改革的问题始终是人们关注的焦点。由于这是一项涉及社会主义市场经济体制最深刻的改革，党中央、国务院始终采取非常慎重的态度。在我们组织现代企业制度的试点的时候，遇到了一个很难绕过去的困难，就是试点企业找不到谁是自己的老板。为了把试点试下去，就出现了一个"授权经营"的概念，就是授权大型国有企业代表国家履行所有权。这样，试点企业重组核心业务和优质资产成立公司，到资本市场上市。未经改制的"母体"则成为具有控制权的股东。这条路已经走通，各个试点企业纷纷效仿，很快成了一种模式。90年代中后期，中国资本市场有了较快发展，很多企业就是这样上市的。但是没过几年，进入新世纪，资本市场反应强烈，就是控股股东与上市公司财产关系不清、高管交叉任职、控股股东通过关联交易掏空上市公司。

实践证明，这是一种旧体制控制了新体制的改制模式。作为控股股东，它背着冗员、不良资产、债务和办社会职能的包袱，但解决这些包袱的资源都在上市公司。因此，便通过母公司与上市公司高管人员交叉任职、关联交易等手段，从上市公司获得特殊好处。这种转嫁历史包袱的做法，使母公司的股东代表很难成为追求投资回报"真股东"。存续母体通过各种渠道将旧的体制因素不断向上市公司输出，造成治理结构扭曲，偏离建立现代企业制度的初衷。

早在1993年党的十四届三中全会提出："对国有资产实行国家统一所有，政府分级管理，企业自主经营的体制""积极探索国有资产管理和经营的合理形式和途径"。1997年党的十五大报告提出："建立有效的国有资产管理、监督和运营机制"。1999年党的十五届四中全会《中共中央关于国有企业改革和发展若干重大问题的决定》提出："国家所有，分级管理，授权经营，分工监督"。这些表述很严谨，但不能落地。在国企改革的三个关键点中，国有资产实现形式的转换和管理体制的改革相对落后，制约了改革的进一步深化。

2001年10月，中办通知我参加11月15日江泽民同志召开的座谈会，主要是听取进一步深化改革的意见。经过反复考虑，我写了一篇《关于深化国有资产管理体制改革》的发言稿，对这项改革的紧迫性、改革应实现的目标、改革方案应注意的问题提出了我的意见。

我讲了三个问题。第一，国有资产管理体制是影响改革全局的一个关键。重点讲了能否通过一套国有产权管理体制的安排，既保持国有资本最终国家所有，又能够造出千万个独立的市场主体，保障市场在资源配置中的基础性作用，这是国有经济与市场体制能否结合的一个关键，是社会主义市场经济体制能否建立的一个重大问题。第二，国有资产管理的体制框架。我提出这个框架应该分为三个层次,第一层是在政府层面设立"国家股权行使机构",核心是行使公共职能的政府部门与行使国家所有权职能的部门要分开,使各自有明确的行政目标和准确的功能定位,即"政资分开"。第二层是设立国家投资控股公司和授权投资的机构。与上一层次的行使国家所有权职能的部门实行所有权与经营权分开。第三层是公司制企业,按《公司法》与授权投资机构实行所有权与经营权分开,在财产关系上隔断与政府的关系,使其成为独立的法人实体和市场竞争主体。第三,需要澄清和进一步研究的八个问题。如分级管理与分级所有、在建立新体制时老职工社保欠账问题、出资人权能必须由统一的机构集中统一行使、企业党组织的定位和作用、强化对法人财产权和私人产权保护等。

2002年,江泽民在党的十六大报告中提出,建立中央政府和地方政府分别代表国家履行出资人职责,享有所有者权益,权利、义务和责任相统一,管资产和管人、管事相结合的国有资产管理体制。这就使国有资产管理体制改革具有了可操作性。

十六大之后要召开二中全会,为新一届政府机构改革做准备,我参加了文件起草工作。其中,关于设立国资委是大家关注的重点。大家反复研究十六大报告中的那一段文字,讨论这个机构的属性、职能、定位和未来的可操作性。考虑到顶层国有企业整体改制还需要一个过程,国资委一步就做到"出资人"是不太可能的,需要一个过渡。那么,国资委算是怎样的一个机构?最后,家宝同志说:就叫"特设机构"吧。

2003年,政府换届时设立了国有资产管理委员会,集中统一代表国家履行出资人职责。这是中国经济体制改革新的突破,是国有企业改革新的一个亮点。按照十六大的规定,国资委代表国家"履行出资人职能"。但在顶层国有企业尚未进行整体改制的情况下,国资委面对的还是企业,管理对象还是企业。"管资产和管人、管事相结合"很容易异化为管企业。后来,银行改革走在了前面,成立了汇金公司作为持股机构,履行出资人职能,各大银行进行了整体改制。当时,我很希望国资委能以较多的精力创造条件推进央企的整体改制,由管企业转向管资本,履行出资人职责。但由于种种原因这一进程进展缓慢。从中央到地方各级政府承担着公共管理职能,又直接管理着一个国有企业群,实质上很难公平对待各类所有制企业。

2010年，中国政府与世界银行商定设立一个"中国发展2030年"的合作研究项目，中方由国务院发展研究中心负责。2011年底，我们完成了报告，征求有关部门意见，其中国企改革部分引起很大争议。实际上，类似的争议在社会上也有。我的判断是，一段时间以来，国有企业改革进入低潮，对国企改革正面的讨论少了，可是一些疑惑和担心在流传，国有企业也非常困惑。其中有一些是观点的争论，也有不少是概念上的含混。2012年，在十八大即将召开之前，澄清那些似是而非的概念，有利于解放思想，推进改革。为此，我罗列了11个问题，一个个阐明我的观点。

文中，我最想表达的意思是，目前的掣肘在于国有资产实现形式没有资本化，"顶层"国有企业没有进行股份制改制，所有权与经营权没有分离。应改革国有资产实现形式，利用公司制度的特点，"解放两个自由度"，使国有资本具有流动性；保障企业自主经营，做强、做大。国有经济的结构调整，不是以行政的力量改变一个个企业的业务结构，而是国有资本布局的动态优化。关键要使国有资本具有流动性；企业制度创新进一步要做的是使国家所有者转变成股东，将"顶层"国有企业改制成股权多元化的公司。这两方面的改革聚焦到一个点上，就是必须使国有资产资本化，由国有国营转向股份制。随着改革形势的发展，国企改革的主导方面应当及时转向由国家寻找能促进生产力发展的国有资产资本化的管理形式。

温家宝总理看后批示：可供文件起草同志参阅，择机公开发表。2012年5月，《财经》杂志在刊登这篇文章时，标题定为《国企改革转入国资改革》，抓住了我最想表述的要点。6月4日，《人民日报》刊出的标题是《超越争议 公平竞争》，也切中了当时的要害。我的想法就是要超越争议，坚持公平与效率优先的原则。在我看来，争论"国进民退"还是"民进国退"是没有意义的。在法律规定范围内的各类资本都是国家发展的宝贵资源，都应当受到公平的保护和享有平等的竞争地位。作为执政的党和政府，追求的是所有资本、资源都能最大限度地发挥潜能，把经济总量做得最大，而不是谁进或谁退。争论的焦点应当是竞争的公平性。人为地认定各类所有制成分在经济总量所占的比重和由哪种所有制成分保持绝对控制，违背了公平与效率原则。除少数极特殊领域外，各类企业所占比重应当是市场竞争的结果，高一点、低一点是动态的，无须特别关注。不能将人为规定的各类所有制所占比重放到超越经济发展的高度，不惜扭曲市场、降低效率，刻意实现。

政府对一些行业设定行政性垄断，给部分国企垄断地位，一个重要的理由是，国企社会责任意识强，便于政府控制和实现政府目标。这就成了限制竞争和排斥民营经济的重要根据。因此，实践中出现了三个问题：一是把国企作为调控经济的工具，给它设定多元目标，无规制地进行干预，使企业无所适从；二是行政性垄断造成政府与企业关系扭曲，市场规则被破坏，不仅降低了整体经济效率，而且成为社会不公和腐败蔓延的温床；三是通过控制企业，而不是法规和监管实现公共目标，难以取得预期的效果。例如，银行业在高息差的情况下，不断增加收费，遭到社会质疑；电信、广电同为国有垄断，但"三网合一"推进无果，政府深感无奈。客观地讲，责任并不在企业，而是这种制度设计有违经济规律。今天，形势已经发生了很大的变化，政府有足够的对全局产生影响的间接手段调控经济。除极少数领域外，已没有必要把国有企业作为发展经济的抓手、调控经济的工具，以干预微观来调控宏观。

时至今日，尽管国有企业改革已经取得了很大进展，但改革仍在路上。改革开放40多年来，中央对国有企业改革的重大理论创新和指导方针是完全正确的。当前，正在进行的深化国有企业改革的探索，将为体制转轨、实现可持续发展进一步奠定基础。

我与中国企业联合会的 40 年不解之缘*

（2019 年 4 月 9 日）

中国企业联合会成立 40 年，我和中国企联的情缘也差不多 40 年，准备这个讲话的时候，我回顾了一下在不同阶段和中国企联的情节，感到很温暖，也很亲切。

第一阶段，中国企联成立的时候我在二汽。改革开放之后，企业的承包制调动了企业的积极性，整个局面都在发生变化。但并不是一包就灵，计划思维和苏联的那一套企业组织、企业管理模式太落后了，效率很低，缺乏活力，没有创新，却根深蒂固。

1982 年之后，我从技术岗位到了总厂的领导岗位，就转向了管理。二汽的高层都感觉二汽的潜力很大，就像是有一座金山，但是挖金山没有利器，没有好的工具，效率很低。所以当时我深深地感觉企业组织管理必须要改，想改、要改却不知道怎么改，因为那个时候还比较封闭。

当时中国企业联合会就成了我的"启蒙老师"。刚才张彦宁同志介绍了，袁宝华等同志到日本等地考察之后，中国企联就开始推进学习日本的全面质量管理（TQC）经验，我们都去参加培训。另外在专业厂搞试点。同时在企业之外发展横向经济联合，推动企业的专业化生产，感觉整个企业管理面貌慢慢开始发生变化。这个起源、启蒙老师就是当时的中国企业联合会。

到了 20 世纪 80 年代中后期，二汽已经开始走向市场，由一个完成国家计划的生产单位，转变成市场化的经营开发型企业，而且二汽当时有 8

---

* 中国企业联合会前身是成立于 1979 年 3 月 3 日的中国企业管理协会，首任会长是袁宝华同志。本文是作者以顾问（原副会长）身份出席中国企业联合会成立 40 周年座谈会上的发言，原载于 2019 年 4 月 9 日的《中国企业报》。作者曾于 1988 年荣获首届全国优秀企业家称号。

万人，下面有 36 个专业厂，这么大一个企业到底怎么转呢？我心里面没有谱。当时我就找到了中国企联下面的中欧培训中心，中心的主任是一位欧洲人，我和这位主任进行了两次长谈，这两次长谈对我们之后制定企业的改制方案有很大的帮助。影响企业发展全局的一件大事就是社会上一段时间把承包制绝对化，认为承包制可以横向无边、纵向无底，这个舆论的社会影响力很大。二汽内部一度也实行了分层经营承包责任制，专业厂对总厂承包，一层一层承包，不仅承包还要经营，实行之后很快出现很大的问题，但是泼出去的水怎么往回收，企业内外阻力非常大。我收集了很多资料，做了很多分析，最后找到国家经委，找到企联，我向袁宝华同志汇报，向朱镕基同志汇报，听取他们的意见，帮助我们分析。实际上二汽这种内部承包的转型惊动了国务院领导之后才得到解决。我很荣幸，1988 年我荣获了国家经委中国企业联合会（时称"中国企业管理协会"）和中国企业家协会颁发的首届全国优秀企业家奖。

1992 年之后，王忠禹等同志到国家经贸委工作，我分管企业管理工作。而在这个岗位上我又和中国企联交流，我所管辖的很多工作，包括加强企业管理、建立现代企业制度调研、加强企业职工思想建设、企业文化建设，等等，都得到了中国企联的大力支持和帮助。另外，袁宝华同志定期要召开一些座谈会，了解企业的情况，我记得当时他发现一个典型案例，那就是一些地方政府为推动企业的重组，管得过多过急，而且脱离实际，搞"拉郎配"，出现了很大的负面效应。袁宝华同志对此提出尖锐的批评，这件事引起了朱镕基同志的关注，为此，我们经贸委采取一系列的措施，才逐步改变了这个状况。

1998 年，我到了国务院发展研究中心，但是企业改革和发展仍然是我非常关注的问题。2005 年，我和中国企联的蒋黔贵与清华大学经管学院的院长联合发起了开展中国式企业管理科学基础研究，主要目的是系统总结改革开放 30 多年来支持中国企业持续快速发展的管理因素有哪些？要提炼企业的成功之道。这项研究的必要性在于，管理有二重性，涉及生产要素配置和生产组织的部分，有较强的科学性、普适性，而涉及一个国家历史、文化道德习俗方面，却体现出很强的差异性。因此，中国模式的管理就是既要接受历史的传承，又要提炼创新；既要引进学习，又不丧失自我，也就是袁宝华同志 1984 年提出的"以我为主，博采众长，融合提炼，自成一家"。我们敢于提出这样一个研究的建议，就是我们已经有了宝钢、海尔等一批成功的案例，有了中国企联多年积累的中国企业现代化管理创新成果案例。这项研究建议得到了时任副总理黄菊的支持，成了在国务院国资委立项，由中国企联、国务院发展研究中心和清华大学共同合作的重要研究项目。这个研究项目 2005 年启动，调动了上百位学界、企业界和政府研究机构的专家学者，经过 6 年多的持续努力，到 2012 年完成了这项学术工程。它的成果包括 9 个管理专题研究报告、35 家企业成功案例，在专题和案例的基础上，梳理提出了 9 个方面的理论研究成果，浓缩了 35 个基本观点及其结论和建议，最后出版了 30 多本系列图书，为建立中国式企业管理科学开了一个头。

回顾 40 年的经历，中国企联很好地履行了企业之家、企业家之家的使命，是研究企业和企业管理的智库，是企业和政府之间的桥梁。企业改革、企业发展、企业管理是永恒的课题，我也相信中国企联将不忘初衷，做好决策与研究，为我们的国家和社会做出更大的贡献。

两个集体、两个课堂[*]

（2008 年 3 月 12 日）

我 1957 年进入清华，很快加入了校舞蹈队。1958 年我开始参与校学生会和文艺社团的工作，1959 年我被选为校学生会副主席，主要联系校文艺社团，开始了学生半脱产的生涯。1964 年 2 月毕业留校，进入校团委，在学习劳动部，成了教师半脱产，直至 1970 年离开清华到第二汽车制造厂。

我在清华学习和工作了 15 年。可以说前一半是学生半脱产，后一半是教师半脱产，基本没有离开校团委范围的学生工作，也没有离开我热爱的汽车专业。

那时，清华全校的学生工作是在党委领导下，主要由校团委进行的；学生会在团委领导下，是团委工作的一个重要方面。而团委和学生会的主要工作人员大多是半脱产的"双肩挑"。相比一般同学，我们这些同学不仅学到科学技术知识，还得到了实际工作和锻炼。回想起来，这段经历对我一生的影响极其深刻，也使我对以蒋南翔校长为代表的清华的育人理念，特别是德智体美全面发展的教育思想有了颇多感受。

1958 年，为了深化因材施教的探索、促进德智体美全面发展和提高文艺社团、体育代表队水平，当时负责学生工作的党委副书记艾知生和校团委提出，文艺社团、体育代表队各优选 100 名左右的学生，集中住宿和活动，单独建立党、团支部，成为这些同学的"第二集体"。这个建议与清华要建立"三个代表队"，即政治代表队（学生政治辅导员）、科技专业代表队、文艺体育代表队的思路完全一致。建议得到了蒋校长的肯定和校党委的批准。这一年的下学期就"集中"了。

---

[*] 2008 年是清华大学校文艺社团成立 50 周年。想当年在一起参与文艺社团筹建工作的郑筱茹等几位老同学见面时提出，应当写一些回忆纪念文章。作者有感而发，撰写了本文。

两个集体、两个课堂

学校党委、团委为文艺社团集中创造了很好的条件。蒋南翔校长、刘冰、高沂、胡健、艾知生等校领导和张慕津、方惠坚、谭浩强、罗征启、单德启等团委领导，对文艺体育这支"代表队"的后续成长倾注大量心血。学校一些重要活动要文艺社团参加，文艺社团节目审查和演出领导们也尽量出席，并提出意见和建议。舞蹈队很多队员的名字他们都叫得出来。实践证明，把文娱活动作为"第二课堂"、把社团作为"第二集体"，在贯彻蒋南翔校长关于又红又专、全面发展，因材施教、殊途同归的教育思想方面发挥了较好的作用。

文艺社团是培养又红又专人才的"第二课堂"。在清华，每个班级的"第一课堂"在传授和学习专业技术知识方面都有良好的传统和保障。但是毕业后每个人对社会的贡献和取得的成就不仅取决于在校的学习水平和专业知识，政治素养、思想方法、共事能力和道德情操往往是更重要的因素。文艺与政治密切相关。清华早年的"民间歌舞社"是在进步学生运动中诞生，在与反动势力斗争中成长的。清华文艺社团集中后，舞蹈队的活动则侧重于在服务同学、服务学校、服务政治的过程中，使队员受到艺术熏陶、接受思想教育和政治训练。队员们在排练"大秧歌""大头娃娃舞""鄂尔多斯"时，就要感受和表现翻身后的人民和少数民族的欢快心情；在学演《大刀进行曲》《红色娘子军》等节目中就会领悟革命英雄主义的气概；在构思、创作《大扫除》《锻炼舞》《实习途中》时必须深入学习党的教育方针，捕捉同学学习和生活中的亮点；为参加人民大会堂纪念一二·九运动的演出，在创作、排演《支持世界革命》舞蹈的过程中，就接受了一次国际主义的教育。舞蹈队员在全国政协礼堂向中央领导做汇报演出后受到周总理的接见，有的同学还和周总理握了手，那动人的场面就好像"周总理就在我们中间"；在天安门广场，舞蹈队员有幸与毛主席、伏罗希洛夫、刘少奇、周总理同一个舞池共舞；如此等等，在每位队员心中留下了永久的记忆。对于二十岁左右的年轻人，这是一种潜移默化、触动心灵的思想政治教育，对我们人生观、世界观的形成都会产生无形而深刻的影响，使我们终身受益。

"第二课堂"是实现因材施教、殊途同归的一条途径。全面发展与个性发展是辩证的统一。每个学生的志向、兴趣、爱好、特长存在很大的差异，学校教育不是消除这些差异。蒋南翔校长提出的"因材施教"，就包含承认个性、尊重个性，引导个性的健康发展，殊途同归，最终走向又红又专的深刻意涵。他强调，总不能把学生培养得"都像从一个模子里铸出来的"。文艺社团活动的宗旨，不是培养专业演员、职业艺术家（尽管清华也曾培养出了曹禺这样的文艺巨匠），而是发掘同学们健康的爱好和特长，使同学们的这些兴趣和才能在得到施展和提高的过程中，提高自身的素养。集中队员在参加文艺活动、接受文化熏陶的过程中培养了朝气蓬勃、健康向上、勇于创新的风格；节目创作时，从内容选择、政策把握到表现形式，这些对同学都是很好的综合训练；在排练和演出时、在参加各种社会活动中见过各种世面，思想更加活跃，政治上更加成熟，培养了同学的社会活动能力。这些都是我们学生时代在走向又红又专的道路上难能可贵的积累。记得1960年前后，关于"红与专"、社团活动与学习的关系，在学校有很大的争论。有人认为文艺活动占用了集中队员的一些时间，必然影响学习。实际上，集中队员在"两个课堂""两个集体"接受教育和锻炼的过程中已经逐渐学会了"弹钢琴"、自己管理自己，大都能做到"拿得起来放得下，坐得下来学得进"。由于把握适度，集中队员的平均学习成绩不仅比全校平均成绩更好一些，而且毕业后成才的也更多一些。正如李政道先生所说，"艺术与科学是一个硬币的两面"，这句话十分深刻地阐明了艺术修养与科学技术的关系、全面发展与专业发展的关系。

文艺社团是提高同学创新能力和工作能力的实践平台。文艺社团是一个在校团委、学生会领导下，以学生半脱产、政治辅导员为骨干的学生自治组织。一般情况下，校团委、学生会的"领导"主要是"指导"。这就给学生干部提供了广阔的实践锻炼的空间。社团团部、党支部和分团委大量的具体工作，大都由学生自己提出问题、研究问题、解决问题并开展具体工作。从文艺创作的政治方向和政策把握、课堂学习与社团活动关系的处理，到一个学期的创作、排练和演出计划制定、各队的业务配合和协调等，对学生干部的政策水平、统筹协调能力都是很好的锻炼。例如，一个成功的创作舞蹈，从选题、构思、思想性和政策性把握、表现形式创新等都要经过同学、老师甚至校团委和党委的审查和认同，这个过程对同学的想象力、创新能力、艺术表现力、政策水平是一次全面锻炼。一个大型舞蹈有几十人，导演这样的节目对同学的现场组织指挥能力和特殊情况下的应变能力是很好的锻炼。舞蹈队是一个缩小了的艺术团体。节目创作、角色分工、导演排练、服装道具、灯光布景、化妆音乐等台前、台后很复杂的谋划、组织、管理、操作都是由同学们自己完成。在这过程中，锻炼了同学们的创新能力、共事能力、组织能力、交际能力、协商沟通能力和办事能力，也培养了埋头苦干精神、集体主义精神和组织纪律性。在这里，同学们较好地接受了"行胜于言"的训练。

一盘未下完的好棋[*]

（2011 年 9 月 27 日）

陈清泰，1937 年出生在北京。按照儿时的心愿，1957 年进入清华大学动力系汽车专业学习。毕业后曾留校任教 6 年。1970 年他请调进入中国第二汽车制造厂。开始，在政工组从事宣传工作。

1971 年陈清泰"归队"，从事技术工作，先后历任产品设计技术员、工程师、总成设计试验室副主任、产品处副处长、二汽副总工程师兼产品设计处处长，1982 年起任二汽总工程师。1984 年 8 月，陈清泰开始担任二汽总厂厂长，1985 年 6 月兼任东风汽车工业联营公司董事长、总经理。

二汽 1969 年建厂，1986 年 1 月竣工验收，前后历经 17 年。建设期间可以以 1978 年作为界点分为两段：前一段是国家投资，全国支援的建设阶段；后一段是自筹资金、量入为出的续建阶段。陈清泰成为二汽"掌舵人"之际，正是这个企业建设期即将结束，面临着向发展阶段转型的时期。他秉承二汽改革的精神，克服工厂内外的种种阻力，调整企业发展战略，明确了轻、重型卡车，以及轿车的发展方向，并在 1990 年代初与雪铁龙汽车公司合作，组建神龙汽车有限公司。

鲜为人知的是，在担任二汽厂长期间，陈清泰把技术研发提到了企业发展的最高地位，首次提出结束汽车产品几十年一贯制的思路，在厂领导班子支持下，推动成立技术研发、技术装备和教育培训三个中心；在企业管理层面，他借鉴外国经验，运用成本、投资、利润三大中心概念，力争将二汽由传统生产型企业转变为现代经营型公司。此外，陈清泰还为二汽确定了走出十堰的"三级跳"战略，为现在东

---

[*] 此文是 2011 年 9 月 27 日《汽车商业评论》刊发的对作者的专访。

风汽车的全国三地布局埋下了伏笔。

1992年离开十堰后，陈清泰不再涉足二汽更名后的东风汽车公司的事务，碍于身份，也很少对国内汽车行业做出公开评价。

闲散时间，他就用另一种方式表达对汽车的感情，他在自家阳台上设置了一个小"车间"，不时动手做一些小"活计"。在单元房的门廊处两个摆满汽车模型的玻璃柜正是他亲手所造。

2011年9月20日上午9时开始，陈清泰在北京家中接受了《汽车商业评论》近7个小时的采访，其间他的夫人楼叙真女士一直陪在左右，追忆着两人从清华大学便开始共同拥有的"汽车记忆"。

楼叙真是陈清泰在清华大学文工团时期就相识的恋人，她早自己的先生一年半进入二汽，曾是二汽的计算中心主任和技术中心主任。文章中除标明她的插话外，其余均为陈清泰本人口述。

很小的时候我就喜欢汽车

我家是从浙江义乌迁到河北丰润的，所以我的籍贯是丰润，但我从来都没有回去过。我1937年6月17日在北京出生，正赶上动荡的时期。我还记得很清楚小孩子们是怎么跟日本人周旋的，向住在胡同里的和站岗的日本人扔石头。

我家曾住在东四十二条，但在分司厅小学上学，所以每天要走很远的路。安定门那边的城墙都是完整的，每天早上打开城门，下午五六点关城门。城的外面有一圈护城河，河边上有环城的铁路。1950年我上了中学，在北京二中。后来我家又搬到北新桥的北边，方家胡同，也得走路上学。

解放前，城里的毛驴车、马车比较多，有骆驼，但比较少，还有有轨电车。抗日战争的时候，街上有一些丰田的卡车，但对轿车没有太多印象。抗战结束后，开始有一些美国汽车，别克、普利茅斯，等等。车从身边开过一点声音都没有，感觉很神奇，所以我对汽车情有独钟。

中学的时候写作文，讲长大后的志愿，我就写了一篇愿意做工程师的文章。我那时最大的理想就是家里能够有一个小车间，能够做我想做的事情，希望将来能够做汽车。我现在有了个小"车间"，平时"没事找事"

地做些东西是我最喜欢的休息娱乐方式。

1956年，考大学的时候，经过学校推荐、个人考试，9月我到了留苏预备部。当时是准备1957年留苏，在预备部主要是学俄语。后来国家考虑到国内的教育条件慢慢有所改善，决定不再派高中生到苏联去读大学，改派研究生，所以我们留苏就停下来了。在留苏预备部一年的后期，经历了反右运动，大字报铺天盖地，课也停了。

留苏预备部结束后，再根据原来的高考成绩重新分配到大学。这样1957年9月我到了清华大学，按我的要求到动力系学汽车专业。原来清华本科是五年制，后来希望加强基础课，就改成了六年制，但我们这个班在过渡期，是五年半。清华设汽车专业学科在全国可能是最早的，孟少农从美国回来就到了清华，我们那时还有宋镜瀛等教授，清华的汽车专业应该是全国最好的，吉林工大这个专业也很好。

清华当时实行学生半脱产的"政治辅导员"制度，一方面希望加强学生工作，另一方面给品学兼优的一部分同学提供一个社会工作的锻炼机会。1958年的时候我就做了校学生会的副主席，这样就把原来的正常课程适度拉长，晚一点毕业，在此期间多做一点学生工作。所以我真正毕业是在1964年2月，毕业时获得了优秀毕业生金质奖章。清华学制长，但各用人单位按毕业年限定工资、分房子。后来学校按入学算，承认我们是1962年毕业。

我进清华不久参加了校学生文工团舞蹈队，后来我做了校文工团政治辅导员、党支部副书记。我夫人楼叙真那时就在舞蹈队。

楼叙真：那时蒋南翔校长提出的方针是：全面发展、因材施教、殊途同归。当时我们文工团、体育代表队骨干的党团关系集中在社团，住宿、食堂也集中，只有上课才回到班里，所以大家感情都很好。

毕业的时候我想去一汽，搞汽车专业我当然还是希望到企业去。但学校一定要我留校，说如果有教师名额就直接留校做教师，如果没有名额，就让我读研究生。这样我就当了助教。助教也是半脱产，一半在清华团委，一半是在教研室。

1966年"文化大革命"期间我到了江西的鲤鱼洲农场，这里是清华的"五七干校"，开始种水稻。江西的血吸虫特别多，很多人都得了血吸虫病，我们搞汽车专业的后来去开拖拉机，算是逃过一劫。

1966年她（楼叙真）毕业，学校在闹革命，无法分配工作。二汽正处于新厂投建，我很想去，但清华的政策是"一个不进，一个不放"。她是学自动化专业的，我们就跑到机械工业部去看有没有到二汽的名额。她要到名额，就先去了二汽。那时候我还在江西，没办法，就一个月给学校写一个报告（希望调走）。直到1969年底，学校通知我从江西回北京，放我去了二汽。

从搞宣传到产品设计

我在宣传组待了差不多一年，经反复要求，1972年到了生产组的产品设计组

二汽当时也是军代表在管理，没有正规的机构，就是三大组：政工组、生产组和后勤组。1970年2月，我到了十堰，结果让我去政工组的宣传组。我当时很郁闷，我到二汽来不是干这个的，还是想搞专业，但人家说已经安排好了，没什么好讨论的，就先去吧。

我在宣传组就是写点文章，跟在清华的时候差不多，写那种假、大、空的套话。我跟宣传组组长说，今天我们所写的这些文字，明天可能就是批判我们的材料。因为写的都是违心的，是违背正常规律的非理性的东西。

当时二汽获批了三个新车型：第一个是两吨半的军用越野车，第二个是它的变形车型，一个民用五吨车型，还有一个三吨半的军用越野车，总共年产10万辆。二汽先搞的是两吨半的军用越野车，在一汽成立了一个设计班子，完全从零开始，自己设计，没有一份外国图纸，没有一个外国人参与，没有一个外国专利。

我在宣传组待了差不多一年，在我的反复要求下，1972年到了生产组的产品设计组。那时在一汽的设计组已经回到十堰，我去了就开始做制动刹车系统，把单管路改成双管路。我们当时叫总成组，后来叫总成科，主要工作有底盘的系统，包括制动系统、冷却系统等；另外还有几个实验室，比如发动机实验室、总成的零部件实验室等。

后来我承担了一些设计实验的任务，其中一个是设计中央充放气系统。它是军用越野车的一个特殊系统，在车辆行驶过程中可以给轮胎充气和放气。这个对越野车的通过性非常重要，比如在爬坡的时候放气，轮胎跟地面的接触面积加大，抓地能力提高，这样爬坡能力就能提高；等到在正常路面行驶的时候，把气充起来，行驶阻力就会减少。总而言之，就是在汽车行进中控制轮胎气压的一套系统。

我负责这套系统的设计，设计的难度主要在于如何保证车轮在转动的时候，充放气的装置不转动。开始的时候我们曾用橡胶来密封旋转，但没有成功，后来上面就决定把这项设计停下来了。据我了解，几年前国内有人搞成了这个事情，我们当时主要是因为密封材料不行，实验资金不够。

大约在1973年、1974年的时候，当时的产品设计组的负责人王汝湜去英国考察，看到了一个在卡车上的放气制动装置，他认为这个还是很有意义的，我们后来是把这个做成了。有了这个装置，停车的时候把气放掉，车轮抱死了，只有通过一种特殊的办法，把锁住的东西放开，它才可以活动，这样是比较安全的。现在很多卡车和大客车都有这个装置，我们当时的研究是国内首创。

后来，我当了总成室的副主任，主任是李瀛寰。我们不断强化试验室的建设，到七十年代后期，开始搞大的总成实验室。那时做实验很痛苦，道路实验一轮跑下来至少要25000公里，有的要10万公里，要选择特殊的路面，比如要有多少山路、多少碎石路，等等。我们在山区找了一段碎石路做实验，结果回来改进之后我们再过去时，人家道路修完了，这样就没有重复性，没办法验证改进的效果；搞热带实验也只有海南一个实验场，很麻烦。

汽车整车实验要缩短周期，就要把相当一部分实验放在室内，这样可以控制条件，使它有重复性，对改进才有把握。

整车实验总体可以按道路行驶状况分作两部分，一部分是由于路面不平造成的垂直振动，另一部分就是平直路面上的垂直行驶，把这两个模拟下来，路上的状况大体就全有了。我们先从美国引进了一个MTS电子液压振动实验台，这个实验台是当时最先进的，和世界同步，后来一汽也引进了。

设备虽然引进了，但如何在室内再现垂直振动是个难点，比如，标准路面怎么选？一段高高低低的石块路的测法怎样实现？等等。实际上我们最简单的做法是让车子按照预定车速在标准路面上行驶一次，把车上的振动记录下来，这样我们虽然不知道路面是什么情况，但我知道振动是怎么样的。回到试验室后，我就把车子的振动复制到实验台上。这是一个复杂的计算过程，经过几轮迭代，实验台的振动和车子的振动是一致的。

通过实验台我们大大压缩了实验时间。比如在振动中，有一部分振动对车子的疲劳寿命不产生影响，我就把它删掉，其他基本不产生影响的部分也删掉。这样我就可以把20分钟的路压缩到8分钟，甚至3分钟。后来，我还专门就迭代问题发表了一篇论文，大约在1982年的一次全国汽车工程学会上。

后来，我们又策划了一个转毂实验台，但还没做完我就离开了产品设计处。在产品设计处差不多10年的时间里，我们在试验室建设上花了不少力量，除了这个疲劳振动实验台，还有刹车实验台，等等。

楼叙真：在这之前，道路实验是最花费精力的，室内实验比较原始，我们自己做一些简单的设备。电子液压实验台的引进让我们的技术马上提高了，是比较划时代的汽车技术。我们学起来也很不容易，很多纯数学模型，计算机的很多东西也要搞清楚怎么弄。现在计算机很普及，但当时都是全新的一套东西。

我是1979年做了产品设计处的副处长，后来做了处长，1981年做了二汽的副总工程师，开始慢慢介入一些全厂的工作，但还兼任产品设计处的处长。这段时间我还是把主要的精力放在产品设计处，直到1982年底我做了总厂的工程师，这样基本上就慢慢离开了产品设计处。

坚持不懈搞研发

工厂建成了，研发就停止了，开始生产，然后扩大规模，最后就出现了几十年一贯制

从企业发展来看，二汽大规模建设是在1979年，在这之前的四五年是前期预备工作阶段，主要是定厂址、产品设计、选拔人才，等等。当时定的是国家投资，3个车型，10万辆的规模。经历了十年动乱后，国家经济能力已经大大衰落，没有能力再给二汽投资了。于是，二汽就面临着工厂没有建完，国家投资停止的境地。

在这个阶段，黄正夏同志的功劳是很大的，他提出了"自筹资金、量入为出、续建二汽"方案。就是说，二汽用自筹资金的办法完成工厂建设，最重要的途径就是搞承包。当时首钢已经开了一个头。到1982年，国家已经投资16.7亿元，但到完全建成大约还需要4亿多元。我们算了一个账，二汽按1982年上交的利润为基数，年递增7%，超额的利润与折旧和大修理基金统筹使用，作为续建资金，完成建设任务。续建的主要任务为三吨半的军用越野车。那时这个车型还在设计过程中，产品研发、生产准备、厂房、技术装备等后续工作都需要钱。

1982年，万里同志来二汽视察的时候，我们就提出了向首钢学习的承包方案，他很赞成。1983年，国务院领导同志来二汽考察，我们再次提出要搞承包，他也很赞成。二汽有建设任务，又不直接向国家要钱，这就容易得到国家的支持。在万里同志的推动下，国家很快就批下来了。这样二汽就算活下来了。

在这段时间里，还有一件事让我印象深刻。1981年9月，中国汽车工业总公司组织我和一汽的史汝辑和田其铸一起到德国看法兰克福汽车博览会。这是当时汽车顶级技术的展示。我是学汽车专业的，但这种场面还是第一次见识，简直太兴奋了。我们三个人在那儿老老实实地看了一个礼拜，但还是没看完。看整车、看工艺、看零部件，做记录。当然我们重点还是看卡车，看到一些新的结构，我们就在那儿讨论。

看完展览会以后，我们又访问了奔驰、大众等几家汽车公司，还有几家零部件公司，像采埃孚（ZF）、GKN。因为我们在厂里都是副总工程师，所以跟他们主要讨论的是技术问题。这次德国之行让我打开眼界，可以说对我后来的汽车生涯产生了很大影响。回来后我就和陈耀明等推动在5吨卡车的基础上开发出了国内第一款6×2的车型。

我们当时对汽车生产的概念还停留在一汽那种单一品种大批量生产的水平，但到奔驰的卡车厂考察时，我问陪同人员他们的一条线生产多少品种车型？回答是，说不清楚。我说，你估计一个数，他说，如果把细微的差别算起来，用户可以在上万种不同的组合中选择。在生产线上奔驰产品的系列化设计和多品种混流生产已经达到了非常高的水平。

在奔驰的发动机生产线上，我问陪同人员，一台新发动机从研发到商品装车要进行多少实验？他说大约总计要进行10万个台时实验。我想到，东风汽车的发动机前后只做了4000台时的实验，就被当作商品卖出去了。后来出了问题再攻关，就是实验开发工作没到家。

这不是我第一次出国，在引进电子液压震动台到美国验收的时候，我也访问过一些零部件企业，如TRW、罗克韦尔等。令我印象非常深刻的是这些企业对每一个零部件都不厌其烦地进行实验、改进、再实验，真正做到万无一失。车子的可靠性、耐久性就是在这个过程中实现的。道理很简单，汽车是一个零件以万计的复杂产品，如果一个零件10万公里出一次问题，那么汽车走不了10公里就要出一次问题。这个车就没法开了。

联想到我们自己，不仅我们的技术能力、经验和别人有差距，更重要的是我们的实验没有做到家，技术和生产上的问题没有在试验室里充分暴露并改进消除，这等于把市场当作试验室，显然就是在砸自己的牌子。所以东风车出现连杆螺丝断了、曲轴烧了、拉缸等问题，其实并不奇怪，这些问题人家可能都发生过，但都发生在实验室，并被消除在实验室。

大开眼界之余使我有了很多感受。回来以后，我写了一份参观博览会的考察报告，主要内容是技术工作应该怎么做，我们应该把技术放在什么样的位置上。

我的另外一个强烈的感受是，考察大众、奔驰等企业时，他们炫耀自己、感到自豪的是什么时候做出了世界上第一辆汽车，研发出什么新结构，在哪些技术、工艺、生产方式上有了突破，做出了什么全新的产品，等等，而不是简单的生产规模。"百年老店"正是通过不断的技术创新、管理创新才能一步步走到今天。而在中国，工厂建成了，研发就不那么受重视了，兴奋点就转向规模扩张。最后，就是一个产品几十年面孔不变、品质不变，以不变应万变。

我的第一篇有关汽车行业的文章是1982年写的《结束汽车产品的几十年一贯制》，其中很重要的背景就是到美国和德国考察的所见所闻与国内巨大的反差所形成的一些想法。带着这些思考，在我到总厂之后，就开始考虑二汽该怎么办。

我感到，"几十年一贯制"是体制性问题带来的结果。在汽车产业发达的国家，企业竞争很厉害，消极地讲，产品落后了，市场就不接受了；

积极地讲，只有新的、优质的产品才能赚大钱。我们这里是计划体制、短缺经济，虽然产品落后，但只要政府把它分配给谁，不要也得要，产品不愁没有出路，占据决定地位的是生产规模，而不是技术改进和产品更新，因而企业也没有积极性推动技术进步。1978年体制改革开始后，这个问题就日益明显地提出来了。

我做二汽总工程师是由中组部任命，我的前任是孟少农和陈祖涛，厂长是黄正夏。当我接受口述历史采访[①]之后，我就想，我和二汽的老领导所处的时代已经有所差别，在考虑和处理问题上有没有区别？我是学汽车专业的，我到汽车厂不是"服从组织安排"，是为实现我毕生的汽车梦。所以无论是做技术工作，或者做技术管理工作，甚至于做企业经营管理，我都把它作为毕生孜孜以求的事业。

做总工之后，我想推行自己的想法，但又感觉到，要形成共识是非常困难的。大家已经把一汽作为天经地义的模板，而一汽就是苏联的做法，即重生产、轻技术。

二汽当时也有一些好的条件。就是在技术上吃过苦头。在"文化大革命"时代，根据林彪的"一号命令"，二汽的技术装备"带病进山"，产品开发试验也做得不充分。第一个车型——两吨半越野车是1975年正式出车，有人形容出车时的状况是"看起来龇牙咧嘴，走起来摇头晃尾，停下来漏油漏水"。车子出来要到武汉去报喜，沿路上组织很多人护送，路上出现问题就得推。为了解决技术装备和产品的大量问题，二汽在70年代末、80年代初不得不下大力气组织了两项大的技术攻关：一个是设备攻关，一个是产品攻关。孟（少农）厂长、王如湜、孙儒等人组织我们进行64项产品技术攻关，解决一个个问题，大家立了很大功劳。

后来，中越自卫反击战期间，国家从二汽调了一批车，这批车的表现就非常不错，被称作"英雄车"，这样才使二汽东风车的名誉慢慢恢复。

针对用户使用中暴露出来的问题，通过技术攻关解决现生产的问题，直接服务于市场和销售，大家很理解，都很积极。但是，大家对于下一代产品和技术的研发缺乏紧迫性，在认识上存在很大差距。

---

① 即《见证重大改革决策——改革亲历者口述历史》的采访。

1983年我向饶斌同志汇报时，他问我做总工这段工作的情况怎么样，有什么想法。我想了想，用最简单的话来回答他。我说，一年多来我实际上做了一个宣传员，宣传技术进步对企业的重要作用、技术工作在企业中应该处在什么地位。他问我有没有效果，我说，统一思想认识还要做很多工作，多做工作还是会有效果的。

我当时想得最多的就是二汽一定要避免走一汽的老路：搞"几十年一贯制"，最后来一个垂直转产。一汽的历史是体制造成的，不能怪一汽自身。改革开放了，时代变了，我们不能再走这条路了。必须生产一代、开发一代、预研一代，才能使企业永葆青春。这关系到企业的未来。

福特汽车的人到二汽来考察，他们管技术的人就跟我说，企业今天的状况从某种意义上说是在六七年前决定的，因为那时的研发决策就是今天的结果；反过来说，今天的决策又决定着企业的未来。

在当时资金十分拮据的状况下，二汽能下决心坚持建设技术中心，黄正夏、孟少农和陈祖涛同志起了很大的作用。在大家的推进下，1983年二汽开始筹备建立技术中心，到1986年、1987年，已经形成了较强的开发能力。设计实验面积有几万平方米，聚集了2000多名工程师，实验设备、测试设备等在国内汽车行业绝对是一流的，从发动机、底盘、零部件实验到油料实验、材料试验、工艺等研发能力都起来了。

那时我们也借助了一些外力，最主要的就是应用计算机。我们和IBM签订了长期合同，在三方面开展合作。第一是用计算机改造生产线。当时我们有500多条生产线，生产线都是分立器件组成控制系统，故障率比较高。在IBM专家指导下，我们改用单板机来改造生产线。首先是车桥厂做的实验，我记得在1983年，利用五一假期进行改造。改造后整体故障率大幅度下降。即便出现故障，把单板机插件一换，生产很快就可以恢复，这项改造使生产率大幅度提高。接着又改造了铸造二厂的一条线。经过几条生产线的实验验证，效果非常明显，大家都尝到了甜头。开始是总厂安排任务、组织力量进行改造，后来各个专业厂自己要求、自己干。

第二是用计算机改造生产管理。这里涉及生产计划、供应链、库存、物流、生产现场等整个系统的改造。碰到的第一个问题就是我们的十几万张图纸编号如何适应计算机管理。因为图号的改变几乎涉及每一个生产工人和管理人员，还涉及生产管理的平稳过渡，为此我们集中了厂内搞标准化的主要专家唐振声、宁向吾等同志攻关，前后用了五六年才解决。

第三是计算机做辅助设计、辅助生产。源头是产品设计图纸的数字化。汽车造型是艺术、是美学，要让它变成计算机认定的东西，就要把各个曲面用数学定义下来。那时候买不到软件，这是很困难的。我们找了北航的专家合作，最终打通了。这样，我们就可以把车身造型的数据传到模具厂，用多轴数控机床直接制造模具，整个生产过程就全变了。

楼叙真： 而且日后和其他企业合作，像引进日产柴的驾驶室，都得用计算机，要不是我们这次打通了，后面根本没法做。

企业的信息化涉及企业生产经营管理的全局，它的推进必须依靠厂里的主要领导。当时黄正夏、李惠民等专门到美国考察，接受IBM的培训。他们深切理解了计算机管理对企业的巨大效用，回来后积极推动计算机应用，很快建立了计算中心，在企业里较早地购置了大型计算机。

我们和IBM的合作持续了很长时间，和IBM驻北京的首席代表王学蒙也成了朋友。

另一件对我们影响比较大的事件是在80年代初，在中汽总公司组织下，我们和美国通用、福特和克莱斯勒三大汽车公司退下来的主管技术的副总裁进行交流。他们多次到中国来考察，包括到二汽来进行交流，比如新产品开发的程序等，为我们介绍案例。

70年代石油危机后，美国人要买小型车，但美国公司没有，日本车借机大量进入美国市场。通用公司当时感觉受到了巨大的威胁，公司决策者决定用最短的时间开发出一款小型车，怎么办？他们用系统工程的办法，制定了一个92个月的计划，一步一步安排下来，开发出了一个新的产品，这在当时是很快的。为保证进度，新的发动机最多时同时有90多个台架实验台做各种实验，以缩短周期。听了这个案例后我们真是大开眼界，对新产品开发的认识都有了很大的提高。

再如，二汽的发动机是自己设计的，为了改进技术，我们和英国里卡多公司进行咨询合作。在性能指标达到设计要求、零部件实验过关后，要进行可靠性试验，按照里卡多公司的标准进行全速全负荷2000小时实验。2000小时不出问题算是过关，如果出了问题还得改进。这样严苛的试验标准，我们还是第一次接触，但也让我们学到了不少东西，培养了不少人才。像现在奇瑞汽车搞发动机的胡复，就是当年参与里卡多项目的。

楼叙真：这个合作好像是邓小平批的，这是改革开放以后，中国第一个与国外的技术合作。技术中心的第一任主任是李荫寰，后来他到中汽总公司担任副总，我就接了他的班。再后来厂里就不太重视技术中心了，很多人都慢慢离开了。现在我到奇瑞去，还能看到很多从我们二汽技术中心出去的人。

建立技术中心，是孟厂长（当时二汽的人员仍习惯按照孟少农在一汽时的副厂长职务，称他为厂长）的积极主张。虽然我做总工，不过谁都知道后面有孟厂长的支持。但在建设过程中，我还是感到旧体制的惯性太强大了，从上到下都有各种各样的障碍。

企业的有限资源特别是资金怎么分配，这是很难的问题。分管不同的部门，就有不同的理解。在现有产品市场表现还不错的时候，新产品开发有什么价值？再说，技术这个东西是一会儿这样，一会儿那样，不行还会废掉，特别是有些属于内在质量，要把它搞清楚特别费时费力，马虎一点一时半会儿谁也看不出来。如果把钱用在产能扩张上，把生产线建起来，零部件哗哗往外出，这大家都看得见、摸得着，卖出去就能赚钱。在计划经济体制、卖方市场的情况下往往更容易倾向于后者。实际上"产品几十年一贯制"就是这么产生的。作为总厂的决策者就要权衡利弊，做出平衡和选择。

结束厂内承包困难重重

1984年的时候搞得热火朝天，结果到1985年就发现了大量的问题，下面各自为战坑总厂

1984年8月，我开始任厂长，考虑问题的角度也就更宽了，其中很重要的就是考虑二汽现在处于什么发展阶段，我到底应该做点什么，发展的大战略是什么。

从外部环境来看，国家正在由计划经济体制向有计划的商品经济转轨，市场化程度逐渐提高。从二汽来看，建设时期经饶斌和黄正夏两任厂长，用十六七年的时间为二汽打下了基础。我接手的时候，10万辆的建设任务即将完成，二汽正在由建设期走向发展期。

这时，面对的外部环境在快速变化，市场竞争的格局逐渐形成，企业的体制、机制、战略和管理下一步朝哪个方向发展？实际在做总工的时候，我就已经在思考企业下一步发展的问题了。结合二汽的情况，我写了《结束汽车产品几十年一贯制》的续篇——《建设经营开发型企业》，探讨二汽怎样由一个工厂走向一个公司，怎么由计划经济体制下的国有企业转变为有计划商品经济中一个真正的商品生产者，也就是说要由一个生产型企业变成一个经营开发型企业。

我接任厂长后，面对着一个绕不过去的问题就是内部的承包。二汽对国家的承包很成功，在国家停止投资后没有死掉，能"自筹资金，续建二汽"，靠的就是对国家的承包。但是对国家承包后，把承包向二汽内部转移，分解下去，实行"分层经营承包责任制"的做法却存在很大的争议。

这项制度实施之后，对调动专业厂的积极性非常有效，37个专业厂和生产性承包单位劲头十足，1984年全厂热火朝天，结果到1985年就发现了大量的问题。首先是管销售的周维泰副厂长发现这样不行，用户反映产品质量下降。因为分层经营承包后，总厂只管结果，放松了过程管理。另外，因为各个专业厂有了自主权、自主钱，各专业厂开始自己决策投资，整个规划、管理体系开始涣散。在这种情况下到底该怎么办？

我确认这种状况是不能持续的，但要想改变这个状况非常困难，各个专业厂已经成为既得利益者。当时它们也有实际的困难，那就是各自都办着一个"小社会"，要管职工的住房、要改善生活、要管子弟上学，等等，因此总希望有点灵活的钱自己来运转。

我们发现，这种承包办法导致专业厂的产品质量越差效益却越好。总厂有较严的质量标准，产品质量不合格不能装车。这样正好，总厂不要的，专业厂自己拿出去卖。生产零部件的、搞发动机搞总成的，都这么干。

发动机厂要自销发动机就需要缸体毛坯，没有总厂的调度令铸造厂不能给。发动机厂就说有的毛坯有毛病，质量不合格。铸造厂只能按总厂规定补废。后来铸造厂发现发动机厂又加工完装机自己卖出去了，铸造厂就派技术人员过去检查，发现质量确实不合格，就拿榔头把毛坯敲碎，总之不能让别人拿自己的东西去赚钱。当时甚至出现了"地下调度处"，一些个体户从铸造厂买毛坯，转手高价卖到发动机厂。

更为严重的是，在十堰周围开始出现拼装车，从事拼装车的人在二汽不仅能买到发动机、车架，而且什么零部件都有，产品合格、不合格也搞不清楚。那时装了车不愁卖不出去。

这样的状况延续下去大企业就瓦解了，总厂一些领导十分担忧。

在全国企业扩权承包"横向无边，纵向无限"的形势下，二汽要搞活是不是意味着企业的每一层都可以进入市场、独立经营？增强专业厂活力的含义是不是就是每个专业分厂都可以独立面对市场，直接经营？这是一个很大的问号，争论很大。我主张现代大企业是一个有机的整体，不能这么干，企业作为一个法人只能是一个经营主体，在管理方面应该分层次，该放的管理权应该放下去，但是经营权必须集中统一，决策权、投资权必须集中统一，否则就会被肢解。

这种承包显然是不能继续下去了，但停下来阻力很大。首先是专业厂，另外在总厂也有不同看法，还有就是中央的一些同志也支持这种承包。当时我非常为难，因为我是厂长，出了问题我是要负责的。我写了很多东西，到北京去向饶斌同志汇报，向吕东和袁宝华同志都做过汇报。

当时我把这种制度带来的弊端总结了这么几条。

第一，有隐瞒生产能力的倾向。比如，一班能生产1000量份，但就说只能生产800量份，剩下200量份作为"自主经营"。这样，谁的产能隐瞒的越多，谁的日子就越好过。

第二，出现了反经济核算的倾向。乱摊成本，成本是总厂出，底下留一个小金库是自己的。

第三，有外延扩大生产的倾向。各专业厂追求扩大产能，造成的结果是总厂的生产能力的不平衡。

第四，有追求自我封闭、反专业化生产的倾向。这让二汽各个专业厂之间的关系变得很紧张，就像刚才讲的发动机的例子，其他厂也是如此，自己在外面搞小生产，自己布点，打乱了专业化生产秩序。

第五，有追求工资福利最大化的倾向。各个专业厂经营状况差距越拉越大，相互间的福利攀比越来越严重。

总之，目标短期化，为了短期利益，不管长期利益，为了局部的利益不管二汽的整体发展。这样的状况持续下去极其危险，如果再这样干下去。我要辞职，因为我无法负责了。

这样我就找各方面的领导做工作，后来中央的一些老同志也支持我的看法。虽然很艰难，但二汽最终化解了这个问题，把下面的销售权陆续收回，各专业厂的承包权收归总厂。1986年下旬，中央宣布调整二汽领导班子，我继续做厂长，马跃做书记，几位年轻的副厂长也慢慢提了上来。

关于大企业的改制和经营思路，我也是找各种机会和更多人进行讨论。当时北京有一个由欧盟出资支持的中欧管理培训中心，也就是上海中欧管理学院的前身。我把欧盟的专家们请到二汽，专门请教讨论如何建立公司制度。吴敬琏、周小川、郭树清、楼继伟等经济学家也到过二汽给我们讲企业改革，给我们洗脑讲课。蒋一苇来二汽介绍股份制，讨论二汽的股份制方案。福特副总裁麦克唐纳来二汽考察，我也和他认真讨论大公司组织结构和内部的投资、采购、销售、财务等方面集权和分权的边界。

楼叙真：我记得麦克唐纳特别提到三个中心：利润中心、投资中心和成本中心。这个概念现在谁都很清楚，但刚开始使我们豁然开朗。实际上，专业厂就是成本中心，销售部是利润中心，总厂是投资中心。那个时候大家都想当投资中心，想当利润中心，不愿意当成本中心，所以全厂就乱了。

包括出国的时候，有机会我就反反复复跟他们讨论，即便我已经有了明确的概念，但还是希望不断得到印证，因为这对二汽的改制太重要了。我们熟悉的都是传统的国有工厂的一套，没有公司文化，所以我特别想把事情弄清楚，这样才能说服大家一起干。

上马轿车一波三折

我们做轿车当时是"货比三家"，和五六个国家的16个公司都接触过，最后落到雪铁龙

这次调整之后，接下来我又面临着一个比较大的问题。二汽10万辆的建设任务，国家是1986年1月竣工验收的。之后，我们正式由建设期转到发展期。在此之前我们曾经制定过一个到1990年20万辆卡车扩能的计划。但是随着二汽发展阶段和汽车产销形势的变化，我们对产品系列和产能建设要不要调整？

汽车这种产品，在社会保有量很小的时候，车型比较单一，以中吨位的卡车为主力车型。随着保有量的增加，对卡车而言，轻型车、重型车的比例应该逐渐上升，中型车的比例减少，最后变成一个最小的份额。相应地，卡车和乘用车的比例也会发生变化，前者比例下降，后者比例上升。

80年代中期，在汽车行业中二汽状况是最好的，如果国家要上轿车，二汽最有条件。在"七五"期间如果二汽不在轿车上打开局面，一门心思把所有资源投向卡车，就会贻误时机，路子越走越窄。因此，我提出，二汽要调整计划，压缩"战线"，为调整卡车产品结构、发展轿车留出空间。统一思想是很困难的，因为我们也是"分兵把口"，哪一块儿都不想被压。但后来还是压了4亿多元的投资、几十个项目，为轿车做准备。

在厂内对卡车要由中型向轻型和重型发展早已取得了一致。困难是工厂做不了主。当时一汽、二汽都强烈提出要向轻型、重型卡车发展。国家计委研究后定了一个基调：一汽向轻型发展，二汽向重型发展。二汽对发展重型车已经进行的大量的准备，但要我们放弃轻型车，还很不甘心。一直到1986年下半年向国家计委主任宋平汇报时，我提出二汽"七五"计划要上轿车和轻型车。宋平表示二汽要集中力量搞好重型车，轿车可以进行前期工作，轻型车再说吧。其实我们早已经和福特在谈轻型车项目，福特提供的是福特（英国）开发的chuansit，就是后来江西汽车引进的"全顺"系列车型。当时这是一个很有特色的全新车型。无奈国家不同意，后来只能停了下来。

1986年，我们开始启动轿车项目。二汽的轿车从哪里起步？我们比较"书生气"，从社会（市场）需求调查和国际经验研究开始，写了一个研究报告给国家，提出如果国家不尽快布局轿车生产，我国即将迅速增长的轿车需求将只能依赖进口。这年12月下旬，我们通过内刊《二汽动态》向国家递交了《汽车工业面临动荡和再组合》的调研报告。1987年1月27日，宋平在这份《二汽动态》上做了重要批示："二汽提出的几个问题很重要，中型车已经无发展余地，应该发展什么产品？二汽多次提出要搞小轿车，国家似乎没有必要去限制。应当由二汽组织，有计划地去开发新产品，行政干预要减到最低限度"。这个批示，给我们今后的发展打通了道路。

1986年底，我找了当时的国务院经济社会发展研究中心的副主任张盘，还有管产业的鲁志强，谈了我们发展轿车的想法和意见，他们都很赞成，并提议召开一次研讨会，制造舆论，统一思想。我说欢迎把会议地点定在二汽。这样，由国务院经济社会发展研究中心牵头，策划以国务院决策咨询领导小组的名义，在二汽搞一个中国汽车发展战略的研讨会，正式提出关于轿车产业发展的基本思路。然后我们把会议形成的意见报给国务院。

1987年5月20日，第一次中国汽车工业发展论坛在二汽召开，马洪、段君毅、周子建、饶斌等人悉数参加。会议第一天，国家经委技术经济研究所的何世耕和日产公司代表发表了他们就中国发展轿车的合作研究报告，丰田公司的参会代表也发表了一个研究报告。之后，日本人离开，我们开始内部讨论。

大家关注的焦点还是发展轿车的问题，认为中国发展到了这个阶段，轿车应该提到议事日程上来。但在发展当中应该采取什么政策，什么思路，大家展开了讨论。孟少农发表了一个讲话，谈了中外合作几种方式的利弊，很深刻，今天看起来也不过时。还讲到一点，就是"大厂做小车，小厂做大车"，意思是小车技术要求高，应该靠大厂，大车则相反。这一点是整个行业都认可的。

我从企业的角度做了一个发言，主要讲的是中国轿车工业的重要抉择。讲了五个问题：战略重点到底怎么选择，市场目标到底怎么选择，发展模式到底怎么选择，依托力量到底怎么选择，还有一个就是筹资方式和经营主体怎么选择。

会议之后，经济社会发展研究中心把报告报到了国务院。国务院领导做了批示，表示原则上支持。这样等于把发展轿车这个问题正式提到了国务院的层面。由于宋平之前对我们的"动态"已经有过一个批示，因此二汽轿车项目取得了阶段性成果。

接下来要实干了。会后我就找中汽协陈祖涛同志商量，看能不能发动一次"进攻"，争取把二汽轿车项目定下来。他也很支持。后来，我们就和中汽协的李荫寰、薄熙永趁热打铁，一起策划，借着1987年8月中央在北戴河办公之机，我们去北戴河做工作。

这样，我们在7月底就到了北戴河。在那里我写了一份报告给姚依林，希望国务院在北戴河期间，能就二汽轿车项目问题听取汇报，对我们下一步发展轿车的目标和规划调整给予指示。这份报告是在8月6日报上去的。

我们很快收到通知国务院8月12日下午在北戴河开会讨论。当时我们兴奋不已，对二汽来说，这是经不起失败的大事，如果国务院讨论同意了，二汽就将上一个大的台阶；如果把报告"毙"掉了，那么我们几年之内都翻不了身。为了慎重起见，我们事先给一些参会的领导一个个汇报、沟通。会议开得很顺利，到会的人都很支持二汽搞轿车。

汇报时，我提出了两种可供选择的发展的方案：一种是"技术引进，自主建厂，进口替代，远期出口"；另外一种就是"联合开发，合资办厂，出口导向，进口替代"。

马洪的表态是，大家一致赞成轿车要靠一汽、二汽这种大集团，要重新搞一套全国支援，再集中也不可取。要上只能靠一汽、二汽，上汽已经是既成事实，希望三家分开。

李鹏说，原则上同意，轿车就这三家，谁也不再批了，口子要守住。所以，"三大"就是从这儿来的。关于两种方式，李鹏说，可先从第二种方式起步，不要走装车道路。

姚依林表示，原则上二汽发展轿车应当首先从第二种模式开始，瞄准出口为主，一汽是挡住进口。二汽这条路会艰苦一点，实在不行再说。

关于两种发展模式，其实是有一个背景的。1986年，富士重工时任社长田岛敏弘给姚依林和张劲夫写了报告，之后又通过国务院经济社会发展研究中心的李建国向中国政府转达他的意思，希望拉着美国一家公司与中国一家企业三家合作，每年在中国生产30万辆汽车，美国、欧洲和中国各分担销售10万辆。富士重工找到二汽，我们就跟他们进行了很多次交流，在这个基础上，就出现了第二种发展模式。

当时我们很希望联合开发，富士重工也一起做了不少工作，甚至都让我们去看了他们的研发中心。他们也派人到我们这边来，拿了一些样车在中国路试，看这些车的适应性，而且关于道路实验共同做了很多初步研究。

楼叙真：说老实话，那个时候我们很多人都没有开过轿车。他们派来的一个实验员是个非常好的工程师，他的父亲侵略过中国，所以他一定要到中国来，为中国做些事。他很认真，给我们讲轿车怎么实验，甚至告诉我们的实验员开车时一定要把尾骨靠在座位的什么位置。

80年代中国的路不好,吃住条件也很差,但他们跟着我们全国跑路试,一看到东风的服务站就高兴极了,因为到那就有吃、有住了,起码能洗澡。

二汽轿车的ABC有些就是跟富士重工学的。1986年、1987年前后,我们派了很多人到日本学习,从产品设计到工厂设计。

很可惜,这个事情没有干成。富士重工的大股东是通用,作为第三方把通用拉进来,通用就要做主,要我们选它的一个旧车型,我们坚决不干。1.6升左右的汽车,通用根本没有优势,而且用现成车型就无所谓"联合开发",我们就会掉进完全引进的"陷阱",跟桑塔纳的路子就差不多了。富士重工影响不了通用,不敢得罪它,但我们不害怕,最后合作也就没有成功。

富士重工的方案走不通,预示着"联合开发,出口导向"的路子就走不下去了。

按照国务院领导"货比三家"的要求,我们跟五六个国家的16个公司进行了接触。最后落到雪铁龙有两大因素。一个因素是法国政府承诺这个项目中国可以是"零外汇",他们提供全部外汇贷款,而且其中一半是软贷款,年利率2%,贷款期限11年半。那个时候企业已经赚钱了,还款的压力比较轻。另一个因素是雪铁龙提供的是一款还没有投放市场的"未来车型",也就是说我们两家投产的时间差不多,等于开始我们就有了能够跟上时代的产品。

在谈判最紧张的时候,遇到了1989年春夏之交政治风波的干扰。那时我们搞产品设计的、工厂设计的,还有商务谈判代表,有四五十个人在巴黎。政治风波之后法国人就傻眼了,到底还能不能合作?他们的情绪很不稳定。我们决定,在这个时候要加强领导,就让马跃在6月10日到第一线去谈判,去督战,稳定军心。

楼叙真:我当时在巴黎,谈判负责人是宋祖慰,我是他的副手。那时候非常艰苦,政治风波后,我们找大使馆,但他们也弄不清。当时的经贸部长在比利时开会,这期间在巴黎接见了我们,跟我们说,我们的谈判可能会受到影响,但事情会过去的,你们可以放的就放一点。

政治风波后法国政府的态度立即发生变化,对外汇贷款的承诺变得含糊。10月之后国内平静了，东风－雪铁龙这样的大项目法国政府也绝不想放弃。我就把这个情况向国务院做了汇报。国务院领导当时也有想法，那时候中国在国际上比较孤立，也希望这个项目成为一个突破口。与此同时，邹家华副总理又做了不少工作，国家计委抓紧审批最后的合同。最终，1990年12月19日，我们双方在法国签字。

这里面还有一个插曲就是关于车型的选择。我们搞1.3～1.6升排量的，业内人士都知道这是一个"大路货"，在经济起步阶段是轿车的主体，从这个"大路货"做起，然后再往两边延伸，所以在这一点上没有什么分歧。但是我们选择的是两厢车，在这个问题上争论还是比较大的。

当时国内不愿意接受两厢车，都说"兔子尾巴长不了"。但就我而言，从理性的角度来判断，这一层次的消费者，买车是为了实用，而不是显示自己的身份，这和豪华型车买主的心态是完全不一样的。而且，从北美之外各国汽车产业发展情况来看，大众汽车消费以1.3～1.6升排量的车型为主，而两厢车车身利用率最高，这是市场最终选择的结果。我相信中国大众汽车消费的发展历程与世界多数国家不会有很大的区别。

雪铁龙提供的是两厢车，这和我们的目标是吻合的。1988年，邹家华同志到法国考察，按照他在巴黎的路上直接数出来的数量看，大概78%是两厢车，所以他也完全接受我们的看法。

建设三大中心

三大中心表面上看和生产经营没有太多直接关系，但实际它是在为未来进行准备

80年代中期，国家经济体制改革迅速展开，为企业改革和发展提供了众多的机会。当时我最关注的就是二汽转型的问题。一是二汽如何由建设期顺利转向发展期。建设期是国家定目标，主要靠国家投资，发展期主要就得靠自己选择目标、自己经营运作；二是如何由计划经济下的国有工厂，转变为国家计划指导下的商品生产者。国有工厂是国家下计划、国家提供生产条件、国家管销路，企业职责就是搞好生产；商品生产者就要面对市场、满足用户，投身竞争。在厂里经过几轮的酝酿，我提出，我们的改革就是把二汽由生产型企业建设成经营开发型企业。为此，要充分利用和重组二汽各种因素，形成实现这一目标的能力、组织体制、区域布局和经营方针。

所谓开发型就是面对未来，因此企业必须要有自己面对未来、应对未来，并赢得未来的能力。在已有的基础上，应该建设三大中心，除了刚才讲到的技术开发中心，还要有技术装备中心和教育培训中心。

技术装备中心主要是把二汽较强的后方生产能力组织起来，增强综合实力，服务于二汽的技术改造，提高二汽适应市场的能力。这个中心主要由二汽原来的五个后方厂组成。

教育培训中心就是培养培训人才。那时刚刚经历"文化大革命"，二汽又远离大城市，人才非常短缺。二汽从建厂起对教育培训就十分重视。建厂后很快就建立一个汽车工业学院，后来叫作湖北汽车工业学院。另外，在教育处处长徐家煌的努力推动下，经教育部批准，我们和德国弗兰霍夫学会合作建立了一个非常好的"双元制"技工学校。一个年级的学生约400人，学生们从拿锉刀开始，一直到数控机床如何操作编程都由德国人常驻指导。当时在全国技工大赛中经常拿奖的技工们，很多就是从这出去的。这个学校为二汽批量化地培养出了年轻高级技工。

这个中心的容量终究有限，很多专业厂还有自己的技工学校培训技术工人。

这三大中心表面上看和生产没有太多直接关系，但实际它是在为未来进行准备。当时工厂的资金压力很大，我们每年用在三大中心的费用得有一两个亿，其中光培训中心就得几千万。

此外，就是二汽的区域布局。1983年开始筹划在襄樊布点，建立第二基地。1985年之后进一步扩展，形成了当时叫"三级跳"的战略。二汽的总部设在十堰，那是"三线建设"、准备打仗背景下的选择，但是我们不能困在十堰，必须要走出去。这样，我们就以十堰为基地，第一步跳到了襄樊，开发了10平方公里，作为第二基地，在那里建了铸造厂、柴油机厂、汽车实验场，还有一个装试厂，开始搞的是轻型车的装配，主要是小批量车的装配，包括轿车初始的小批量装配，还有配套的热电站、动力配套、宿舍、生活区等。

第二步是跳到武汉，这里就涉及轿车选址的问题。轿车选址是非常困难的，很多地方都在争我们的轿车项目，从厦门一直到镇江、岳阳等。但是我心里很明白，假如我们跨出湖北，二汽就死定了。这边把我们的脖子掐死，二汽肯定活不了，所以我们也只能冠冕堂皇地去跟人家谈。

后来由邹家华同志主持召开了几次论证会议，中汽总公司的一个咨询组跟我们一起在几个地方进行了调研，最后确定方案：装配厂放在武汉，发动机和变速箱工厂放在襄樊。这样确定也涉及当时的体制问题，武汉属于计划单列，要是所有工厂都放在武汉，等于湖北省就什么都没有，所以必须要有一部分工厂分解到襄樊。

第三步跳就是走出湖北，当时确定在广东惠州。大家都知道熊猫汽车的事，实际上在那之前，我们跟惠州市委书记李经纬同志已经谈过几次。跳出十堰我们的阻力相对小一点，但是跳出湖北难度是很大的。把投资搞到省外面去，你跟省里的关系怎么处？

我们当时想从搞改装车起步，利用二汽的底盘搞翻斗车，当地有销路。因为我们这个项目比较小，不是大投资，可以自己做主，湖北这边也不会有意见。但是，从长远来看，我们在这里埋下一个种子，将来最好是上轿车，靠近市场，或者搞轿车零部件工厂，培养生产点。曾考虑在那边组装雪铁龙的高档车 XM，但没成功。

一段时间广标（广州标致汽车公司）状况不好，邹家华、曾培炎等同志很希望我们接下来，但最后没有接成，这就是我离开二汽之后的事情了。不过，后来的风神蓝鸟，还有东风日产的基地也都在那边搞起来了。

回过头还是讲，我们由一个工厂转成一个公司，除了三大中心、"三级跳"之外，随着国家改革形势的发展，二汽的经营方式必须转变。在经历了国家计划、国家投资，自筹资金，量入为出这两个阶段之后，二汽进入发展期就要抓住"三大法宝"。

第一个法宝是灵活经营，就是指凡是市场经济在当期可以用的手段，二汽一定要最敏锐地发现它，把它用好用足。这里包括股份制的问题、融资的问题。比如，企业原来的发展是量入为出，就是自己有多少钱就办多少事，这是传统的自然经济的办法。现在则可以通过股份制等办法筹集资金。这种可能性越来越多，这在过去是不可想象的。此外，还有企业的定价权陆续放开，可以通过增加品种、改进性能，获得更多收益。同时，旧体制中可用的方面我们还要把它们用好，如计划单列，我们二汽有自己的进出口权，自己的财务公司，等等。

第二个法宝是挖掘金山，就是走内涵的路子，通过技术改造，在我们原有的生产设备上注入一些新的技术，特别是采用计算机控制和管理，把整个生产水平提上去。如果说之前没有一定的物质基础，那么这个话讲起来是空的，现在我们的生产线已经比较完备，所以只要有新技术注入，生产力很快就上来了。

还有改善管理，这里潜力太大了。我印象最深的就是学习日产柴的"一个流"生产管理。过去我们为了维持生产线的正常运转，设备和设备之间要留出较大的空间放再制品，防止某一个设备出现故障全线停产。按照"一个流"的管理理念，是倒过来，不是掩盖矛盾，而是暴露矛盾。把在制品减到最少，只有一个。一台设备出了问题全线就得停产，倒逼整个管理系统把设备维修做到好上加好。生产装备之间的间距小，工厂面积也节省了；在制品少了，库存减少，资金利用率就提高了。对于每个员工来说，他的生产率高，相应地，工资、奖金各方面的福利也就上去了。

实行"一个流"管理的时候，我们做过测算，比如在一条生产线上，工人看着很紧张，但拿秒表测一下，在整个工作时间里，他的工作负荷率是25%，也就是说，他真正有效的工作时间不到25%，而日本是超过70%。机床运转的时候，人是闲着的，如果能多机床管理，人的效率就高了。这样我们把机床的距离缩小，布局改成环形或者是U形，人就不会在来回走路上浪费时间，工作负荷率提高到50%~60%。

第三个法宝就是横向联合，组织专业化生产，搞专业化分工，用社会的生产力来实现二汽的目标。具体来说，就是二汽所要做的事情并非每一项都由自己去投资，自己来做，二汽那种大而全的格局需要改造。

二汽的横向联合最早是饶斌同志提出来的。在全球汽车业生产中，二汽可以说是一个"怪胎"，在特殊的历史条件下，国内没有零部件供应能力，二汽只能自己搞。包括螺钉螺母等标准件、活塞活塞环、节温器，甚至制作车厢的木板都有自己的专业厂。另外，中国生产大量装有货箱的标准车，针对使用需要、效率更高的专用车、改装车很少。这种生产组织结构和产品结构很不合理。所以当时厂领导希望搞横向联合打破这一局面，而专用车、改装车可以发挥地方厂的积极性,也可以打开主机厂的销路。70年代末,厂里组织了一个小组到全国各地区考察,回来后就选择了八个地方企业搞联营,有的搞配套,有的搞改装,这就是后来所说的"老八路"。黄正夏时期正式成立了"东风汽车工业联营公司",联营工作迅速发展。我主持工作的时期依然把横向联合作为二汽发展的重要支柱。

再有,就是经营开发型企业组织体制。在这些想法实施的过程中,我有一个强烈的感觉就是企业内部的组织体制、组织结构和治理机制必须做大的改造。老的生产型管理体制是以生产为中心,所有职能部门的设置都是为生产服务,也就是说,这些职能越强大,维持现状的能力就越强。从另外的意义上来说,这对于一个开发型的企业来说就是拖后腿,是前进中的一种障碍,所以这个体制从理念上到组织体制上必须要改。

这里就又涉及我前面讲到的所谓"分层承包"这个题到底怎么破,我们在向公司制转变的过程中,必须从组织体制的功能上来改变。所谓公司制就是要形成三大中心:公司的总部是投资决策中心,事业部是利润中心,下面的工厂是成本中心。

其中,成本中心应该对成本负责,它并不是生产得越多越好,而是必须按照节奏完成确定的数量。这样,它需要改善管理,提高质量,降低成本,组织好劳动力,要不断地提高劳动力效率。

利润中心是事业部,像零部件事业部、卡车事业部、轿车事业部,等等,它是一个经营中心,关于轿车项目的实施,卡车项目确定之后进行零部件改造,等等,通过运作形成利润。但是,利润如何使用它是无权决定的,应该交给投资决策中心。反过来说,公司最赚钱的部分并不一定就是公司最愿意投资的地方,公司必须从战略角度,从市场竞争的全局来决定资金的投放。

我大约在1985年、1986年把这三个中心的问题想通,但真正执行是比较缓慢的。二汽新的领导班子在1986年更换后,最紧迫的一项任务是调整规划,因为钱投进去以后就收不回来了,搞轿车项目也比较紧,这些陆续都在做。但企业垂直性的变化更加难以完成,在这个过程中我们也做了很多的工作,就是建立企业哲学。

企业哲学的问题是怎么来的呢?1987年我跟国家经委组织的一个代表

团到美国考察大企业集团,我们到美国戴纳(DANA)公司访问,发现它们的管理太精妙了。公司下属29个工厂,但总部只有60多人,总部指令都是通过电话沟通,不像我们还要下红头文件,那种管理和我们完全不一样。

后来我仔细琢磨,戴纳这样的路子之所以走得通,而且经营得那么好,重要的一点就是,这个公司内部有一个共同的价值观,一个大家互相能够相通的管理哲学。因此,我就把它的管理准则翻译出来,一直保留到了现在。我想,我们二汽当时有8万多员工,如果想把大家统一起来,必须有我们自己的企业哲学、自己的价值观和企业文化。

与此同时,我发现那种维持型、生产型的企业之所以扭转起来这么难,是与它的内部逻辑有关系的。它的哲学就是视现状为必然,它的设置机构就是千方百计去维持和巩固现状。建立经营开发型企业必须把这种理念打破,应该视现状为落后。什么是现状?现状就是企业在不断前进中所留下的最新的脚印,脚抬起来,脚印留下了,但是企业前进了。因此,从总部机构来说,不应该是维持现状,而是应该不断地去开拓未来。

这样,在二汽每年一次的干部轮训上,我都亲自去讲关于企业文化的内容。当时北京也有人开始提企业文化,但企业哲学我算是国内提得比较早的。1989年春节前后,我的腹部被发现有一个肿瘤,开完刀之后,我到黄龙疗养院休息了一段时间。在这段时间,我下功夫写了《二汽的企业文化和管理准则》这篇文章,1989年3月4日完成的,由于它对企业建设太重要了,我觉得需要实践反复去推敲,直到我离开二汽也没有拿出来。

1991年,朱镕基同志到二汽去考察,之后让我到北京去,我是有些犹豫的,因为我觉得自己的事情还没有做完,像企业整个转制,神龙轿车项目刚定下来,也刚开了第一次董事会,我不太愿意放弃,但最后还是去了。1992年8月17日,我开完最后一次厂长办公会,然后就离开了。

"看了十四届三中全会公报，我长舒一口气"*

(2018年12月17日)

决定当代中国命运的关键，还是改革开放。改革开放40年关键性一步，是确立了建立社会主义市场经济体制的改革目标。党的十四届三中全会通过《中共中央关于建立社会主义市场经济体制若干问题的决定》（简称《决定》），"最难攻克、费力最大"的国企改革和建立现代企业制度，关联前后20多年，至今依然是改革攻坚的核心问题之一。

1993年十四届三中全会召开前夕，文件起草组特地把一个人请了出来。

这位"有发言权的人"，叫陈清泰。

他时任国家经贸委副主任，此前1年主掌二汽，此前5年和冯根生、马胜利等19人同获"首届全国优秀企业家"称号，在人民大会堂受到党和国家领导人亲切接见，规格空前。20人中后来他行政级别最高。卸任国务院发展研究中心党组书记、全国政协经济委员会副主任后，2014年5月5日，这位老汽车人新创"中国电动汽车百人会"并任理事长，为新能源汽车革命奔走。十多天后，习近平总书记考察上海时，在上汽指出，发展新能源汽车是迈向汽车强国的必由之路。

这位老国企人至今仍然为国企改革鼓与呼。当年看完十四届三中全会公报，陈清泰长舒一口气。那是1993年，在争议、反复讨论中，最终《决定》正式提出，"以公有制为主体的现代企业制度是社会主义市场经济体制的基础"，"产权清晰，权责明确，政企分开，管理科学的现代企业制度"是国企改革方向，这是破解公有制、国有经济如

---

* 此文是2018年12月17日刊发的《解放日报》首席记者郭泉真对作者的专访，原标题为《陈清泰谈国企改革40年：当时我们实际上面临一个重要的政治选择》。

何与市场经济结合的理论上的一次重大突破。2013年，党的十八届三中全会进一步坚定宣告，市场起"决定性作用"，管资本为主、发展混合所有制、划拨部分国有资本充实社保基金、完善现代企业制度，更是迈出历史性一大步。

改革开放40年，他始终与国企密不可分。他拿出一张泛黄的纸，上面是一位高层领导的清晰字迹：行政干预要减到最低限度。那是32年前。

组装自行车、自制小提琴、135相机底片拍两次

记者：网上显示您1939年生于北京？

陈清泰：其实是1937年6月17日，"七七事变"前20天。小时候一帮小孩在胡同跟日本人周旋，扔块小石子就躲起来。

记者：您读的分司厅小学，好像是1929年省立模范小学、1963年北京市重点小学。从小是学霸？

陈清泰：我是书生家庭。祖父留日学电讯，4个孩子都是大学生。我父亲土木工程系毕业，铁路工程师，后来肺病在家，闲不住就刻图章，去世前还留下个检修铁轨用的小榔头。我受他影响大，从小就想也能有个房间做手工，走3站路上学时，偶尔有美国小汽车开过，一点声音也没有，看到就眼前一亮，停下注目，羡慕得不得了。

记者：一点声音也没有？

陈清泰：车子很大马力时，低速开，噪音确实很小。后来我有了自行车，寒暑假就全拆开，把一个个零件挂墙上，快开学再组装。大学一有空，我刻图章送同学，自制小提琴，还设法把135相机底片一半挡起来照一次，另一半再照一次，又用老相机镜头，拼装一台放大机冲印照片。我选读清华，因为清华有汽车专业。

记者：工程师思维对您后来抓管理、促改革有何作用？

陈清泰：烙印太深了。我确实偏向逻辑理性思维，一生的遗憾是过于刻板了。我总希望做事有规程，决不盲从，至少决不说违心话，总认为考虑问题应把本质内涵搞清楚，路才能走下去，不愿没想清楚就决策。我多

次换岗，在位时与很多人有很多关系，离开几乎全断，决不多嘴干预。人家朋友很多，我好像很少。说工作海阔天空，别的就感到没什么好说的。别人看我有点敬而远之，觉得这个人有点不通人情。（笑）

当然我一辈子非常坦然，没为升官找过人，这是凭良心说的。从清华调到二汽，刚去被分在政工宣传组，我反复要求到技术部门，这两次是我请求的，别的都是形势所推。1992年到北京工作，我犹豫过，在二汽要做的事没做完，当然最后还是服从组织安排。工作外我从不愿"搞关系"。求了人，人求你怎么办？工作上也是，我认为对的，就比较坚持，甚至有点固执。当然，我会吵红脸，也会得罪人。为把事做好，我心里坦荡，大体上一生就这么过来。

从没什么"一包就灵""一股就灵""一给钱就灵"

陈清泰读中学时，毛主席提出"建设第二个汽车厂"。

一汽是中央政治局讨论领导班子，由一机部部长黄敬直接负责管理建设。汽车，是当时国之重工。

"两下（马）三上（马）"，1969年二汽正式大规模建设。次年，陈清泰调入二汽，45岁任总工，47岁任厂长，51岁获首届全国优秀企业家。

记者：二汽改革一度"非常困难"？

陈清泰：首任厂长饶斌很了不起，大家说他是"中国汽车工业之父"，我认为不过分。第二任厂长黄正夏是老革命，很有改革精神，思想比较开放，很有激情，是非常好的领导。1984年我接任厂长，他留任党委书记和东风公司董事长。

80年代初全国"承包"很火热，某些点上也确有"一包就灵"的情况，政府也推，甚至有舆论提出全面承包"横向无边，纵向无底"。二汽1984年全面推开，8月我任厂长，全国又在推厂长负责制，厂内的分层承包热火朝天，承包成为我必须关注的大事。

1979年国家把二汽作为"停缓建项目"后，二汽通过对国家的承包，"自筹资金，量入为出，续建二汽"很成功。但把对国家的承包，扩展到内部"分层经营承包"却有争议。此举调动积极性非常有效，可1985年就发现了大量问题。

记者： 问题在哪？

陈清泰： 首先是负责销售的副厂长周维泰报告，用户反映产品质量下降，外边拼装东风车越来越多。接着管质量、生产调度、财务的副厂长纷纷呼吁。承包了，专业厂拼命搞产量，超产可对外"自销"，总厂只管结果，质量当然下降。专业厂有自主权、钱，对外搞投资和小联营，二汽销售、计划、规划、财务的严格管理体系开始涣散甚至失控，一体化大生产体制面临被肢解。

我们发现，这种承包办法造成专业厂"质量差效益不一定差"。按总厂标准，产品质量不合格不能装车，这样正好，专业厂自己拿出去卖。发动机厂要自销，需要缸体毛坯，没总厂调度令，铸造厂不能给，便出现了"地下调度处"。一些个体户从铸锻厂、零件厂买毛坯、零件，转卖到总成厂从中渔利，当时几乎什么零部件都能买到，装了车不愁卖不出，没人管合不合格。各专业厂真实财务状况很难掌握，胆子大的效益就好。

我调查后，征求总厂班子成员意见，找李子政、李惠民等老领导讨教，我确认这种状况不能持续。

记者： 阻力多大？

陈清泰： 社会上"一包就灵"的舆论很强，专业厂是"既得利益者"，也确有困难，各办着一个"小社会"。总厂领导的看法也不同，还有的高层领导同志也支持。我非常为难。

我是厂长，出了问题要负责。1986年4月，我向国家经委主任吕东、副主任朱镕基同志汇报，吕东说"专业厂可以独立核算，但不能独立经营""不能有外卖产品的权，这么搞会走到邪路上去"，又请经委副主任袁宝华（兼中国人民大学校长），国家计委甘子玉、饶斌，中国人民大学原校长黄达和机械工业部等领导开会，听我汇报后，他们普遍认为承包对解决企业与国家关系有明显效果，但在企业内部必须因地制宜，二汽要妥善平稳地结束分层承包。

后来，这事还惊动了中央主要领导。1986年6月，二汽领导班子再次调整后，才统一认识，做了大量工作，年底基本恢复正常管理秩序。

记者： 所以您说从没什么"一抓就灵"，所谓"一包就灵""一股就灵""一给钱就灵"说法，事实已一再证明，是脱离实际的、片面的，甚至有害的。

陈清泰：说到这还有个背景，1982年底我做总工程师，开始考虑全局。有两件事对我触动很大。一是曾与二汽相似的很多三线企业，国家停止投资后，衰落景象令人不寒而栗。二是1980年赴美、1981年赴德，我访问了一些汽车和零部件企业，大开眼界。一汽的"解放牌"没转型升级，企业活力日减，大家惋惜称"几十年一贯制"。我想必须吸取教训，二汽要生产更要"经营"，要做好今天还要准备好明天，深思熟虑后写了《结束汽车产品的几十年一贯制》《把二汽建设成经营开发型企业》两文，被饶斌赞赏。

二汽前任总工孟少农是我国汽车行业唯一的中科院院士、资深专家，看问题较深远。黄正夏厂长改革精神较强，有前瞻性。1982年，厂里资金很困难，但决定投资建设技术开发园区和襄樊汽车试验场。我任总工后，推进与德国弗兰霍夫学会合作，建了全国第一所"双元制"技工培训学校，成立教育中心，毕业生进厂就可达四级工水平，很受欢迎。又整合成立技术装备中心、技术开发中心，聚集一批人才，建设当时全国最具规模和水平的汽车道路试验场，研发力量国内数一数二。这些能力，很多是当时外面买不到或做不到，我们坚信三大中心可保二汽的发展后劲。

记者：您的理念从哪来？

陈清泰：我一生除了大学正规教育，很少有机会专门进修，平常见了好书好文，真是像法宝一样留下，不时翻看。还要多请教人，蒋一苇、吴敬琏、周小川、郭树清、刘纪鹏等都请来交流讲课，还有通用、福特、克莱斯勒退休副总裁和苏联汽车专家。我和福特副总裁白天谈合作，晚饭后跟他谈到半夜12点。谈生意也是额外学习机会，我很认真的，有时还要做笔记。

企业改革最难解决的是理论、认识和观念问题

2013年，李克强总理有次开会专门提到，中国上市公司协会做了一个调查，有的企业上一个项目，要经过27个部门、50多个环节、时间长达6~10个月，这显然是很高的成本。

中国上市公司协会2012年成立，首任会长陈清泰。

记者："企业改革是伟大的社会实践，但遇到的最难解决的，往往是理论、认识和观念问题。"您说这话，是深有感受吧？

陈清泰：二汽的另一个困难，是调整"七五"计划。已有的规划要自筹资金，使卡车产量5年翻一番达20万辆。接手二汽后我不同意。

搞汽车的都知道，汽车保有量很低时，中吨位卡车为主，但保有量增加后，卡车领域肯定是小型车占大头，再是大型车，中吨位占比会下降。整体上，小轿车会迅速增加，卡车最终降到30%甚至更低。二汽要具全球影响力，产品布局非常重要，否则没戏。

记者：是好日子过一阵再说，还是及时为将来打算。

陈清泰：我想法是，主要资金投入八吨平头重吨位卡车，尽快形成生产能力，同时力争小轿车立项。这动了专业厂的既得利益，总厂领导花了很大力气统一思路，后来二汽的"三个三"——三级跳的区域布局、三大法宝的内部挖潜、三层管理体制的发展思路，在这时形成。

上轿车，上海已起步，解放有红旗等老底子，二汽从零开始。国家"六五"期间还说要控制投资，批大项目非常难。

但这关非过不行，全力争取，当时的国家经委主任宋平在我们的报告上批示："二汽提出的问题很重要。大家对（东风汽车工业联营公司的）联合很积极，但联合起来干什么，要尽快解决。他们说现在中型车已无发展余地，那么应开发什么新产品？二汽多次提出要搞轿车，国家似乎没有必要限制，现已联合了160多家企业，应当由二汽组织他们有计划地去发展，开发新产品。行政干预要减到最低限度。"落款日期是1986年12月26日。

记者：当时讲"行政干预要减到最低限度"少有吧？

陈清泰：少有的。当时讲简政放权，总是扭扭捏捏地简，速度较慢，因为计划体制大的框架还没改。当时能提出这么一个看法，是很超前的。我非常兴奋。1987年1月初，我去国务院发展研究中心找张盘副主任、鲁志强司长讨论策划，5月在二汽开了中国汽车工业发展战略研讨会，意见、建议很快汇总上报，国务院主要领导批示暑期北戴河办公期间研究。7月底，我赶紧去北戴河宾馆写报告，说明这是保持二汽发展后劲至关重要的大事。8月6日报上去，12日姚依林副总理主持专门会议研究。会议同意二汽轿车立项，选择最难的方案起步后，他说了一句话，"这样做会艰苦一点，实在不行再说"。

"严峻考验"，中国社会主义经济体制有可能"基础动摇"

在产品设计处抓技术研发，任厂长抓体制改革，1987年抓减少行政干预的行业性突破，1989年强调市场化导向……陈清泰在二汽的路，与国家改革开放合拍共进。回顾1992年到1998年，在国家经贸委主管企业改革与发展期间的形势，他则曾用"严峻考验"、中国社会主义经济体制有可能"基础动摇"等词。

记者：当时哪些闯关您捏一把汗？

陈清泰：我到经贸委工作第一件事，是推动"转机条例"（即《全民所有制工业企业转换经营机制的条例》）贯彻落实。这是1988年《全民所有制工业企业法》颁布后，推进执行非常重要的政策性文件或称实施细则。镕基同志思路很清楚，就是做好三件事：一是"转机条例"，向企业放权，该放的放到位；二是监管条例，该监管的监管到位；三就是选好人。

当时企业作为市场主体还没到位，还在承包制阶段，一厂一策，每家企业跟政府讨价还价，最差时最有利，潜力释放就是企业红利，谈判技巧比管理水平有用得多。这就使很多东西都扭曲了。承包制只是计划体制向市场体制过渡时采取的一种激励方法。当时在镕基同志领导和极力推动下，做了几件非常重要的事，把企业改革的基础设施陆续建立起来。这是非常了不起的功绩。

记者："有哪些"基础设施"？

陈清泰：一是企业的财务会计制度，大体和国际接轨了。二是对国企普遍清产核资，摸清家底，企业财务真实性前进一大步。三是把企业破产制度推到可实施阶段。四是社会保障制度从零开始，初步形成。上世纪90年代中期，我国经济形势发生大变化。长期过度投资导致很多产业产能过剩，卖方市场转向买方市场，企业竞争力不足、自我发展能力缺失等问题都充分暴露了。

记者：糟糕到什么程度？

陈清泰：1996年、1997年，全国国企亏损面达39%，停工、半停工企业达40%左右，给职工发不出工资，巨额三角债，约7500万名国企职工，下岗约三分之一。形势非常严峻。到底怎么办？应当说，我们的高层在改革中是勇敢者，没有屈服于经济状况恶化带来的压力，压力反而成了倒逼改革的决心和动力。

为建立社会主义市场经济体制的财政、税收、金融外汇等体制改革一项项落地，现代企业制度试点启动。对企业暴露的问题不回避，提出政府宁愿出钱去帮助因此下岗的职工，决不能挽救没有希望的企业。坚定推进企业"破产兼并"，抓大放小，减人增效，下岗分流，建立社会保障体制，实施再就业工程；纺织砸锭，淘汰落后产能；剥离部分企业不良资产，优化资本结构；对东北等老工业基地实施三年脱困计划。可以说，90年代中后期形成一波惊心动魄改革大潮，为社会主义市场经济体制奠定初步基础，也为我国入关后的经济繁荣创造了条件。

记者：当时没有社会保障机制。

陈清泰：我们经贸委配合当时的劳动部、民政部、财政部、银行等，反反复复研究，请了很多国外专家参与方案设计，最后提出三条保障线——社会最低收入保障线、失业保障金、养老保险，都从零开始建立。再就是采取多种途径，分流富余人员。从后来情况看，大约三分之二靠企业内部消化，三分之一进入再就业中心。国企职工非常了不起，为改革做出巨大牺牲，个人、家庭都有很大付出。

在杨家杖子矿务局，经贸委企业司一位司长带队调研，在房里与职工代表交谈，出门时，40多位职工"唰"一下跪在地上，他们太无助了。像那样一个矿区，到哪里去找就业岗位？当时真是很悲壮。

记者：上海纺织砸锭，我们也印象很深。

陈清泰："抓大放小"，国企陆续从轻工纺织退出，中小企业得到较快增长，重要的是保住了、又增加了很多就业岗位。很多国企职工慢慢开始创业自立。国有资产开始向重要行业、关键领域集中，结构大大改善。由此看出，转向买方市场后，企业有生有死、职工有进有出已成必然现象。就企业搞好企业已进行不下去，因为它已离不开外部环境改善的配合。

发现这个问题后，我们建议"优化资本结构城市试点"。经国务院同意，由经贸委牵头，九部委联合推行，核心是转变思路。由注重搞好每个国企，转向搞好整个国有经济；由注重"减税让利"，转向"优化资本结构"；由注重挽救国企，转向推进优胜劣汰。在操作上由就企业进行企业改革，转向发挥城市优势，改善企业外部环境，综合治理。实施抓大放小，调整结构等。开始选了18个城市，最终发展到119个，取得了好的效果。

试点城市对有希望的企业总计剥离不良资产1.4万亿元，工农中建四大银行建立四大资产管理公司，市场化运作。后来他们说，回收率15%~20%，也算不错了。这些措施应该说是很成功的。通过这一轮，包括"三年脱困"取得成效后，国企的产业结构、整个状况发生了很大变化，部分企业具备资本市场上市条件。回顾起来，这是一条线，另一条线是深层次的企业体制改革。

基本的东西不能动，因为希望就在这里

记者：起点在1992年？

陈清泰：对。小平同志的南方谈话，破解了长期困扰我们的"计划与市场""姓资姓社"问题，实现又一次思想大解放。江泽民同志在中央党校的讲话，明确提出"建立社会主义市场经济体制"的改革目标，社会反响非常好。1992年，十四大就把这定位为经济体制改革的方向。这是一个重要里程碑，使我们从计划经济体制下的政策性调整，走上了向市场经济体制转型。

记者：新体制要真正落地，就需要一系列理论突破和政策保障。

陈清泰：1993年，十四届三中全会就要完成这个任务。中央决定为建设社会主义市场经济体制制定一个框架，提出改革路径。为此要出台"建立社会主义市场经济体制若干问题的决定"，起草组设了16个调研课题，其中一个就是"建立现代企业制度"，我被要求承担这个调研组的组长。

那年6月初，负责文件起草的温家宝和曾培炎同志组织开会，部署16个调研课题。会上传达了江泽民同志对起草组的一句话，就是十四届三中全会要回答的一个重要问题，就是公有制、国有经济跟市场经济能不能结合、怎么结合。实际是我们组要回答的问题。会上并没说出什么是现代企业制度。总之，就那么一个适应市场经济的企业制度。我觉得这是一个非常重要的难题，必须找可行方案。

两个月后，起草组听汇报，我就建立现代企业制度的目的、制度要点、实施步骤等提出了思路和框架，共分六个方面40条，并做了汇报。我感觉起草组听了很兴奋，认为这个路子看来可以走通，信心满满，提了些意见让我们进一步修改。再后来，我们接到通知，政治局常委会对重点调研题目听取汇报，我们列在第一个。

记者：很重视。

陈清泰：9月6日要汇报，1日中财办又找我和另一位同志到中南海商量，写个小材料，下点毛毛雨，大家届时好理解。中财办孙树义与我们一起反复推敲，很简短地写了3个题目——什么是现代企业制度、企业法人财产权问题、有限责任制度问题，会议前发下去。开会时，我还是心里打鼓。

会议由江泽民同志主持，我汇报后大家讨论，集中在几个问题。一是担心引进了有关产权的概念，特别是企业法人财产权，会造成资产流失，"一物不能二主"啊；二是关于国企是否一定要向公司转型，一些意见认为国企有什么不好，为什么要转；三是将来企业发展资金来源主要靠什么，一些意见认为还是应靠银行，而不是资本市场，反正就那么一点钱，那边多了这边就少了，放到银行还好控制些；等等。

记者：都是核心问题。

陈清泰：结束前家宝同志问了一下，现代企业制度这个词是不是可以用。江泽民同志最后指出，大家对企业制度要创新这一点是赞成的，可以提。这里涉及很多法律概念，比如对终极所有权、法人财产权等，怎么准确理解，要进一步搞明白，绝不能造成国有资产流失。

我感觉当时并没达成一致，从会场出来，觉得压力很大。王忠禹同志当时任经贸委主任，也参加了会议，出来后我赶紧跟他说，坦率地讲，这里讲的所有东西，都是我的观点，如果出了什么问题由我负责。曾培炎同志很快找我谈，认为我们报告主体没问题，不能动，大家提出的几个问题，真正讲清楚还是有可能接受的。他让我们针对大家提出的问题，把稿子再调整调整。后来我们又认真改了一遍，但基本的东西没有动。曾培炎同志也是这个意见，因为希望就在这里。

当时实际上我们面临着一个严峻的政治选择

记者：再后来就是11月全会召开了。

陈清泰：我高兴的是，十四届三中全会《决定》第二章的题目就是"转换国有企业经营机制，建立现代企业制度"，我们的主要观点和表述都被接受了。开宗明义就是一句分量非常重的话，"以公有制为主体的现代企业制度是社会主义市场经济体制的基础"。这句话太重要了！这就是回答江泽民同志的那个问题。如果我们在公有制、国有经济的范畴，不能构造出千万个独立的市场主体，发挥市场在资源配置中的基础作用，我们将面临一个严峻的政治选择。要么保留公有制、国有经济，退回到计划经济体制；要么选择市场经济的高效率，就得搞私有化。但这两者都不是我们想要的。所以它确实是一个基础。这是一个很到位的表述。

另外，"产权清晰、权责明确、政企分开、管理科学"和现代企业制度的五个基本特征、企业法人财产权等都写进去了。实际上，你一琢磨，这就是公司制度。

记者：核心变化在哪？

陈清泰：《全民所有制工业企业法》依然是政府管企业的制度，在计划经济体制下，用于规范企业是可以的。要建立社会主义市场经济体制，需借助《公司法》的制度安排。一是使企业拥有法人财产权，不仅享有民事权利，且有能力承担民事责任，成为独立法人实体。二是实行有限责任制度、所有权与经营权分开，投资者退居到股东的地位，通过公司治理保障投资者权益。三是公司自主决策做强做大，投资者追求投资收益，通过资本市场可进可退，由此构成相关但不受约束的"两个自由度"。

记者：您怎么回顾改革开放？

陈清泰：40年，国企改革与经济体制改革密切关联。左脚迈一步，右脚才能迈一步。梳理十四届三中全会以来中央就这个问题的一次次理论政策，可以看出，使公有制、国有经济适应社会主义市场经济体制，要回答这项改革的基本命题，有3个核心要点。

一是现代企业制度的建立，就是通过企业制度创新，在公有制、国有经济范畴构造千万个独立的市场主体。二是改革国有资产的实现形式，就是由实物形态的企业改制为价值形态的资本，同时建立有效的国资委托代理体制。三是国有经济的功能转换。国有经济可以有两种功能，一个是政策性功能，如把国企作为政府行政的工具等，另一个是收益性功能，就是获取投资收益，用于补充社保资金的不足和财政的补充来源。政策性功能往往会扭曲市场，收益性功能则靠公平竞争。随着我国发展阶段升级，在竞争性领域，国有经济应逐步尽数转换为收益性功能。

记者：三方面进展怎样？

陈清泰：都有进展，但参差不齐。国有资产管理问题更加敏感，进展相对迟缓，但三方面相互关联。由此使现代企业制度建设和国有经济的结构调整与功能转换，达到一定程度后，就难以深入进行了。

记者：您被认为是最早提出国企改革突破口在"管企业为主"转向"管资本为主"的学者，40年后再出发，怎么进一步把握政府和市场之间的关系？

陈清泰：我认为真正要调整，必须靠资本化。计划经济体制下，国企是提供产品的生产单位。后来在经济发展追赶期，我们实行政府主导、依托国企、大规模投资的发展方式，较快奠定了工业化基础。这时期国企是政府调控经济的工具、推动经济增长点的抓手。但随着进入创新发展阶段，在竞争性领域，政府必须转向管资本，并通过投资运营公司的隔离与衔接不再管企业，原来的国企应当改制为混合所有制公司。我想，这是国有经济的主体部分，但在某些特殊领域、涉及国家安全的领域，并不排除国企的政策性功能。这些都是市场失灵的领域，这种现象的存在不影响市场配置资源的功能。所以中央提出"管资本为主"是很准确的，就是说在某些特殊领域不排除政府管企业。

记者：据说您曾表示，国企应从市场竞争激烈的产品中退出，比如汽车产业。

陈清泰：我的观点恰恰与此相反，这是伪命题，哪种资本进入市场并不是问题，问题在于它的进入能不能保持竞争公平性。政企不分的国企在竞争性领域确实容易产生不平等竞争。国资进入市场，如果追求对某些产业或企业的非经济因素的控制，那会扭曲市场；但在政府管资本不管企业的情况下，追求投资收益的、国有资本投资和持有股份的公司，进入竞争性市场，则没有任何问题。中国市场已有不少境外资本，增加些国资并不是问题，关键是不能影响市场配置资源的功能。

东风汽车工业联营公司成立*

(2020年5月8日)

1978年初,国务院领导向饶斌同志提出长期以来中央在处理和地方关系上常常是一统就死,一死就放,一放就乱,一乱就收,一收就死,形成了一种恶性循环。后来又搞过"托拉斯",到各地收厂,搞行政垄断,不仅没有解决问题,而且影响很不好。专业化分工、社会化大生产是发展的必然趋势,可不可以考虑在汽车行业搞搞试点,发展横向联合?

饶斌同志把这件事传达给二汽,要求二汽先做试点。

二汽很多领导是汽车行业的专家,对这件事非常认同。

二汽是基于准备打仗的"三线建设"项目,它是一个典型的"大而全"的全能型工厂。不仅有生产内燃机、变速箱、车身、车桥等基础件的专业厂,而且还有生产标准件、轮毂、钢板弹簧、减震器、活塞、活塞环、化油器、节温器、仪表,一直到车厢、车厢板等零部件的专业厂,共有36个。但按工厂设计只有三个基本车型、年产十万辆。几乎每一个零部件工厂都达不到经济规模,在和平时期企业的效益和竞争力将成问题。

另外,全国经历了几轮"汽车热"之后,到1980年前后,各地的汽车和零部件企业都处在十分困难的境地,它们没有正规的产品、没有资金投入、没有技术,欲进不成、欲退无路。它们对依托大企业,进入专业化大系统,求之若渴。当地政府对这些企业也爱莫能助。无论是企业还是当地政府,对加入联营公司都有很高的积极性。

打破"大而全"和"小而全",实行专业化分工,规模化生产,这是二汽发展必须实现的一次转型。二汽面临着借助社会的生产力,扩大产品产量,扩大产品线,发展多品种,发展改装车、专用车。发展横向经济联

---

* 本文系作者在2020年5月8日撰写的回忆文章。

合是打破体制约束的一个突破口。

认真研究之后，饶斌决定抽调当时二汽发动机厂党委书记李岚清同志，由他带队，到湖北、四川、广东、广西4省区进行专业化大协作调查，调查了几个月，四省区的情况基本摸清。

1978年6月，二汽与4个省区的汽车厂召开了一个"规划会议"，以4省区和一机部的名义向国家计委、国家经委并国务院送呈了《汽车工业改组意见的报告》。但报告送上去后，没有消息。

1980年初，国务院提出了"发扬优势、保护竞争、推动联合"的要求。二汽决定再派副厂长康志荣等进行第二次调研。这次明确组建的集团是以二汽的东风汽车为主导产品，围绕着东风汽车开发改装车、变型车，在此基础上发展、改造和提高地方汽车和零部件企业的水平和能力。

1980年6月6日，二汽邀请了湖北、浙江、四川、云南、贵州、广东、广西、新疆8省区机械厅局长和相关企业的领导座谈，讨论联合问题。这些政企的负责人来厂考察后，对二汽的产品和总体生产、研发能力给予了很高的评价；对各个专业厂的较强实力有了进一步了解，都愿意结合本地、本厂的情况和二汽共同发展。与会人员提出的想法是：自愿结合，组织联营公司，逐步放弃"小而全"，实现专业化大协作。

1980年7月22日，邓小平视察二汽时，提出了企业联合的问题，并听取了二汽关于汽车企业联合的汇报。他充分肯定了二汽的想法，鼓励二汽打破"小而全"，保护竞争、促进联合。

邓小平肯定了，二汽干部职工的信心就更足了。在此基础上，1980年10月16日，8省区机械工业厅局长及重庆汽车制造厂、云南汽车制造厂、柳州汽车制造厂、贵州汽车制造厂、广州汽车制造厂、乌鲁木齐汽车装配厂、杭州汽车厂、汉阳汽车制配厂8家汽车企业（俗称"老八路"）的领导参加了"联营工作会议"，共同研究和拟订了《东风汽车工业联营公司章程》，并迅速报告了国家机械委员会、一机部、汽车局、湖北省人民政府。

1981年2月17日，国家机械委员会以国机经发（81）14号文件批复同意成立以二汽为基础，杭州汽车厂、汉阳汽车制配厂、广州汽车制造厂、柳州汽车制造厂、重庆汽车制造厂、贵州汽车制造厂、云南汽车制造厂、乌鲁木齐汽车装配厂这8个企业组成"东风汽车工业联营公司"的申请报告。

到1985年,二汽的发展经历了两个阶段:第一个阶段是1969年二汽大规模建厂到1979年,这阶段的发展可用三句话概括:国家投资、全国支援、二汽建设。其间用"聚宝""包建"等创新的方式,创造了二汽汽车生产的基本条件,奠定了16.7亿元资产的物质基础。第二阶段是1980年到1985年,也可以用三句话概括,就是"自筹资金、量入为出、完善能力"。在此期间以3.3亿元自筹资金的投入,进一步调动了16.7亿元的固定资产的潜在生产能力。汽车产量每年以30%以上的速度增长。到1985年底,二汽形成了三个基本车型10万辆的设计能力,完成了国家建设任务。

这时企业发展环境有了重要变化,一是经济体制转向"有计划的商品经济";另一个是确定"搞活国有大中型企业是城市经济体制改革的中心环节"。这意味着"商品经济"的有效工具和运营方式将逐渐放开;企业作为商品生产者将引入竞争。二汽很快意识到,"国家投资"没有了、"量入为出"落后了。国有企业要"活"起来,就要充分利用商品经济的有效工具,通过生产、技术、营销、资金、资本等形式的合作,借助社会的生产能力、资金、劳动力,从而实现东风公司的发展目标。重要的是打破二汽的"大而全",发展专业化生产。生产组织的变革将是生产力的再解放。

国家投资已经没有了,一个工厂的建设要全国来支援,已经是不可能了。这两种建设模式有这样几个特点:第一个特点是国家安排什么,工厂就做什么,即企业发展的决策不在企业之内,建设任务是国家规定的,是国务院下达的;第二个特点是国家给多少钱就办多少事,或是企业有多少钱就办多少事,此所谓"量入为出";第三个特点是事事自己办。这样几个特点所形成的结果就是,企业发展投资靠计划分配的体制,除了助长投资"饥饿症",企业没有动力和能力实现真正的发展。

我们已经经历的两个阶段使我们建立了这样的概念,那就是我们用16年的时间形成了21亿元的固定资产,建成了10万辆汽车生产能力。按照这个办法,这种速度,到2000年我们最多也只能使我们的固定资产、生产能力翻一番。

东风汽车工业联营公司坚持地方和企业自愿、互利互惠原则;以东风系列产品和零部件生产;以东风车底盘发展专用车、改装车;围绕东风产品的售后服务等生产经营活动,实行多层次、多形式的联合。联合的广度和深度不断有所发展。联合范围以东风牌系列产品为基础,打破部门、地区、所有制的界限。到1996年,东起浙江、福建,西到四川重庆、新疆乌鲁木齐,南到广州、深圳和云南昆明,联营公司已覆盖了"南方一大片",加入的整车、改装车、专用车和零部件、售后服务企业127家。联营公司职工20万人(其中二汽6万人),1985年完成工业总产值近50亿元(其中二汽23.8亿元),实现利润10.7亿元(其中二汽6.2亿元)。

公司联合的形式按照经济关系的密切程度分为以下三个层次:合资企业一家,即二汽同南京特种汽车装配厂的联合投资企业;紧密联营企业四家,即改变隶属关系(由地方企业变为东风汽车联营公司直属的企业,但仍保持独立的法人地位)的云南汽车制造厂、柳州汽车制造厂、杭州汽车制造厂和乌鲁木齐汽车装配厂;半紧密联营企业28家,即隶属关系、财政渠道、所有制"三不变",但实行产品方向、规划改适、生产计划、经营管理"四统一"。

马洪与二汽[*]

(2018 年 5 月 21 日)

改革开放后很快在国务院下面成立了一个专业的政策咨询机构——国务院经济技术社会发展研究中心,由经济学家马洪出任主任。当时的二汽是"三线建设"诸多企业中以改革求发展走在前面的一个,也是中心关注的一家企业。中心不断有研究人员到二汽考察,给我们提出建议。在二汽改革发展的关键时候,国务院经济技术社会发展研究中心起了关键的作用。

二汽 1981 年成立了"东风汽车工业联营公司",在全国率先发展横向经济联合;1982 年 10 月,万里副总理考察二汽,提出二汽效仿首钢实行利润递增承包责任制;1983 年,国务院批准了为期五年的承包方案并开始实施。1982 年 11 月,姚依林同志到二汽视察,我们根据厂里发展的需要,请求国家批准二汽有自营进出口权。他回北京之后,反复跟有关方面讨论,较快地批准二汽建立东风汽车进出口公司,这在全国的企业中可能是最早的一家。自营进出口权给我们带来很大的好处,除了设备、零部件进出口的效率提高、成本降低外,而且作为一个企业可以独立地和国外厂家建立联系,比如,福特公司有人要工作来访,我们发邀请就算数;我们出国考察和商务活动,直接报外交部批准就可以了。这就使我们获得了一个国际化的起点。1983 年 10 月,国务院总理到二汽考察,同意了二汽承包再延长 5 年到 1992 年的方案。这就使二汽可以从长计议、规划长期发展。

1986 年,国务院经济技术社会发展研究中心主任马洪到二汽调研,之后写了一份报告:《二汽集团发展横向联合的调查和建议》。报告中提出三

---

[*] 本文是作者 2020 年 5 月 8 日撰写的回忆马洪同志的文章。

点建议：一是二汽集团东风联营公司作为横向联合发展企业集团的试点单位的经验可以逐步推广；二是把东风联营公司作为国家一级计划单位，国家指令性生产计划、物资分配指标等直接戴帽下达；三是支持东风联营公司成立投资信托（财务）公司，此公司归东风联营公司领导，受中国人民银行统一管理。报告提交后，国务院总理批示"同意。请体改委与国家经委、银行、中汽公司等单位研究落实"。

10年的承包期，使二汽在财务上可以有一个稳定的预期；计划单列的好处是我们有了与国务院有关部门直接对话的权利：我们的计划可以直接报到国家计委，技术改造可以直接报到国家经委，和财政部也有了直接的通道，可以直接向这些部委汇报工作、反映情况。政府部门对我们有更多的理解，就会在可能的范围之内给我们必要的支持，如计划指标的分配、投资项目的审批等。在当时的体制下这些都是非常重要的事。1987年，经中国人民银行批准，东风联营公司的"财务公司"成立，很快在缓解联营公司内流动资金压力、提高资金周转效率、降低资金成本、增强联营公司凝聚力等方面发挥了很大作用。我记得，当时每天联营公司内的财务往来大约1600万元。这些往来我们可以不通过银行，而是通过财务公司来支付、处理，资金周转效率提高、财务成本大幅度下降。这些改革对增强企业活力有很大的作用。可以说，二汽发展过程中留下了一串改革的脚印。

二汽轿车这样起步

1984年8月，我接替黄正夏同志担任二汽厂长。1986年1月，二汽3个车型10万辆建设任务完成并通过了国家验收。下一步怎么发展？从卡车的布局上，我们已经有了"向上""向下"的占位，但8吨车型还在开发中。当时卡车的销路很好，比较赚钱，所以厂里有一种意见，就是将年产10万辆翻番，扩大产能到20万辆。另外一种意见认为，在10万辆的基础上，通过挖潜、填平补齐，充分利用既有产能，把较多的资金用在八吨车上。我主张后者。我想，当务之急是赶快把八吨车搞上去，完成卡车产品布局，再抽出力量上轿车。这样才能在国内汽车业站住脚，因为这时桑塔纳已经开始生产了，对我们影响很大。经过反复讨论，这个建议得到了领导班子多数人的赞同。接着我们调整了二汽的"七五"计划，砍掉总计约需 10 亿元投资的 64 个项目，以有限的资金保证"七五"期间年递增 1 万辆的生产能力、保证老产品不断改进，同时集中力量开发出具有国内先进水平的八吨平头柴油车，使二汽的汽车产品由长头扩展到平头、由汽油机扩展到柴油机、由中型车扩展到重型车和轻型车。调整后，"七五"期间二汽保持了同行业较好的经济效益，完成了卡车的布局，也为轿车发展创造了条件。

筹备轿车的难度是很大的。首先就是国家这一关怎么过。计划经济下，国家对二汽这类大厂管得很死，因为它是国家财政收入重要来源，二汽的产品发展、重要项目、重大投资国家不仅要管，而且管得很具体。另外，当时很多人还停留在轿车是资产阶级高消费的观念之中。

二汽与一汽、上汽不同，从来没有搞过轿车，要让国家批准上轿车项目非常困难。1986 年 10 月，我们向国家计委上报了二汽要求"开展普通型轿车前期工作"的报告，12 月 18 日又通过《二汽动态》向国家计委反映"汽车企业横向联合的积极性很高，但中吨位卡车已经没有发展空间，那么联合起来干什么？"12 月 27 日，国家计委主任宋平在这份简报上批示，"二汽多次提出发展小轿车，国家似乎没有必要去限制"，并要求有关司局进行研究。看到这个批示，我非常兴奋，感到有机会。于是马上赶往北京，找到国务院经济技术社会发展研究中心（后来改称国务院发展研究中心）副主任张盘以及鲁志强等人一起讨论、策划。最后做了一个方案：请当时国家经委技术经济研究所组织国内调研，由其邀请外国专家介绍国外轿车发展状况；在调研的基础上开一次高层研讨会，梳理会上的主要意见，最后向国务院汇报。这是 1986 年底到 1987 年初商定的事。

国务院经济技术社会发展研究中心当时的地位很高，由其协调和邀请有关领导和部门，我们二汽做好会务筹备工作，"中国汽车工业发展战略研讨会"于 1987 年 5 月在二汽召开，段君毅、周子健、马洪、饶斌等老领导，有关政府部门人员、经济学家、汽车企业的领导 100 多人到场。会议分为两个阶段。第一阶段由国家经委技术经济研究所何世耕所长发布调研报告，日产和丰田的专家分别就国际轿车工业情况及对中国轿车发展的建议做了发言。第二阶段是等外国专家离场后进行闭门讨论。到会领导都讲了话，政府部门发言，企业也发了言。大家对汽车业的战略地位、发展目标、未来产品结构、发展模式等进行了讨论，都赞成应及早部署轿车生产，防止中国市场一启动就被国外企业占领。孟厂长的发言讲到汽车产业发展规律，他说卡车最多是"中学水平"，轿车才能达到"大学水平"，中国的汽车工业中学毕业了就应当、也有条件"上大学"。他还指出，从国际经验来看，"大厂造小车、小厂造大车"，像一汽、二汽这样的大企业，进一步发展还是要转向搞轿车。一汽厂长耿昭杰发了言。我的发言主题是"轿车工业的战略抉择"，提出当前国家必须在五个方面做出决策。

会后，国务院经济技术社会发展研究中心汇总会议情况形成了一个政策报告，由马洪主任签报给当时的中央领导。领导有一个批示，意思是"北戴河期间议一次，请计委、机械委准备意见"。知道这个消息，我意识到，接下来就要抓紧落实二汽的项目。我很快就找了中汽总公司，与陈祖涛、李荫寰、薄熙永等人商量，争取在中央到北戴河办公期间进行汇报，看能不能把项目拿到。

我做了一些准备，8月赶到了北戴河。在那里我给副总理姚依林写了一个报告，讲到中国发展轿车的必要性和二汽下一步发展的形势、为什么要上轿车、上轿车的思路、资金来源，等等。因为之前有宋平的批示和中央领导对发展研究中心报告的批示，所以姚依林同志很快决定在北戴河召开国务院会议，专门讨论二汽项目。会议请了张劲夫、李鹏副总理以及计委、经委、机械委、中汽总公司等部委参加。开会前，随着参会领导陆续到北戴河，我逐个进行了拜访，包括李鹏副总理、计委黄毅诚、经委林宗棠、机械委何光远，向他们介绍二汽发展情况和发展轿车的方案，回答他们提出的问题。一个一个谈完，我心里有了底，认为问题应该不大。

8月12日的会由副总理姚依林主持，会议开得很顺利，到会的人都很支持二汽搞轿车。

陈祖涛首先汇报。他讲到刚刚在二汽开过汽车工业发展战略研讨会，大家认为中国发展轿车的任务应当提上议程，条件最好的还是一汽和二汽。还说二汽在轿车上做了不少工作，国家应当支持。

我汇报时提出不要国家直接投资发展轿车的规划，还提出两种可供选择的方案，一种是"技术引进，自主建厂，进口替代，远期出口"；另一种是"联合开发，合资办厂，出口导向，进口替代"。

马洪与二汽

何光远说，发展轿车再搞"全国支援"另起炉灶的做法已不可取。要上只能靠一汽、二汽，上海已经是既成事实，希望三家发展方式和进度适当错开。

黄毅诚、林宗棠和张劲夫都发表了意见，没有人反对。

李鹏说，原则上同意二汽的意见，轿车就这三家，谁也不再批了，口子要守住。所以，"三大"就是从这里来的。关于两种方式，李鹏说，可先从第二种方式起步，不要走 SKD、CKD 组装的道路。

姚依林做总结，他说，原则同意二汽轿车总规模 30 万辆，分两期实施，第一期 15 万辆。二汽发展轿车应当首先从第二种模式开始，瞄准出口为主，一汽是挡住进口。二汽这条路会艰苦一点，实在不行再说。

会后形成了会议纪要。二汽轿车项目就此落地。

关于两种发展模式，其实有一个背景。1986 年，富士重工时任社长田岛敏弘给姚依林和张劲夫写了一个报告，之后又通过发展研究中心的李建国向中国政府转达他的意思，希望拉着美国一家公司跟中国一家企业三家合作，每年在中国生产 30 万辆轿车，美国、欧洲和中国各分担销售 10 万辆。

这个方案对政府很有吸引力，因为那时国家缺外汇，特别希望多出口。所以几位领导对富士重工的报告都有过批示。富士重工找到二汽，我们跟他们进行了很多次交流，在这个基础上，就出现了前面讲的"第二种发展模式"。

当时我们很希望联合开发，与富士重工一起做了不少前期工作，甚至他们的研发中心都让我们去考察。他们也派人到我们这边来，拿了一些样车在中国共同路试。

1980 年代中国的公路质量不好，吃住条件也很差，但他们跟着我们全国跑路试。一看到东风的服务站，就高兴得不得了，因为到那就有吃有住了，起码能洗个澡。

二汽轿车 ABC 有些就是跟富士重工学的。1986 年、1987 年前后，我们派了很多人到日本学习，从产品设计到工厂设计。

很可惜，这个事情没有干成。富士重工的大股东是通用汽车，作为第三方富士重工把通用汽车拉进来了。它进来就要做主，要选它的一个旧车型，我们坚决不干。1.6 升左右的汽车，通用根本没有优势，而且用现成车型就无所谓"联合开发"，就会掉进完全引进的陷阱，跟桑塔纳的 SKD、CKD 路子差不多。富士重工影响不了通用汽车，不敢得罪他们，但我们不害怕，最后合作就没有成功。

富士重工的方案走不通，预示着"联合开发，出口导向"的路子就走不下去了。

按照国务院领导"货比三家"的要求，我们跟五六个国家的 16 个公司进行过接触。最后落到雪铁龙是两大因素：

一是，法国政府承诺这个项目中国可以是"零外汇"。法国政府提供全部外汇贷款，而且其中一半是软贷款，年利率 2%，宽限期 11 年半。建厂 11 年后企业已经赚钱了，还款的压力比较轻。

二是，雪铁龙提供一款还没有投放市场的"未来车型"，也就是说，我们两家投产的时间差不多，等于一开始我们就有一个能够跟上当代水平的产品。

在谈判最紧张的时候，遇到了 1989 年春夏之交的政治风波。那时我们搞产品设计、工厂设计的，还有商务谈判代表等四五十人在巴黎。动乱后我们的人搞不清情况，法国人也傻眼了，到底还能不能合作？

当时在巴黎谈判负责人是宋祖慰，政治风波后，他们找大使馆，但使馆也弄不清。这时的对外经贸部部长郑拓彬在比利时开会，这期间到巴黎接见了我们。他跟宋祖慰等人说，二汽的谈判可能会受到影响，但事情会过去的，你们不应该放弃。

谈判还在继续，但情绪很不稳定。我们决定，这时候要加强领导，请马跃同志出马。他 6 月 10 日出发去巴黎，指导谈判，去督战，稳定军心。

政治风波后，法国政府的态度立即发生变化，对外汇贷款的承诺变得含糊了。10 月之后国内平静了，东风－雪铁龙这样的大项目法国政府绝不想放弃。我把情况向国务院领导做了汇报。国务院领导当时也有想法，那时候西方国家都在制裁中国，希望这个项目成为一个打破封锁的突破口。

与此同时，国务院副总理邹家华做了不少工作，疏通国内各部门，国家计委抓紧审批最后的合同。雪铁龙和法国方面也很着急。雪铁龙前总裁、中国项目总管哈夫纳 11 月来到中国，他跟我说，法国政府很重视他这次来华。法国政府人员跟他说,"这个项目,政府是承诺过的,政府始终是支持的,政治风波后,尤其是在七国首脑会议期间碰到了很大的困难,在与中国没有相互对话的条件下做出了决定。冷静下来也感到不妥。现在外交部正在设法解决这个问题,如果贷款不能解冻,法国财政部长和经贸部长已经答应可以出具正式公函,向中国政府保证这个项目的所需贷款。我们现在去不了,你代替我们去。"PSA集团总裁嘎里威对他说,"不能让德国大众总裁汗博士一次次跑中国,你必须去,抓紧沟通,准确表达我们和政府的意见。"我把谈话的情况立即书面向领导做了汇报。11月8日,李鹏总理、邹家华副总理等在北京钓鱼台国宾馆接见了哈夫纳。经过一段时间的交谈后李鹏总理说,那就是"万事俱备,只欠东风"了!

最终,1990年12月19日,东风和雪铁龙双方在法国正式签约。

勇立潮头唤东风[*]

（2019年2月19日）

从二汽（东风公司前身）技术员到二汽总工程师，再到二汽厂长，在二汽的22年，陈清泰致力于推动二汽转型为现代企业：推动二汽搞承包，为企业争取到了自主权和滚动发展的资金；推动二汽搞横向联合，开启了企业集团化的道路；推动企业技术革新；推动了中外合资；还为企业争取到了外贸自主权，组建了首家国企财务公司，提高了资金利用效率。

调离二汽后，陈清泰对汽车的热爱不减，开始站在更加宏观的层面分析汽车行业。同时，他也高度关注国有企业，不断为国企改革发展贡献真知灼见。

技术派

成长在北京城，从小就喜欢汽车，陈清泰长大后如愿进入清华大学汽车专业学习。1964年，陈清泰获学校优秀毕业生金质奖章，虽然很想去一汽工作，但在学校挽留之下，他还是选择了留校工作。

"文革"开始后不久，陈清泰被下放到江西鲤鱼洲农场。此时，二汽正在筹建中，陈清泰心向往之。为了达成愿望，他和对象楼叙真策划，先让楼叙真分配到二汽，自己再作为"家属"调到二汽。为了能去二汽，两人专门跑到机械工业部查看分配二汽的名额，陈清泰每个月给学校写报告。最终，1969年底，学校通知陈清泰从江西回北京，放他去了二汽。

二汽始建于1969年，为了应对当时"准备打仗"的国际国内局势，选址在湖北十堰偏僻的山沟里。交通不便，建设缓慢，一直到1986年才

---

[*] 此文是2019年2月19日国务院国有资产监督管理委员会网站刊发的《国资报告》杂志记者的文章，原标题为《陈清泰：勇立潮头唤东风》。

竣工。

从泡图书馆、做实验开始，经过刻苦钻研，1979年，陈清泰成为二汽产品设计处处长，1980年成为副总工程师，1982年任总工程师，1984年任二汽第三任厂长。与接受分配的多数学生不同，陈清泰到二汽是为了实现汽车梦，不论处在什么岗位，他始终不忘这一毕生的追求。

陈清泰对技术有特殊的偏好，直到退休后，他仍然强调说："我的特长不在当官，而是技术。"

到二汽后，陈清泰参与过制动刹车系统的改进工作，参照当时国外汽车的放气制动装置，进行原理分析和设计，首次在国内实现了放气制动的技术突破。后来，这一技术在国内得以广泛推广，大客车和大卡车应用尤为广泛。

从出任二汽总工程师开始，陈清泰开始思考如何从技术研发的角度带领企业发展。

几次美国、德国汽车企业的考察经历，给了陈清泰极大的震撼。他发现，大众、奔驰等百年车企，从成立之日起，产品革新就持续不断。在中国，工厂建成了，研发就不那么受重视了，开始转向规模扩张，结果产品几十年不变。

在此背景下，陈清泰写出了第一篇思考汽车行业的文章《结束汽车产品的几十年一贯制》，这是国内首次有人提出汽车产品技术持续革新的思路。

陈清泰认为，二汽一定不能走一汽的老路，必须生产一代、开发一代、预研一代，才能使企业永葆青春。

在计划经济体制下，产能扩张很容易赚钱，而技术研发却难以带来实际的经济效益，计划经济体制下走过来的企业自然更愿意选择前者。

幸运的是，他的想法得到了黄正夏、孟少农等厂领导的理解和支持。

1982年，尽管当时资金十分拮据，陈清泰在厂领导的帮助下，开始筹备建立教育培训中心、技术开发中心、技术装备中心。

建在山沟里的二汽周边没有城市依托，人才基础薄弱。为此，二汽以自有资金建立了湖北汽车工业学院，从全国聘请教师培养本科生，充实一线岗位；与德国弗兰霍夫学会合作，建立了国内第一所双元制技工培训学校，逐渐形成了比较完整的教育体系。

在技术开发中心方面，二汽专门建立园区，培养了2000多名工程师，配备齐全的实验设备，同时在襄阳建设了国内相当规模和水准的汽车道路试验场。

技术改造中心的职责是对前方厂提供装备、服务，保证汽车生产有更大的应变能力，除了正常维修服务外，还有计划地对前方厂进行技术改造，以新装备保证新车型，不断提高经济效益。

当年的二汽逐渐成为国内研发实力数一数二的汽车厂。陈清泰坚信，这三大中心的实力可以保证二汽的后劲。

几年后，二汽产生了一批国内顶尖的技术带头人，处于国内汽车行业的绝对一流地位。陈清泰夫人楼叙真回忆说，后来的奇瑞汽车里有很多从二汽技术中心出去的人。

建立三级管理体系

1984年，陈清泰走马上任，成为二汽历史上第三任厂长。陈清泰思考问题的角度更加全面，他开始考虑二汽处于什么发展阶段，自己应该做点什么，二汽发展的大战略应该是什么等问题。

此时，二汽正处于从建设期转入发展阶段的关键时期。饶斌、黄正夏两任厂长用十六七年的时间为二汽打下了基础，10万辆汽车建设任务即将完成。从外部环境来看，随着国家"对外开放、对内搞活"政策的实施，市场竞争的格局逐渐形成，企业的体制机制、战略和管理亟须调整。

经过深入思考，陈清泰写出了《建设经营开发型企业》一文，认为二汽已经不能把自己看成深居于武当山之中的封闭系统了，要从一个生产型企业变成经营开发型企业，变成计划商品经济中的商品生产者。

陈清泰分析认为，生产型企业的基本哲学是"视现状为必然"，经营开发型企业的基本哲学是"视现状为落后"，要巩固今天，准备明天，安排后天。一个企业只有不断吸收来自市场变化的信息，不断改造自身现状，才能富有朝气和活力。

如何改变二汽的管理架构，让企业从国有工厂转变为商品经济大潮中的公司，陈清泰遍访名家，反复印证。一开始，他把欧盟的专家们请到二汽,专门讨教如何建立公司制度。后来又请吴敬琏、周小川、郭树清等经济学家到二汽调研企业改革。福特副总裁麦克唐纳到二汽考察,陈清泰和他探讨大公司的组织结构和内部权力分配问题。

此后,陈清泰逐渐形成了自己的想法,开始在二汽推行三层次管理体系。具体来讲,第一层是公司总部,机构简练,统管公司财务,是公司的战略中心和投资决策中心;第二层是事业部,包括卡车部、零部件部、采购部、销售部等,这是利润中心,按照总部计划投资;第三层是生产单位,按计划组织生产、保证质量、控制成本,是生产中心。

在这一体系中,发展、生产、销售各司其职,权责到位,三个层次协调运转,保证二汽不断获取更高的效益。

这一转变也是一项艰难的工作。陈清泰首先要面对的就是内部承包。这项制度对调动专业厂的积极性非常有效,专业厂以及生产性承包单位劲头十足,1984年全厂热火朝天,到1985年就发现了大量问题。因为承包了,专业厂不顾产品质量,而总厂只管结果,放松了过程管理;另外,各个专业厂有了自主权,开始自己决策投资联营,二汽整个管理体系开始涣散。

陈清泰主张,现代大企业应是一个有机的整体,企业作为一个法人只能是一个经营主体,在管理方面应该分层次,该放的管理权应该放,但是经营权、决策权、投资权必须集中统一,否则就会被肢解。最后,在他的努力下,二汽逐步将分厂、专业厂的销售权收回。

经历过承包经营的各个单位都想自主发展,最后改革只好分步进行,先在零部件厂试点探路。

陈清泰运用投资、利润、成本三大中心概念,力争将二汽由传统生产型企业转变为现代经营型公司。事实上,进入21世纪以来,很多大型央企管理变革所走过的道路,与陈清泰当年的做法并无二致。

内部改革的同时,陈清泰也推动了二汽的对外联合。1981年,二汽与8家汽车制造厂组建了跨省区市、跨部门的东风汽车工业联营公司,组织生产协作。随着经济联合程度的深化,联营公司逐渐从生产联合向经营联合再向资产联合演变,1992年东风汽车公司成立,成为我国汽车行业第一家集团化公司。

瞄准轿车 跳出大山

架构调整只是一方面，令陈清泰更加忧心忡忡的是，随着市场经济的蓬勃发展，三线建设时布局的一大批国有企业开始被市场、时代抛弃，不少倒闭。

二汽要想发展，必须开创新的天地。陈清泰这一时期的构想，一是优化产品结构，二是调整区域布局。

按照当时国家规定，二汽的生产任务是军车、军用越野车和卡车三种。一旦军方不再购买产品，二汽就会面临生存危机。

陈清泰提出，要实现二汽平稳发展，必须拓宽产品线，一个是从中型卡车转变为轻型卡车和中型卡车，另一个是向轿车进军。此前，二汽的第二任厂长孟少农曾说："对汽车工业而言，卡车只是中学时期，轿车才是大学时期。""小厂生产大车，大厂应该生产小车。"陈清泰十分认同这一观点。

但是，当年没有几个人看好轿车。比如，有人认为中国缺"油"，应该"以油定产"；有人认为中国给汽车用的钢材也短缺，应该"以材定产"；还有人认为中国人口众多，轿车根本不可能进入家庭。

陈清泰坚定地认为，中国要实现现代化，其中一个重要的载体就是汽车，它可以扩大人的活动半径，提高全社会效率。

问题是，当时国内除了一汽和上汽曾经小范围试验造轿车以外，还没有一个成规模的轿车生产厂。与同行相比，当时二汽各项条件最好，但因为此前从来没有接触过轿车，要让国家批准非常困难。

如何突破禁区，成了摆在陈清泰面前的一大难题。

陈清泰采用了"书生"的做法，从需求调查和国际经验开始，写了一个研究报告给国家，提出如果国家不尽快布局轿车生产，我国即将迅速增长的轿车需求将只能依赖进口。时任国家计委主任宋平批示应当由二汽组织，有计划地去开发新产品。这一批示为二汽造轿车打通了道路。

后来，陈清泰主动和国务院经济技术社会发展研究中心联系，以"国务院决策咨询领导小组"的名义，共同策划在二汽召开了一次关于轿车发展的高层研讨会，正式提出关于轿车产业发展的基本思路。

紧接着，陈清泰向国务院各级领导汇报，阐述为什么二汽要生产轿车。

通过不断的努力，陈清泰等人的提议得到了中央领导的认可和支持。一次国务院会议专门讨论二汽项目，最终决定，二汽可以筹建一个年产30万辆轿车的项目，分两期实施。"这个会议纪要的出台，标志着国务院关于轿车工业第一个文件的诞生。"陈清泰说。

不仅如此，陈清泰还提出，不向国家要钱，利用滚动开发的办法，搞联合开发、出口导向，希望提高中国的汽车生产水平。此后，中国开始对如何发展汽车工业有了新的思考。

在选择外资合作对象时，二汽先后与通用、欧宝等洽谈，但最后选定了法国的雪铁龙。原因是雪铁龙提供的是自己还没有生产的"未来车型"，同时法方提供的贷款条件优厚，减轻了筹集外汇和还款的压力。

几经波折，1992年5月18日，二汽与法国雪铁龙汽车公司合资组建的神龙汽车有限公司在武汉成立。从此，富康和夏利、捷达一起，圆了无数国人的家庭轿车梦。

布局轿车产业的同时，陈清泰还为二汽确定了走出十堰的"三级跳"战略，为现在东风汽车的全球布局埋下了伏笔。

十堰是二汽第一个基地。1984年二汽"跳"到了襄阳，在襄阳首先建了一个占地3000多亩的汽车道路实验场，又建起了电厂、动力厂和道路、上下管网等基础设施，为后来的生产工厂建设创造了条件，接着建了铸造厂、柴油机厂、试制工厂，后来又建了一个轻型车的厂。再后来与雪铁龙合资的发动机、变速箱工厂也建在了这里，形成了一个新的生产基地。

2003年，二汽总部由十堰搬迁到武汉，实现"二级跳"，打通了十堰—襄阳—随州—武汉这条湖北汽车工业走廊。

后来，二汽又将乘用车、商用车及零部件事业拓展到广州、郑州、杭州、重庆、成都、大连、柳州等重要城市，完成"三级跳"。

始终钟情汽车的"工程师"

1992年9月，二汽更名东风汽车公司。更名前，陈清泰调任国家经贸委副主任，后来又做了多年的政策研究，持续关注产业发展和国企改革等领域。岗位的变化没有影响他对汽车行业的热爱，"到了经贸委，管的面宽了,就不谈汽车;到了研究中心,我就从宏观角度谈汽车"。

不过,这一时期他关注的不只是汽车了。

1993年,十四届三中全会《决定》提出要建立现代企业制度。在起草相关文件时,陈清泰负责其中的现代企业制度课题,并有所突破,即将建立现代企业制度作为国有企业改革的方向。陈清泰说,自此以后,国企改革从政府和企业之间就企业经营权如何划分讨价还价,转变为制度创新。

从退休到现在,陈清泰始终站立时代潮头。作为改革开放40年的亲历者和参与者、推动者,他密切关注国企改革,尤为赞同管资本为主的转变,认为从"管企业"到"管资本"的转变是新一轮国企改革的基础和突破口。

不过他自己却说,无论从经历还是喜好来说,"我更多的是一名工程师"。一有时间,陈清泰就用另一种方式表达对汽车的感情。

2018年1月,陈清泰出版了一本新书——《迎接汽车革命》。书中汇聚了他多年来对汽车产业发展和汽车社会形成所做的思考,同时也对未来汽车的发展形势做出了判断,就未来汽车发展战略和相关政策进行了研究。

作为中国电动汽车百人会理事长,陈清泰关注汽车行业的点滴进步。他认为,最迟2025年电动车性价比将超过燃油车;他认为,氢燃料电池车与储能电池车不是替代关系,未来将长期并存发展。

理论研究之余,陈清泰在自家阳台设了一个小"车间",不时动手做一些小"活计",那里有他无限的乐趣。

结束汽车产品的几十年一贯制[*]

（1982 年 3 月 1 日）

从我国汽车工业诞生至今，已近 30 年了。30 年来，我们从无到有，建立了 9 个骨干汽车厂，100 多家规模较小的汽车厂及改装车厂，2000 多个副配件厂。现在已经拥有固定资产（原值）61 亿元，职工 72 万名，生产 38 种汽车，近百种专用车辆。到 1981 年累计生产汽车 190 余万辆。最高年产量达到 1980 年的 22 万辆。我国汽车工业已建立了一支队伍，形成了一片阵地，具备了相当的生产能力，为国家做出了一定贡献。

但是，与世界先进国家相比，我国的汽车工业仍然是品种少、产量低、质量差、产品落后。

几十年来，我国生产和使用的车型仅相当于国外四五十年代水平的汽车，早已落后了的车型投产几十年没有得到更新，这种情况，在现代汽车工业中是罕见的。但这一严重事实在 1975 年全国能源紧张之前并未引起领导机关的足够重视，也没有决心加以改变。

为什么会出现汽车产品几十年不换型的局面呢？这涉及国家的经济管理体制，也有汽车行业内部的问题。汽车是一种大量使用的交通工具，它已经并且将更加深刻地渗入工农兵商各领域，它每年要消耗大量能源，汽车产品的优劣对国民经济产生直接的影响。结束汽车产品的几十年一贯制，是汽车行业的当务之急。

一 在不合理经济体制的束缚下，出现了产品的几十年一贯制

工业企业对自己的产品不断改进以适应用户的需要，并且适时地更新

---

[*] 本文发表在《车城实践》1982 年第 3 期，作者时任第二汽车制造厂总工程师。

换代，为社会提供具有更高使用价值和经济价值的产品，这本是天经地义的事，但由于我国社会主义经济体制并不完善，再加上多年来"左"的思想不断冲击，企业的手脚被束缚了。中央领导同志指出，我们现行的经济体制有两个根本的弊病，一是不能很好地鼓励企业关心社会的需要、关心市场的需要，其结果是产销脱离；二是不能很好地鼓励企业关心技术的进步，其结果就是大家通常说的"几十年一贯制"。

（一）"四统"政策捆住了企业，失去了产品开发的必要条件

实现产品开发的必要条件是社会的需要、企业的动力和开发的能力。

我们的经济体制长期实行"企业生产计划国家统一制定，所需材料国家统一调拨，产品国家统购包销，财政国家统收统支"。这"四统"捆住了企业的手脚，几乎把企业与社会必要的联系都割断了。企业无法搞经营，只能沦为完成国家计划指标的简单机器。汽车产品的几十年一贯制，并不是发生在个别企业里的个别现象。新中国成立几十年来，我国各主要汽车厂虽然对产品陆续有些改进，但是现在仍然都维持着第一代车型的生产。目前尚无一家顺利地完成第二代产品的更新。

长期以来，对于汽车行业及汽车厂的生产任务是层层下达的，材料来源卡得死死的，生产出的汽车向物资部门一交了事，财务的盈亏上级统一掌握。结果，在企业领导者的头脑中生产的目的模糊了、经营思想淡漠了，他们又怎能关心技术的进步、车型的更新呢？

短缺经济加上统一包揽的计划、统购包销的政策，完全掩盖了社会对产品的真实需要；工作上的失误和计划上的消极平衡又往往造成假象。例如，要汽车厂"以油定产"，要用户"封车节油"的政策，并未抓住石油高效、合理使用的症结和汽车产品技术落后、油耗高这个实质，似乎10亿人口的大国年产20万辆汽车、全国保有200万辆汽车已经过剩。在限制汽车生产与使用的同时，拖拉机运输作为替代汽车运输的工具而大力发展。社会对汽车的客观需求被歪曲了，汽车产品的开发自然成了无源之水。

在国外，对于落后的技术和产品，国家通过法律或法令的形式限期改造、换型，甚至强制停止生产和销售。我国落后的车型有"四统"的保护却可维持几十年不变。在计划工作中各种车型生产任务的编制不是以社会

的需要、产品的优劣和社会经济效益的大小为准绳,而是以"有饭大家吃"为原则进行"平衡"。落后的车型没有压力,反而有国家的保护,企业可以得过且过,对更新产品缺乏动力。

国家的一些职能部门对企业大多履行"卡"的职能,很少有推动企业技术进步的作用。企业的研发经费被压得很低、限制得很死,想发展新车型也力不从心。

"四统"把企业产品开发的必要条件都抹掉了,这是造成汽车产品几十年一贯制的主要原因。

(二)运输结构畸形,汽车工业得不到发展

汽车运输机动灵活,投资少,运达速度快,是实现"门到门"运输的理想工具。它与铁路航运及空运有机配合,构成一定比例,形成全国的运输网络,实现最经济的运输。

据一些工业发达国家统计,公路货运量在各种运输方式中占的比重最大。如苏、日、英等国汽车货运量占总货运量的比重超过80%,日本、英国的铁路货运量不足10%。我国1978年货运总量中汽车运输只占22.1%,铁路占40%以上。从货物周转量看,日本和欧洲国家的汽车运输占35%以上,铁路占比不足1/3,我国1978年汽车运输只占2.6%,铁路则占54.4%。我国每万平方公里面积只有公路927公里,每公里公路仅有汽车1.4辆,英、法、西德、日等国每万平方公里面积有公路14000~29000公里,每公里公路有载货汽车2.8~11.5辆。按汽车拥有量来看,美国、日本分别为每6.8人、9.3人拥有1辆卡车,以1980年我国拥有卡车183万辆计,平均每546人有1辆卡车。国家相关部门的一个资料表明,1979年全国铁路货运量为10.9亿吨,其中百公里以内的短途运输占24.5%,在北京等工业集中的城市,百公里以内的货运量竟占47%,其中50公里以内的占27%。据统计,全国拖拉机拥有量远远超过载货汽车,1981年有284万台拖拉机,近两年又增加了38万台,其中大部分用于运输,这些拖拉机大量拥向城乡公路。每年拖拉机营业运输消耗柴油大约为130万~150万吨,其中30%的营运油用于运距20公里以上。这些简单的数据表明,目前我国铁路运输负担过重,拖拉机运输盛行,汽车运输没有得到应有的发展,运

输结构比例失调。

100公里以内的货运已不能发挥铁路运输"长、大、重"的优势,已低于它的经济运距范围,这种情况为什么能持续呢?不合理的计划价格起了重要作用,铁路运价过低,特别是短途运价更显低廉,汽车运输价要高得多,无法与之相争。

拖拉机运输比汽车要多耗油40%~60%,它为什么能站住脚呢?一方面,汽车运输满足不了社会的需要,拖拉机运输则应运而生;另一方面,政策上对这种不合理的运输方式的保护——拖拉机运输不交养路费,所用油料以国家补贴的农用油价格提供,使得拖拉机虽然油耗高、效率低,但仍然有利可图,这也是汽车运输难以抗衡的。

目前我国汽车运输不仅远远落后于英国、美国、日本等资本主义国家,落后于苏联和东欧国家,也落后于印度等一些第三世界国家,30多年了我国汽车保有量不过210万辆(美国为1.5亿辆,苏联为1400万辆),汽车年产不过20万辆(美国为800万~1000万,苏联为220万辆),这与我国的人口、面积和工农业发展实在太不相适应了。由于计划比例失调,汽车运输的社会需要被人为地节制了,汽车工业并未按其在国民经济中合理的比例发展,汽车产品开发也得不到自身发展应有的条件。

运输紧张是全国性的大问题,有些同志在计划运输工作时并未把汽车运输作为一项重要手段来对待,计划工作缺乏对汽车运输发展的预见。汽车运输上面受到铁路、航运的"压",下面受到拖拉机运输的"挤",致使全国运输结构畸形。长远地讲,比例失调的运输结构不可能从根本上解决全国运输紧张的问题。

(三)产销脱节,企业得不到更新产品的动力和信息

一份日本汽车工业考察报告记述:在日本对于一个汽车公司来说,产品是否能够不断发展和创新,决定着产品在市场上的销路,决定着工厂的命运,各公司把产品发展工作看成是自己的生命线……它们十分注意收集用户意见,预测市场,确定产品发展方向。这说明在日本汽车是"以产定销",用户的需要是产品发展的动力。

用户是汽车产品使用价值的享受者,是评价产品的权威,是刺激产品

开发的动力,是改进产品信息的源泉,从这个意义上说,"用户是上帝,工厂是仆人"这句话是很形象的。

在我国的经济活动中,汽车产品的流通是"工厂奉命调出""用户奉命接受",汽车产品并未成为商品,用户无权选择适用的车型,工厂也不会受到市场和销路的威胁。物资部门声称:"你们工厂只要把汽车生产出来,交给我就是了,以后的事你们不用管!"这样,工厂只对国家下达的产值、产量计划负责,生产是"面向仓库""背向用户",汽车厂的经济效益与它对社会提供的产品质量无关,因而它们无须了解用户、关心市场、更新产品、拓展销路。用户对分配(或走后门乞求)来的汽车也无法通过市场用经济的手段表示自己的喜恶,再不欢迎的车辆分配来也得接收,再需要的车型别人不理睬也没有办法。

由于官买官卖,出现了不讲求产品质量的汽车厂与不讲求经济效益的用户同时并存的现实。由于产销脱节,在现代控制理论上形成了"开环"的经济过程,即汽车厂不顾用户的需要只管生产,用户使用后出现的问题,其意愿不能通过经济的方式(买或不买)反馈到生产厂家,促使企业不断改善产品,直至决心更新换代。工厂没有市场和用户的压力,就失去了开发产品的动力,办工厂的方向得不到用户反馈信息的修正,经营中的弊病及盲目性就恶性地发展,从而出现了汽车产品几十年得不到更新的可悲结果。

在近几年的经济调整中,情况开始有了变化,1981 年 5~10 月,由于国家封存汽车、压缩基本建设费用,一些地方采取地区保护政策,再加上二汽产品价格高,服务工作欠缺,东风汽车严重滞销,生产面临大幅下降的严重威胁。在此危急时刻物资部门不予"包销",使企业深切感受到了巨大的压力,也促使二汽决心把"以生产为中心"变为"以经营为中心",动员全厂树立"用户第一"的思想,调动各方面力量改进产品设计、大力发展改装车、变型车和专用底盘,使产品开发工作有了新的突破。经过这次"滞销关",更重要的收获是从厂领导到各级干部都较深刻地感受到,办工厂必须面向用户、面向市场。搞好产品开发及技术储备是"二汽今后兴盛衰败的根本问题"。

产销见面,使二汽走到了市场经济的第一线,在竞争中激发了加大研发力度、不断改进产品的动力。通过了解用户对产品的使用感受,得到产品发展方向的信息。

(四) 社会经济效益无人问津,产品更新得不到重视和资金

整体的社会经济效益是社会主义经济追求的目标。每个企业应当给社会提供最佳的服务,获取适当的收益。但是,由于吃"大锅饭"的思想和政策一度盛行,汽车运输和汽车工业中出现了许多违反经济规律的现象,这些都成为汽车产品更新换代的巨大阻力。

在产量与质量上,重产量、轻质量。对企业来说,完成产量是硬指标,更新产品不仅给工厂带来麻烦,而且也没有资金,在一定时期还会影响产值和效益;改进后的效益往往反映在用户那里,工厂看不见、得不到。因此汽车厂并没有把不断改进产品质量看成是"生命线",导致我国汽车产品水平始终没有本质上的提高。我国卡车大修里程长期停留在 10 万~20 万公里左右,国外汽车大修里程达到了 30 万~50 万公里,装柴油机的大型公路运输汽车则达到了 60 万~90 万公里。国外较先进的汽油机最低比油耗在 185 克/马力小时左右,而我们却长期保持在 225 克/马力小时的水平。以年产汽车 20 万辆计,由于我们两三辆汽车的寿命才能抵 1 辆国外先进汽车产品,每年损失大约 15 亿元。与国外同类汽车相比,国产汽车油耗平均高 20% 以上。一台五吨卡车在 35 万公里的使用寿命期间多耗油 17.5 吨,年产 20 万辆,总计在寿命期间多耗油 350 万吨,约合 28 亿元。新中国成立以来,我国汽车行业投资不过 60 多亿元,由于产品落后,社会经济效益每年将损失 40 亿元,这是多么可观的数字!从整体经济效益讲,为改进产品进行的投资是最合算的,落后的汽车产品生产越多,越浪费。

在生产与技术改造上,重生产,轻技术改造。随着社会需要和技术的发展,随着产品和工艺设备的老化,工厂的技术改造必须不断进行。一些人常认为工厂建成了,就不需要再投资、再改造、再创新了,只要工厂维持简单再生产就行了。据统计,第一汽车制造厂截至 1982 年共生产了 99 万辆车,创造利润约 50 亿元,但是给它的更新改造资金不过两亿元。实际这些钱也主要用于扩大生产,用于技术改造的资金寥寥可数。这是一种"杀鸡取卵"的政策。用于工厂改造、产品发展的资金压得很低,表面上看为国家暂时节省了投资,长远地看,产品落后、质量低劣给社会造成的

损失是非常巨大的。例如，通用汽车公司的设备折旧率高达10%，而我国只有4.2%。能源危机以来，西方工业国家均拨出巨额投资改进汽车及发动机结构，探索降低油耗的途径，研制经济车，仅美国1975年为此就花费了6.68亿美元。为了巩固在世界汽车市场的竞争地位，美国汽车工业计划到1985年前共投资700亿美元，相当于"阿波罗"航天计划费用的3倍。西德大众汽车公司也计划近10年以每年10亿马克的资金改造生产技术。这些计划完成后，创造的经济效益将超过投资的10倍甚至几十倍。

在自制与引进方面，重引进，轻自制。汽车是大批量使用的运输工具，为应急需要，引进部分汽车是必要的。我国是10亿人口的大国，靠整车引进发展汽车运输是很难承受的。国家曾提出，除特殊需要外，要"斩尽杀绝"引进的汽车。但实际情况却是，到1979年，全国汽车进口38.6万辆，花费人民币120.7亿元，加上汽车备件引进25.6亿元，总计耗资146.3亿元（仅1979年进口汽车总额就达整车8亿元，配件9.46亿元，合计相当于二汽到目前的总投资），大体相当于全国汽车行业总投资额的2.5倍。这说明我国经济发展迫切需要汽车，但是没有适当的措施认真扶植自己的汽车工业。

抑制汽车运输发展，拖拉机涌上公路。在我国，对汽车实行"以油定产"的观点极为盛行。与美国年产1亿吨石油时年产汽车386万辆相比，我国汽车工业需要长足发展。但是在"以油定产"的观点影响下，汽车的生产和使用受到种种限制。全国保有载货汽车不过180万辆，从去年起还要"封车节油"，这进一步造成拖拉机运输在全国空前盛行。以载重3吨的柴油机汽车、汽油机汽车与拖拉机的百吨公里油耗做比较，三车之比为41∶61∶100。以目前拖拉机年营运量计算，运送同样货物，拖拉机比柴油机汽车多消耗80万吨柴油。

产品开发是为了社会经济效益。计划工作不周，再加上吃"大锅饭"的影响，其结果是社会经济效益无人问津，因此，产品更新、工厂改造必然得不到应有的重视和必要的资金。

不合理的经济体制束缚了汽车运输和汽车工业的发展，已经造成汽车产品落后、运输结构畸形。但是，正如中央领导同志所说，企业对产品开发"企业缺乏动力、压力和实力"，就是说搞产品开发得不到好处，没有动力；搞不搞都一样，没有压力；即使想搞，也没有资金和阵地，没有实力。企业的动力、压力和实力问题得不到解决，汽车产品几十年一贯制的现象就无法根除。

二　汽车工业缺乏产品开发的内涵，难以摆脱几十年一贯制

为了满足社会的需要，汽车产品要不断改进，到一定时期必须拿出新一代的产品取代老一代产品。为此，汽车工业需要具备一定的内部条件和能力。目前汽车行业无论是组织管理，还是技术能力和生产手段，各方面几乎都没有适应市场变化的能力。缺乏新产品开发、更新换代的内因，使得汽车产品几十年一贯制成为难以摆脱的现实。一些厂一直盼望更新换代，真要进行时又拿不出成熟的产品和合理的改造方案。

（一）没有科学的发展规划，缺乏远见卓识的决策

对于一个行业和企业说来，科学的产品发展规划是一项带有战略性的决策。汽车行业和汽车厂都曾多次制订规划，但是我们的规划管理体制复杂而无效，规划本身缺乏坚实的基础与科学性。多年来，在产品这个至关重要的问题上，我们处于政策摇摆、规划时草率、决策时犹豫、行动上多变的状态，致使规划没有严肃性，大都虎头蛇尾，不见成效。第一汽车厂的一份技术报告中说：一汽产品发展规划工厂不能自行决定，能决定的层次过于繁多，各级权限不清，互相推诿，议而不决，致使"解放牌"汽车自1956年投产时就提出准备换型，可是换型的产品20多年定不下来。

汽车产品从设计到投放市场，周期很长，规划和决策就更加重要。据联邦德国奔驰汽车公司和大众汽车公司介绍，一个新系列的车型由设计到定型投产需要6~8年时间。二汽的 EQ-140 汽车自1969年设计，到1975年定型，而后又经历了3年的质量攻关，到1978年投入生产，前后用了近10年的时间。美国福特汽车公司是富有经营经验的公司，但在70年代初期福特公司没有预料美国人对小体积轿车的需求会迅速增长，到70年代末

期，小体积轿车一下子变成了热门货，虽然福特有雄厚的资金和人才，但它照样措手不及，拿不出合适的产品推向市场，迫使它大幅度削减产量、裁减职工，直至福特三世辞去董事长职务。这说明一个车型的规划和决策，孕育了企业七八年甚至10年之后在市场竞争中的成败。

我们对汽车工业的发展缺乏远见卓识，必然导致汽车工业发展的无政府状态。盲目的、以政治运动的方式"大办"汽车工业的做法层出不穷，到现在还在继续。1958年，各地"汽车制造厂"一哄而起，最后站住脚的寥寥无几；一度各地汽车配件厂纷纷"升级"，吃备件造"解放"、出"跃进"，多数搞得欲上不成，欲下又难；一度全国300多个单位同时大搞转子发动机和转子发动机汽车，在低水平上重复劳动，最后自生自灭；最近各省市又蜂拥生产小卡车，未来的结局未必理想；目前各汽车厂一哄而上的柴油机，如果没有一定的指导规划，必定事倍而功半。在这大上大下之中不知耗费了多少宝贵的人才、资金和时间，但是对改变我国汽车产品落后的局面没有任何积极的效果。在这大上大下的同时，汽车产品却默默地维持着几十年一贯制。

（二）产品管理体制落后，缺乏产品开发的内涵

汽车行业现行的机构及管理体制，是维持单一品种大量生产的体系。这种体系没有开发新产品的内涵。几十年的经历证明，靠这种机构体制是不可能扭转几十年一贯制的。

我国汽车厂现行的体制大体如下：第一，"大而全"（或"小而全"）；第二，单一品种生产，即"一车、一线、一个厂"；第三，再大的厂也属基础层，无权决定自己的未来；第四，各种技术部门在职能上基本上是为现生产服务；第五，技术部门属于"机关"，不是加强的重点，是精减的对象。这种格局使工厂吸收新技术、发展新车型难上加难。

"大而全"（或"小而全"）的包袱背得太重了。一般来说，一台汽车约有近万个零部件，我们的汽车厂从发动机到底盘，从主机到附配件，甚至标准件、坐垫、仪表等都要自己设计、制造。有人说"汽车是工业之花"，高水平的汽车要靠雄厚的相关工业，靠高水平的专业化生产、社会化协作来实现。我们汽车厂的自制率高达80%（国外汽车公司自制率

只有20%~60%),而且各种部件多系单一品种生产,这些部件涉及许多专门的技术领域,企业技术部门无力顾及,导致许多重要的零部件水平始终提不高。要发展新车型,企业就必须对各总成、附配件从头开始工作,战线太长,尾大不掉,耗费的人力、物力之大,时间之长,使新产品开发难以见效。

"单一品种,一条线生产"的单轨制体制不可能生产出多品种系列化汽车,它不具备适应产品多变的能力。生产线任何稍大的改造就会造成全厂停产,不停产更新车型几乎是不可能的。福特汽车公司30年代曾创造以单一品种年生产汽车上百万辆的记录,但是它终于抗不住通用等汽车公司的竞争,最终不得不彻底改造生产线,转向多品种系列化的经营方式。

从一汽到二汽,技术部门的体制基本上都沿用了苏联40年代组织设计的原则,即以保障现生产为目的,设立产品、工艺、质量检查等部门。这些部门分兵把口,以维持现生产为己任,生产上遇到的任何问题几乎都把它们推到第一线,这些部门做了大量的技术工作,但主要"功绩"是尽量延续今天产品的寿命,而不是开发明天产品的先行,实际上成了维持现生产的"拐棍"。这些部门从人力、物力上也不具备产品开发的能力(如拥有5万名职工的二汽,第一线搞产品设计工作的人,到1982年7月不过182人)。二汽各独立总成的产品设计工作分散在各主要前方生产厂,它们更是以生产服务为宗旨,这在建厂期间曾起到了积极的作用,但在开发新产品时就显得力量分散,形不成核心,产品与工艺材料等技术部门之间也缺乏组织的协调和统一的指挥。汽车厂现行技术工作管理体制阻碍新产品开发的弊病在于:职能上,保证生产;管理上,部门分散;技术上,彼此脱节;力量上,十分薄弱,缺乏产品开发的内涵。

汽车行业也有研究所,但是它们做基础工作,容易脱离工厂实际;搞设计工作,又容易与生产企业发生矛盾。多年来厂所关系难以协调,最后还是各干各的一套。研究所在产品开发中并没有起到关键的作用。

由于实际工作中把技术部门划归"生产关系",而不是生产力,因此技术部门得不到有力的支持,技术干部也难以获得应有的地位、受到应有的尊重,他们往往不属于生产人员,有的厂按工作复杂系数划分,将产品工作与托儿所工作相提并论。技术干部艰苦的脑力劳动得不到社会的承认,他们的积极性屡受挫伤。

通用汽车公司早在20年代就向技术中心过渡，40年代决定投资1.25亿美元建立技术中心。由于产品周期不断缩短，为适应不断更新产品的需要，二战后，英国等西欧国家的各大汽车公司相继建立了技术中心。技术中心是以产品开发为目标，组织各技术部门相互协调、有机配合，从不同的角度，为同一目标贡献力量，这大大提高了综合开发能力。技术中心较好地解决了生产与发展、近期与长远、基础与应用、产品与工艺、材料之间的协调关系。

（三）对产品发展规律认识不深，缺乏现代产品开发技术

由于产品长期得不到发展，技术领导和技术人员缺乏必要的实践锻炼。第一汽车厂的产品、工艺、工厂设计直至管理体制都采用苏联的模式。南汽、济汽基本上也是测绘仿造国外产品。我们很少经历一个车型从概念设计到诞生、成熟的全过程。技术成果获得的太容易了，特别是经历了"大跃进"和"文革"的冲击，使得一些同志认为一辆汽车的设计工作可以在几个月内完成，甚至可以在一无图纸、二无资料的情况下制造汽车，严重影响了人们的认知。许多企业领导长久以来不知道一个车型应当经过什么流程，完成哪些工作量之后才能投产。因此，在产品工作中往往重眼前、轻长远，重拼凑报捷，轻试验开发，先定型后攻关。汽车产品的开发必须有"先行期"和"预研工作"，按欧美的先进经验，一个车型系列的定型需要6~8年。奔驰OM系列柴油机大约研制了10年，进行了10万小时发动机台架试验后才定型投产；英国福特汽车公司对CARGO系列卡车的研制，用了6年时间，1300人年的人力，耗资1.25亿英镑，制作了190辆样车，进行了225万英里的道路试验后才定型投产。这样长的"先行期"和巨大的预研工作量并未被我们的一些领导所认识。部分同志往往习惯于用政治运动的办法组织产品开发工作，如前所述的"一哄而上"的做法，这样只能图虚名而落实祸。国内各汽车厂也曾搞了新产品的设计、试验，但都未能作为新车型以替换现生产产品。二汽经过10年艰苦的努力，在一汽和各兄弟单位的帮助下，把一个新车型技术工作的全过程走了下来，这当中的经验及教训对于我们认识产品发展过程是十分可贵的。

但是二汽产品的开发基本上没有跳出苏联援建一汽的框框——大而全、单一品种。国外汽车行业自40年代起已走上多品种系列化发展的阶段。二汽建厂初期也曾设想按系列化方式搞产品，办工厂。但是从各个技术角度来看，我们都十分缺乏现代化汽车的产品设计、工厂设计、工艺制造、企业管理的技能，最后还是走上了与一汽大同小异的"一车一线"的轨道。如前所述的英国福特汽车公司1981年初投产的CARGO系列卡车，它整车总重范围是6~28.5吨，有69种车型，224种变形车可供用户选用。实际上，到现在，我国还没有一个系列化车型设计的成功经验。这是我们缺乏技术基础，没有技术储备的结果。

汽车产品由于技术复杂、发展周期长，各国主要汽车厂都是"干一，抓二，研三"，就是认真搞好现生产车型服务与改进设计、系列产品设计，以市场需要和技术发展动向为依据，以一定的力量研发未来的产品。在日本各主要汽车厂中，先行研发的人员占产品人员总数的25%~35%，先行研究的人员占5%~10%，企业鼓励他们创新，允许有80%~90%的失败。

目前我国汽车工业基本上没有"先行研究"，也很少有"先行开发"。技术研究基础工作十分薄弱，产品工艺等各部门得不到新技术的充实，产品开发很难有新的突破。例如，对气缸套、活塞、活塞环这套摩擦件以及油料、冷却等条件不开展深入的研究，新设计的发动机仍不能突破一二十万公里的大修里程的水平。

（四）缺乏技术投资，开发形不成拳头产品

随着国际汽车市场竞争的加剧，产品寿命周期不断缩短，迫使各汽车厂家在技术开发方面所用的人力、物力和投资的比例不断加大，以技术中心的形式形成强大的产品开发基地。我国则长期保持重生产、轻开发的体制，技术投资少，产品开发形不成力量。

以国内条件较好的一汽、二汽与日本主要汽车厂家相比：日本各汽车公司每年产品设计试验费用约占营业总额的3%（瑞典沃尔沃高达10%）左右，如五十铃和三菱公司约为1亿元（指人民币，以下同），丰田公司约为7亿元，一汽1978年用于产品设计试验的费用只有70万元，不到营业总额的1%，近两年二汽为600万元（包括试验设备购置费400万元），占二汽营业额的0.5%；日本各公司设计试验人员占职工总数的10%~15%，而一汽、二汽设计试验人员约为300人，分别只占汽车生产职工总数的1.5%和1.2%，日本各汽车厂设计试验场地的建筑面积占汽车生产建筑面积的5%~10%，各公司都有试车场，一汽、二汽的汽车设计试验场地面积只占0.7%和1%（见下表）。

部分汽车厂商设计试验费用、人数及场地建筑面积对比 *

	项目	三菱载重部分	五十铃	日产柴油机	日野	丰田	一汽	二汽
金额	营业收入（亿元人民币）	27.3	42.5	15.4	26.3	236.3	8	11
	设计试验费（亿元人民币）	1.1	1.09	0.46	0.78	7.1	0.007	0.06
	其中：设备投资（亿元人民币）	0.11	0.10	0.17	0.11	0.95	0.1	0.04
	设计试验费用占营业总额比重（%）	4	2.60	3	3	3	0.01	0.55
人数	全体职工数（人）	6800	15000	6700	8000	45000	20000	25000
	设计试验人数（人）	1100	1800	772	995	6500	300	300
	设计试验人数占全体职工数比重（%）	16.2	12	11.5	12.4	14.4	1.5	1.2%
建筑面积	总建筑面积（万平方米）	36.1	77	37	45	378	30	70
	设计试验建筑面积（万平方米）	2.3	7	2.5	3.5	20	0.6	0.7
	设计试验建筑面积占总建筑面积比重（%）	6.4	9.1	6.7	7.6	5.3	0.7	1

* 表中为1982年数据。

国内各汽车厂试制试验力量十分薄弱。新产品试制的许多工作不得不挤到后方车间或前方厂，因此，试制计划难以安排，试制进度拖拖拉拉，试制质量无法保证。产品发展工作常常因此而中断或拖延。还常出现试验工作开展之后，由于试制质量不合格而无法下结论，只得重新再干。

我们的试验手段和人力不仅无法适应"先行开发"和"先行研究"的需要，即便应付现生产和新产品设计也力不从心。例如，二汽产品系统正规发动机试验台架只有 12 个，由于测功机和油耗仪等常出故障，再加上人员不足，经常维持运转的只有半数，因此，除了解决现生产问题和现生产改进项目外，只能挤出很少的力量搞新产品发展工作。美国福特汽车公司的一个发动机试验站就有 74 个试验台架。

国外汽车公司在确定某一新产品要投入生产之后，从工艺设备设计到生产准备完毕，转入生产的时间只允许有一两年，至多不能超过 3 年。我国的生产准备能力非常差，无法适应市场变化的需要。国内条件最好的二汽，对 EQ-140 车头部分的局部更改先后就用了 3 年的时间。

缺乏必要的技术投资，就不能获得必需的技术成果。各工业发达国家都把技术投资看成是一本万利的事。据统计，技术投资的年利润是投资额的 16 倍，这份投资不仅给企业带来了生机，更给社会带来了巨大的经济效益。有人说当今的竞争是人才和技术的竞争，这话不无道理。目前我们技术手段不足，致使各厂只能维持生产而无力求发展，这是汽车产品几十年一贯制的"力量原因"。

多年来闭关自守的政策，使我们难以吸收国外先进的技术。在国内所能见到的就是 50 年代初期苏联教给我们的一套。这多年来，我国汽车工业从本质上没有超出这个水平。因此，在汽车工业内部，对未来的规划与决策、产品管理的机构与体制、产品开发的知识与技术、新产品试制和生产准备的手段与能力，都不适应产品开发的要求。这是汽车产品几十年一贯制在汽车工业内部的原因。

三 结束汽车产品的几十年一贯制

我国经济的振兴必须靠科学技术。国民生产总值 20 世纪末翻两番，绝不仅指汽车产量的增加，也必须有产品水平的飞跃。把汽车工业转移到新的技术基础上来，是时代的需要，历史的必然。结束汽车产品的几十年一贯制，必须为此创造适宜的外部条件和内部条件。

（一）扩大企业权力，进一步搞活经济

企业是社会的基本单位，是经济机体的能动细胞。要克服国家对企业

管得过多、过细、过死的弊病，使企业在人、财、物、产、供、销方面，在保证完成国家计划的前提下，有一定的活动范围。把企业的经济效益与企业的经济利益联系起来，打破吃大锅饭的局面，把企业的生产与发展搞活。

（二）坚持计划经济，发展商品生产，调动企业积极性

计划经济主要是通过计划控制国民经济发展所需要的比例。在这个前提下，汽车应当作为商品进行生产和流通，并且利用市场和市场调节的面应逐步扩大，指令性计划的面逐步缩小，鼓励企业以经营为中心，直接感受市场的需求、压力，以促进企业采用新技术、发展新产品的积极性。

（三）调整运输结构，发展汽车生产

目前全国的运输紧张，应当从运输结构上加以研究。我们有自己的国情，但国外运输结构的共同趋势未必对我们完全无用。在大力发展铁路、航运的同时，必须狠抓汽车运输，发展汽车工业，使之构成合理的比例，提高整体运输效率。

（四）搞好汽车工业的调整，办好专业化生产厂

汽车工业面临迫切的机构体制调整的工作。如不彻底改变单一品种的"大而全"或"小而全"的企业结构，是不可能使我国汽车工业过渡到现代化多品种系列化的汽车生产轨道上来的。为此还必须调整、充实和创建一批真正的专业化汽车与零部件、专用车、改装车的生产厂，办好相关的横向工业。这种调整与改造需要调研和规划，但是最终还取决于各级领导的决心。

（五）制订科学的发展规划，向多品种系列化迈进

中央领导同志把搞好规划看作经济振兴的战略问题，其中意涵深远。规划要有科学性、严肃性和相对的稳定性。没有长远考虑，就不会有正确的决策。在克服几十年一贯制之后，我们的汽车工业必须建立多品种系列化的技术基础，对我们来说，无论是产品、工艺还是工厂设计，都需要攻克难关。

（六）创建技术中心，充实产品开发的内涵

多年的实践证明，我国汽车工业的管理体制是维持生产的体制，缺乏产品开发的内涵。要克服几十年一贯制，企业要有相当强的力量专门从事新产品、新工艺、新装备、新材料的开发和基础研究。技术中心已被国外证明了是较好的技术部门的组织形式，在我国汽车行业中应当积极而慎重地进行创建和试行。

（七）增加新产品开发资金，壮大产品开发力量

应当有稳定的研发费用来源，并且不准挪作他用。要壮大技术开发的试验研究阵地和试制阵地。用在研发方面的资金、人力和建筑面积，应参照国际同行的相关比例，比如，研发费用可以为营业收入的2%~3%。

（八）注重人才开发，加强技术队伍建设

技术人员严重缺乏是阻碍产品开发工作进展的重要因素。我们从事产品开发工作的技术人员仅为日本同类工厂的1/10，我们的技术人员缺乏现代化的设计、计算和试验技能。人才的开发需要时间，必须及早采取措施积极发掘和培养人才，使汽车工业的技术人员有一个稳定的来源，使企业的技术队伍不断充实、水平不断提高。

（九）澄清模糊概念，落实技术政策

在工厂中技术工作是生产力还是"上层建筑"？知识分子是"依靠力量"还是"团结、教育、改造"的对象？技术工作的目的仅仅是保证正常生产，还是同时要为企业的持续发展积累后劲、拓展空间？技术职称的评定和晋升是重点考核独立解决技术问题的能力，还是只看学历、靠"科举"考试？如此等等，许多重要的概念和政策在领导机关和企业领导者中必须加以澄清并在实际工作中正确实行，这是摆正技术工作地位，调动技术人员积极性并把积极性引向正路的重要条件。

（十）引进汽车技术，限制整车进口

在汽车设计、试验及工艺等方面我们与国外先进水平相差甚远。为了争取时间，有计划地引进相应的技术是非常必要的。同时要改变汽车技术引进少，成品汽车引进多的现象，整车的引进只能是国内技术、制造能力不足的一种补充，而不是解决运输紧张的长久之计。

第一汽车制造厂的投产，结束了我国不能制造汽车的历史，第二汽车制造厂的建成开创了我国以自己的力量设计产品、确定工艺、制造设备、兴建工厂的先例。在决心克服汽车产品几十年一贯制的时候，我们应当借助经济调整的东风，发挥市场经济的作用，调动企业的积极性，总结经验，高瞻远瞩，果断决策，引进国外先进技术，借鉴国际经验，改变单一品种"大而全"的产业结构，增加研发投入，增强研发能力，结束汽车产品的几十年一贯制。

把二汽建成经营开发型企业[*]

(1984年1月1日)

随着世界新的技术革命的迅猛发展、"对外开放，对内搞活"政策的实施和"计划经济为主，市场调节为辅"方针的贯彻，汽车行业和二汽面临着一系列新的课题。总结汽车工业发展的历史经验，分析国内外形势的变化，我们认为，建设经营开发型企业，是迎接新的挑战的重要对策。

一 建设经营开发型企业是历史的必然

当前，新技术革命已给二汽带来了两个十分重要的信息。一个是新技术的突破将使世界性的产业结构重新组合，从一国经济转向多国经济。在与外商接触中我们感到，汽车及其零部件的开发和生产优势，正在向中国转移。法国雷诺公司与我们合作以EQ-140汽车为基础向第三国出口；通用汽车公司很有意愿买二汽的变速箱，还打算用EQ-140底盘装它的柴油机推向中东市场；五十铃汽车公司向二汽订购模具；ZF公司向二汽订购转向机零件的半成品，等等。这种现象不能看成是孤立、偶然的，这种形式说明，我们已具备开发汽车产品，面向国际市场的条件了。因此，我国汽车工业不能仅局限于国内市场，二汽也不能闭关于武当山下，投身于国际市场的竞争已成必然。

另一个是知识已经成为决定生产力、竞争力、经济成就的关键因素。迅速发展的新技术、新知识与传统工业的结合，将使传统工业的面貌发生深刻的变化。电子技术在汽车产品上的应用，将使油耗大幅度下降；如果用微电子技术改造汽车生产设备，就能提高效率20%~50%；如果我们能

---

[*] 本文发表在《科技进步与对策》1984年第1期，作者时任第二汽车制造厂总工程师。

把二汽建成经营开发型企业

进一步采用现代化的科学管理，杜绝无效劳动和浪费，将会使劳动生产率和经济效益大幅度提高。

知识、技术的巨大威力能否发挥，在于决策是否正确。对于新产品开发孕育期长的汽车行业来说，这一点显得特别重要。如美国福特汽车公司是一个资金、技术实力非常雄厚的厂家，由于对小体积客车需求量会迅速增加的势头估计错误而迟迟没有开发，福特公司受到严重威胁，甚至迫使其董事长福特二世辞职。现代决策活动涉及的知识领域非常广泛，如经济问题、社会问题、科学问题、未来预测问题等，这都需要收集本行业、本国和世界各国的大量信息，并且要对这些信息进行筛选加工、综合比较和判断。二汽要正视国内市场经济、商品生产迅速发展，国内市场逐步国际化的挑战；正视国内各兄弟厂产品换型、引进国外技术的挑战；还要正视由国际新技术革命促成的产业转型、改组的挑战。

在迎接严峻挑战的同时，二汽自身的建设也进入了一个转折时期。从1965年开始，二汽经历了准备、建设、调试、生产各过程，达到了今天比较兴盛的阶段。总结新中国成立以来国内建厂的道路和国外成功企业的经验，不能不考虑二汽在达到兴盛之后，下一步该怎么走：是走单一生产型的道路，还是建设经营开发型企业？对二汽来说，是需要做出决策的时候了。

我国过去许多企业是单一"生产型"或"维持型"的，它们的基本宗旨是"生产第一""视现状为必然"。这些企业的功能就是维持已有的生产条件，制造已有的产品。对外来说，它们是自我封闭的"开环"系统，外来信息不能修正企业的方向。对内来说，各种机构的设置是防御性的，以服务于现生产为目的，针对现状可能出现的各种异常，分兵把守予以解决。它有维持现生产的本领，但缺乏开拓新局面的能力，比如，解放初期我国引进的156项建设工程，当时都是比较先进的，也曾有兴盛时期，为许多行业的发展奠定了基础，但在形成了一定的生产能力之后，一些企业就停滞了。这些企业很少能继续开发新技术、新领域，来改造已有产品和生产结构，随着时间的推移，这些企业由兴旺逐步变得衰败，技术和产品变得十分落后，国家不得不又花费巨大的投资进行艰苦的改造。

"经营开发型"企业的基本宗旨是面向市场，满足用户，它要努力"使现状变为落后"，它追求的是企业的经济活力、技术实力、应变能力和企业与社会的效益。在国际、国内经济竞争的舞台上，它不断吸收技术进步的成果，充实和更新企业的技术基础，不断收集市场变化的信息，修正企业的服务方向。因此，企业对社会来说，构成了一个不断反馈信息、修正方向的"闭环"系统。其可控制的资金、人力的分配及机构部门的设置，都是在保证稳固今天立足点的前提下，为企业的明天和后天开创条件。各部门工作越出色，现状越显得需要改造。这就是说，企业的开发成果向企业本身不断注入新的技术、新的管理，使企业富于朝气和活力。国外一些成功的企业就属于这种类型。它们重视利用知识这一至关重要的生产力，不断开发新技术，发展新产品，使企业常葆生机。

二汽今天的大好形势，是1965年上马时种下的第一颗种子，经过全国人民的浇灌、二汽职工的培育而结出的丰硕果实。在今天制订二汽七年发展规划时，我们正在埋下第二颗种子。5年或7年之后长出的是甜瓜还是苦果，与我们今天的指导思想息息相关。如果沿袭单纯生产兴办企业的路子，二汽必然陷入困境乃至走向衰落。只有建设经营开发型企业才有出路，这也是历史的必然。

二 加速思想转轨，确立走向世界的目标

由单一生产型企业向经营开发型企业转变，是一个艰难的过程，其中首要的一环就是要实现思想转轨。这要打破吃"大锅饭"的恶习，树立投身于市场竞争的勇气；要摒弃"生产第一"的观念，树立质量第一，用户第一，服务第一的精神；要肃清"技术无用论"的流毒，树立科学技术是重要生产力的观点。

由于国家政策的原因，很长时期以来企业靠吃"大锅饭"过日子，养活了懒汉，削弱了奋斗精神，保护了落后，损害了用户和国家的利益。向市场提供质优价低的产品供用户选择，应是我们的天职。在经历了1981年的一度滞销以后，二汽开始注意面向市场。实践证明，对企业来说，市场是教练场，也是比武场，竞争是企业开发的强大动力。没有1981年的滞销，二汽不可能只用半年时间就开发EQ140S5A大客车底盘；没有用户的压力，二汽不可能千方百计地努力于1981年投产节油车。提高企业的竞争

意识，这是推动企业走向经营开发型的重要因素。

长期以来，"生产第一"的思想统治着许多企业。汽车产品持续的卖方市场使这种思想更加僵化。许多同志忘记了社会主义生产的目的，造成企业与用户分离。产品对于社会的最终效益表现为用户使用产品的效果。用户是评价产品的权威，是决定取舍的主宰。质量第一、用户第一、服务第一，就是全社会经济效益第一。确立"三个第一"的宗旨，是建设经营开发型企业的思想基础。要不断提高质量，就要不断开发新产品来适应顾客的需要，而不是要求用户克服各种困难，勉强使用我们的汽车。二汽在1979年就提出了"质量第一、用户第一、信誉第一"的口号，目前，二汽已为市场提供了40余种基本车型和变型车，东风联营公司提供90余种改装车，还有3种变型车正在准备生产。但和丰田汽车公司这类办得成功的企业具有的那种"用户至上"的精神相比，我们还相差甚远。

在知识、技术飞速发展的今天，广大干部存在着再认识、再学习的问题，要使大家从过去那种重生产、重基建、轻技术、轻发展的旧思想、旧习惯中解脱出来，把主要精力转移到力争技术进步的轨道上来，向科学管理、技术进步要潜力、要效益，以此求得企业的发展。这方面谁认识得早，转得快，谁就能在竞争中处于领先地位。二汽铸造二厂退火清理车间，一直是较薄弱的环节。它们自1978年开始，不是采用扩大面积、增添设备、增补人员的老办法，而是充实新技术，采用巧办法来加强这一薄弱环节，研究铸态铁素体球墨铸铁。经4年多的大量试验研究，1983年，首批在国内流水线上生产了不需退火的铸态球铁14000吨，一举打破了退火、清理这个影响生产发展的"瓶子口"，并为工厂创造效益60万元。如果这种思想和做法能被广大干部工人接受，并在工作中采用，形成人人搞经营、搞开发的局面，企业可以挖掘出的效益是非常可观的。

总之，用旧思想、旧观念和旧习惯是不可能建设经营开发型企业的，只有具备开发精神、经营思想，才能办好经营开发型企业。

建立开发型企业，要确立明确的目标，统一全厂的思想和行动。我们要抓住国际产业转型的时机，增强国际意识，并把自己看成世界经济舞台上的一员，确立走向世界的目标，由国内经营开发型转变为国际经营开发型。这是经济发展的必由之路。现在，人们对在国内市场服务、创优、创名牌，多少有了一些认识，但是一说到要确立一个"走向世界"的目标，往往觉得过于天真、狂妄。这种思想问题不解决，向经营开发型转化就会缺乏动力。从现在起，二汽应该把自己放在国际竞争环境中去锤炼，已经挤入国际市场的要站稳脚跟，力争发展，经过艰苦努力，二汽一定会占据世界市场的一方！

三　制定追赶世界水平的发展规划，建立"三足鼎立"的技术开发体制

开发型企业的特点之一就是要巩固今天、准备明天、安排后天。国家批准二汽执行递增包干到1990年，这为二汽的发展创造了良好条件。

我们深知，如何合理使用难得的、有限的资金和宝贵的7年时间，是关系二汽兴衰的大事。二汽的七年规划必须坚持科学性、先进性、合理性和现实性。规划应当围绕追赶世界水平的总目标，仔细分析二汽的现状，收集大量数据和信息，各种有可比性的经济指标，与国内外同类企业对比，确定具体的追赶目标，并分解成逐年实施的改造和进步的课题。

二汽的七年规划要着重体现经营思想，研究市场，注意服务，扩大效益；要着重体现开发精神，保持改革和创新的势头，要着重体现技术进步方针，不断开发新技术，避免几十年一贯制。

在七年规划中，要自筹资金建成10万辆的生产能力，建设平头三吨半越野车和八吨柴油机车生产基地，完成10种新车型及变型车的生产准备或产品设计，完成一批产品、工艺、装备的技术改造，有计划地吸收计算机应用等新技术。

要在严峻的挑战面前建设开发型企业，二汽必须借鉴国内外先进厂家的经验，及时调整企业的科技体制，使各技术、管理部门为经营开发服务，使二汽具备开发新技术、培养新人才、提供新装备的能力。从总体上讲，二汽对国家的直接贡献靠前方厂，二汽的开发能力靠技术中心、教育中心和技术改造中心这三大支柱。

新技术革命带来的新形势，使我们清楚地看到，技术工作是企业发展的核心。过去，二汽技术部门的设置，沿用苏联的一套体制，缺乏开发能

力，不能适应开发型企业的需要。1983年4月，二汽技术中心正式成立，使我厂初步形成了总厂与分厂、集体与分散相结合，兼顾现生产和新技术，门类较齐全的技术体系，大大加强了我厂的综合性技术开发能力。技术中心的工作大体上将做到"三三制"。即三分之一的力量服务并不断改善现生产；三分之一的力量开发第二代产品、工艺和材料；三分之一的力量研究汽车设计和制造中使用的新技术。一年来，技术中心的强大生命力已开始显露。

未来的竞争，说到底是人才和智力的竞争。把二汽建设成经营开发型企业所面临的重大难题，就是知识不足，人才短缺。当今知识更新的周期越来越短，因此，"一次性教育"已不能适应。边缘科学、横向技术的不断涌现，使得跨行业合作、技术的综合日趋重要。新技术用于生产的过程越来越快，从而对各类人员的文化知识提出了越来越高的要求，因此企业职工智力开发的重要性越来越凸显。二汽的教育中心实际包括了湖北汽车工业学院、二汽工大、二汽管理学院、中等技术学校、技工学校及专业厂的多种教育组织，目前已形成了从技工到中专到大专、从专业技术到管理技术、从全日制系统进修到短期培训、从在职职工到新招收的青工、从课堂教学到业余利用闭路电视上课等比较完全的教育体系。它正在为二汽开发智力、培养人才发挥作用。

二汽技术改造中心是由后方生产的两处、六厂组织起来的，它的职责是对前方厂提供装备和服务，保证汽车生产有更大的应变能力。它除了不断向前方厂供应各种生产需要的刀、量、辅、夹、模具，提供正常维修服务外，还要有计划地对前方厂进行技术改造，以新装备保证前方厂能上质量、上能力，保证前方厂不断有新车型投入市场，从而提高经济效益。

总之，技术中心、教育中心、技术改造中心的建设，是二汽党委从战略高度出发，决心走向经营开发型企业，在体制改革上所采取的一项重大措施。

四 集中一笔资金，搞好技术引进

建设开发型企业，当前必须力争迅速地掌握一批先进技术，以求迎头赶上。各国经济发展的历史证明，技术引进的综合效果是：节约9/10的研究投资，节省2/3的时间。因此，合理地开展技术引进，是经济落后的国家追赶先进国家的捷径。这是我厂达到70年代末、80年代初的国际先进水平的最快、最现实的道路。

二汽建厂初期采用从全国"聚宝"的战略措施，奠定了国内机械行业较先进的装备水平。中央批准的设备引进，解决了二汽关键的薄弱环节，使二汽实现了稳定生产。为了确保二汽发展目标，有选择地聚国际之宝是战略上重要的举措。我们要在认真注意推广、应用自己苦心创造的应用技术和实用技术的同时，有决心集中一笔资金、搞好一批技术引进，使引进的技术成为我厂1990年以后的技术中枢。

我们知道技术引进绝不是坐等国外新技术或买一个现代化。我们遵循的方针是技术引进与自己的研究开发相结合，因此我们向上级申报的技术引进项目，自己都同时在开发。因为自己对问题研究得越透，起点越高，技术引进的成效将越大，这才能实现开发、引进、消化、改善、创新、输出的良性循环。

当前，我国正在实行机构体制的改革，企业与国家的关系必然会逐步调整，吃"大锅饭"的状态终将会结束。新的技术革命给企业带来的深刻影响不能低估，企业的活力与竞争将是企业生存和发展的条件。二汽现在处于兴盛阶段，也面临着新的转折，要以发展求生存，就必须实现由单一生产型企业向经营开发型企业的转变，并要研究和利用新技术革命的形势，努力实现中央领导同志对二汽的殷切希望："解放思想，振作精神，不断革新，年年向上"。

在第二汽车制造厂科学技术协会第二次代表大会上的讲话[*]

(1984年4月3日)

二汽科协是二汽非常活跃的群众组织,是一支重要的技术力量。它在组织广大职工开展技术革新、自主实现技术革新;提出合理化建议、自主实施合理化建议方面发挥着重要作用。在调动广大技术人员创新技术、反映技术人员的呼声、组织厂内外技术交流方面发挥着不可或缺的作用。

二汽科协第二次代表大会的召开,是我厂科学技术工作者的一件大喜事。大会将进一步组织动员全厂技术人员和广大职工深入开展技术革新、合理化建议、设备攻关和技术攻关等各项活动。今天参加大会的有三部分人,一部分是各级领导,希望各级领导积极支持科协活动;一部分是技术人员,希望技术人员作为科协活动的骨干,发挥"骨干作用";再有一部分就是工人,希望工人同志们成为科协活动的积极分子,在二汽科协活动中做出更多贡献。科协活动不仅在我厂提高效益、解决各方面的技术问题方面能发挥作用,更重要的是对全厂员工素质的提高,会产生积极影响。

借今天的会议,我想讲三个问题,供同志们参考。

一 要把二汽建成一个开发型企业

最近,同志们都在学习和研究"第四次产业革命"或者叫"世界新技

---

[*] 二汽科协每年召开一次会员大会,本文是作者1984年4月3日在会员代表大会上的讲话。作者时任第二汽车制造厂总工程师。

术革命"的有关资料。对这样一个重要问题的研究，不单纯是一个纯理论性问题，更是一个现实性问题。在研究这一形势的时候，大家可以听到有各种各样不完全一致的看法和说法。但是从众口纷纭的说法中，我们可以吸收的新的、有用的信息是什么呢？首先就是近年来世界上已经发生和即将发生的新的技术突破，将使世界产业结构发生重大变革。在这种变革中，我们二汽应该怎样确定目标？怎样在这个挑战面前，安排我们的未来呢？黄书记和惠民同志在年初的党委扩大会上讲道："要把我们的企业从生产型企业转变成开发型企业"，这就是我们迎接国际产业革命的重大措施。同志们都知道，解放初期，我们国家从苏联引进了156项重点项目。这些引进是非常成功的，后来成为我国工业的支柱、成了我们各行各业的骨干。就汽车行业来说，一汽的建设使我国汽车工业从无到有，成为我国汽车工业的摇篮。二汽从1965年开始筹建，1969年大规模兴建，到现在，已经历了准备阶段、建设阶段、稳定生产阶段，达到目前的兴旺发达阶段。研究这个过程，可以看到这样一种现象：156个企业在开始建设时是很先进的，也经过了准备、建设、兴旺的阶段。但是到了兴旺发达阶段之后，这些企业中的大多数就停止了前进或者维持在一定水平，上不去了。而国际技术是在不断进步的。不进则退，这些企业实际上是在一年年衰退、落后。甚至出现了一个产品"几十年一贯制"，没有进步、更新。为了解决这个"技术水平相对下降"的问题，就要重新建设第二批新厂。

我现在提出这个问题，是我们要思考二汽实现了建设目标后，下一步的路该怎么走？

二汽已经历了准备期、建设期，两个新车型已经投产，第三个基本车型再有一年多的时间也可以建成。我们正在进入一个兴旺发达的阶段。接下来二汽是维持现状，还是继续前进，向上攀登？这是一个很尖锐的问题。在国际新技术革命向我们挑战的同时，二汽的发展也到了这个转折时期。在国外，很多厂商都以悠久的历史夸耀自己。如西德奔驰汽车公司称自己1894年就生产出世界上第一辆汽油机汽车，是历史最悠久、经验最丰富、技术最雄厚、水平最高的"老大"公司，以此说明公司越老，技术资本越雄厚，产品越先进。而在我们国家却反过来了，工厂越老，产品越难以改型换代，技术越难以进步。

在第二汽车制造厂科学技术协会第二次代表大会上的讲话

我想,我们二汽绝不能走上这条路。我们需要总结一下,我国一些工厂为什么走上了这条路,而我们又如何避免重复这个过程。这里原因很复杂,除某些国家政策上的原因之外,其中一个重要原因就是这些企业把自己定位于满足于完成国家生产任务的"生产型企业",而不是"开发型企业"。我认为生产型企业的基本哲学和指导思想,就是以现状为必然,它认为现在已经可以生产,那么维持住现状就可以继续生产。所以它把现状看作是天经地义的真理。而开发型企业的看法正相反,开发型企业努力的方向是变今天为落后,把今天看成是不稳定的状态,追求的目标是明天和后天,是更高的水平,这两种观念对企业的长远发展有很明显的不同效果。二汽目前处于比较兴盛的时期,我们要预想到明天、后天,要安排好未来。实现从生产型企业向开发型企业的转化中,最重要的就是要实现思想转轨,广大干部(特别是各级领导干部),应该想得远一些,看得远一些,不应满足现状,这是时代对我们厂提出的一个尖锐的问题。我希望有关部门能够进行研究,特别是搞理论、规划的同志要进行研究,应该总结我们国家为什么会出现机械产品几十年一贯制?最基本的经验和教训是什么?我们二汽应该走什么路?我们今天能有一个比较好的局面,实际上是在1965年左右埋下的一颗种子,今天开花结果了。为了到90年代以后继续保持兴旺发达,今天我们又在埋第二颗种子。在第一颗种子埋下的时候,我们提出了一些很重要的口号和指导思想,如建厂十四条等,是饶斌同志亲自主持制定的,由于建厂工作的指导思想比较明确,虽然经历了"文化大革命"的干扰,但是在广大干部和职工的精心培育下,仍然换来了今天丰硕的果实。我们今天实际上正在为今后10年或15年的发展埋下第二颗种子,用什么样的指导思想安排二汽的明天?是走生产型企业的老路还是开创开发型企业的新途?这是确保二汽持续兴旺发达,避免几十年一贯制的大事。我想,对二汽这样一个大厂来说,不能简单理解为是300万平方米建筑物的组合,是20000台设备的组合,是50000名职工的群体。我们这样大的厂,应该有我们的观念,有我们的哲学,有我们的作风,有我们的意志。就是说,我们厂要有一个神经中枢,要有统一的精神。集中起来说就是要把我们的工厂办成开发型企业,我想了四句话。一是敢于胜利的信念。就是说,这个企业敢于承担别的企业不敢承担的任务,敢于走别人没有走过的路,敢于为更高的目标而奋斗。二是要有改革开创的精神。就是要下决心改革那些不相适应的思想、习惯、体制、机构和工作方法,开创开发型企业的经营途径。三是严格求实的态度。新中国成立以来,忽左忽右的教训太深刻了,三中全会以后,整个情况在好转,我们应该有严格科学的求实态度,以此指导企业的规划、计划、技术开发等各项工作。四是注重服务的作风。这个服务,应当是上道工序对下道工序的服务,各级领导干部对专业厂的服务,领导人员对职工的服务,就是说应该为后面的工序创造更好的条件,当然,最终和最重要的表现是我们厂对社会和用户的服务。

关于建立开发型企业的哲学和精神问题,我想举个例子。比如说,IBM这家公司年销售额是400亿美元,在世界上有120个分公司,在美国就拥有85000名职工。这家公司是1914年建立,开始搞商业机器,1945年计算机出现后,很快就着手搞计算机,目前是国际上最大的计算机公司。这家公司开始建立时,董事长沃森就提出了公司的宗旨和信念。这个公司的信念有三条。第一条是尊重个人。他确信,只要尊重雇员并帮助他们尊重自己,便会使公司受惠最深。在他的公司里,在任何危机的情况下,尽量不裁减员工,使这些员工感到公司对他们的关心和重用,因此能够充分发挥每个人的才能。他在开始的时候有一条规定:无论在哪一个部门工作的员工,假如对工作安排不满意,而直接领导又不能解决时,有权直接找最高领导,也可以找董事长。这个厂已有8万多职工,可这条规定至今仍未取消,由于全公司都贯彻尊重个人的原则,因而很少有人这样做。第二条是注重服务。沃森确信,公司人员与客户之间的相互信任、声誉的重要性、顾客至上的思想,所有这些,如果一家公司能够确实贯彻,足以使公司的命运大大改观。IBM对用户的服务,不仅是在销售的各个环节把服务做到家,而且使用户感到IBM公司是可以依靠和信赖的公司。第三条是做事力求尽善尽美。沃森坚信,制定完善的目标而未能达到,总比制定不完善的目标而轻易达到为佳。以此推动公司不断前进,始终追求更好的成绩。

我们厂一定要总结国内外大型企业成功与失败的经验教训,下决心把二汽真正转变成为一个开发型企业。

在第二汽车制造厂科学技术协会第二次代表大会上的讲话

二 企业的活力在于技术进步

最近大家在研究关于第四次产业革命的问题，国内外众口纷纭的议论给我们带来很多信息，其中一条很重要的信息是：知识越来越成为生产力诸因素中的重要因素，知识的价值越来越重要。《第三次浪潮》的作者认为，第一次浪潮是绿色革命，使人类社会由渔猎时代转变成农业时代；第二次浪潮从农业时代转变成工业化时代；第三次浪潮是从工业化时代转变成信息时代。所谓信息，就是指知识资源；所谓信息时代，实际上就是知识信息越来越成为生产力中的重要因素。在农业时代，全世界90%以上的人都要从事农业劳动才能维持社会的生存。工业化时代为人类提供了高蛋白食品，而耗用人力的比例已是非常少了。现在在美国，从事农业的劳动力只占3%～4%，不仅解决了美国本身的食品问题，而且还向世界许多地方倾销其农产品。而到了信息社会，从业人口中的更大比例将从事信息的创造、信息的传递、信息的分类、信息的管理，而从事制造业的人数慢慢地下降到相当低的程度。据说，现在美国从事信息的工作人员，大概占整个劳动力的60%；直接从事制造业的，为人类直接提供物质生产的人员大约占20%。现在知识的积累速度是很快的，有人统计，在20世纪初，人类掌握知识增加1倍要耗100年的时间；而到了50年代，知识的积累大概只需10年就会增加1倍；目前，人类的知识要增加1倍，大约仅需3年时间。因此，知识的增长非常迅速。据统计，每天全世界各种各样论文有8000多篇，我们要很好地利用知识这个生产力来改造企业，推动二汽生产技术水平的不断提高。在这里我举一个例子，美国有一个叫英特尔的公司，是1968年从另外一个公司出来的两个人组建的。组建时，他们到处筹集资金，只筹集了250万美元，合人民币600万元，比我们最小的钢板弹簧厂投资还少得多。这个公司召集了一批搞计算机的高级专家，在技术上取得重大突破，于1972年首先搞出了微型电子计算机，生产和销售大幅度增长，1980年它的销售额达到8.5亿美元。这个数字和我厂1983年的产值差不多。其增长如此快的原因就在于技术上有重大突破。所以，当代技术上的迅速更新给许多企业带来了生机。许多事例充分说明知识、技术是一种生产力，而且是越来越重要的生产力。

我们二汽这样一个庞大的企业，只要在技术上有所创新，在现有的基本条件下，可以挖掘出很大的潜力来，可以创造出很高的效益来。从宏观上讲，很多外国的厂商到我厂参观以后，提出一个问题："你们这么大一个汽车厂，规模这么大，人员这么多，每年只能生产五六万台汽车，能赚钱吗？"也有一些外国专家到二汽看了后，感到二汽潜力很大。我感到，把我们的各项技术经济指标和国外同类型工厂相比，我们的差距太大了。如我们生产一台车所占用的厂房面积、占用的资金、占用的流动资金、占用的劳动力等，都要和人家比一比。假若我们把各项技术经济指标都分解开，认真地一项一项去比较，就会发现我们存在很多问题，也会发现我们有很大的潜力，这两者是并存的。我们现在每天生产200多辆车，有的专业厂已感觉困难很大，这是一个现实情况。同时，我们潜力也很大，还没有挖掘出来，这也是一个现实。问题就在于我们自己要认识自己，对自己要有一个恰如其分的估价，在这个基础上，我们再研究下一个目标是什么？薄弱环节是什么？应该突破的技术是什么？应该改造的设备是什么？这样，我们就可以主要靠技术进步和管理水平提高把潜力挖掘出来。今天在座的都是科协活动的积极分子，我希望同志们来研究这个问题。很多问题在基层比在上面看得更清楚。我想在我们企业中，应该把技术进步放在首位。今年初，党委扩大会议反复研究建设开发型企业的"三大支柱"，后来黄书记叫"三大中心"，即技术中心、教育培训中心和技术改造中心。"三大中心"的建设，将有力地推动二汽以技术进步获取更大的发展和效益，并对我们整个工厂的转型发挥重要的作用。

三 要努力提高技术人员和技术工作的水平

目前，各专业厂和处室的同志都讲技术人员不够，要求今年大学生分配时，能够增加人数。这些要求是很合理的。对这个问题，二汽也并存着两种现象：一是我们技术人员缺乏，搞技术进步、采用新技术、改造工厂，感到技术力量薄弱，人员不够，这是一个现实；二是一些技术人员没有充分发挥作用，潜力没有发挥出来，有些技术人员甚至不知道自己应该做什

在第二汽车制造厂科学技术协会第二次代表大会上的讲话

么？怎样为二汽多做贡献？这也是一个现实。要解决这个问题应从两方面着手：总厂应当多争取一些指标来增加技术人员的来源；另外，也需要充分发挥现有技术人员的作用。在充分发挥技术人员作用中，也存在两方面的问题。一方面，各级领导要关心、爱护、适当安排技术人员。二汽在前几年落实知识分子政策中已做了大量工作，整个情况比较好，但还有一些地方做得不够，应该抓紧改进。关于科技人员管理四十条，经党委批准已下发了，我们应该很好地贯彻执行，这样才能够把我厂的技术工作搞上去。另一方面，技术人员本身的素质也要不断提高。这就迫切需要更新知识、更新工作方法、更新思想方法，以适应二汽发展建设的要求。

  首先，技术人员要注重能力的提高，因为你对社会和二汽的贡献要通过你的能力来实现。如何锻炼提高你的能力？这是一个重要的问题。在我接触的一些同志当中，发现很多人能力很强，或者说某一方面很强，因此，即使在技术人员不足的情况下，依然开创了我厂的大好形势，技术人员做出了巨大的贡献。

  关于"能力"问题，首先是技术人员的知识能力。有没有你所处理问题的知识和技能？如果没有或不足，有没有自主学习补充知识的能力？也就是知识需要不断地补充和更新。其次是办事能力。有一些技术人员能单独搞一项设计、搞一项革新，但却没有能力去推动实现。按沈鸿部长讲，搞"七事一贯制"，就需要有很强的办事能力。在我们工厂里也有分工，后边的工作可能不在你的工作范围之内，但你要去推动它，不能书生气十足，坐等是不行的，很多人就缺乏这种办事能力。再有就是共事能力，有的同志积极性很高，很愿意把一件事情做好，但做来做去这个事情总是做不好，因此搞得自己很苦恼，领导和周围的人都很苦恼。原因在哪儿呢？他没有共事能力。在我们这个社会，这样一个工厂，推动任何一件事情，都要和周围人去合作，很多事情单独一个人是做不到的。有的人也愿意去推动工作，结果推到哪里就和哪里吵架，和哪里闹矛盾，搞得自己不愉快，别人也不愿跟他干，结果事情办不成。追究起来，问题还是很深刻的，你要别人尊重你，你是不是也要尊重别人？第四个是思维能力。就是人的思想方法，有没有条理和逻辑性。很多同志在思维能力上有很好的训练，但也有好多同志缺乏训练。比较通俗的说法，就是有的人把一个简单的问题复杂化，本来这个问题可以单刀直入，很快把问题的实质抓住，最后得到解决；也有的同志反过来，把一个复杂的问题简单化了，本来一个很复杂的问题，他认为只要解决某一个问题就行，结果解决了一个问题，又出来第二个、第三个问题，事倍而功半。第五个是学习能力。机械工业部有一个规定，技术人员工作3年到5年，应该有3个月到半年的进修期，我认为这是很重要的。但更重要的是在实践中学习，在工作中学习。因为我们在工作当中会不断遇到新的问题、新的技术，那就应该把这看作学习的机会。在技术人员当中，还存在这样的问题：有的同志学习还是很努力的，但学习目的性不清楚，学习跟工作脱节，最后出现"活到老，学到老"，就是办不成事。在工作中、解决问题中学习锻炼是主要的途径。

其次，就是提高技术工作效能。在技术工作中要采用一些新的工具、新的方法，提高工作效能。目前我们所使用的方法，很多还是50年代的方法，也就是一汽的方法，一直沿用到今天。目前，我们厂开始推行全面质量管理，电子计算机管理，利用计算机画图等，这方面已经很有成效。

关于引进新的方法、新的思路，我想举几点说一说，因为新的方法很多，同志们都在接触。一个很重要的方法，就是要注重"技术经济的研究"。今年年初，我在党委扩大会议上讲过，技术经济研究应当成为我们工厂技术经济工作的三大基础工作之一。因为我们所做的工作，就是要决定我们制造什么和怎样制造，主要是解决这两个问题。在我们这样一个大量流水线生产的企业，这两个问题在一定意义上决定了我们厂的市场竞争力、生产成本和效益。在这两个问题上，只要有一点疏忽、失误，或者说有一点不是最优，那么造成的后果都会是非常严重的。因此，我们决定开发什么产品、选择什么样的技术与装备，都要做认真的技术经济的分析研究。而在这方面，我们缺乏基本训练，我们还是老一套"大锅饭"的技术工作方法，反过来说，就是大锅饭的作风和思想已经浸透到我们的技术工作当中。有这样一些典型的例子，西德弗朗霍夫学会的人来帮助我们咨询总装配厂，来了之后，他们检测装配线照明的时候询问，假如要提高一个"勒克斯"照度，需要多花多少钱？对提高工作效率有什么效果？结果问到谁，谁都说不清楚，因为我们没有这个概念。我们很多产品设计人员，不知道自己设计的产品是怎么制造出来的，更不知道制造出来要花多少钱，假如

在第二汽车制造厂科学技术协会第二次代表大会上的讲话

变换一个方案可能节约多少钱？他们没有这个概念，也没有兴趣去研究。这是一个很严重的问题。我们搞工艺的同志，对采取一项工艺措施需要的投入是多少、经济上带来什么效果，也很少考虑和研究。因此，我们应该学会用技术经济分析的方法（也称为价值工程）来搞技术工作。技术工作是离不开经济的，技术工作要和经济联系在一起加以研究，我们要提高这方面的素质。

关于可行性的研究方法，过去我们制定方案，是技术人员提出来，来层层审查。他往往只提出唯一的方案，没有比较、没有任何选择余地。各级领导往往就"官僚主义"地拍板定案了。因此，技术人员在提供方案时，应该有两个、三个、五个，拿出来做比较，每一个方案在技术上、经济上、发展上、人员利用上、厂房面积上各有什么优点、缺点？在做了比较之后，才可以选择。而我们的技术人员缺乏这种技术经济研究的基本训练，没有这种习惯。现在工厂设计处开始在做这个工作，但还不够扎实。专业厂也开始在做。我认为，这应该作为一项基础工作。优化设计也是一种新的工作方法。目前，我们的设计基本是传统的比较设计，综合试验，最后定下方案。这套方法确实太落后了。最近，我们和弗朗霍夫学会的一位专家仔细研究了一些问题。这位专家是专门搞优化设计的，他认为，我们的车轮钢圈假如经过优化设计之后，按照他的经验，每一个钢圈可以节约8公斤。按照传统的方法，连1公斤也减不下来。因为我们的基础工作缺乏这种手段和能力。假如1个车轮挖下8公斤，1辆军车6个车轮加1个备胎可节约56公斤，这个潜力是多大！这个效益是多大！因此，优化设计这种新方法，我们应该推广、应该学习。另外，还有一些其他的，如"有限元"的方法，辅助设计、辅助制造等方法，我们也刚刚开始在用。还有"资料调研"的方法。现在我们的调研就是全国跑一圈，这种调研虽然需要，但是在这之前，更需要在资料上进行调查研究。在信息社会里，新的知识不断涌现，别人的经验可以借鉴得越来越多。作为技术人员，应具备这种能力，就是在确定一个课题时，首先应该在国内、国外资料上进行调查。例如，搞一个新的发动机燃烧室，首先应该研究一下，国外汽油机的燃烧室有哪几种形式，目前发展到什么阶段，正在研究的是哪些课题，有哪些新的理论突破？这些情况如果我们能够比较仔细地做调查研究，而且做归纳分析，我们就有可能踩着别人的肩膀，再往上爬，而不需要从零开始，不会靠拍脑袋去搞那些重复无益的工作。我们有些课题确实很可悲，花了两三年甚至5年的时间，做了大量的工作，投入大量的人力、物力和财力，最后在资料上发现，别人已经研究过了。所以，先在资料上进行调查研究，是最节省人力、物力和财力的方法。我们的图书馆资料还是比较全的，但是去看的人不多，当然跟同志们工作很忙有关系，我们把很多时间都用在画图或一些具体工作上，实际收效很少，还不如下决心用点时间去搞点资料调查。据说，在国外搞科学研究工作，大约有70%的时间是在做资料调研，而真正用在研究试验上的时间就会减少很多。我们就是要研究别人的成果，吸取别人的成果为我来服务。我认为这也是一个新的工作方法。

关于标准化的工作。标准化的工作，也可以作为一个新的工作方法来理解。就是如何使我们的工作最节省时间，既能保证质量，也最有效率、最有效益。要使一个人的工作能够代表一个企业的水平，一个人的成就能够成为我们企业的财富，这中间的环节就是标准化。我曾经提出过这么一个想法：我们这么大的一个企业，应有自己的工厂标准，就是把那些经反复试验验证成功的技术、方法，经科学梳理，条文化固定下来。再遇到同样的问题，就不要再去试验验证了。经过10年或更多年的积累，将有成千上万个标准。现在标准化的概念和50年代标准化的概念不同了，有了很大发展，已经把工作标准、工作质量标准、管理标准等全部都囊括进去了。总之，同志们应该重视标准化的工作，应该利用标准化来推动我们工作的前进。

这就是我要讲得在技术工作上采用一些新的方法，以适应新时代的新技术的变化要求。

最后，我要讲的就是技术工作要注重效益。我们的技术工作是为生产服务的，因此，要认真考虑在生产中取得效果的问题。在科协工作中，应该广泛发动群众，大力开展技术革新和合理化建议活动，既要注重大改大革，也要注重小改小革，同时要注重搞一些攻关项目。这次，科协初步列了52项攻关课题，希望能做出成绩。去年，在这方面，我们取得了很大的成绩，实现技术革新3300多项，获得效益大约1200多万元，提出合理化建议3万多项，实现了1200多项，获得年效益50多万元。这个效益是比

在第二汽车制造厂科学技术协会第二次代表大会上的讲话

较大的。有一些比较重大的项目，如锻造厂的 8000 吨锻压机，原来已经报废，经过攻关和革新，现在可以使用了；车架厂的 3000 吨压力机，经过车架厂和机动处的努力，现在可以使它发挥应有的效益。我们的技术工作应该注重效益。

总之，我们要在提高技术人员能力的同时，在技术工作中采用新的工作方法。

今天，我就讲这些，不一定对，供同志们参考。希望在座的技术骨干们都要认真地研究第四次产业革命到底给我们带来了什么？我们企业面对这个形势，应该采取什么对策？我们的企业明天和后天应该是什么模样？科协是调动广大技术人员、广大职工积极性的一个很好的群众性组织，我希望通过科协组织，能够推动我们二汽的技术工作，也能够推动我们广大职工为二汽的兴旺发达多做贡献。

在全国科学技术工作会议上发言[*]

(1985 年 3 月 2 日)

1985 年 3 月 2 日至 7 日，全国科学技术工作会议在北京召开。邓小平同志出席会议并做重要讲话，他指出，经济体制，科技体制，这两方面的改革都是为了解放生产力。新的经济体制，应该是有利于技术进步的体制。新的科技体制，应该是有利于经济发展的体制。双管齐下，长期存在的科技与经济脱节的问题，有可能得到比较好的解决。

1984 年，是第二汽车制造厂圆满完成各项任务、经济效益显著增长、喜获丰收的一年；是坚持技术进步获得丰硕成果的一年，也是深入研究形势和任务，为长远发展奠定基础的一年。

二汽从建厂以来，在全国的支援下，坚持采用"聚宝"的办法，把国内外一些先进技术、科研成果移植到二汽来，使二汽目前实际的技术水平，大体相当于国际 60 年代水平，有的是 70 年代水平，个别属于 80 年代水平。

1978 年，我厂东风牌五吨载重汽车开始批量生产后，我们仍坚持技术进步，进行技术改造，有效地提高了企业的管理水平和技术水平，推动了生产建设的发展，经济效益逐年大幅度提高。这一年，二汽圆满完成了对国家承担利润递增包干的任务，各项技术经济指标再创新成绩，这一年生产汽车 70173 辆，比上年增加 16.75%，工业总产值达 19.73 亿元，比上年增加 23.44%，利润突破 3 亿元，达 3.53 亿元，比上年增加 25.77%，产量、产值、利润同步增长。

---

[*] 此文是作者以"坚持技术进步，勇于创新改革，把二汽建设成经营开发型企业"为题在全国科学技术工作会议上的发言。作者时任第二汽车制造厂厂长。

一 坚持技术进步，打开通往兴旺之路

第二汽车制造厂是在"四人帮"横行时期进行建设的；打倒"四人帮"，国民经济进入暂时困难时期投产的。二汽经历了这段艰难曲折，能较快地出现兴旺昌盛的局面，除了其他因素之外，这与二汽历届领导始终紧紧抓住技术进步这个核心，密切相关。二汽的建设也是付出了学费的，什么"干打垒起家，干打垒成家"，什么"如果质量第一，那么四个第一到哪里去了？"等言论的干扰一时也像洪水猛兽，但是在具备高度素养的二汽干部和工人面前很快变成了小小的支流，最后干枯了。而技术进步的旗帜在二汽却越举越高，它为二汽的建设打开了通往兴旺之路。

（一）广聚各家之宝，立足较高的起点

在当时闭关锁国的情况下，我们一方面用"聚宝"的办法，采取"老厂包新厂、小厂包大厂、几厂包一厂"的"包建"形式，博采兄弟企业在产品设计、工艺设计、工厂设计、基本建设等方面的长处；另一方面，把全国140多个工厂、设计、科研、教学单位已有的先进成果、确有把握的先进技术、先进设备，经过试验，集中移植到二汽。在新工艺、新技术方面，采用了铸造的高压、挤压自动造型；锻造方面采用了机械锻压和无屑加工的冷挤、冷敲、齿轮圆拉技术；热处理采用了中频加热，还采用了无氰镀锌，无氰镀铜和多点焊、静电喷漆等40多项新工艺、新技术。

在采用新设备方面，有近4000台设备是我国第一次设计、试制的新产品。500多条生产线中，就有117条自动线。这些设备不仅具有我国自己的独特风格，个别还达到了当代国际先进水平。济南第二机床厂研制的汽缸体大拉床，拉刀由1784块合金刀片组成，经一个往复，在1分钟内可切削汽缸体的6个端面，相当于一条很长的汽缸体加工生产线。

在新材料方面，立足于国内资源，采用了韧性球铁，提高了材料的质量。汽车钢板弹簧采用了55硅锰钒硼单面双槽弹簧钢，延长了疲劳寿命，节省了材料。还广泛采用了40锰硼及20锰珊钢以及低合金高强度钢等，提高了汽车零件的强度，降低了成本，减轻了自重。

经由"聚宝"的办法，大量采用新技术、新工艺、新材料和新设备，既保证了二汽建设的速度和质量，又使二汽的技术水平一开始就在国内具有较高的起点。

二汽投产后，我们仍坚持用"聚宝"的办法，加强二汽的开发能力。特别是1983年，当我们切身感受到世界新技术革命的挑战之后，就加快了"聚宝"的部署，加速智力引进，采用国内外新技术，努力提高企业素质。最近在智力引进方面有两项成功的例子。一是邀请西德弗朗霍夫学会对二汽总装配厂的改造进行技术咨询，经过几个月的共同工作，该学会不仅为我们提供了十几种改造方案，更重要的是为我们展示了一条挖潜、革新、改造的思路，示范了一套科学求实的方法。二是在引进美国IBM计算机及企业管理软件过程中，我们邀请了6位美国专家来厂调查，与我厂技术人员一起制订二汽计算机应用七年规划。在计算机用于企业管理、辅助设计制造、过程自动化方面做了较为科学长期的安排，这将大大加快我厂计算机应用的进程，而且为我们开拓了思路，避免了可能出现的弯路。

实践证明，在现代技术与管理日新月异的今天，自力更生并不能解决所有的问题，现代化企业必须抛弃那种万事不求人的闭关保守思想，博采众长，赢得较高的立足点，这才是迎头追赶先进水平的捷径。

（二）引进关键设备，掌握先进技术

汽车是资金与技术密集型的产业，要承认我们与国际先进水平的差距。要实现追赶就要高起点、有计划地引进一部分技术与设备。在"文革"期间，全国到处批判"卖国主义""洋奴哲学""爬行主义"的时候，我们坚持实事求是的精神，经中央有关领导同志和上级部门批准，进口了一些国内还没有过关、国际上已经采用、适合我国国情，具有70年代末、80年代初水平的重型、精密、关键设备及测试仪器。到目前为止，我们进口的设备虽然仅占二汽设备总数的1%~2%，但是，这都是二汽保证生产、保证质量的关键手段。

在引进曲轴轴径磨床、缸孔珩磨机之后，一举达到了国外同类产品的水平，而且工作稳定，很少出故障，一改过去长期攻关而不过关的局面。我们引进的高压铸造自动线、12000吨机械锻压机、螺旋伞齿轮加工机床、

大型双动压床等都是二汽能达到日产汽车 300 辆、日产值 700 万元的重要物质基础。

我们在引进中特别注意消化与提高。如我厂从西德引进的铸造缸体缸盖的 KW 造型线，经我厂工程技术人员和工人的努力，在掌握、熟练运用的基础上，对控制电路进行了改进，将缸体缸盖的单工位造型改造为双工位造型，日产量由 400 箱提高到 900 多箱，减少了更换型板次数，提高了工效。在吸收、消化的同时，根据需要进行仿制，使进口一台设备变多台，进口一条线变多条线。如仿照 KW 线、BMD 线，自行设计制造了"长桥高压造型自动线"，受到国外同行们的好评。后来，又成功地设计制造了"扩一线"及"铸钢造型线"，在使用性能上，都达到了国外造型线的水平，这就较好地解决了"技贸结合""引进技术的国产化"等问题。

我们还通过出口的途径，为企业掌握新技术创造机会，如冲模厂接受了几批日本厂商的冲模订货，日本厂商多次派技术人员来冲模厂了解情况并提供帮助，并严格按他们的标准验收。这样，不仅使我们了解了这方面的国际技术标准，还使冲模厂的技术人员和工人从中学到了不少生产技术和管理技术。目前已用于生产的"灰铸铁制造拉廷模具""冷冲模火焰表面淬火新工艺"，就是通过这一途径学到的，这些新技术在国内都是首次采用，有明显的经济效果。用 1 吨灰铸铁代用 1 吨合金铸铁，可节约 1 万元，冲模厂为此每年可节约 10 万元左右。采用火焰表面淬火工艺，可使模具生产提高效率 5%～10%，降低成本 10%～20%，节约热处理能耗 80% 左右。这对改革模具制造工艺，适应我厂产品的改型换代具有重要意义。另外，我厂与法国雷诺汽车公司签订了合作出口试销整车的合同。合同约定我们按雷诺标准与雷诺公司联合进行试验及产品改进，这使我们直接了解了雷诺公司及西欧国家有关质量的要求，为提高我厂产品质量并打入国际市场创造了条件。

引进国际先进技术，进口关键设备，注重消化吸收，举一反三，这是由后进向先进转化的可行的途径。

（三）不断改造企业，提高企业素质

二汽是个新厂，在基本建成的同时就面临着技术改造的任务。我们面

临来自各方面的挑战，二汽的管理必须不断改善，技术必须不断创新，生产必须不断发展。

为使二汽永葆青春，我们提出要打好"四上一提高"（即上质量、上品种、上水平、上能力、提高经济效益）的进攻战。

提高产品质量是企业技术进步的根本出发点。"以质取胜"是企业长期兴旺的基础。几年来，我们从工程质量返修到"三攻关""三调试"，从抓制造质量到装配质量，先后组织了八九次大规模的集中治理，共进行了337项产品改进，大幅提高了产品质量。如采用耐磨铸铁气缸套，目前缸套磨损已降到每万公里0.02毫米以下；发动机活塞由钠变质改磷变质，既简化了熔炼工艺，又提高了耐磨性能。近两年来对缸体、缸盖铸造渗漏、连杆淬火裂纹、发动机止推片脱落、油漆、焊接等关键问题进行了攻关，取得了显著效果。在此基础上，1982年我们就在全厂提出了"创部优，争国优"的产品质量升级的目标，1983年在全厂组织了"以优质零件保优质总成，以优质总成保优质整车"的产品创优"零号战役"，各总成及整车都分别制定了厂优、部优的达标计划。为了在创优中让用户得到实惠，我们制定了产品、工艺50项攻关的计划，1984年我们又组织了全厂的"查定改"活动，以工作质量保产品质量。到去年底东风140汽车上38个主要总成中已有6项创部优、11项创省优、21项创厂优，东风140整车去年被评为湖北省优质产品。1985年全厂第一个系统工作会就是质量工作会议，我们要在产量大幅度增加的今年力争使东风140获得部优质产品称号。

最近几年，二汽保持着每年产量递增1万多辆的势头，同时对现生产基地进行改造，几乎每年都有一种新的基本型或变型车投入生产，最近投放市场的有S5大客车专门底盘、EQ－142D出口用柴油车、EQ－245军用越野车、EQ－142/47长轴距货车、EQ－144（6×2）八吨货车，以及装用曲面玻璃驾驶室货车等。这些新车型需要大量的生产准备工作，也大大增加了组织生产的复杂程度，但这并没有影响整个汽车生产有条不紊的秩序，各单位正确处理发展新产品与现生产的关系，周密安排、合理组织、灵活调度，千方百计保证新产品开发和生产任务的完成，总装配厂第二装配线原来只能总装两种车型，经过改造和合理组织生产，现在可以总装6个车型16个品种，这标志着我们组织多品种混流生产有了一定的水平。

为了企业长远发展,目前处于产品开发阶段的还有约10种新车型、机型。其中最重要的是二汽正在开发的另一个拳头产品——八吨平头驾驶室柴油汽车。

我们要努力实现生产一代,开发一代,预研一代。使汽车品种不断增加,给用户以更多的选择,也使二汽获得较高的收益。

技术水平是企业素质的重要标志。几年来,我们组织力量改造了一批长期不能工作或已报废的重大设备。例如,3500吨大压床、8000吨机械锻压机的改造等,此举节省了资金,保证了全厂生产的发展。我们还针对生产中的薄弱环节,瞄准世界先进水平,进行了不少技术改造,提高了工艺和装备水平。如车厢边板辊压线的技术改造,在国内首创了车厢边板整体辊压成型两次定尺切断新工艺;第一次采用光栅测长数控定尺技术,全部采用国内原件组装,达到70年代末世界先进水平,经济效果非常显著,节约设备7台,节省27人。按年产5万辆计算,每年可节约钢材215吨,节电97万度,年节约价值达53万元,综合生产能力提高2~3倍,年产可达30万~35万辆份,为车厢产品生产翻番闯出了新路。

在进行技术改造时,我们注意与技术引进相结合,提高企业的技术水平,如与日本合作改进化油器;与美国公司合资引进节温器制造新技术,将使我厂节温器产品达到国际水平。还组织力量解决采用镶嵌活塞、半可锻铸铁活塞环、薄壁缸套、扭振减振器等国外的先进技术,提高了技术水平。

为了适应国内市场的需求,结合二汽的具体情况,我们制定了到1990年或更长一段时期实现年生产汽车20万辆能力的规划。这是一项利用自筹资金,以革新、改造、挖潜为主,辅以局部改扩建来实现目标的十分艰巨的事业。去年,利用自筹资金建设的第一个大型项目——热电厂一号机组已如期完成,它的建成进一步坚定了我们在自身力量的基点上向新的目标迈进的必胜信心。襄樊基地扩建工程已于去年9月正式破土动工,建设周期最长的第三铸造厂今年就将形成施工高潮。

二汽实现"四上一提高"的任务是社会的需要,也是自己给自己施加压力。

(四) 开展技术革新和合理化建议活动，发挥群众创造力

广大职工是技术进步的主力军。几年来，我们广泛发动群众，调动群众的积极性，充分发挥工程技术人员、工人群众的聪明才智，积极开展群众性技术革新、技术攻关、"小发明"、提合理化建议等活动。

去年，全厂共实现技术革新 5389 项，其中重大技术革新项目 94 项；取得 QC 成果 710 项。技术革新共实现经济效益 6000 多万元，QC 成果实现经济效益 495 万元（节约）。化油器厂加工车间几位青年技术人员和工人改造了化油器下体和中体生产线的几台设备，使产品生产能力达到了年产 20 万辆份的水平，效果非常显著。锻造厂去年完成革新项目 115 个，其中不少项目在改进锻件生产工艺、提高材料利用率、保证产品质量和模具使用寿命方面，发挥了重要作用，从而使该厂去年的废品率与前年相比下降了一半，生产也逐步由被动转为主动。铸造一厂生产的蠕墨铸铁排气管具有高强度、抗急热急冷等优点，但由于工艺复杂等原因，废品率较高。去年，该厂发动群众承包攻关，结果使蠕化率从 40% 提高到 95%，废品率从初期的 80% 降到 10% 左右，为整车创优做出了贡献。车架厂工人刘多荣在技术革新活动中，一举解决了全国减震器行业 30 多年来未能彻底解决的阀片毛刺老大难质量问题，为提高减震器的使用寿命和质量问题立了一大功。

我们还开展了全厂性的合理化建议旬的活动。各单位针对生产技术的薄弱环节，采取举办合理化建议展览会进行典型示范，公布生产中的关键问题让大家献计献策等形式，激发了群众的积极性。通过这次合理化建议旬的活动，群众提合理化建议近 2 万项，这对提高产品质量、发展品种、提高经济效益起到了很大作用。

(五) 建设技术开发能力，迎接新的挑战

作为一个大型企业，二汽面临着来自各方面的严重挑战，我们对挑战的回答就是优先建设技术开发能力。几年来，我们花了较多的人力、物力建设了教育中心、技术开发中心和技术改造中心。我们切身感受到三个中心是二汽实现经营开发型企业的三大支柱。

二　勇于创新改革，建设经营开发型企业

二汽在改革中前进，二汽的发展也寄希望于改革。改革是一种有目的和目标的行动，二汽改革的目标是什么？应当改成什么模样？这是必须回答的重要问题。从宏观上讲，进一步解放生产力，把二汽建设成经营开发型企业就是我们努力的方向。

（一）建设经营开发型企业，是历史的必然

随着国际新技术革命的发展，随着我国"对外开放、对内搞活"政策的实施，二汽越来越不能把自己看成是深居于武当山之中的封闭体系了。国际、国内经济结构上的重大变化必然会牵动二汽的神经，二汽应当正视国内市场经济、商品生产迅速发展的挑战，正视国内市场逐步"国际化"的挑战，正视国内各兄弟厂产品换型、引进国外技术的挑战，也要正视国际新技术革命而促成的产业转型、改组的挑战。

面临严峻挑战的同时，二汽自身的建设也到了一个新转折时期。从1965年开始，二汽经历了准备、建设、调试、生产的各个过程，到今天达到了比较兴盛的阶段。总结新中国成立以来国内建厂走过的道路和国外成功企业的经验，我们不能不提出二汽在达到兴盛之后，下一步的路该怎么走？是以更高的目标为己任迎难而上，还是保持已有水平，满足于维持现状？这是一个严肃的问题。

国外企业成功的经验之一是它们有鲜明的经营开发型企业哲学，它们重视利用知识这一至关重要的生产力，不断开发新技术、发展新产品使企业常葆青春，如联邦德国奔驰公司，在其各种公司介绍中得意地声称自己制造了第一台轻型快速汽油发动机，并于1883年开始建厂，1886年制出第一台"专利机动车"，标志着汽车的诞生，1896年制造了第一辆货车，1898年制成了第一台公共汽车，1923年开始生产柴油卡车等，总之，炫耀自己历史悠久、技术力量雄厚、产品质量值得信赖、服务周到。而我们国家却相反，比如一些早期的建设工厂，当时还是比较先进的，这些工厂也经历了准备、建设、调试、生产的各个过程，也曾达到了兴盛的时期，为

国家做出了巨大贡献。但在工厂建好、形成了一定的生产能力之后，一些企业就停滞了，这些企业很少能继续开发新技术、开拓新领域、保持在行业中的领先地位，因此，这些企业随着时间的推移，由兴旺逐步变得衰败了。当这些企业技术和产品落后的问题积累到十分严重的程度，国家不得不花费巨大投资进行再改造。

研究国内外企业的区别可以看出，除了经济政策上的差异之外，两种企业哲学，即两种经营思想，是造成两种结果的重要原因。我国过去许多企业是单一"生产型"或"维持型"的，它们的基本宗旨是"生产第一"，它们的基本哲学是"视现状为必然"，这些企业的功能就是维持已有的生产条件，制造已有的产品，完成国家任务。对外部来说，它们与市场无关，是自我封闭的"开环"系统，外来的信息不能修正企业的方向；对内部来说，其各种机构的设置是防御性的，是以"服务"现生产为目的，针对现状可能出现的各种异常，分兵把守予以解决，对于这些机构甚至企业来说，它有维持现生产的本领，但缺乏开拓新局面的能力。

另外一种是"经营开发型"企业，它们的基本宗旨是面向市场、满足用户，它们的基本哲学是"使现状变为落后"。它们认为现状是不稳定的，只是不断前进中的一个脚印，它们追求的是经济活力、技术实力、应变能力和企业与社会的效益，在国际国内经济竞争的舞台上，它们不断吸收技术进步的成果，充实和更新企业的技术基础，不断吸收市场变化的信息，以此修正企业的服务方向。因此，企业对社会来说，构成了一个不断接受反馈信息的"闭环"，其机构部门的设置是在保证稳固今天立足点的前提下，为企业的明天和后天开创条件。各部门工作得越出色，现状越显得需要改造，或者说企业的开发成果向企业本身不断注入新的技术、新的管理，使企业富于朝气和活力。

是走单一生产型的道路，还是建设开发型企业？对于二汽来说，是面临抉择的时候了。二汽今天的大好形势，是1965年上马建设时种下的第一颗种子，经过全国人民的浇灌、二汽职工的培育，结出的丰硕果实。但是，二汽的建设任务即将完结，下一步的路怎么走，要靠我们自己拿主意。今年二汽领导班子正在研究自己的"七五"计划，我们正在播下第二颗种子，5年或7年后结出的是甜瓜还是苦瓜，与我们今天的决策和部署息息相关。

（二）建设经营开发型企业，迎接新的挑战

在二汽大规模建设已基本完成，各兄弟厂大步前进，国家对汽车的需求不断增加，国际产业转型已成现实的情况下，把二汽建设成经营开发型企业已经成为二汽的重大决策。要完成这一任务，必须冲破许多桎梏，克服许多困难，采取积极措施。

1. 加快思想转轨

由单一生产型向经营开发型企业的转变，是一个艰难的过程，最重要的一环就是要实现"思想转轨"，就是说要打破吃"大锅饭"的恶习，树立投身于市场竞争的勇气；要冲破"生产第一"思想，树立"质量第一、用户第一、服务第一"的精神；要革除技术无用论的邪说，树立技术是重要生产力的观念。

由于国家政策上的原因，长时期以来企业是靠吃"大锅饭"过日子，"大锅饭"养活了懒汉，削弱了奋斗精神，保护了落后。实质上"大锅饭"是以损害用户和国家利益为前提的。向市场提供优质价廉的产品，供用户选择，这是我们的天职。二汽经历了1981年的一度滞销，开始注意面向市场。几年的实践证明，对企业来说，市场是教练场，也是比武场，竞争是企业发展的强大动力。没有1981年的滞销，二汽不可能只用半年时间就开发出EQ140S5A大客车底盘；没有市场用户的压力，二汽不可能千方百计地于1981年投产节油车。通过市场竞争，激发企业的进取精神、提高企业的竞争意识，这些是增强企业竞争力重要的精神要素。

长期以来，"生产第一""完成国家任务"的思想统治着许多企业，汽车产品的计划管理加上卖方市场，更固化了这种思想，企业关心的是"完成计划"，较少关心最终用户使用的状况，这就造成企业与用户分离。随着我国经济体制向有计划的商品经济的转型，市场的作用会增强。实际上产品对社会的最终效益表现为用户对产品使用效果的评价。因此，用户是评价产品的权威，是决定该产品取舍的主宰，质量第一、用户第一、服务第一，就是全社会技术经济效益第一，就是要不断提高质量、不断开发新产品来适应顾客的需要，而不是要求用户克服各种困难而勉强使用我们的汽车。二汽在1979年即提出了"质量第一、用户第一、信誉第一"的口号，经过

多方努力，在稳步提高质量的基础上，目前，二汽已能为市场提供40余种基本车型和变型车，东风联营公司可以提供90余种改装车。目前，还有3种变型车正在做生产准备。和丰田汽车等成功企业的"用户至上"的精神相比，我们确实相差甚远。树立质量第一、用户第一、服务第一的精神，是建设经营开发型企业的思想基础。

国务院领导同志指出，"搞现代化，振兴经济，翻两番，一定要依靠技术进步"，这是很重要的观点。在知识、技术日新月异的今天，在实践中，广大干部确实存在着一个再认识、再学习的问题，大家要从过去那种重生产、重基建、轻技术、轻发展的旧思想、旧习惯中解脱出来，把主要精力转移到推进技术进步的轨道上来，向科学管理、技术进步要潜力、要效益。这当中，核心的问题是如何认识新技术革命的形势。是否承认技术、知识是最活跃的生产力，进而利用这一生产力，调动这一生产力，从而求得企业的健康发展，在这方面谁认识得早，转得快，谁就在挑战中处于领先地位。

二汽铸造二厂退火清理车间，一直是较薄弱的环节。是用老办法扩大面积、添加设备、增补人员来解决，还是充实新技术、采用巧办法？铸造二厂自1978年开始，研究铸态铁素体球墨铸铁，经过4年多的大量试验研究，于1983年首批在国内大量流水生产线上生产了不需退火的铸态球铁14000吨，一举突破了退火、清理这个瓶颈，并创经济效益60余万元。如果这种思想和做法能被广大干部工人接受，并在工作中采用，形成人人搞创新的局面，我们企业可以挖掘出的效益是非常可观的。

技术、知识正越来越成为决定竞争力和经济成就的关键因素。认识这一点、践行这一点，是在竞争中成为强者的基本条件。

总之，用旧思想、旧观念和旧习惯是不可能建设经营开发型企业的，只有具备开发精神、经营思想，才能在日益市场化的环境中取胜。

2. 抓住国际产业转型的时机，确立"走向世界"的目标

建设开发型企业就要确立明确的目标，并以此统一全厂的思想和行动。现在，人们对在国内市场营销、服务、创优、创名牌逐渐有了一些认识，但是一说到要确立一个"走向世界"的目标，往往觉得是否过于天真，过于狂妄，太不切实际了。这个问题不解决，向经营开发型企业的转化就会缺乏动力。

由于新技术革命的影响，先进工业国家正把传统制造业向第三世界转移。被称作经济明星的新加坡、中国台湾、中国香港、韩国、巴西和墨西哥在70年代的平均经济增长率高达9.4%，它们的鲜明特点就是抓住了产业转型的时机，从发达国家承接了大量的制造业，从而得到了迅速发展。

直接的物质生产是人类生存所必需的，任何时候也不可缺少，西方发达国家的一些低附加值产品的生产优势已经丧失，必然要通过两种途径加以"抵抗"：近期将其扩散到发展中国家，长远则可能借自动化制造技术或注入了新技术的新产品，再次夺回制造优势。因此，目前这种产业再分工和重新组合的形势不会永远持续下去。与近期汽车工业发展非常迅速的巴西、西班牙、墨西哥、罗马尼亚、匈牙利及印度等相比，无论从汽车产品技术、制造技术、生产管理方面，我们起步并不算晚，我们的力量也不算弱，但是它们已经起飞。今天，这些国家不仅要向我们推销汽车产品，而且提出要向我们转让技术，这是多么严重的挑战！面对这种挑战，难道我们连提出应战的勇气都没有吗？1952年，日本丰田汽车公司年产量不过5000辆，当时的经理石田就提出："等着瞧吧，不要多久，就会让你们看到，日本的汽车将出色地跃过国际水平线，立于最先进的行列之中。"经过艰苦的努力，1955年丰田便开始出口汽车，到1962年，丰田汽车产量的1/8销往海外市场，而到70年代则几乎大半的产量用于出口。现在，我们二汽的年产量已达万辆。如果我们现在再不提出"走向世界"的目标，我们就会坐失良机，不仅与日本这样的国家差距会加大，而且还会落在韩国、中国台湾等国家和地区之后，这是何等可悲的前景呀！

退一步说，即使我们"立足国内"，也必须树立"走向世界"的目标。我们曾经设想过对进口汽车"斩尽杀绝"，但是什么时候也没有做到，进口汽车反而有增无减。国家要保护我们年轻的汽车工业，但是随着对外开放政策的实行，中国的市场必然会在逐步"国际化"，靠强求用户拿出爱国心来维持国产汽车的销路是不能持久的，用国家对汽车的统购包销政策，自我原谅国产汽车的缺点是无益的。就是在国内市场，我们也必须树立"走向世界"的目标，只有我们真正生产出能与进口汽车媲美的产品，我们才可能不断地扩大国内的市场，才能抵御进口汽车直接或间接的威胁。

抓住国际产业转型的时机，增强我们的"国际"意识，确立"走向世界"的目标。我们要把自己看成世界经济舞台上的一员，努力扮演好与自己身份相称的角色，为此，二汽必须由生产型转变到经营开发型，由国内经营开发型转变为国际经营开发型，这是顺应经济发展的必由之路。二汽要仔细研究国际"汽车战"的形势，认真分析我们生产汽车这类产品的优势，并充分利用和发挥这一优势。实现追赶国际水平的目标，要靠打入国际市场的实践。水平不能靠关起门来自封，从现在起，二汽就要把自己自觉地放到国际竞争环境中去锤炼。在全球"汽车战"中我们一定要做一名冲锋陷阵的战士，经过艰苦努力，二汽一定会在世界市场占据一方天地！

3. 制定以追赶世界先进水平为目标的发展规划

开发型企业的特点之一就是要巩固今天，准备明天，安排后天。国家批准二汽实行递增包干到1992年，这为二汽的发展创造了良好的条件。

没有目标的企业是没有生命力的企业。多年来，特别是去年下半年来，我们已要求各级领导不断研究新形势，提出新问题，要在抓好当前工作的同时，拿出一定的精力研究发展规划和方针、政策。

二汽的七年规划要着重体现经营开发思想，研究市场，注重服务，扩大效益；要着重体现开发精神，保持和发展改革创新的势头；要着重体现技术进步的方针，不断开发新技术，避免几十年一贯制。

在七年规划中，要以自筹资金的方式，到1990年或更长一些时间内建成20万辆的生产能力，要建设平头三吨半越野车和八吨柴油机车生产基地，要完成10种新车型及变型车的产品设计和生产准备；完成一批产品、工艺、装备的技术改造；有计划地吸收计算机应用等新技术成果。

如何合理使用难得的、有限的资金和宝贵的七年时间，是关系二汽兴衰的大事。二汽的七年规划必须坚持科学性、先进性、合理性和现实性。这次规划的基础应当围绕总目标，仔细研究和分析二汽自己的现状，积累足够的数据和信息，仔细研究各种有可比性的技术经济指标，并把它与兄弟厂对比、与国外同类企业对比，从而确定具体的追赶目标，并将其分解成逐年实施的计划。

4. 要形成开发型企业的三大支柱

要在严峻的挑战面前建设开发型企业，二汽必须吸取国内外先进厂家的经验，及时对企业的机构体制做调整，使各技术、管理部门由"防御性"转为经营开发服务型，使二汽具备开发新技术、培养新人才、提供新装备的能力。从总体上讲，二汽对国家的直接贡献靠前方厂，二汽的开发能力靠技术中心、教育中心和技术改造中心这三大支柱。

第四次产业革命带来的新形势，使我们越来越清楚，技术工作是企业发展的核心。过去，二汽技术部门的设置一直沿用苏联的体制，本身缺乏开发进取的能力。1982年，饶斌和黄正夏、孟少农同志提议，经党委决定筹建技术中心。技术中心的建立绝不仅只是技术部门的"归大堆"，而是更好地发挥各个技术部门协同工作、协同创新的能力。技术中心绝不只是二汽维持生产的"拐棍"，而是二汽前进发展的生长点。1983年4月1日，二汽技术中心正式成立，使我厂初步形成了总厂与分厂、集中与分散相结合，兼顾现生产和未来发展，门类比较齐全的技术体系，大大加强了我厂的综合性技术开发能力。技术中心的工作要做到"三三制"，即三分之一的力量服务并不断改善现生产，三分之一的力量开发第二代产品、工艺和材料，三分之一的力量研究未来汽车的新产品、新工艺、新材料、新技术。两年来，技术中心的强大生命力已开始显露。

未来的竞争，说到底是人才和智力的竞争。把二汽建设成开发型企业所面临的一个重大难题就是知识不足、人才短缺。技术的快速发展，使知识更新的周期越来越短，因此"一次性教育"已不能适应。边缘科学、横向技术不断涌现，使得跨学科的技术渗透、跨行业合作日趋重要。新技术用于生产的过程越来越快，从而对各类人员的知识技能要求越来越高。因此，企业办教育的重要性越来越突出。二汽用于教育的经费已达4000万元，全厂脱产学习、进修的人数约保持在总人数的5%，现在的教育中心实际包括了湖北汽车工业学院、二汽工大、管理干部学院、中等技术学校、技工学校及专业厂的多种教育组织，目前已初步形成了从技工到中专、到大学，从专业技术到管理技术，从全日制系统进修到不同时间的短训班，从在职职工到新招收的青工、大学生，从课堂教学到业余利用闭路电视上课的比较完整的教育体系。

二汽技术改造中心是由后方生产的两处六厂组织起来的，它的职责是对前方厂提供装备、提供服务，保证二汽汽车生产有更强的应变能力。作为各前方生产的大后方，它除了不断向前方厂供应各种现生产需要的刀、量、辅、夹、模具，提供正常维修服务外，技术改造中心要有计划地对前方厂进行技术改造，要不断以新技术、新装备保证前方厂不断地提升质量和能力，保证二汽不断有新的车型投入市场，不断提高经济效益。

技术中心、教育中心、改造中心"三足鼎立"的建设，是二汽从战略观点出发，决心走向经营开发型企业在体制上的一项重大措施。

5. 集中一笔资金，搞好技术引进

从一些后发展国家的历史经验来看，有选择地进行技术引进，是追赶先进国家的捷径。这是我厂达到70年代末、80年代初的国际水平的最快、最现实的道路。

日本从50年代到70年代走的是"海外技术+海外资源"的道路，对推动日本经济起飞起到了重要的作用。日本总结其综合效果是：节省了9/10的研究投资和2/3的时间。

二汽建厂初期采用全国"聚宝"的措施，使二汽起步时就达到了国内机械行业的先进水平。中央批准的5300万（没有用完）美元的设备引进，解决了二汽关键的薄弱环节，使二汽实现了稳定生产。为了实现二汽的发展目标，有选择地聚"国际之宝"是战略上重要的一招。我们要集中一笔资金，搞好一批技术引进，使其成为我厂1990年以后的技术中枢。

今年二汽已向中汽公司上报了一批技术引进项目，目前正在进行的项目有20多项，上报的所有项目二汽自己同时也在开发。我们知道技术引进绝不是坐等国外新技术在二汽扎根，或是要"买一个现代化"，我们遵循的方针是技术引进与自己的研究开发相结合，自己对问题研究得越透，起点越高，技术引进的成效将越大，这才能实现开发、引进、消化、改善、创新、输出的良性循环。

国家在实行经济体制的改革，企业与国家的关系必然会逐步调整，吃"大锅饭"的状态终将会结束。新技术革命给企业带来的深刻影响不能低估。因此，企业的活力与竞争力将是企业生存和发展的重要条件。二汽在今天处于兴盛状态的同时，也面临着新的挑战。要以发展求生存，就必须实现由单一生产型企业向经营开发型企业的转变，并要研究和利用新技术革命的形势，努力实现国务院领导同志对二汽的殷切希望——解放思想，振作精神，不断革新，年年向上。

在全国企业思想教育工作座谈会上的发言[*]

（1985 年 11 月 22 日）

  1985 年 11 月 18 日至 25 日，中宣部、国家经委、全国总工会在二汽展开全国企业思想教育工作座谈会。会议主题是贯彻党的全国代表会议精神，讨论研究在干部和职工中如何加强形势、政策教育和理想、纪律教育，加强和改进企业思想政治工作。

  是什么力量促使二汽的创业者以惊人的毅力，在鄂西北荒僻的山区用 16 年的艰辛，建起了一座现代化的新型汽车厂呢？这是来二汽参观考察的人们十分感兴趣的问题。二汽的优势究竟在哪里？仅仅在于拥有 2 万多台配套的设备，十几亿的固定资产吗？不！二汽真正的优势在于有一支将远大理想化为强烈事业心的 6 万人的坚强职工队伍。支撑着这支队伍安居深山、艰苦创业的精神支柱是"为中国汽车工业打翻身仗"的夙愿。物质基础必不可少，但物质与人相比，人是更有能动性的力量。企业领导者不能见物不见人，不重视思想政治工作，不重视调动广大职工的积极性。企业领导者必须既调动物质力量，也调动精神力量，才能在本企业提供的舞台上演出有声有色的剧目。

一　提高企业领导者自身的政治素质，是调动精神力量的必要条件

  随着我国社会主义经济体制改革的深入进行和有计划商品经济的逐步

---

[*] 本文是作者以"企业领导者既要调动物质力量，也要调动精神力量"为题，在全国企业思想教育工作座谈会上的发言。

形成，企业的功能、权力和所处的社会环境发生了巨大的变化。企业越来越以一个相对独立的经济细胞，在市场竞争中求生存和发展。而负有企业领导重任的管理者的责任和权利都在增加，他们政治素质的高低，将直接关系到能否正确调动企业的物质力量和精神力量，关系到企业对国家的贡献大小和自身的繁荣和衰败。只有代表正确方向的领导才能团结广大职工共同奋斗；只有符合时代要求的发展目标，才能调动职工的社会主义积极性。

从二汽的实践中我们体会到，企业领导者较高的政治素质来源于对马列主义理论的学习和理解，体现在树立正确的业务指导思想上。

（一）坚持形势与理论学习，提高领导者的政治素质

二汽是一个现代化大生产的企业，各项工作非常繁杂。但是作为企业领导者来说，努力学好马列主义理论，不断提高思想、业务水平，用马列主义的基本观点、方法来指导企业的实践，则是做好一切工作的基础。因此，多年来，二汽总厂一级领导，除了平时自学外，由党委组织坚持每周一次的形势和马列主义理论学习的制度。学习会上，大家理论联系实际，讨论厂内外形势，研究企业发展方向、职工的思想情况等。在企业发展的重要时刻，或涉及企业发展的重大改革推行前，我们总要举办各种类型的由总厂、专业分厂行政领导参加的学习班和研讨会，如思想政治工作研讨会、经济承包责任制学习班、厂长负责制研讨会等，以此来提高思想水平，统一认识。

企业经营决策的好坏，关系到企业的盛衰成败，对于一个大型企业尤为重要。当年决策是否失误，往往要到三五年后才能反映出来，一旦要纠正决策上的某些失误，又得花相当长的时间，给国家和企业带来巨大的损失。所以，经营决策是个不可不慎重对待的问题。我们是社会主义企业，正确的决策绝不能依赖小聪明或投机取巧的小动作，更不能依赖赌博式的侥幸心理，真正可以依靠的是不断提高企业领导者的政治素质——运用马列主义理论，结合形势和政策，解决本企业问题的水平。回顾二汽走过的道路，可以看出，我们做出的每一项成功的重大战略决策，无不是用马列主义理论结合当时的形势，指导二汽实践的结晶。在"文革"期间闭关锁

国的情况下，我们把党的群众路线具体化为"聚宝"的建厂方针，使企业技术进步一开始就有了一个较高的起点；全国到处批判"崇洋媚外""洋奴哲学"的情况下，我们正确理解自力更生的方针，大胆从国外引进先进技术和关键设备，保证了二汽的投产和发展；按照"以我为主、洋为中用"的原则，我们较早地学习、借鉴资本主义企业的先进管理方法，提高了二汽企业管理水平；在1979年我国经济十分困难的时候，我们以力争上游的主人翁精神主动承担压力，向国家提出"自筹资金，量入为出，续建二汽"的方案并得到批准，闯过了二汽"停缓建"这一关；我们积极地理解1980年全国汽车由卖方市场向买方市场的剧烈转变，下决心使二汽由单纯生产型企业向生产经营型企业转化；按照保护竞争，发展横向联合的原则，我们在汽车行业最早成立经济技术联合体，发展了专业化协作生产；在中央对外开放方针指导下，我们及时确立了"走向世界"的目标，成立了东风汽车进出口公司，在纽约、汉堡、中国香港等地设立贸易机构，派出常驻人员，把企业的触角伸向境外市场，打开了出口贸易的局面；我们将经济改革、推行责任制的原则与二汽情况相结合，具体化为"三全面"分层经营承包责任制，加速了企业经济体制的改革；当我们认识到我国由单一计划体制向有计划的商品经济体制的转变已成必然之时，我们及早确立了企业要向经营开发型体制转变的改革目标，并着手建设"三大中心"（技术中心、教育中心、技术改造中心），形成了"三足鼎立"的经营开发局面；当国家提出汽车工业要有较大的发展，要成为支柱产业时，我们积极向国家提出"用自筹资金，建成20万辆汽车生产能力"的目标并得到批准，纳入了国家"七五"计划，等等。还有，我们提出的"实现20万辆目标的三部曲"、"职工技术培训的分流办法"以及"对联营企业采取一不'吃人'，二不争利的原则"等做法，这些无不是我们学习马列主义理论，学习形势和政策，联系二汽实际所产生的结晶。

（二）端正业务指导思想，在行动上与党中央保持一致

企业领导者高尚的精神境界，比较集中地体现在办企业的业务指导思想之中。二汽领导班子不断深刻地认识和理解本企业的社会责任。我们经常以二汽是全国的二汽，是10亿人民的二汽，二汽的一举一动都要以国家和人民的利益为重，要以向社会负责的要求不断反省自己。经过整顿，我们总结过去的经验，明确地提出了树立正确的业务指导思想，办好社会主义企业的十大问题。

我们明确提出，社会主义企业经济效益的概念是全社会经济效益。对二汽来说，我们必须以国家、用户、本企业、协作单位和职工五者的综合利益为追求的目标，以实现全社会经济效益为己任。在这个原则指导下，我们提出，二汽的基本经营思想是"提供最佳的产品，获取合理的效益"。在一段时间内为了实现"最佳"，企业效益甚至会受到些损失，但是为了社会责任和企业的长远利益，我们仍然要努力去做。对企业获取的效益要力求"合理"，一个企业若以眼前的盈利为最高目标，就把自己降低到自由市场上的叫卖水平了，二汽应当追求的是顾客信任和口碑，是对市场长远的占有率。为此，二汽的产品每年都有几十项的质量改进，耗资几千万元，而效益却让给了用户。例如，车身增加磷化工艺，这一项工程将花费1000万元，每台车成本提高45元，改进后的车身防腐蚀能力增强，车身薄板件使用寿命可提高1倍，仅此一项每年的社会效益将超过1亿元，而二汽每年将增加成本300多万元。二汽东风140汽车随着汽车产量的增加，几年内3次主动大幅度降价，由每台27000元降到19500元，累计销售近30万台汽车，社会效益相当可观。

在推行厂长负责制时，看到某些企业出现的弊病，我们强调二汽是全民所有制企业，总厂和分厂的厂长必须对党、对国家负责，厂长首先是国家利益的代表，其次才代表本企业和职工利益，绝对不能在新的不正之风面前只顾小团体利益，而做出违反党的方针、政策，损害国家和人民利益的事来。为了从工作和组织上保证企业的社会主义性质，我们实行厂长负责制时坚持两条：一是切实做到"三加强"，即加强厂长的行政指挥，加强党委的监督保证，加强职代会的民主权利；二是要制定好厂长任期目标责任制，厂长任期目标的时间要大于任期，厂长任期目标要由党委审查，职代会通过，在党委和职代会监督下执行。这样，既可避免企业无人负责或多头指挥，也可避免个人独断专行，或搞任期内的掠夺性经营，确保企业在推行新的领导体制时健康发展。

我们不断学习和教育全厂干部，要把树立正确的业务指导思想作为提高企业政治素质的大事。我们反复强调要克服小生产的习惯,树立大生产的思想;克服盲目追求扩大外延的倾向,树立挖潜、改造内涵的信心。我们强调以质量求效益、以品种求生存、以技术创水平、以经营求发展的业务指导思想。

正确的决策、正确的业务指导思想,是调动职工社会主义积极性,发掘企业精神力量的基础。要做到"正确",就必须不断提高企业领导者自身的政治素质。

二 维护政工部门权威,是调动精神力量的基本保证

二汽党政领导始终把摆正政工部门的地位,发挥思想政治工作的威力,树立和维护政工部门的权威作为企业工作的基本环节。多年来,我们为此进行了大量工作。

(一)为政工部门创造工作条件

二汽党委把健全政工部门的领导体制,建立政工系统的工作制度,提高政工干部队伍的水平,当作二汽政治工作的基本建设来抓。一是不断调整和充实政工干部队伍,健全各级政工部门的组织机构。二是加强对政工人员的培训,提高政工人员的业务工作水平。我们开设政工大专班、政工中专班、哲学专修班等,为政工干部创造脱产、半脱产学习、进修的机会,输送人员到外地大专院校政工班进修或接受短期轮训。三是给政工人员评定政工师、助理政工师职称,使其享受与工程师、助理工程师同等的待遇。四是在时间、经费上大力支持政工部门开展各项活动。如试行思想政治工作奖励基金;在生产一直较为紧张的情况下,支持政工部门对青工进行政治轮训,支持工会、共青团开展群众性文化体育活动;拨款建设体育馆、青少年宫、俱乐部、游泳池等文化体育设施;支持成立音乐、美术、书法、摄影、集邮等各种群众性文化活动团体,并给予一定经费;投资240万元建设电视教育中心,使其成为对职工进行政治宣传、思想教育、文化教育,丰富职工业余文化娱乐生活的阵地。五是支持开展理论研究工作,党校、思想政治工作协会、《二汽建设》报社、《车城实践》杂志社等组织经常进

行企业改革与发展等理论研究。研究成果有的刊登发表,有的在学会或讨论会上宣读。六是支持政工系统开展工作竞赛,半年检查,年终总评。

通过这些措施,健全了政工系统组织,提高了政工人员的素质,为他们创造了必要的工作条件,从而提高了以调动精神力量为己任的政工人员的积极性,增强了他们的职业自豪感、光荣感和责任感。

(二)请政工部门参与企业大事,树立政工部门权威

二汽的行政领导把政工部门看作推进改革的参谋部、坚持社会主义方向的雷达站、调动职工积极性的动力库,积极支持和协助党委维护和加强思想政治工作部门的权威。我们在改革与前进中不断遇到新问题,需要到马列主义理论和党的方针政策中去寻根找据,需要不断总结群众的实践与认识,避免失误,确保改革沿着正确的方向前进。我们在企业的决策、改革和企业方针制定过程中,都请政工部门参加,委托他们进行理论论证,研究问题,调查情况,权衡利弊,提出建议。例如,我们在推行经济责任制时,就请党校组织人员进行多方面理论探讨,提出建议,请宣传部牵头多次召开全厂性承包责任制现场经验交流会;在推行厂长负责制时,我们请党校和宣传部研究论证厂长、党委与职代会的正确关系;在开展"四有"教育时,我们请总工会与宣传部研究二汽创建"六好"企业与开展"四有"教育的关系,确定二汽开展群众性教育的形式;在我们提出要建立二汽企业哲学后,政工部门就研究企业哲学的概念、内容、作用及二汽的特点,如此等等,不断结合企业发展的需要,发挥政工部门马列主义素养较高的特点,向他们交任务、提要求,使政工部门参与企业大事,掌握企业脉搏,使企业的思想政治工作能围绕中心,做到实处。这样,既支持了行政工作,也树立了政工部门的权威。

(三)服从党委安排,认真当好宣传员

宣讲政治经济形势,宣传党的路线、方针、政策,不仅仅是党的宣传部门的责任,也是企业行政领导者的责任。根据党委的统一安排,我们总厂行政领导都非常乐于支持思想政治工作,当好宣传员。由于行政领导分管各项生产建设和发展,向干部和群众进行宣传教育更有现实性和针对性。

在党政干部会上,我们宣传当前政治经济的大好形势和中央的改革方针,宣讲一度出现的失控现象给国家和企业带来的损害,宣讲二汽要确立正确的业务指导思想,向经营开发型企业转型的深远意义和二汽面临的形势、任务与改革。在"双文明"建设现场会上,我们宣传理想与纪律、物质与精神的辩证关系,号召职工把共产主义伟大理想具体化为为汽车工业打翻身仗的强烈事业心,把高尚的道德具体化为不断提高自身的职业道德,人人为实现20万辆目标献计献策,发扬"逢旗必夺,争创一流"的革命精神。总厂领导在有线电视上向全厂宣讲厂长负责制的意图、做法和加强行政领导的决策、指挥,加强党委的监督保证,加强职代会民主管理的重要意义。在党校的讲台上,总厂领导宣传要树立二汽的企业哲学,以统一的观念、统一的思想、统一的精神来统一全厂的意志,把二汽建设成为社会主义"双文明"企业。在俱乐部的大会上,我们向职工宣讲新技术革命给二汽带来的挑战、创造的机会与必须采取的对策。在职工教育的课堂上,我们以老一代开拓者艰苦创业的史料,对青年进行传统、理想、纪律与职业道德教育,等等。在宣讲企业的目标、方针、措施时,我们讲求语言表达艺术,除了用生产、技术术语外,还尽量用带有强烈思想政治鼓动色彩的语言,以鼓舞大家的斗志,激发大家的情绪。例如,把宣传生产20万辆车的目标说成"这是二汽六万多职工为自己能亲身参加而感到自豪的一项宏伟的事业",号召全厂职工"要像中国女排争夺冠军、像足球运动员具有强烈的射门意识那样",具备强烈的打汽车工业翻身仗的意识;把中国的汽车市场说成是"各国同行所垂涎眼红的市场,是我们二汽人可以放开手脚,有声有色演大戏的舞台,也是二汽与国内外竞争者竞赛、角逐的地方",等等。通过这些领导与干部和群众面对面的多种宣传活动,使总厂对国家形势政策的认识,使二汽面临的挑战、确定的目标和拟定的改革措施,能够及时地被广大干部和群众所理解,并进而变成大家共同为之奋斗的行动。以身作则,当好一名宣传员,还使我们与政工人员有了更多的共同语言,能够共同提高,互相启发,不断研讨新问题,不断总结思想政治工作的新方法。

用金钱调动职工积极性是不能持久的,用权力强人所为不是万能的,用精神力量武装职工就会迸发出无穷的创造力。

三 社会主义企业的两个任务、两个目标、两个建设

企业是社会的细胞，社会主义企业承担着改变我国物质生产落后面貌和提高民族精神素质两个任务，二汽建设的宏观成果是实现"出高质低耗的汽车，育一代社会主义新人"这两个目标。为完成这一历史性任务，二汽必须同时加强物质文明和精神文明两个建设。因此，我们认为两个任务、两个目标、两个建设是企业的社会主义性质所决定的，也是企业发展所必须遵循的道路。两个文明的建设是二汽党政领导肩负的两个使命。

提高生产水平与改变文化技术落后、出车与育人、物质文明建设与精神文明建设是相辅相成、不可偏废的。

政治可以冲击一切的观点是错误的，但是仅仅把工厂企业的任务理解为就是用机器吃掉原材料、吐出产品的观点也是片面的。在二汽的实践中，我们切身体会到精神力量是无形的，但是千万人的精神一旦被一个伟大的目标所统帅，它就会转化成强大的物质力量，就会创造出强大的生产力。二汽建设时期，"文革"的动乱并没有阻止广大干部、工人和工程技术人员自觉自愿来到这荒僻的山区建设二汽。是什么力量使他们离开了长春，离开了上海、北京、武汉这些大城市？是什么力量使他们离开了比较安逸的生活，到这里住芦席棚、吃咸菜呢？一种"建设第二汽车厂，为中国汽车工业打翻身仗"的强烈意志驱使二汽建设者战胜一个又一个的困难，开辟了二汽兴旺的天地。二汽始终注意用精神的凝聚力来巩固职工队伍，我们把思想政治工作和精神文明建设当作硬任务，务求抓紧抓好。

在制定企业发展目标时既要有物质文明建设的目标，也要有精神文明建设的目标，把精神文明建设纳入全厂工作计划。几年来，我们在制定年度计划和发展规划时都做到了这一点。除了每年要制定各项思想政治工作计划外，我们还努力把精神文明建设具体化为广大职工看得见、摸得着的各项实施计划。总厂逐年有创"六好"计划，有创建文明工厂、双星文明工厂的标准和计划。专业分厂都有"创建"的安排，并落实到车间、班组。在制定"七五"计划时，我们统一了全厂精神文明建设的荣誉称号，

要求全厂到1990年有2/3的专业厂建成"双文明工厂",二汽建成"双文明企业"。

在检查考核物质文明建设指标时,也要考核精神文明建设的指标。像各项生产建设任务那样,我们努力把精神文明建设的软指标"硬化",即把精神文明建设的各项要求转化成一项项可以指导职工行动、可以进行考核的指标,并制定标准和考核细则,而且有些指标的考核与奖金、浮动工资挂钩,我们叫作"双文明考核"。例如,二汽车身厂把对职工的"双文明"要求具体化为"觉悟高、技术精、纪律严、作风好"四大项、17条考核内容,把"四有"建设落到了实处。创建文明工厂、六好车间等都要由本单位申报,主管部门组织检查验收。

在改革中我们明确了办企业的两个任务、两个目标、两个建设,使精神文明的建设获得了应有的重要地位,使党政工作更加协调,使各级领导更加自觉地关心本单位的"双文明"建设。

物质与精神、政治与经济是对立的统一,在一定的条件下可以互相转化。社会主义企业的一大特点是管理者与职工在大目标上是完全一致的,企业管理者要调用一切可能的资源来实现企业所要达到的目的。人们往往注意调动物质力量,而对精神力量的巨大潜力认识不足,在党中央明确提出要进行两个文明建设的社会主义原则之后,我们认为企业领导要自觉地利用这个原则做好职工思想政治工作,既要调动物质力量,又要调动精神力量,建设高水平的社会主义"双文明企业"。

在第二汽车制造厂竣工验收大会上的讲话*

(1986年1月6日)

  1969年9月，第二汽车制造厂在湖北十堰正式动工。历经16年建设，1986年1月国家正式验收。至此，国家下达的2种军车、1种民车总计10万辆生产能力的建设任务全部完成。
  1986年1月6日，二汽举行竣工验收大会，宣读了《国务院给第二汽车制造厂并参加建设的全体工程技术人员、工人和干部同志们的贺电》，国家验收委员会主任周子健以及赵明生、张全生、陈祖涛等分别代表机械工业部、湖北省人民政府、中国汽车工业总公司讲话。

国家竣工验收委员会委员，各位领导、各位专家、各位来宾，同志们：
  刚才国家竣工验收委员会主任周子健部长、机械工业部赵明生副部长、湖北省政府代表张全生主任，中汽公司陈祖涛总经理做了重要的讲话。特别是国务院的贺电（附后）精辟地总结了二汽建设的经验和成绩，对二汽建设给予了高度的评价。这是对参与二汽建设的全体职工经过16年艰苦奋斗所取得的全国大协作成果的充分肯定，是对二汽全体职工的巨大鼓舞和鞭策。
  二汽是全国人民的二汽。10多年来成千上万人在为二汽建设奔忙，无论是战斗在二汽现场，还是操劳在中央各部委或省委、地方的领导和二汽老一代开拓者，他们步入深山踏勘，走沟串岗选址，四处奔走批文，想方设法协调各方，历尽艰辛，开创了二汽建设的局面。在党中央国务院的亲切关怀下，中央各部委全力支持二汽的建设，机械工业部、湖北省委和中汽公司具体领导，郧阳地区和十堰市大力协助。在那动乱的环境中，二汽

---

* 本文是时任第二汽车制造厂厂长的作者在竣工验收大会上的讲话。

的建设始终没有停止。在那闭关锁国的年代，二汽建设采取了"包建""聚宝"的方针，使我们的技术水平一开始就有了一个较高的起点；在全国批判"洋奴哲学"的情况下，二汽建设坚持实事求是的原则，从国外引进了关键技术装备，保证了二汽的正常生产。打倒"四人帮"初期，国家经济已经陷入谷底，无力按计划继续给二汽投资。为摆脱"停缓建"的困境，二汽人以自力更生、艰苦奋斗的精神，提出了"量入为出、自筹资金、续建二汽"的方案，很快得到了中央批准和各部委的支持，保证了二汽下一阶段建设任务的顺利完成。

吃水不忘挖井人。在庆贺二汽竣工验收的喜庆日子，我们特别要向二汽建设的先行者、老领导表示衷心的祝贺，并致以崇高的敬意！向一汽老大哥，向上海、北京、武汉等包建单位表示衷心的感谢！向参加二汽建设的各个设计院所、设备承包厂商、建设施工单位表示衷心的感谢！向这次来二汽参加竣工验收的全体同志表示衷心的感谢和诚挚的敬意！

二汽基本建设通过竣工验收，标志着二汽建设的历史揭开了新的一页，从此进入了一个新的发展时期。我们深切地理解二汽面临着新的形势，要在有计划的商品经济中争进步、求发展。二汽面临着新的任务——努力实现"七五"发展目标。

在刚刚结束的二汽第二次党代表大会上，已经确立了二汽"七五"发展总体目标。这就是坚持改革创新，努力实现"四上"，即上质量、上品种、上能力、上水平；"三提高"，即提高经营管理水平、提高出口创汇能力、提高全面经济效益；"两个加强"就是加强人才开发、加强技术储备，建设一支有二汽精神的"四有"职工队伍。

在今后5年或更长一些时间我们要真正解决三个战略性问题。

第一，总体布局上以八吨车为重点，开辟襄樊汽车生产基地，初步形成八吨车生产能力，建立二汽战略展开的新据点。

第二，以提高全厂管理和经营水平为前提，以提高质量为中心，抓紧五吨车和其他生产车型的扩品种、上水平，提高应变能力，进一步打入国际市场。

第三，以内涵挖潜、技术进步为主，保持产量的持续增长，不断提高全员劳动生产率，为工厂改造和建设筹集资金，同时保障职工生活的不断改善。

为实现"七五"发展目标,我们一定要认真落实好国务院贺电所提出的要求,进一步把工厂建设好、管理好,使其生机盎然,发挥最大经济效益,使二汽在新的起点上得到较大的发展。我们一定要按照验收委员会的要求和刚才各位领导的指示精神,逐项研究,认真整改。

在二汽建设的历史中,留下的是一串改革的脚印,今后二汽的发展仍有赖于改革。我们一定要按照国务院对我们的要求,谦虚谨慎,戒骄戒躁,坚持改革。认真总结二汽建厂的经验,继续发扬二汽老一代开拓者培育起来的二汽精神,自力更生,艰苦奋斗;加强管理,提高素质;充分发挥二汽在国民经济中的作用,在现有基础上绘出二汽发展的更新更美的图画,奉献给祖国,奉献给人民。

再一次感谢各位领导,各位专家和来宾!

附件:

国务院给第二汽车制造厂
并参加建设的全体工程技术人员、工人和
干部同志们的贺电

湖北省人民政府转第二汽车制造厂并参加建设的全体工程技术人员、工人和干部同志们:

第二汽车制造厂胜利建成投产,并经国家验收合格,成为我国第二个规模宏大的汽车工业基地,这是我国社会主义现代化建设的又一重大成就,对繁荣我国的国民经济具有重要的意义。多年来,参加第二汽车制造厂建设的全体职工,群策群力,艰苦创业,精心施工,克服了一个又一个的困难,胜利地完成了繁重的建设任务。国务院向参加建设的全体工程技术人员、工人和干部同志们致以热烈的祝贺和亲切的慰问!

第二汽车制造厂在建设过程中,集中采用了我国机械制造工业的新技术、新工艺、新材料和新设备,这是贯彻独立自主、自力更生方针,走我国自己发展汽车工业道路的具体体现。第二汽车制造厂今后的主要

任务是进一步把工厂建设好、管理好，使其生机盎然，发挥最大的经济效益。希望你们谦虚谨慎，戒骄戒躁，坚持改革，继续努力学习和掌握国内外的先进技术，生产出更多更好的汽车，为振兴我国的汽车工业做出新的贡献！

国务院
一九八六年一月

维护政工部门权威，调动企业精神力量*

（1986年1月6日）

二汽是用16年的奋斗，在鄂西北荒僻山区建设起来的一座现代化汽车制造厂。漫长创业的艰辛，使我们切身体会到，企业管理者应统观全局，调动一切可能的资源来实现企业的目标。在办厂和建设中物质基础必不可少，但物质与人相比，人是更有能动性的力量。因此，企业领导者必须见物见人，既要调动物质力量，更要调动精神力量，才能在企业这个舞台上演出有声有色的剧目。

第一，政工部门是调动精神力量的参谋部和推进器。

二汽党政领导始终把摆正政工部门的地位、发挥思想政治工作威力作为企业工作的灵魂。我们鼓励政工部门以创造性的工作、以自身的模范表率作用，树立政治工作的威信。我们要求行政部门积极配合、努力维护政工部门的权威。多年来，我们为此进行了许多工作，对调动全厂职工的精神力量，保证企业沿着正确方向起到了非常重要的作用。

第二，政工部门要参与企业大事，以对企业工作的突出贡献增强自身的权威。

一个部门的权威靠人为地"树"是不稳固的。但是，当一个部门的工作使企业发展或职工的工作和生活受益颇丰的时候，这个部门的权威就已经渗透到企业的各个方面，扎根于职工的心底里了。

第三，宣传群众，组织群众，这是企业管理者的基本任务。

在二汽的实践中，我们深切地体会到，精神的力量是无形的，但是千万人的精神一旦被一个正确的目标所统帅，它就会转化成强大的物质力量，

---

* 1986年1月6日，第二汽车制造厂举行竣工验收大会，中央人民广播电台记者会后采访了时任厂长的作者，这是作者提供给中央人民广播电台的广播稿。

就会创造巨大的生产力。因此，在企业中，为了发挥政工部门调动企业和职工精神力量的巨大作用，行政领导要协助党委为政工部门创造好的工作条件。

第四，企业政治工作强，企业的治厂方向就准，职工队伍就稳，这是我国许多企业实践证明了的一条好的治厂原则。

我们社会主义企业的一大特点，是管理者与职工的大目标是完全一致的。管理者的工作做得好，就可以把对国家负责与对企业和职工负责融为一体，这是我们可以调动职工精神力量的重要基础。在社会主义企业中仅靠金钱或纪律，不能建立职工高尚的价值观。

我们要按照中央关于增强国有大中型企业活力的要求，支持、发挥政工部门的工作，既调动物质力量，又调动职工精神力量，建设高水平的现代化企业。

企业领导者既要调动物质力量也要调动精神力量[*]

（1986年1月17日）

1986年1月11日至20日，国务院召开全国经济工作会议。1986年1月13日，国务院主要领导同志在全国计划会议和全国经济工作会议上，就经济体制改革的形势和今年的任务发表重要讲话。1986年1月17日，中共中央政治局常委会议，听取关于1985年经济工作情况和1986年经济工作安排的报告。

受国务院的委托，国家经委主任吕东在全国经济工作会议开幕式做工作报告，会议结束时做总结讲话。国家经委副主任袁宝华、中央组织部部长尉健行、全国总工会副主席陈秉权在会议开幕式讲话。有关部委、地区、企业负责同志在大会或小组会上做交流发言。

是什么力量促使二汽的创业者以惊人的毅力，在鄂西北荒僻的山区用16年的艰辛，建起了一座现代化的新型汽车厂呢？物质基础必不可少，但物质与人相比，人是更有能动性的力量。企业领导者必须见物见人，既调动物质力量，又调动精神力量，才能在本企业提供的舞台上演出有声有色的剧目。

---

[*] 本文是作者（时任第二汽车制造厂厂长）在全国经济工作会议小组会上的发言，原载《一九八六年全国经济工作会议主要文件汇编》。

企业领导者既要调动物质力量也要调动精神力量

一 提高企业领导者自身的政治素质,是调动精神力量的必要条件

随着我国社会主义经济体制改革的深入进行,随着有计划的商品经济的逐步形成,企业的功能、权利和所处的社会环境正发生着急剧的变化。企业越来越以一个相对独立的经济细胞,在市场竞争中生存和发展。而负有企业领导重任的管理者的责任和权力都在增加,他们自身政治素质的高低,将直接关系到能否正确调动企业的物质力量和精神力量,关系到企业对国家的贡献的大小和自身的繁荣。只有代表正确方向的领导才能团结广大职工共同奋斗,只有符合时代要求的发展目标,才能调动职工的社会主义积极性。

从二汽的实践中我们体会到,企业领导者较高的政治素质来源于对马列主义理论的学习和理解,体现在树立正确的业务指导思想上。

1. 坚持形势与理论学习,提高领导者的政治素质

二汽是一个现代化大生产的企业,各项工作非常繁杂。但是作为企业领导者来说,努力学习党的方针政策、理解党的政策,不断提高思想、业务水平;学会用辩证的方法来指导企业的实践,则是做好一切工作的基础。因此,多年来二汽总厂一级领导,除了平时自学外,由党委组织坚持每周一次的形势和政策学习。学习会上理论联系实际,讨论厂内外形势,研究企业发展方向、职工的思想情况等。在企业发展的重要时刻,或涉及企业发展的重大改革推行前,我们总要举办各种类型的由总厂、专业分厂行政领导参加的学习班和研讨会,如思想政治工作研讨会、经济承包责任制学习班、厂长负责制研讨会等。以此来提高思想水平,统一认识。

企业经营决策的好坏,关系到企业的盛衰成败,这对于一个大型企业尤为重要。常常是当年决策,是否失误要到三五年后才能反映出来,一旦要纠正决策上的某些失误,又得花相当长的时间,给国家和企业带来巨大的损失。这是个不可不慎重对待的问题。我们是社会主义企业,正确的决策只能依靠不断提高企业领导者的素质——以前瞻的视野,深入调查和分析本厂的情况,把握经济发展的形势和政策,解决本企业问题。回顾二汽

走过的道路，可以看出，我们做出的每一项成功的决策，无不是深入了解自我、深入分析研究国家和汽车产业的发展形势、经济体制改革的趋势，指导二汽实践的结果。在"文革"期间闭关锁国的情况下，我们把党的群众路线具体化为"聚宝"的建方针，从全国选择最先进的工艺和技术装备，使二汽一开始就有了一个较高的起点。在"文革"期间全国到处批判"崇洋媚外""洋奴哲学"的情况下，我们正确理解自力更生的方针，大胆从国外引进先进技术和关键设备，保证了二汽的投产和发展。我们还按照"以我为主、洋为中用"的原则，请刘源张教授来厂为领导班子讲授"全面质量管理"；由厂主要领导带队到美国 IBM 公司学习考察电子计算机在制造业企业的应用。我们较早地学习、借鉴资本主义企业的先进管理方法，提高了二汽企业管理水平。在 1979 年我国经济十分困难的时候，我们以力争上游的主人翁精神主动承担压力，向国家提出：二汽后续的建设任务，不再向国家要钱，实行"自筹资金，量入为出，续建二汽"。这一方案很快得到国家批准，二汽也闯过了"停缓建"这一关。我们积极地理解 1980 年全国汽车由卖方市场向买方市场的剧烈转变，下决心使二汽由单纯生产型企业向生产经营型企业转化；按照国家保护竞争，发展横向联合的原则，我们在汽车行业最早成立经济技术联合体，发展了专业化协作生产。在中央对外开放方针指导下，我们及时确立了要"走向世界"的目标，成立了东风汽车进出口公司，在纽约、汉堡、中国香港等地设立贸易机构，派出常驻人员，把企业的触角伸向国际市场，努力打开了出口贸易的局面。二汽继首钢之后与国家在经济上建立了两期 10 年的利润递增包干的关系，也就是以 1982 年上缴利润 1.7 亿元为基数，每年递增 7%，使我们有了一个稳定的预期，可以从长计议。当我们认识到我国由单一计划体制向有计划的商品经济体制的转变已成必然之时，我们及早确立了企业要向经营开发型体制转变的改革目标，并着手建设"三大中心"（技术中心、教育中心、装备中心），初步形成了"三足鼎立"的经营开发局面；当国家提出汽车工业要有一个较大的发展，要成为支柱产业时，我们积极向国家提出"用自筹资金，建成 20 万辆汽车生产能力"的目标，纳入了国家"七五"计划，等等。以上这些都是我们结合本厂情况不断学习党的方针政策、国家发展形势和经济体制改革的结果。

2. 端正业务指导思想，在行动上与党中央保持一致

企业领导者高尚的精神境界，比较集中地反映在办企业的业务指导思想之中。二汽领导班子不断深刻地认识和理解本企业的社会责任。我们经常以二汽是全国的二汽，是10亿人民的二汽，二汽的一举一动都要以国家和人民的利益为重，要以向社会负责的要求不断反省自己。

我们明确提出，社会主义企业经济效益的概念是全社会经济效益。对二汽来说，我们必须以国家、用户、本企业、协作单位和职工五者的综合利益为追求的目标，以实现全社会经济效益为己任。在这个原则下，我们提出，二汽的基本经营思想是"提供最佳的产品，获取合理的效益"。在一段时间内为了实现"最佳"，企业效益甚至会受到某些损失，但是为了社会责任和企业的长远利益，我们仍然要努力去做。对企业获取的效益要力求"合理"，一个企业若以眼前的盈利为最高目标，就把自己降低到自由市场上的叫卖水平了。为此，二汽的产品每年都有几十项的质量改进，耗资几千万元，而效益却让给了用户。例如，车身增加磷化工艺，这一项工程将花费1000万元，每台车成本提高45元，改进后的车身防腐蚀能力增强，车身薄板件使用寿命可提高一倍，仅此一项每年的社会效益将超过1亿元，而二汽每年将增加成本300多万元。随着汽车产量的增加，二汽东风140汽车几年内三次主动大幅度降价，五吨卡车由每台2.7万元降到1.95万元，几年累计照此价格销售近30万台汽车，贡献了相当可观的社会效益。

在推行厂长负责制时，看到某些企业出现的弊病，我们强调二汽是全民所有制企业，总厂和分厂的厂长必须对党、对国家负责，厂长首先是国家利益的代表，其次才能代表本企业和职工利益，绝对不能在新的不正之风面前只顾小团体利益，而做出违反党的方针、政策，损害国家和人民利益的事来。为了从工作和组织上保证企业的社会主义性质，我们实行厂长负责制时坚持三条：一是切实做到厂长的行政指挥、党委的监督保证、职代会的民主权利三者之间的相互结合与加强；二是要制订好厂长任期目标责任制，厂长任期目标的时间要大于任期，厂长任期目标要由党委审查，职代会通过，在党委和职代会监督下执行；三是厂长要当好班长，调动一班人的积极性。这样，既可避免企业无人负责或多头指挥，也可避

免个人独断专行，或搞任期内的掠夺性经营，确保企业在推行新的领导体制时健康发展。

正确的决策和业务指导思想，是调动职工社会主义积极性，挖掘企业精神力量的基础。要做到"正确"，就必须不断提高企业领导者自身的政治素质。

二 维护政工部门权威，是调动精神力量的基本保证

二汽党政领导始终把摆正政工部门的地位，发挥思想政治工作的威力，维护政工部门的权威作为企业工作的重要环节。多年来我们为此进行了大量工作。

第一是为政工部门创造工作条件。二汽党委把健全政工部门的领导体制、建立政工系统的工作制度、提高政工干部队伍的水平，当作二汽政治工作的基本建设来抓。我们配合党委首先是不断调整和充实政工干部队伍，健全各级政工部门的组织机构。其次是加强对政工人员的培训，提高政工人员的业务工作水平。我们开设政工大专班、政工中专班、哲学专修班，还选送人员到外地大专院校政工班进修或接受短期轮训等，为政工干部创造脱产、半脱产学习、进修的机会。再次是在时间、经费上支持政工部门开展各项活动。在生产一直较为紧张的情况下，支持政工部门对青工进行政治轮训，支持工会、共青团开展群众性文化体育活动。然后是支持政工部门开展理论研究工作。党校、思想政治工作协会等组织，经常进行企业改革与发展等理论研究。最后是支持政工系统开展工作竞赛、半年检查、年终总评。

通过这些措施，健全了政工系统组织，提高了政工人员的素质，为他们创造了必要的工作条件，从而提高了以调动精神力量为己任的政工人员的积极性，增强了他们的职业自豪感、光荣感和责任感。

第二是请政工部门参与企业大事。我们在企业的决策、改革和企业方针制定过程中，都请政工部门参加，委托他们进行理论论证，研究问题、调查情况、权衡利弊、提出建议。例如，我们在推行厂长负责制时，请党校和宣传部研究论证厂长、党委与职代会的正确关系；在开展"四有"教

育时，请总工会与宣传部研究二汽创建"六好企业"与开展"四有"教育的关系，确定二汽开展群众性教育的形式，如此等等，不断结合企业发展的需要，发挥政工部门政治素养较高的特点，向他们交任务、提要求，使政工部门参与企业的大事，掌握企业脉搏，使企业的思想政治工作能围绕中心，做到实处。这样，既支持了行政工作，也维护了政工部门的权威。

第三是服从党委安排，认真当好宣传员。宣讲政治经济形势，宣传党的路线、方针、政策，不仅仅是党的宣传部门的责任，也是企业行政领导者的责任。由于行政领导都分管各项生产建设和发展，向干部和群众进行宣传教育更有现实性和针对性。

在党政干部会上，我们宣传当前政治经济的大好形势和中央的改革方针，宣讲一度出现强调"物质刺激"的现象给国家和企业带来的损害，宣讲二汽要确立正确的业务指导思想，向经营开发型企业转型的深远意义和二汽面临的改革形势与任务。在"双文明"建设现场会上，我们宣传理想与纪律，宣传物质与精神的辩证关系，号召职工把共产主义远大理想具体化为二汽和汽车工业打翻身仗的强烈事业心，把高尚的道德具体化为不断提高自身的职业道德，人人为实现"20万辆目标"献计献策，发扬"逢旗必夺，争创一流"的革命精神。通过领导同干部和群众面对面的多种宣教活动，使总厂对国家形势政策的认识，使二汽面临的挑战、确定的目标和拟定的改革措施，能够及时地被广大干部和职工所理解，进而变成大家共同为之奋斗的目标，并积极行动行来。

用金钱调动职工积极性是不能持久的，用权力强人所为不是万能的，用精神力量武装职工就会迸发出无穷的创造力。

三 社会主义企业的两个任务、两个目标、两个建设

企业是社会的细胞，社会主义企业承担着改变我国物质生产落后和提升民族精神素质两个任务。二汽建设的宏观成果是实现"出高质低耗的汽车，育一代社会主义新人"两个目标。为完成这一历史性任务，二汽必须同时加强物质文明和精神文明两个建设。

提高生产水平与改变文化技术落后，出车与育人，物质文明建设与精

神文明建设是相辅相成的，不可偏废。

"政治可以冲击一切"的观点是错误的，但是仅仅把工厂企业的任务理解为就是用机器吃掉原材料，吐出产品的观点也是片面的。在二汽的实践中，我们切身体会到精神力量是无形的，但是千万人的精神一旦被一个正确的目标所统帅，它就会转化成强大的物质力量，就会创造出巨大的生产力。二汽建设时期，"文革"的动乱并没有阻止广大干部、工人和工程技术人员自觉自愿来到这荒僻的山区建设二汽。是什么力量使他们离开了长春，离开了上海、北京、武汉这些大城市？是什么力量使他们离开了比较安逸的生活，到这里住芦席棚、吃咸菜呢？一种"建设第二汽车厂，为中国汽车工业打翻身仗"的强烈意志，驱使二汽建设者们战胜一个又一个的困难，开辟了二汽兴旺的天地。二汽始终注意用一种精神凝聚力来巩固职工队伍，把思想政治工作和精神文明建设当作根本任务，务求抓紧抓好。

在制定企业发展目标时既要有物质文明建设的目标，也要有精神文明建设的目标，把精神文明建设纳入全厂工作计划。几年来，我们在制定年度计划和发展规划时都做到了这一点。除了每年要制订各项思想政治工作计划外，我们还努力把精神文明建设具体化为广大职工看得见、摸得着的各项实施计划。总厂逐年有创"六好"计划，有创建"文明工厂"的标准和计划。专业分厂都有"创建"的安排，并落实到车间、班组。在制定"七五"规划时，我们统一了全厂精神文明建设的荣誉称号，要求全厂到1990年有三分之二的专业厂建成"双文明工厂"，二汽建成"双文明企业"。

在检查考核物质文明建设指标时，也要考核精神文明建设的指标。正如各项生产建设任务那样，我们努力把精神文明建设的各项要求转化成一件件可以指导职工行动，可以进行考核的指标，并制订标准和考核细则。而且有些指标的考核同样与奖金、浮动工资挂钩，我们叫作"双文明考核"。例如，二汽车身厂把对职工的"双文明"要求具体化为"觉悟高、技术精、纪律严、作风好"四大项、十七条考核内容，把"四有"建设落到了实处。

在改革中我们明确了办企业的两个任务、两个目标、两个建设，使精神文明建设获得了应有的重要地位,使党政工作更加协调,使各级领导更加自觉地关心本单位的"双文明"建设。

物质与精神、政治与经济是对立的统一,在一定的条件下可以互相转化。社会主义企业一大特点是管理者与职工在大目标上完全一致,企业管理者要调用一切可能的资源来实现企业所要达到的目标。人们往往注重调动物质力量,而对精神力量的巨大潜力认识不足,在党中央明确指出要进行两个文明建设的社会主义原则之后,我们认为企业领导要自觉地利用这个原则做好职工思想政治工作,既要调动物质力量,又要调动精神力量,建设高水平的社会主义"双文明企业"。

关于企业行为和企业动力的问题[*]

(1986年9月4日)

一 关于企业行为的问题

在相当长一段时间，在我们国家，社会上往往把全民所有制简单地理解为每一个企业都要由国家的一级政府来办，再加上过去在体制上是谁管企业谁得利，因而使大多数工厂成了某一级政府的附属品。严格地讲，它们并没有成为真正的企业。因此，在新老体制交替的过程中普遍存在着企业行为反常化的情况，在企业中存在许多反常的行为。把这些反常的行为归纳起来，主要有以下几种：①追求企业目标政治化，有反经济核算的倾向；②追求消费基金的最大化，有企业行为短期化的倾向；③追求扩大再生产外延化，有反技术进步的倾向；④追求自我封闭的全能化，有反专业化协作的倾向；⑤追求建设资金的分散化，有投资规模小型化的倾向。

所谓一些企业追求政治化，主要表现在企业领导的目标在客观上倾向于政治级别的提高。这一点是与企业追求的经济目标背道而驰的。企业追求行政建制的升格，就热衷于扩大基建，多招人，以利于自己的行政建制升级。还表现在一些职工往往把政治原则滥用到生产领域，把主人翁地位与大生产铁一般的纪律对立起来，甚至蔑视现代科学技术向职工提出的精细的工艺要求。而反经济核算的倾向，特别表现在很多企业都希望自己的成本是"橡皮成本"，有很大的伸缩性，为此，一些企业成本有两本账，而且普遍存在着"小金库"和乱摊成本的恶习，这都是反经济核算的倾向。一些职工追求的工资福利最大化，厂长屈服于攀比的压力，不顾工厂

---

[*] 本文是作者1986年9月4日撰写的一篇文章。

实力，滥发奖金、实物，提高福利水准，更有甚者，转移资金吃光分光。一些企业有追求扩大再生产外延化的倾向，因为外延（在低水平上的重复有业绩无风险）可以受到领导赏识，而技术进步要承担风险。实际上很多企业一提"扩大再生产"马上想到的是在现有水平上的重复、扩张。还有很多企业追求万事不求人"小而全""大而全"，追求"自我完善""自我封闭"。这都造成资金分散化、投资规模小型化，都与专业生产、集约化管理背道而驰。一个企业如果经常出现诸如此类的非正常的行为，那么就好像一个精神病患者，给它任何正确的指令，它都可能做出完全预想不到的反应，这是非常可怕的。这些企业会使国家任何正确的政策都得到完全相反的效果。

要使企业形成自我制约的运行机制，第一，应确立合理而且相对稳定的企业与国家之间的关系，这样才能使企业的行为有自我制约的内在要求。企业寄希望于改革，又怕政策多变，这是我们企业的现状。二汽实现了"双包"经济责任制，也就是一方面对国家承包上缴利润，另一方面承担自筹资金续建二汽。这就使得二汽自身有了一个自我制约的要求。第二，企业要确立长远的目标，当全体干部和职工都为企业长远目标的实现而奋斗时，就可以避免企业的短期行为。第三，要让企业自我承担风险。当实行国家投资企业建厂的时候，投资行为的主体在国家，企业往往希望向国家争得更多的投资，争得更多的建筑面积，争得更多的职工总数。这样做似乎对企业有利，因而具有某种必然性。而当企业自筹资金，承担风险的时候，企业的行为就完全不一样了，它必须考虑企业的偿还能力，必须考虑投资的效益，必须考虑投资见效的周期。所以让企业自我承担经营风险，也是实行企业自我制约的一个重要因素。第四，企业要建立闭环的控制体系，这是实现企业行为自我制约的一个保证。为了使企业不偏离既定的目标，必须有一套监测体系，不断监测企业的行为。对偏离企业目标的行为，应及时发出警告，促使领导修正，使企业按照既定目标不断前进。如果我们能够建立这样一套企业闭环的体系，那么我们的企业行为将会达到一个新的水平。这是我们研究企业行为、企业运行机制的重要方面。

二 关于企业动力的问题

企业要运行，运行就要有动力，那么到底什么是企业的动力？需要澄清一些认识。我们企业集团如果要区别于自由市场上的叫卖水平，区别于"捞一把与算一把""当一天和尚撞一天钟"，就要研究企业的动力。

企业的动力有外力和内力。在产品经济体系中，国家计划是企业的外力，在有计划的商品经济环境中，市场竞争将是主要外力；在产品经济体系时，企业内力往往是政治因素——企业行政层级的提升。那么在有计划商品经济环境中企业内力又是什么呢？

追求是一种动力，有人说，企业是经济组织，因此，企业的追求就是实现最大利润，实现最大利润是企业唯一的目标。我认为这种说法似是而非，不尽妥当。企业当然要追求利润，假如企业都不盈利我们的国家将坐吃山空，企业也没有后劲。那些办得成功的企业都有比金钱更高层次的目标和追求。一个崇高的目标会给企业以朝气和活力，会给职工的工作以新的价值，会唤起企业和职工的使命感，推动企业在激烈的市场竞争中凝聚力量，勇往直前。实际上，优秀企业为实现企业目标而奋斗，往往会得到长久的收益；而以报酬为目的，就会行为短期化，失去长远目标，路很难走远。

另外还有一种说法，就是企业每一级的工作成效都要与经济效益直接挂钩，似乎只要与经济利益挂钩，一切力量都可以调动起来，所有问题都会迎刃而解。我认为这是一种错觉。经济利益确实至关重要，但社会化大生产区别于"种瓜得瓜，种豆得豆"的自然经济，它看重的是经济成就的整体性。近年来，"金钱万能"的倾向腐蚀和肢解了企业的肌体。设想企业事事都简单地与职工个人经济利益直接挂钩，必定迫使企业上上下下沉溺于各层级直至个人的得失之中，以致颠倒局部与整体、眼前与长远的关系，磨灭企业目标，丧失维系企业的内聚力。

因此，我们应该研究维系一个企业的内聚力到底是什么？维系我们这个集团的力量到底是什么？我现在认为，要创造优势、加强我们的聚合力，应该有三个方面的力量。

一是目标与追求。这是凝聚我们企业集团和一个企业的首要的动力。一个没有正确的目标和高层次追求的企业是没有前途的企业。企业的领导者既要调动物资力量，也要调动精神力量。精神历练是无形的，它创造的生产力恰恰是其他动力所无法比拟的。因此要建立企业哲学，建立集团价值观，要充实我们的精神，使我们的职工具有强烈的团队精神。

二是纪律和管理。铁的纪律和严格的管理正是现代化大生产的一大特点，是社会化程度很高的大生产的力量所在。

三是竞争和激励。市场对我们的压力也是我们的凝聚力。必要的物质鼓励是对社会贡献的一种补偿，对它的作用我们要充分估计，但用它来取代一切，会起到完全相反的作用。

端正企业行为　建立企业行为自我制约机能[*]

（1986 年 9 月 19 日）

建立企业良性循环的运行机制，是我国企业自身改革的重要问题。

一段时间内，由于体制上的弊端，社会上往往把"全民所有制"，简单地理解为每个企业都由国家一级政府来办、来管。再加上谁管企业谁得利，使大多数工厂成了某一级政府的附属品。严格地讲，它们并没有成为真正独立的企业。因此，在新老体制交替过程中，我国企业普遍存在着一些反常行为。例如，一些企业追求企业目标政治化（如提高企业的"行政级别"），有反经济核算的倾向；追求消费基金最大化，有企业行为短期化倾向；追求扩大再生产外延化，有反技术进步倾向；追求自我封闭的全能化，有反专业化协作倾向；追求建设资金分散化，使投资规模小型化倾向，如此等等。

一个企业不断出现反常行为，正像一个精神病患者，给它任何正确的指令，它都可能做出完全意想不到的反应，这是十分可怕的。

看到某些企业（包括我们自己）的反常行为，二汽十分注重企业自身的改革，努力端正企业行为。我们深深感到，随着国家改革所引起的企业环境的变化，企业必须眼睛向内，在内涵上下功夫。在走向自主经营、自负盈亏的商品生产者的道路上，要建立自我制约的运行机制，即不断监测监督自己的行为，并用监测结果与社会主义原则和企业目标相对照，来修正企业的行为。在我们注意这样做了之后，感到自己向一个成熟的企业靠近了，感到企业的内涵和后劲得到了充实。

1984 年，在全国经济过热的情况下，我们曾制定了一个产量翻番的发展规划，而且已经获得国家批准。在仔细测算了我厂的经济能力中型车的

---

[*] 本文是作者 1986 年 9 月 19 日的一篇文章。

端正企业行为　建立企业行为自我制约机能

市场容量、投资效果和力量安排之后，我们按国家关于坚决压缩基本建设投资规模的精神，下决心修订了规划方案。"七五"期间，在保住基本目标的前提下，把预期的投资规模压缩近半。在没有外界直接压力的情况下，自1985年四季度，我们认真清理在建工程，说服有关单位，将一批非生产性建设项目和非重点工业项目共63项坚决停缓，节省预算投资5000多万元。按国务院指示精神，二汽自1985年4月起坚决控制消费基金的增长，制止乱发钱物，收回厂属单位购置的高级进口轿车，送离退休老同志使用或做接待用，经过一个痛苦的过程，全厂消费基金的使用转入正常。

开始时，一些同志说二汽的领导太老实、太傻，缺乏开拓精神，在年初二汽职代会和离退休老同志检查全厂基建、技改工地，总结一年多自我制约措施之后，大家一致认为二汽"战线缩短了，内涵充实了""乱发钱物停止了，职工情绪稳定了"，决策有远见。

建立自我制约的运行机制是个很难的问题。就二汽目前直接感受到的，至少有以下几个方面是改变企业行为扭曲的因素。

确立合理且相对稳定的国家与企业关系，是实现企业行为自我制约的关键。企业既希望改革，又怕多变。在1983～1984年初国家分两期审批了二汽"双包经济责任制"方案，即一方面承包上缴利润以7%递增，另一方面承包利用自筹资金完成国家批准的二汽改扩建项目。这就确定了到1990年二汽与国家相对稳定的关系。从而使企业从长计议，努力增产节支，统筹发展与消费，基本上克服了怕政策多变，捞一把算一把的短期行为。

确立企业目标，是实现企业行为自我制约的动力。崇高的企业目标会给职工的工作赋予新的价值，唤起人们的使命感。反之，"人无远虑，必有近忧"。社会化生产区别于"种瓜得瓜，种豆得豆"的自然经济，是其经济成就的整体性。设想企业事事都简单地与职工个人经济收益直接挂钩，必定使企业上上下下，乃至个人都沉溺于得失之中。由此必然会颠倒局部与整体、眼前与长远的关系，磨灭企业目标，失去自我制约能力。

追求也是动力。实际上成功的企业大多是以实现企业目标作为奋斗之目的，而报酬只是对做出贡献的一种补偿。以实现企业目标为目的，往往会得到应有的报酬；而以报酬为目的，却往往会失去企业目标。二汽领导始终认为，社会主义企业特别是直接控制着巨额的国家固定资产的二汽负有重要的社会责任。我们以干一番事业的献身精神互相勉励，以"七五"计划、以二汽在我国汽车工业打翻身仗中的地位和作用、以国家对二汽的期望来激励职工积极地工作。我们许多自我制约的措施正是在这个大目标下使思想得到统一的。

自我承担经济风险，是实现企业行为自我制约的条件。在国家投资、企业得利的条件下，企业并未感受到经济风险，因而行为往往容易出现异常。在国家开始出现社会主义市场，企业因扩大自立权而逐步由行政机构中游离出来时，经营者的思想就会萌发。在国家对二汽实行双包经济责任制，并改变了对二汽的投资方式，由企业自筹资金改、扩建二汽情况下，企业开始感受到作为经营者所承受的压力。为了在竞争中求发展，我们注意在内涵上下功夫。我们自觉控制积累与消费比例（在确定利润递增之时，是以 $6:2:2$ 的比例测算发展、福利、奖励基金的，但在执行中我们调整为 $6.5:1.9:1.6$ ），自觉控制挖掘内涵与扩大外延的关系，更加注重投资结构、投资时间效益、投资利润率。总之，开始自觉按经济规律制约自己的行为。

建立"闭环控制"体系，是实现企业行为自我制约的保证。要建立企业目标体系，并使企业行为不偏离企业目标，就要使企业的体制中具有完备的确立目标、推动执行、检测反馈、比较修正的功能。为了确立正确的目标，要有科学的决策体系。除了常设的规划处外，几年来二汽初步建立了技术经济研究室、经营委员会、政策研究室等部门，研究市场和经营信息，提供决策依据；为了使企业做正确的事，要建立科学的工作程序。近年来，二汽制定了基建、技改立项程序，技术引进立项程序，基本建设管理办法等，使企业日常行为规范化。对于检测、监督系统，近年来，二汽除加强党委纪委的职能外，行政上设立了监查处、审计处和法律顾问室，对企业和干部行为进行监督，发现问题及时修正。

企业是国家机体中的细胞，搞活企业是我国经济体制改革中的环节，众多企业的行为关系着国家的兴衰。因此，在国家对企业实行简政放权、减税让利等搞活措施的同时，必须设置背景条件，校正企业违反经济规律的反常行为；企业在调整内部关系、改善经营机制时，也必须加强企业行为自我制约的机能。

企业集团是实现产业结构改组的重要力量*

（1986年10月14日）

1985年正值制定国家"七五"计划之时，各地兴起投资汽车热。就社会需求来看，投资汽车有一定的合理性，但无序投资的遍地开花肯定是不行的。以既有的主要汽车企业为骨干，发展汽车企业集团可能是一个出路。

实现高起点、专业化生产，是我国实现工业化的根本出路。以合理的产业政策导向，形成合理的产业结构，是我国发展社会化大生产的重要课题。在当前推动经济体制宏观改革和企业放权、微观搞活之间，还有一个重要的产业结构合理化的中间层次。我国畸形的产业配置亟待调整。目前全国46万个国营企业都搞活了，"四个现代化"并不一定能实现。合理的产业结构和产业政策首先在于正确地选择对经济发展全局可以起牵引作用的主导产业和产业结构。

各国在经济起飞阶段都着力选择适当的支柱产业，以此为主导，带动产业结构合理化，以实现专业化大生产，实现技术、管理现代化。美国这个"装在四个轮子上的国家"，早在本世纪初就把汽车工业作为"三大支柱"产业之一，把发展汽车和汽车运输列为国策，推动了经济发展，带动了社会和文化的进步。德、意、日这些二战战败国，在恢复经济、重振国际经济地位的苦斗中，仍然紧紧抱住汽车工业这一支柱往上爬，日本经过25年的奋斗，使汽车产量增长150余倍，突破年产1000万辆大关，创造了经济高速发展的奇迹。现在巴西、西班牙、韩国等发展中国家也把汽车工

---

* 本文是作者作为第二汽车制造厂厂长兼任东风汽车工业联营公司董事长和总经理之后，在1986年10月14日写的一篇文章。

业作为经济发展的突破口,并已取得显著成效。

我国在各个发展时期也都选择过主导产业,希望以此带动经济的整体发展,但往往由于选择上的失误,而未达到预期的目的。历史已经证明,以"大跃进"为背景的"以钢为纲"的决策是错误的;在"备战、备荒、为人民"的口号下,以"大军工"为主导产业的选择是荒谬的;以"十来个大庆,十来个鞍钢"为目标的安排是脱离实际的。产业政策上的失误正是我国经济停滞、徘徊的重要原因之一。

事实证明,选择汽车工业作为经济起飞的主导产业是有深刻含意的。汽车既有广泛的市场,又是现代"工业之花",它的产业链之长、产业规模之大是任何产业无法相比的。在它身上聚焦着高产值、高效益;聚焦着现代化大生产的先进管理;聚焦着最广泛的经济、生产与服务行业;聚焦着传统及现代技术。它对前序产业有巨大拉动作用,对后序产业有巨大推动作用,对横向产业有巨大带动作用,它又是一个良好的主导出口产品。我国应当毫不迟疑地把汽车工业作为支柱产业的决策,通过一系列政策和经济杠杆将其落到实处。

在汽车工业内部,也有解决结构合理化的紧迫任务。各地纷纷把汽车工业作为本地区的"支柱产业"的结果,便是在"七五"新的投入周期,全国再次出现了"有计划地盲目布点""有计划地盲目发展"的局面。有限资金的分散化、投资规模的小型化、企业行为的短期化将会造成已经不合理的汽车产业结构向着更加畸形的方向发展。

为了推动汽车工业产业结构向专业化、大生产方向转化,用国家计划限制的办法很难根本奏效,用行政上条条出面组织的办法,收效亦不理想,用地方块块搞汽车的办法,则离改造的目标越来越远。现在看来,发展企业集团可能是实现这一改组的可行途径。

企业集团是经济组织,集团内只能按经济规律运行,集团的发展必定会削弱企业隶属关系的牵制,有利于经营权与所有权分立。随着社会主义市场竞争导向的确立,各企业从自身生存与发展的需要出发,会强化走专业化道路的趋势。具有较强活力的主导企业在组成的集团中既要改造成员厂的"小而全",也要改造自身的"大而全",这种经济组织易于调动多方面的生产能力,形成经济规模,采用先进管理及先进技术,易于组织协作

企业集团是实现产业结构改组的重要力量

生产，克服力量分散、重复设点等问题。

推动汽车工业产业结构的改组，正是东风汽车工业企业联营公司——二汽集团的宗旨。5年多来，在这方面我们进行了有益的尝试，取得了可喜的成效。我们在开始时就确定了"二汽办联营，联营为东风系列产品发展，为汽车工业发展服务"的指导方针，二汽始终站在振兴我国汽车工业的高度考虑联合事业的发展战略，处理各种矛盾，制定有利于联营健康发展的方针、政策。几年来二汽改造自己的"大而全"，向联营厂扩散了1000多种零件生产合作，有效地降低了自制率，在平等互利的原则下，以高起点、专业化为目标，以主导厂为核心，与经营厂发展生产、技术、经济的多方面、多形式、多层次的联合；积极帮助联营厂做到"眼前有饭吃，长远有方向"，实行企业改组与专业化改造两手抓，培养专业化"小型巨人"；同时坚持做到对国家、地方、企业、集团"四有利"，这就使联营工作既促进了主导厂与联营厂的专业化改造，形成集团内相互依存的局面，又实现了全社会经济效益。

1987年，二汽集团将充分利用在国家计划中实行单独立户的有利条件，积极推进所有权与经营权分立，做好集团内组织调整，发展主导厂与联营厂的经济关系，探索联合的组织形式，大力发展改装车、专用车，推进"小型巨人"式零部件生产，寻求专业总成生产一体化的途径，使集团在专业化改造上迈出新的步伐。

正确选择主导产业，推动产业结构合理化是实现经济起飞的重要条件。企业集团是实现产业结构改组的重要力量。二汽集团要为形成我国经济起飞的主导产业做出努力，要为我国汽车工业产业结构改组做出应有的贡献。

与麦克唐纳等国外专家的谈话[*]

（1987年4月23日）

陈：现在中国发展轻型汽车的厂家很多，二汽再发展轻型汽车已不可能，但现在都没有形成一定规模，没有形成核心厂。近几年，随着经济发展，中国进口了大量轿车，现在看来，中国几个合资厂都有困难，上海大众也是如此，主要是资金和技术问题。近一年来，在中国要建一个中等规模的轿车厂的呼声很高，也有很多人主张二汽搞。到底怎么搞，我们想到两条基本途径。

一是与外商合资。这样有一个高的起点，但要实现这个目标最大的困难是外汇问题。合资企业的目标是产品达到国际水平，以国内市场为后盾，进入国际市场。合资企业生产的轿车一开始就全部进入国际市场是相当困难的。主要困难是配套件、协作件水平达不到。（麦：上海大众的困难就是如此。）合资公司投产的初期就面对两个市场，生产两种车型。出口车型要力争国际水平，达不到水平就进口散件。在国内销售的汽车就尽量组装国内的自制件。当国内自制件达到国外车水平时，就装在出口车上。现在看来，外汇问题最困难。合资办厂是我们想力争的办法。

二是自主开发，引进关键技术。（麦：你说的引进技术是全部还是部分？）如引进关键部件发动机、车身等。以进口替代起步，逐步走向外向型。

麦：你们发展轿车设想了两个方案，有没有第三个方案，如买一部小轿车的全部技术？

---

[*] 1987年4月23日和25日晚间，作者（时任第二汽车制造厂厂长，文中简称"陈"）就二汽发展小轿车的基本途径、二汽内部经营管理体制以及如何建立企业的销售子系统等问题，与美国专家、中国汽车工业总公司顾问麦克唐纳（文中简称"麦"）、万宁（文中简称"万"）、拉穆蒂尔（文中简称"拉"）进行了坦率的交谈。参加交谈的有二汽孙宏俊副厂长、周维泰副经理、宋延光总工程师和厂办副主任张焱廷同志。本文是谈话的原始记录。

陈：这个方案我们可以考虑。但我担心这个方案会出现生产准备完了，技术就落后了的不利局面。

麦：你们可以这样，买进全部技术后，还要求对方把改进后的新技术也给你们，这样就能保持技术上的先进。

你说的合资办厂，是否有一个合资的对象，如日本、美国的企业？

陈：现在外商想和我们搞合作的很多，日本、美国、西欧等国家都有，日本厂商相对多一些。

麦：西欧跟上海有一个合资厂，还可以找你们吗？这些外商对出口轿车是什么看法？是加入他们自己的销售网，还是合资厂自己单独搞销售网？

陈：现在大多数厂家对轿车出口是非常谨慎的。主要是想在中国境内推销。我们掌握的原则是：轿车如不能出口，就不搞合资。

拉：轿车通过外商自己的销售网出口其实是可以的。如美国的福特公司，它可以有不同的分部，车有不同的牌号，可以销售。不能通过它自己的销售网销售合资生产的轿车，这不是实话，关键是看能不能赚钱。现在日本厂家在本国生产成本高，它们想在成本低的地方生产，然后再拿回去销售。

陈：我寻求的就是这种机会。

麦：出口关键是技术问题。如技术过关、质量好，达到一流水平，就能卖，卖到什么地方不成问题。你们要想成立合资公司，思路要开阔一些。不只考虑山里，山里搞15万辆卡车已足够了，要在山外搞。可以在外协厂比较多、劳动力比较便宜的地方建厂，这样成功率就高一些。据美国分析，日元升值后在日本国内生产不行，要在国外生产，然后拿到美国市场去销售。日本已在韩国这样做了。中国市场他们早已看中，现在是在耍花样。你们考虑合资要拿定主意，新车出厂后三五年要考虑改进，要不断地改，这要跟合资伙伴讲清楚。新技术要随时上，外形要满足用户要求。

与外商合资，还有一个重要问题你们要注意，那就是成本问题，价格问题，价格与材料、劳动力有关，要让他们公开成本。美国福特与马自达开始搞合资时，福特要求马自达公开成本，使以后成本变化有基础。开始马自达不愿意，后来也同意了。根据成本分析，福特出主意，建议哪些地方可以降低成本，起了一些好作用。如果与日本厂家谈，而日本人真要做生意，他会给你成本的，会公开成本的。跟日本人谈，要立场坚定，要造成他靠你，而不是你靠他。你不能求他，他真想谈时，什么都会答应你的。

万：成本是很值得研究的问题。你们要研究的是成本怎样比他低。轿车的生产技术要求是非常高的，技术高才可以进入美国市场。美国目前的轿车汽油喷射、排放要求很高。我当然相信你们可以做到。搞合资，要坚定，要对双方都有利，不是谁靠谁。

你们把质量提到很高的地位是对的，但同时要考虑成本。出口不仅仅是质量问题，成本也很重要。你们有搞卡车的经验，但卡车成本不同，轿车成本不低，很难出口。轿车成本算法要严，不只考虑外汇平衡，要想到尽可能多地赚外汇，这才是进取型企业。要尽量少用人，虽然你们的劳动力比较便宜，但用人过多，优势就会消失，体现不出竞争力。

我想，你们搞轿车若不合资、不引进技术，完全靠自己搞出口是很难的。

陈：我们引进技术，不是引进全部，而是引进部分关键技术，如从马自达引进发动机技术，从意大利引进一个车身等，最后组装成一个整车。

麦：我认为东买一个、西买一个不行。轿车是一个很娇贵的东西，很难拼凑一个好车。如引进一个整车的技术，换某一个部件是可以的。但东拼西凑不行。生产轿车重要的一条，就是部件之间的技术配合要求是很高的。当然，你们生产了这么多年的卡车，有经验。但只是在国内销售。要到国外销售，好多地方要另起炉灶。福特与马自达用3年时间在墨西哥合资建了一个轿车厂，已打入了美国市场。3年时间是比较快的，他们互派人员学习，进行培训，生产的第一辆车就达到了美国的要求。

陈：日本在美国建厂生产轿车，是否比在日本本土建厂生产轿车更有竞争力？

麦：从成本上讲，并不比在日本生产更有竞争力。其实在美国生产的轿车，很多零部件都是从日本买进来的。从美国企业来讲，如福特公司，并不是每个车都赚钱。但不生产这种车，市场就会被别人占领。这样，在一个公司内，有些车型，特别是豪华车可以赚钱，有的车只起占领市场的作用，综合起来，还是赚钱的。

我认为，日本企业与美国企业不同的是，在日本企业里看不到一个游手好闲的人。你们要上轿车的话,也不要一个闲人。

陈: 一般说来,国外厂家的利润占销售额的比例是多少?

麦: 讲利润有两个:一个是经销商的所得,约占销售总额的15%,除去销售费用(如广告、建销售网等)外,纯利只有5%左右。一个是生产厂家的利润,这要看什么车型了,豪华型轿车就可以多赚,一般利润占销售额的10%~20%。总的来讲,生产厂家的利润比经销商的利润要高。

拉: 影响成本的因素,除原材料外,工艺、加工方法如何,都会在成本上反映出来。要掌握准确的成本,就要掌握这些问题。如你跟日本人谈,一定要让他把这些告诉你。企业要注意配备工人,人数不能多于日本人,多了就会抵消掉你的优势。你们有机会,可以在这方面做试验,如康明斯发动机生产,你们可以按它们的工时搞试验,看看是否比它们的低。抓质量时,成本不能忽视,质量、成本都要注意。

搞合资,我强烈主张你们找日本人,不找其他国家。因为日本人办厂工人的纪律非常严,合作协调也搞得好。在日本企业里人人感到与工厂同命运,把自己摆进去了,他们把贡献与报酬算得很准,有贡献就有好报酬,出新车型也比美国快,对每一个细节都注意。日本人成功的秘诀就在这儿。

陈: 我再提一个问题,就是我们总厂与专业厂的管理问题。即专业厂的权限范围到底多大合适,与供应、销售是什么关系?

麦: 你们说的专业厂是不是180多个联营厂?(陈:不是。是二汽自己的27个专业厂)。中央要你们成立集团,就是要你们管住它们,一直管到底。那种又管又不管的状态不行,要么都管,要么都不管。如福特公司,它在全世界都有分公司,这些分公司它都管,一直管到底。

产量、预算、利润这三个指标总公司要抓住。产量、产品指标要抓住。这一点无论是管180个企业,还是管27个专业厂都如此。

产量计划、产品计划要由总厂定。其他让分厂自己去开发,这样就管住了。

如产品卖多少,卖给谁,总厂要知道。因为总厂要管整个市场。分厂自己卖可以,但一定要通过总厂。

陈: 在专业厂之间存在这样一个问题:即分厂买的产品多,它的利润就多,福利也好。这样造成专业厂之间的不平衡。

维：这是一个问题。卖与不卖的权不能给分厂。分厂增产多少也要归总厂管。这有个领导艺术问题。要使大伙都感到自己是这个厂的，不能只让1个厂好，其他26个厂都不好。这样厂内不好管理，不论你是什么社会制度，要好大家都好，这一条都一样。

陈：专业厂财务、工资、技术改造项目、销售、供应、采购是否都归总厂来确定？

万：不等于说这些事都要总厂自己来干，分厂也可以干，总厂只有检查，指标要总厂批准，分厂做具体事。指标分厂提出，总厂批准。分厂落实，发动群众干。如果分厂厂长不听，你可以撤他的职。

陈：把超产厂的利润拨一部分给不能超产的厂，使福利大体相当。这样做使有些厂没有积极性怎么办？

拉：能超产的厂要有好处，但要拨一部分利给别的厂，总厂有这个权力。因为能否超产有很多客观因素，如能力比别人大、投资比别人多等。

陈：请介绍一下美国企业销售系统的基本情况。

麦：首先要物色好一个经销商，找到一个好的对象。经销商的基本条件是能推销公司的产品，不属于公司内的机构。公司内有一个专门的部门组织管理这些中间商。你若计划设点，可以找已有的经销商，可以销售别人的产品，也销售自己的。如你没有现成的中间商，你可以单独成立，主要卖你的产品，也可以卖别人的。如二汽想在美国建一个销售网，要有一个办事处，然后由办事处派人到各地的销售机构，这些人都属于二汽。他们有很多责任，其中最基本的有三条：①负责管辖范围内的用户情况；②与经销商签合同；③把货交到经销商手中。

万：一般来说，公司在美国可设一个总办事处，然后设若干销售网点。这些网点的人一般雇用当地人，他们熟悉当地情况。网点负责人也并不一定是中国人。如果是当地人，要用签合同的办法与之做约定。国内派出的人要有能力，要熟悉情况，不然会成为花架子，起不到负责人的作用。如与美国企业合资，其合资企业已有销售机构，可利用这个机构。若和日本丰田合资，丰田在美国也有销售机构，也不必重建。若你想雇用人在销售点工作，你可以找一些人面谈，看能否合适。但报酬不能太低，一个人一年需20万美元。

陈：中间商能否承担售后服务的职能？

拉：一般中间商有售后服务的职能。中间商存在的条件有三：①价格合理；②产品质量好；③服务好。二汽若想在美国推销汽车，可以利用其他公司（如通用、福特公司）的销售机构，与它们签订合同，专门有一个机构维修二汽的汽车，这样费用少。这种经销商叫"双重身份经销商"。在美国，经销商都有售后服务的职能和手段。日本人在"石油危机"时是这样做的。日本人是分步骤逐渐打入美国市场的。韩国现代公司打入美国，开始利用加拿大做跳板，在加拿大建装配厂装配，然后将产品销往美国。后来"现代"公司发现这样不合算，加拿大工资高，它们采取在韩国本土装车，直接运往美国。现在，汽车生产每小时的人工费用大概是：美国 24 美元，加拿大 22 美元，日本 17～18 美元，韩国 2 美元，中国 0.2 美元。

在国外设销售机构，如二汽自己生产轿车，可以单独设立。若合资，或技术引进生产轿车，最好不单独设销售机构。你们在签订合资或技术引进合同时，可以写上产品返销条款，这样你有利、他有利。这种办法可以行得通。

万：日本的三菱与美国的克莱斯勒公司合资，车在日本生产，在美国卖，完全利用克莱斯勒公司的销售机构，很成功。三菱唯一不利的地方，就是克莱斯勒公司不销售三菱与它同型号的汽车。用的招牌也是"HS"公司的招牌。结果，"HS"公司不愿卖的车型，三菱自己成立销售机构，用"三菱"的招牌销售。这叫"双轨制"，这种办法是从 1979 年开始的。现在情况如何，我不是很清楚。总之，开始销售时，利用别人已有的销售机构进行销售好处很多。

陈：工厂把汽车交给中间商，中间商是马上付款给工厂呢？还是等车销完后再给工厂？

拉：一般情况是中间商收到汽车 30 天内把款付给工厂。这个中间商不是皮包公司，它要有雄厚的资金。

陈：不同的地方汽车价格一样吗？

麦：价格要一样。有差别也只是运费。但现在已有一种办法，就是把运往各地的运费平均，这样的话，汽车无论在哪里卖，价格都一样。

陈：中间商卖给用户汽车的价格，是工厂定的，还是工厂与中间商一起定，或是中间商自己定？

万：工厂把汽车卖给中间商，这个价格由工厂定。中间商把汽车卖给用户，这个价格一般由工厂提出公开挂牌的建议价格，但中间商可以不执行，由中间商自己定价格。

陈：中间商经销汽车有多有少，价格是否一样？

麦：价格一样。

陈：经销商经销不同厂家的汽车时，是严格分开，还是混杂在一起？

麦：在美国，三大公司的经销机构基本上是分开的。少数情况下也可以混杂在一起卖，但展厅要严格分开。但也有小城市是混杂在一起卖的。

陈：中间商的销售费用是怎样支出的？这个销售费用是工厂出，还是中间商出？

麦：售后服务也赚钱：一是保修车的服务，零部件由工厂赔；二是劳动力的工时费用。现在，一般轿车保修期是2年，有的是6年，如抗腐蚀件的保修期是6年。保修期以外的维修费用很高，工时费用每小时达40美元。这样，有些用户就不愿到原装件维修站维修，找别的维修站维修。这些维修站的零件是仿制的原装件，价格便宜。这种竞争使得原装件的价格也降下来了。

陈：仿制原装件，原件厂怎样干涉呢？

万：用法律手段。查出来了，要告到法院，要让仿制者负法律责任。有的公司派专人调查，发现冒牌货后就到法院起诉。一般要跟用户讲清楚，保修期内用别的仿制件，出问题不予保修。

一般来讲，用户在购车后3~5年还是愿意在原装件维修站维修的，因为维修站有电脑等高技术诊断设备，维修质量好。总而言之，在美国的中间商很难搞。

陈：配件是公司经过中间商给用户，还是中间商直接给用户？

麦：这有两个系统：一个是销售轿车整车，一个是配件销售，是不同的两个中间商。经销配件的经销商要有两个条件：①库存的现有零部件种类占轿车零件总数的95%；②要随叫随到，服务迅速。

陈：大公司的协作配套件，是直接送往总装配线，还是要经过仓库库存再转到总装线？

万：由配套厂直接运到总装厂，提前 15 分钟送到。办法是定计划，早了、晚了都不行。订货一般按月，有的按日。这样，一是压低了费用，减少资金占用；二是保证了质量，零件一进一出，质量就有损坏；三是便于产品改型及时，没有因为改型而浪费积压的零件。配套厂把协作件进行分类，如第一类是现生产要用的；第二类是准备买材料的；第三类就更远了；第四类是试制产品，等等。不过一旦定下了就要用，这样总装厂、协作厂都放心。

陈：卖车、售后服务是同一个中间商，还是不同的中间商。

麦：是同一个中间商。

陈：工厂和中间商有正常的买卖关系外，还给不给中间商别的好处？如工厂给不给中间商投资？

拉：没有其他好处。因为工厂除给中间商维修零件、工时费外还有利润。超过维修以外的项目的维修，由用户给钱。工厂很少给中间商投资。即使投资，也只是中间商开始建设时投资，等中间商有能力之后，就抽回投资。

陈：一般中间商的毛利占销售收入的 15%，很有吸引力，为什么工厂不自己干？

麦：虽然有 15% 的毛利，但除去各种费用外净利只有 5% 左右。还有，工厂自己干，其他中间商会反对；自己干，推销人员积极性不高，所担风险不大。给中间商，灵活性大，工厂只管生产，中间商要担很大风险，中间商对市场也熟悉。

陈：一般配件的价格与原装在整车上零件的价格相差多少？

麦：一般是加倍。因为配件单件包装不同，运输不同，成本也高，所以价格要高。一般工厂配件销售利润是工厂总利润的 10%~15%。

陈：配件价格提高，会给仿制者带来很多利润，有办法控制吗？

麦：这要首先控制市场，然后再加价。对别人干不了的配件，可以多加价。对别人干得了的配件，你压价，把仿制厂挤垮，使它无利可图。

在东风汽车工业联营公司
第九次工作会议上的讲话[*]

（1987 年 5 月 21 日）

各位代表、同志们：

去年柳州会议以来，公司的领导和有关方面的同志学习中央领导同志关于发展企业集团的指示精神和国务院关于发展横向联合的三十条，结合东风联营公司的情况，做了一些研究，特别是对二汽集团发展战略做了一些探讨。今天，我借这个机会，把我们讨论的主要精神给同志们讲一下，有些看法尚不成熟，提出来供同志们研究。

我主要讲三个方面的问题。

一 机会与挑战比任何时候都更加明朗

这是我们对形势的基本看法。得出这样的判断主要基于如下几个方面的情况。

（一）国家经济体制改革为企业集团成长创造了有利条件

第一，各方面对发展横向联合、建设企业集团的认识比过去任何时候都更加深刻。随着经济体制改革的深入和我国经济建设的发展，越来越多的人认识到：实现高起点、专业化、大生产是我国实现工业化的根本出路；社会化大生产是不能简单地以行业或地域加以分割的。过去，国家曾以条

---

[*] 1987 年 5 月 21 日，东风汽车工业联营公司召开第九次工作会议，本文是作者以"二汽集团的形势、发展与对策"为题，以东风汽车工业联营公司董事长、总经理身份在会议上的讲话。《经济工作通讯》1987 年第 17 期选登了该讲稿中的第二部分"二汽集团发展战略的构想"，并附上编辑部短评《企业集团的气魄》。

条的办法为实现专业化生产做出努力，但是收效并不理想，也曾以块块的办法为组织社会化生产做了大量的工作，然而也受到相当的制约。今天，以企业之间按照经济规律的联合，来构造专业化大生产的产业结构，这种生产力的重新组合有可能使社会生产符合有计划商品经济的规律，推动生产力达到新的高度，也符合各个联合企业生存发展的需要。因此，横向联合在我国是实现专业化生产的一个重要途径。这方面认识的深化是改革的一大成果。

产业结构的合理化是我国经济起飞所必须进行的一次社会化改造。目前全国有几十万家企业，加上集体企业超过百万家。中央一方面在进行宏观经济体制的改革，如建设有计划的商品经济，搞财税价的改革等；另一方面，又将搞活企业作为经济改革的中心环节。而在这二者之间，我们认为，还存在一个产业结构合理化的问题。设想，上百万个企业都搞活了，我国工业化是否就实现了呢？我们认为不一定，也可能都搞活了，也可能搞乱了。主要原因是产业结构没有形成一个专业化大生产的构架。没有以专业化大生产为基础的生产结构，就不具备经济起飞的基本条件。而资本主义国家也恰恰经历了这样一个过程。它们经历这个过程，是用兼并的残酷手段实现的。在我们社会主义国家，应用联合的方法实现这一过渡。所以，发展横向联合是推动我国实现专业化大协作格局的一个重要决策。它绝不是权宜之计，而是我国进行现代化建设和经济体制改革的一个重大战略步骤。对于这个问题，我们感觉这一年多来，全国的认识越来越统一了。

第二，宏观经济体制改革给二汽集团带来了小气候。除了国家公布的横向联合三十条对指导我们联合起了重要作用外，去年二汽集团实现了计划单列，它又为二汽集团提供一个小气候，创造了小土壤。这对于二汽集团的发展成长至关重要。从几个月的实践来看，计划单列作为新旧体制交替时期的一种过渡性的改革措施，进一步扩大了集团的自主权，对于推动集团的发展起到了重要的作用。这一重要作用至少表现在如下几个方面。

（1）由于实行计划单列，集团内的主要企业从条块束缚中游离出来，初步实现了政企分开，所有权与经营权适当分离，有利于国家用宏观的方法进行宏观控制，逐步使企业成为自主经营、自负盈亏、自我发展、自我制约的社会主义商品生产者。

（2）由于实行计划单列，破除了企业对条块的隶属关系，有了较多的自主权，从而有利于集团从长远发展的角度来利用联合的优势，在产业结构调整改组中发挥更大的作用。

（3）由于实行计划单列，企业集团在扩大再生产方面有了较多的自主权，可以在国家批准的改造规划和基建笼子内，根据市场情况和集团专业化生产配置的需要来进行调整，做到少投入，多产出，早产出，提高投资效益，提高集团的吸引力和凝聚力。

（4）由于实行计划单列，集团可以直接与国家有关部门联系工作、沟通情况，从而减少了中间层次，有关的指令、要求，国家可以直接下达集团，集团的有关问题也可以直接向国家有关部门反映，这样就加快了各项工作的节奏。

（5）由于实行计划单列，二汽集团有权建立自己的销售网点，可以销售指导性计划产品，实现产需见面，实现多渠道灵活经营，提高集团的应变能力和服务质量。

总之，在国家经济体制改革的过程中，国家批准二汽集团实行计划单列，对二汽集团的发展提供了有利条件。

第三，市场机制逐渐形成，已成为推动集团发展的重要动力。市场竞争、市场机制是企业行为规范化的重要外力。如果没有市场的逐步完善，企业的行为将会出现很多非正常现象。市场的竞争，必定要促进企业寻求发挥自己的优势，而寻求发挥优势，正是集团存在和发展的基础。很多联营厂之所以能够聚在一起，就在于通过联营既可以逐步形成原有各企业的优势，又可以通过优势的聚集，创造出新的生产力。事实一再说明，搞活企业，最根本的条件之一是要实现专业化改造。

（二）中国汽车工业的发展，正处在战略抉择的重要时刻

首先，汽车工业支柱产业地位的确定是我国汽车工业发展的重大问题。一个国家在实现经济起飞的助跑阶段，往往都需要选择支柱产业或带头产业，以支柱产业带动整个经济，形成一个专业化大生产的构架。只有按照社会化大生产的要求改造这一状况，才能形成经济起飞必须具备的态势，

而改变这种局面的重要方法，就是选择一些带动能力较强的产业，通过它们的发展来带动整个经济的调整和前进，形成一个合理匹配的结构。30多年来，在我们国家每一次经济要发展、要起飞的时候，都自觉和不自觉地企图寻求一些带头产业，试图理顺产业之间、企业之间的合理关系。但是，往往由于选择不当，而没有得到预期的结果。1958年"大跃进"中，国家曾提出"以钢为纲"的口号，实际上这也是一种对带头产业的选择，但没有得到预期的效果。三年经济困难时期过后，我国又面临着经济的发展，当时曾企图以"大军工""山散洞"带动经济发展，这个做法实际上是荒谬的，在打倒"四人帮"以后的经济恢复时期，又有同志提出要建设十来个鞍钢、十来个大庆，来振兴我国的经济，但这个做法实际上是脱离实际的。我们看到，在西方发达的资本主义国家和一些发展中国家，在它们经济起飞的时候，往往选择汽车工业作为支柱产业，而这种选择每每取得了成功，如美国、西欧国家、日本、巴西、韩国等。因此，在我们国家总结了国内外经验以后，明确提出要把汽车工业作为经济发展的支柱产业，这是一个非常重要的决策。可见，汽车工业的发展已经不是行业本身的问题，而是带动全局的重大问题。

我们也看到，当前围绕把汽车工业建设成支柱性产业，起到带动全局的作用，还面临着一系列重大的抉择。

一是组织结构的抉择。发展汽车工业是重复"大而全""小而全"的格局，还是逐步形成以若干主导厂为核心，以专业化为基础形成经济规模，真正具有强大竞争力和扩展能力的企业集团，这是需要做出抉择的重大问题。事实上，到现在重复"大而全""小而全"的现象并没有完全被遏制，条块分割局面在很大程度上依然存在。所以，在汽车工业未来的发展中，在组织结构上究竟朝哪个方面发展依然是个非常现实的问题。

二是战略生长点的抉择。要实现汽车工业2000年的发展目标，生长点在哪里？对重复、分散、落后的众多企业是实行机会均等、扶弱抑强、平均发展、一起搞整车，还是加强集团化，形成规模经济，创造世界级企业？有人讲，当前的问题是从"春秋"时代走向"战国"，还是走向"三国"。事实也一再证明，实行集中原则、实力原则、经济规模原则，克服资金分散化、规模小型化、行为短期化，是一个正确的出路。我们研究各国汽工业发展的趋势，可以看到很多国家在汽车工业发展的时候，都经历了群雄并起的时期，随着汽车工业的发展，逐步由"群雄"变成了"三国"，即变成了几个主要集团。很多专家预计，国际汽车工业的集团化还会继续发展，竞争还会继续加剧，到2000年世界上存在的大汽车集团将只有六七个。

三是市场目标的抉择。是安居国内一个市场，还是纳入汽车工业全球化的趋势，向世界体系渗透？有相当一部分同志不相信中国的汽车可以出口。汽车工业国际化的势头不可逆转，牢牢抓住国际产业结构转型的机会，及早进入国际竞争的舞台，创造在国内、国际两个市场上都能立足争雄的企业，这是发展中国汽车工业的出路所在。

四是战略重点的抉择。是继续回避中国轿车工业的发展，还是抓住正在错过的有利时机，果断决策，迅速培植我国的轿车工业，使我国的汽车工业真正成为支柱产业？这是当前有关各方争论的一个重要问题。

我们认为，我国发展轿车的时机正在错过。没有轿车工业的发展，就不会有汽车工业的支柱地位；没有汽车工业的发展，将会使经济起飞受阻，再次大量进口轿车将不可避免。

五是导向政策的抉择。是无限弱化行政干预，鼓励现有企业普遍增长，任其自流；还是用宏观手段遏制重复、分散、落后局面的继续，坚持搞活为改组服务，发展在改造中进行？

我们认为，不能搞"无为而治"，宏观控制必须改善和加强，只有改善才能加强。用老办法加强，结果可能适得其反，但是，没有宏观控制，中国汽车工业也不可能很快搞上去。

面临一系列的抉择，我们的结论是：要用一切手段遏制汽车工业重复、分散、落后局面的恶性发展，使产业结构合理化；必须以发展轿车工业、发展骨干集团作为振兴中国汽车工业的战略重点；必须以合理的经济规模为基础，走生产专业化、技术高度化、资金集约化、组织集团化的道路。

（三）二汽集团面临机会和挑战

二汽集团的发展对我国汽车工业的发展具有举足轻重的作用。从当前的情况来看，我们经过六年的探索，取得了较大的成绩，但是在专业化改造、深化经济联合等方面还缺乏实质性进展，还面临着一系列亟待解决的问题，主要有以下几点。

（1）普遍存在的在现有基础上的扩张冲动与专业化改造发生碰撞，这个矛盾到现在还困扰着我们。

（2）联合的基础需要进一步加强。理顺集团内部的各层各类经济关系，进一步解决经济利益一致的问题，还有很长一段路要走。形势的发展要求我们在这方面不断取得新的进展，否则，走专业化改造的道路将受到制约。

（3）集团还缺乏具有国际竞争能力的高水平的产品。这是制约我们走向两个市场的一个主要因素。

（4）集团的配套件、零部件和主机发展不同步。或者说，零部件和配套件的落后已经成为集团发展的制约因素。

总之，我们面临大好的形势，同时也面临着一系列重要抉择，成功与否，尚未定论，关键是要看战略抉择是否正确，推行专业化改组改造的办法是否得力。

二 二汽集团发展战略的构想

从现在起到2000年，是我国国民经济逐步进入全面起飞的新时期。随着汽车工业作为重要支柱产业的战略地位逐步加强、加速发展汽车工业的客观需要日益迫切、经济体制改革势不可挡地向前推进，在实现中国2000年工农业总产值翻两番，人民生活达到小康水平的过程中，汽车工业的实力和发展格局将发生重大的战略性的转变，最终将形成以大型企业集团为主体的汽车生产体系。二汽集团作为我国汽车工业的主力军，在这个过程中负有重要的历史使命。因此，研究发展战略是一个重要的课题。下面我简要地介绍一下我们研究这一课题的基本想法。

（一）战略目标

二汽集团到本世纪末的战略目标如下。

建立满足发展宽系列产品，符合经济规模要求的零部件生产基地、配套件生产基地、基本车型生产基地和改装车生产基地，使集团发展成为一个有机的、能够互相配合的汽车生产体系。

在国内市场占有1/3的份额，在国际市场站住脚跟，其中，中型车采取稳固发展战略；重型车采取慎重发展战略；轻型车实行联合为主，灵活发展战略；轿车实行自主开放、分段实施的战略。

为了实现上述目标，我们必须完成三大任务。

第一，以国际市场为目标、国内市场为后盾，充实发展零部件基地，积极建立集团的重、中、轻、客、特较宽系列产品型谱，特别是建成具有当代国际水平的进口替代、出口导向型轿车生产基地。

第二，探索实现集团产品结构合理化和组织结构合理化的路子，提高汽车生产的资源、资金、技术集约化程度，创造新的生产力，把二汽集团建设成一个具有国际竞争能力的社会主义新型企业集团。

第三，在集团内部建立既能统一规划、集中投资，又能独立核算、快速反应的经营管理体制，形成自主经营、自我发展、自我调节、自我约束的经营体制，开创持续兴旺发达的局面。

发展集团系列产品的战略步骤是："七五"期间到"八五"初期，以中型车的发展为重型车的能力建设提供资金，以重型车的开发建设带动中型车的更新换代；"八五"时期，以中、重型车并驾齐驱，支撑轿车的开发和建设；"九五"时期，以轿车的大量投产，开创一个面对两个市场的新局面。

在发展轿车的过程中，要建立三大战略支撑点。第一，充分发挥集团的优势，择优利用和改造现存的借助力量，纳入总体发展规划；第二，充分利用对外开放的基本国策，加强对外合作，争取走"联合开发，合资办厂，进口替代，出口导向"的道路；第三，不断提高企业集团的信誉，向国内外金融界筹集资金。

（二）基本力量

要完成二汽集团肩负的历史使命，实现2000年奋斗目标，必须确立以二汽为主导，依靠联合，快速集聚和创造新的生产力的发展战略。要使二汽和所有成员厂的干部群众尽快实现三个转变，即由局限于办好一个工厂，转变为齐心协力办好一个集团；由强调以东风系列汽车产品为龙头转变为以实现集团发展目标为龙头;由只求完成年度计划,转变为面向市场,促进商品经济的发展,从而放眼2000年,积极迎接和推动二汽集团在新的形势下,在外延和内涵上尽快有一个新的发展。

集结在二汽集团旗帜下的企业要真正成为实现集团2000年目标的基本力量,必须经过一个生产力转换的过程。二汽集团的专业化改造要按照如下思路进行。

(1)建设以十堰为核心的中型卡车生产基地,通过有计划地降低主机厂自制率,在适宜的运输半径内,形成健全的协作生产网,充分发挥十堰基地在今后10年内支援全局的后盾作用。

(2)建设以十堰—襄樊为核心的重型卡车生产基地。二汽要降低自制率,发挥联合协作生产的能力;达到设计能力以后继续发展生产能力,将主要依靠专业化协作。

(3)充分发挥集团统筹规划、技术支持和协调组织的作用,在国内现有基础上,择优选点,组织发展轻型车生产能力。

(4)按照高起点、大批量、专业化、联合的方针,组织和发展轿车生产,充分利用我国现有的工业基础和各方面的积极性,建设或改造一批高水平、大批量的轿车零部件厂。尤其是要通过组织和发展集团的力量,抓好约70种关键零部件(如活塞、活塞环、轴瓦、电机、电器、仪表等)生产能力的建设。

(5)充分发挥集团在技术、配套、专业化生产和销售服务上的优势,大力发展改装车、专用车生产,重点扶植若干达到或接近经济规模的"小型巨人""大型巨人",同时在各大行政区域或省市按市场容量适当均匀布点。在发展改装车的过程中,要特别重视各类客车的开发和生产。

(6)提高东风系列零配件生产的集中度,推行择优选点、集中订货的原则,以生产规模促专业化生产水平的提高,以专业化水平的提高加速零部件技术开发能力的增长。为加快汽车产品的开发和更新,降低主机厂产品自制率,为提高专业化生产程度奠定基础。

为了推进专业化改造,集团实行联合与竞争相结合的方针;实行鼓励走专业化道路,抑制反专业化倾向的方针;实行对底盘分配和零部件生产及其价格进行必要控制的方针;实行鼓励成员厂发展专业化系列产品,开拓两个市场的方针；实行以经济联合为基础，合理进行利益分配的方针。

专业化改造是个长期、艰难的过程，从现在起就要采取切实步骤，在各个方面大力推进。①零部件：要进行整顿，实行择优选点，集中订货，形成经济规模。②改装车：要发挥集团在技术、生产、配套、销售、服务、出口竞争方面的优势；抓住"三化"这个核心，发展专业化生产和配套件的集中订货；要以大客车为突破口。③销售服务：要逐步做到为公司认定的各种车型提供服务；在服务上实行统一标准，统一内容，统一备件来源，统一价格。

（三）经济关系

建立科学合理的经济关系是集团兴旺发达，联合向纵深发展的重要前提和基础。集团在今后发展的第一阶段，根据利益共享、风险共担、兼顾五方（国家、地方、主导厂、成员厂和职工），有利于聚资经营，发挥整体优势的原则，积极探索建立以主导厂为核心，单点辐射为主要形式的新型经济关系。第二阶段，进一步探索扩大经济一体化范围，实行事业部、子公司多点辐射的途径。

集团依据联合对象的产品方向、对全局发展的重要程度、生产规模、技术经济实力和意愿，大体按呈"宝塔"型的三个层次，建立经济关系。

一体化经营关系。具有一体化经营关系的部分成员厂和主导厂形成资产一体化、经营一体化或资产股份化、经营一体化的经济关系，组成集团的核心。

合资（股份）经济关系。具有合资（股份）经济关系的成员厂组成集团的主干。这是一种由主体厂向成员厂投资，或互相投资（换股），或共同出资组成新的经济实体，投资方按股分利、承担有限责任而形成的经济关系。建立这种经济关系的企业，按合资协议和合营企业章程组织经营管理。

协作经济关系。具有协作经济关系的企业组成集团的外围。由成员厂与主体厂建立一定时期固定的协作关系而形成。协作企业按照集团的发展规划和生产经营计划，与之同步协调发展，依照经济合同或协议进行工作。

协作经济关系涉及领域广、形式灵活多样。如生产配套协作、合作生产协作、技术协作、资金协作，还可有管理协作，开展租赁、承包，等等。

与集团的性质和实现目标的要求相适应，集团在今后的发展过程中实行如下基本的经济政策。

（1）在充分考虑集资能力和经济效益的前提下，实行负债经营的政策，攒一分钱办一分事不适应发展商品经济的要求。为了实现发展目标，到 2000 年，集团建设所需投资大半可以自筹。因此，负债经营，高效益地使用资金将是促进集团发展的主要措施之一。集资、聚资的途径主要是：开展集团内的资金横向融通；争取国内外金融界的支持；利用对外开放的条件，发展与外商的合作经营。

（2）坚持实行集中力量，注意技改与基建、内涵与外延、协作与自制、先进与经济、近期与长远、生产与生活等诸方面的投资结构，突出重点，贯彻打速决战、歼灭战的投资政策。建立并完善集团内各级投资主体的科学规划、审批程序、核算管理等能够自我制约的投资管理体制，切实把握资金投向。主导厂的投资必须体现以中（中型车）养重（重型车），以重带中，以中重养轿车的战略步骤。

（3）集团内部利益分配实行互利互惠的政策。集团内部各企业间不搞平调，应根据价格、税赋、市场等各种因素的变动，通过协商，及时合理地调整相互间的分配关系。具体分配收益的办法依不同的经济关系而定。

（四）科技、人才

联合必须以不断的技术进步为纽带，依靠先进的产品技术、制造技术和管理技术增强集团的辐射力和吸引力。今后 14 年中二汽集团面对国内企业大量引进国外先进产品，采用国际先进技术装备的局面，必须采取一系列有效措施，保持与巩固在国内汽车行业中的技术优势地位，缩短与世界先进水平的差距。

在商品经济条件下的竞争可分成三个层次。一是直接表现在市场上的销售与服务；二是支撑着产品竞争能力的技术与管理；三是最终起决定作用的人才与决策。因此，对于决定成败的深层因素不可掉以轻心。

到本世纪末的 10 多年间，二汽集团科技发展的主攻方向是：
①汽车产品随市场变化不断更新换代；②新型轿车的开发、制造；③建

立强大的产品和工艺的研究开发队伍和试制、试验阵地；④开发和采用新工艺、新技术、新设备、新材料；⑤产品采用国际标准，不断为产品进入国际市场奠定基础；⑥根据国内外市场、用户的需要，不停顿地解决产品质量、品种、水平以及可靠性和使用寿命问题；⑦计算机等现代化管理手段和方法在企业管理中的广泛采用；⑧提高产品系列化和工艺装备的"三化"水平；⑨降低生产过程和产品使用过程中的能耗和污染；⑩提高自我装备能力，特别是加强集团在工装及非标的技术开发和创造能力，使之适应产品不断更新的要求。

通过技术联合，努力提高科技集约化程度，使之与资金、资产的集约化相适应，创造新的生产力。为了加速技术进步，要深入发展集团成员之间的技术联合，在科技战线卓有成效地组织联合开发和联合攻关。集团本部的技术中心等技术部门要作为全集团强有力的技术后盾和科技发展指挥部，同时主要承担集团的整体规划，基本型产品的研究开发和对长远发展有重大意义的基础研究。在第二层次上，可设立若干个专业分中心或研究所，按照分工，集中力量研究与本专业发展方向紧密联系的产品及其制造技术。同时，还要积极发展与研究、设计单位以及大专院校科研力量的合作。技术联合不追求形式上的集中，方法可多种多样，但都必须围绕一个统一的目标，以提高集团技术经济竞争能力为中心，分层次地开发应用各类科技成果。

不断改革，积极采用有利于技术进步的各项政策。鼓励科技人员和广大职工为实现二汽集团的战略目标向技术要生产力，向技术要质量，向技术要效益。要制定鼓励科技成果交流推广的政策，鼓励工程技术人员、集体之间开展竞争的政策，鼓励发明创造和群众性技术革新的政策。通过管理的手段和政策杠杆，促进科技攻关同技术改造和技术引进的衔接，搞好攻关项目的总体安排，使之相互配套，保证攻关成果尽快转变成现实的生产力。

（五）市场战略

改革的深入使得市场对企业的命运具有决定性意义。在未来的市场竞争中，企业的经济效益不但取决于生产能力和质量、成本，在某种程度上更取决于推销能力和服务水平。二汽集团要生存发展必须不停顿地开拓国际国内两个市场，力争到 2000 年汽车销售量占国内市场的 1/3 以上，出口产值占总产值的 10%~15%。为此，必须区别两个市场的实际情况，有针对性地选择所应确立和发展的优势。今后，二汽集团在国内市场上要竭力发挥质量优良和服务周到的优势；在国际市场上要逐步形成低成本、高可靠性的优势。有的放矢地增强集团的竞争实力。

快中求稳，寻求时机挤进国际市场。汽车工业全球化趋势不可逆转，二汽集团必须向世界体系渗透，进入国际竞争舞台，实现走向世界的目标。由于对外贸易受到现有产品基础的制约，到本世纪末的外贸工作也必须大体分"前六后八"两个阶段发展。前六年，主要任务是充分利用纽约、汉堡和中国香港的据点，进一步开拓市场，锻炼队伍，改善管理体制；抓紧时机，增加零部件出口和整车出口，以此发展技贸结合和技术引进。在国际竞争中形成二汽集团销售策略，在全面开花的基础上，选定二汽集团主攻市场，为下一步扩大零部件和整车出口创造条件。后八年，随着中型车换代产品的成熟、重型车正式投产、轿车的发展，以及大客车和各类改装车品种发展、质量提高，出口外贸工作将进入实质性的大发展阶段。为了发展对外贸易，促进各成员厂的技术进步，东风汽车工业进出口公司要积极发挥组织、扶植、代理的作用，特别要促进主要零部件、改装车、配套件和长线产品的出口创汇。

逐步建立健全完备的销售和售后服务体系。现阶段，在国内实行双轨制的情况下，要在充分利用传统的计划分配流通渠道之外，大力发展自销体系和服务网点，力争每个五年计划新增 50 个销售点和 100 个技术服务站，逐步发展到县一级的行政区域，使之与各地区经济发展状况和汽车保有量相适应，使二汽集团的售后服务网覆盖全国。在国外，现阶段主要采取委托代理、积极参与的经销方式，并争取在市场潜力较大的中南美洲、东南亚、非洲设立外贸机构，在我国沿海地区设立港口分装和零部件发送基地。下一步，在取得经验、增大能量的基础上逐步过渡到建立自己独立的海外销售服务体系。

（六）管理体制

生产、技术经济关系的状况决定了集团管理体制的性质。现阶段单点辐射式的生产经济联合，决定了二汽集团继续实行二汽与集团一套机构、两块牌子的管理体制，二汽决策机构和各职能部门实行双重职能、一元管理。随着产品多样化和生产专业化的发展，集团内逐步形成多点辐射的布局，集团总部与生产企业在经营管理职能上将逐步分离，形成几个以基本产品系列为龙头又互有交叉的专业协作生产网。届时二汽集团将出现事业部或子公司，将实行集团总郎、事业部（子公司）、企业三级经营管理的体制。因此，在经营管理上，二汽集团将经历一个由分散无序到相对集中，再由相对集中到有序分散的过程。

管理体制的变化必须建立在推动企业的专业化改组和改造的基础上，有利于克服各种短期、多元行为，有利于调动和保护各方积极性，有利于科学决策、统一政策，有利于提高决策的效率和效益。近几年，处在国家由产品经济向有计划的商品经济转变过程中的企业，必须与全局的变化相适应，把建设经营开发型体制作为企业内部改革的中心环节。集团本部要通过直接承受来自市场的压力和动力，从改善经营机制着眼，建立健全生产——开发——改扩建长期并存的开发、投资体制；面对两个市场，能正常组织多品种生产的生产管理体制；以市场为中心，具有快速反应能力的计划财务管理体制以及适应集团发展和计划单列的综合管理体制。

（七）企业哲学

二汽集团的成功与否有赖于坚实的物质技术基础，同时也取决于能否建立共同的企业哲学。从现在起到2000年，是我国汽车工业发展的黄金时期，也是二汽集团壮大成熟、走向世界的时期，要抛弃那种"视现状为必然"的停滞观点，鼓励"改变现状，使今天变成落后"的开拓精神；要抛弃那种无条件"追逐最高利润"的掠夺式经营的思想，确立"提供最佳服务，获取合理效益"的经营原则。在坎坷曲折而又充满希望、机会的联合道路上，二汽集团的广大职工应该创造未来，创造新的生产力，创造集团的企业哲学。

在东风汽车工业联营公司第九次工作会议上的讲话

三 改善集团的经营机制

中央领导同志说，搞活大企业是我们国家实行经济体制改革的中心环节。但是经过几年的努力，在简政放权、减税让利方面能做的工作已经都做了，用这个办法搞活企业的路已经无法再走，因此，回过头来我们必须进一步研究企业的经营机制，研究如何从企业的内涵上进一步挖掘潜力，提高素质，适应经济体制改革的需要，成为一个自主经营、自负盈亏、自我发展、自我制约的商品生产者。因此，研究企业的经营机制是一个重大的课题，在当前也是一项非常紧迫的任务。

应该说，经济体制改革到今天，国家关于企业扩权让利发了很多条文，各级政府为搞活企业做了大量工作，采取了很多实际措施。当前，一方面国家需要进一步深化配套改革，继续为企业搞活创造外部环境；另一方面也需要我们冷静下来，认真地考虑一下企业内部的改革和企业的运行机制。下面就企业行为、企业动力和企业改革方案的问题讲一下我们的认识。

（一）关于企业行为的问题

在相当一段时间里，在我们国家，社会上往往把全民所有制简单地理解为每一个企业都要由国家的一级政府来办，再加上过去在体制上是谁管企业谁得利，因而使大多数工厂成了某一级政府的附属品。严格地讲，它们并没有成为真正的企业。因此，在新老体制交替的过程中普遍存在着企业行为反常化的情况，在企业中存在许多反常的行为。把这些反常的行为归纳起来，主要有以下几种：①追求企业目标政治化，有反经济核算的倾向；②追求消费基金的最大化，有企业行为短期化的倾向；③追求扩大再生产外延化，有反技术进步的倾向；④追求自我封闭的全能化，有反专业化协作的倾向；⑤追求建设资金的分散化，有投资规模小型化的倾向。同志们可以考虑一下，目前在企业里包括在我们自己企业中是不是存在这些倾向。

所谓一些企业追求政治化，主要表现在企业领导的目标在客观上倾向于政治级别的提高。这一点是与企业追求的经济原则背道而驰的。另外，企业追求行政建制的升格，因此就热衷于扩大基建，多招人，以利于自己的行政建制升级。还表现在一些职工往往把政治原则滥用到生产领域，把主人翁地位与大生产铁一般的纪律对立起来，甚至蔑视现代科学技术向职工提出的精细的工艺要求。而反经济核算的倾向，特别表现在很多企业都希望自己的成本是橡皮成本，有很大的伸缩性，企业成本有两本账，而且普遍存在着小金库、乱摊成本的恶习。这都是反经济核算的倾向。一些职工追求工资福利最大化，厂长屈服于攀比的压力，不顾及工厂实力，滥发奖金、实物，提高福利水准，更有甚者，转移资金，吃光、分光，企业行为超短期化。一些企业有追求扩大再生产外延化的倾向，是因为外延（在低水平上的重复）没有风险，可以不动脑筋，而技术进步要担风险。所以，实际上很多企业一考虑扩大再生产马上想到的是在现有水平上的重复、扩展。还有很多企业追求万事不求人，追求"小而全"，追求"大而全"、追求自我完善，追求自我封闭，促使资金分散化，投资规模小型化，这都与专业化集约化背道而驰。一个企业如果经常出现诸如此类的非正常行为，那么就好似一个精神病患者，给他任何正确的指令，他都可能做出完全意想不到的反应，这是非常可怕的。这样的企业会使国家任何正确的政策都得到完全相反的效果。

看到众多企业的非正常行为，二汽集团必须考虑建立一套自己的管理体制、一套自我制约的机制，使我们的企业能够避免目前众多企业常有的非正常行为，超越我们国家大多数企业的现有水平，做到自我制约、自我调节。这个问题是表现企业水平的一个重要标志。

我认为，要使企业形成自我制约的运行机制。第一，要确立合理而且相对稳定的企业与国家之间的关系。这样才能使企业的行为有自我制约的内在要求。企业寄希望于改革，又怕政策多变。这是我们企业的现状。二汽实行了"双包"经济责任制，也就是一方面对国家承包上缴利润，另一方面承担自筹资金续建二汽。这就使二汽自身有了一个自我制约的要求。第二，企业要确立长远的目标。当全体干部和职工都为企业长远目标的实现而奋斗时，就可以避免企业的短期行为。第三，要让企业自我承担风险。当实行国家投资企业建厂的时候，投资行为的主体在国家，企业是一种行为，它往往希望向国家争得更多的投资，争得更多的建筑面积，争得更多的职工总数，这样做似乎是对它有利的，因而具有某种必然性。而当企业自筹资金，自担风险的时候，企业的行为就完全不一样了，它必须考虑企业的偿还能力，必须考虑投资的效益，必须考虑投资见效的周期。所以要让企业自我承担经营风险，这也是实行企业自我制约的一个重要因素。第四，企业要建立闭环的控制体系。这是实现企业行为自我制约的一个保证。为了使企业不偏离既定的目标，必须有一套监测体系，不断监测企业的行为。对偏离企业目标的行为，应及时发出警告，促使领导修正，使企业按照确定目标不断前进。如果我们能够建立这样一套企业闭环控制的体系，那么我们的企业行为将会达到一个新的水平。这是我们研究企业行为、企业运行机制的重要方面。

（二）关于企业动力的问题

企业要运行，运行就要有动力。那么到底什么是企业的动力？需要澄清一些认识。我们企业集团如果要区别于自由市场上的叫卖水平，区别于捞一把算一把，当一天和尚撞一天钟，就要研究企业的动力。

企业的动力有外力和内力。在产品经济体系中，国家计划是企业的外力；在有计划商品经济环境中，市场竞争将是主要外力。在产品经济体系时，企业内力往往是政治因素，那么在有计划商品经济环境中，企业内力又是什么呢？

追求是一种动力。有人说，企业是经济组织，因此，企业的追求就是实现最高利润，实现最高利润是企业唯一的目标。我认为这种说法似是而非，不尽妥当。企业当然要追求利润，假如企业都不盈利那我们的国家将坐吃山空，企业也没有后劲。那些办得成功的企业都有比金钱更高层次的目标与追求。一个崇高的目标会给企业以朝气和活力，会给职工工作以新的价值，会唤起企业和职工的使命感，推动企业在激烈的市场竞争中聚集力量，勇往直前。实际上，优秀企业大多以实现企业目标为奋斗之目的，而报酬是对社会贡献所应有的补偿。以实现目标为目的，往往会得到长久的收益；而以报酬为目的，就必然失去企业目标。

另外还有一种说法，就是企业每一级的工作成效都要与经济效益直接挂钩，似乎只要一和经济利益挂钩，一切力量都可以调动起来，所有的问题就会迎刃而解。我认为这是一种错觉。经济利益确实是至关重要的,社会化大生产区别于"种瓜得瓜,种豆得豆"的自然经济,是它经济成就的整体性。近年来,"金钱万能"的倾向腐蚀和肢解了企业的肌体。设想企业事事都简单地与职工个人经济利益直接挂钩,必定迫使企业上上下下沉溺于各级各层直至个人的得失之中而不能自拔,以至于往往会颠倒局部与整体、眼前与长远的关系,磨灭企业目标,丧失维系企业的内聚力。

因此,我们应该研究维系一个企业的内聚力到底是什么?维系我们这个集团的力量到底是什么?我现在认为,要创造优势,加强我们的聚合力,应该有三个方面的力量。

一是目标与追求。这是凝聚我们的企业集团和一个企业的首要的动力。一个没有正确的目标和高层次追求的企业是没有前途的企业。

企业的领导者既要调动物质力量,也要调动精神力量。精神力量是无形的,它创造的生命力恰恰是其他动力所无法比拟的。因此,要建立企业哲学,建立集团价值观,要充实我们的精神,使我们的职工具有强烈的团队精神。

二是纪律和管理。铁的纪律和严格的管理正是现代化大生产的一大特点,是社会化程度较高的大生产的力量所在。

三是竞争和激励。市场对我们的压力也是我们的凝聚力。必要的物质鼓励是对社会贡献的一种补偿,对它的作用我们要充分估计,但用它来取代一切,会得到完全相反的作用。

(三) 改革方案的问题

我们国家由过去的计划经济转向了有计划的商品经济,我们生产的东西由过去的产品转而成为商品。与此相应,企业的形态也要由生产型转向经营开发型,这是历史的必然。企业转型有赖于改革,企业的出路在于改革。前一段企业的改革取得了很大成绩,但要使企业的改革在更高的起点上,有计划、有步骤地向前推进,企业要掌握深化改革的主动权,避免在改革上有大的失误,必须在走一步、看一步的改革的基础上有所升华,系统地规划设计企业改革的方案。现在,制定企业改革方案的时机基本成熟。希望我们二汽集团及其各成员单位都能放眼2000年,来规划企业的改革方

在东风汽车工业联营公司第九次工作会议上的讲话

案，制定分步实施的计划，使我们改革有目标、分步骤地一步一步实现。在研究改革方案的过程中，要分析环境的变化，分析企业的现状和基本矛盾，研究企业的发展战略和改革的目标模式，研究企业的合理结构以及企业发展的动力、企业文化、企业精神。这样，就能够使我们在健全企业自我制约机制、综合激励机制、资金制衡机制、市场灵敏反应机制、企业调控机制等方面，有一系列正确的改革目标以及实施步骤，使我们的企业和集团不断健康地向前发展。

同志们！改革的航程已经开通，企业集团成长的条件在逐步改善，国际产业结构的转型给我们带来了严峻的挑战和良好的机会。抓住良机，尽快把中国汽车工业搞上去，是我们紧迫的任务。中国汽车工业形成支柱产业的历史任务，是我们承担的使命。我们有信心在未来的竞争中创造出新的成绩，在改革道路上迈出新的步伐。让我们二汽集团全体成员齐心协力，埋头苦干，开动脑筋，改造自我，努力开拓，大胆探索，在充满希望和艰难的道路上，为建设具有国际竞争能力的社会主义企业集团而奋斗！

· 短评 ·

企业集团的气魄

《二汽集团发展战略的构想》一文，表现了企业集团的气魄。它以科学、严谨的分析向我们展示了二汽集团的战略目标。

二汽集团的战略目标概而言之是：面向国内、国际两个汽车市场，尽早在汽车工业国际化的竞争舞台上，担当起角逐强手。为此目标，他们提出了在专业化改造、经济关系、经济政策、科技发展和人才开发、市场战略、管理体制等方面的发展构想。

这一系统的、具体的战略构想，只有企业集团这种大企业联合体才有能力承担总设计师。企业集团在某个行业或某类产品的生产经营活动中占有举足轻重的地位，有较强大的科研开发能力，具有科研、生产、销售、信息、服务等综合功能。所以它能够站在全行业的领头地位，纵论行业发展趋势，设计企业发展规划。也只有这样的战略构想才会对整个行业乃至我国国民经济发展产生影响。调整产业结构是我国经济起飞必经的一次社会化改造，而专业化大生产则是产业结构的支架。可以说，没有以专业化大生产为基础的生产结构，就不具备经济起飞的基本条件。企业集团正是在我国经济起飞的进程中应运而生的。它们必将在我国国民经济中起到支柱、带头的作用。

二汽集团的战略构想是立足于现实、着眼于未来的构想、通过这一规划，我们欣喜地看到，二汽集团正在成熟，准备大显身手，为中国汽车事业的发展做出自己的贡献。由此，我们也想到发展企业集团的另一方面，那就是，企业集团的组建需要一定的条件，有企业自身的条件，也有国家产业政策等外部条件。企业集团的发展有一个过程。切忌盲目地一哄而起。既要大力发展，又要合理、稳妥。唯如此，才能逐渐形成一支左右中国经济的企业集团大军。

振兴我国轿车工业的重要抉择*

——在中国汽车工业发展战略研讨会上的讲话

（1987 年 5 月 25 日）

当前，我国汽车工业正处在一个重要时刻。支柱产业地位得到确认，发展战略引起普遍关注，来自国际的挑战与机会愈来愈明朗，不断深入的改革开放使企业活力日增，企业集团蓬勃发展，这些都标志着振兴中国汽车工业的条件日臻成熟，中国汽车工业正在走向发展的黄金时期。

新中国成立以来，汽车工业得到了发展。第一汽车制造厂的投产，结束了我国不能制造汽车的历史；第二汽车制造厂的建成，表明我国有能力主要依靠自己的力量开发和装备世界级的卡车制造厂。在一批中小加工企业的基础上，经过多年努力成长起一批汽车厂、改装车厂和零部件厂，初步形成了我国的汽车工业体系。但是，不能适应国民经济发展需要的一些问题尚未解决。

1985 年，国家确定汽车工业是国民经济发展的支柱产业。这是一个具有深远意义的重要战略决策。

汽车工业落后和社会需求剧增的矛盾，激励我们急起直追；

经济起飞的超前需要，要求汽车工业尽快发挥带头产业的作用；

国际产业转型的机会正被别人捷足先登的局面，激励我们抓紧时机，迎头赶上。

研究我国现状和世界各国工业发展的历程，我们深感我国轿车工业发展的国内条件已经具备，国际良机已经到来。当前，要当机立断，做出正

---

* 1987 年 5 月 25 日至 29 日，国务院经济技术社会发展研究中心以国务院决策咨询协调小组的名义，在湖北十堰召开有百余名汽车工业领域有关企业家、经济学家、工程技术专家参加的"中国汽车工业发展战略研讨会"。本文是作者 1987 年 5 月 25 日在会议上的发言。

确的战略抉择，不失时机地推动我国轿车工业的发展，使汽车工业尽快成为我国国民经济的支柱产业。

一 战略重点的抉择

我国汽车工业的战略重点是停留在卡车生产上，回避或限制轿车的发展，还是适时转向轿车开发，兼顾卡车、轿车协调发展？这是当前面临的最重要的战略抉择之一。争论的焦点是当前应否把轿车工业摆到战略重点位置。

世界汽车工业是从轿车生产开始的，100年来，轿车工业在汽车工业中一直占据主导地位。可以说，没有轿车工业，便没有完整的汽车工业；没有轿车工业，也没有高水平的汽车工业。与汽车工业发达的国家相比，我国的国情虽然有所不同，但我国卡车与轿车发展比例的不合理已到畸形的程度，如果不发展轿车工业，不仅因满足不了社会发展的需要而不得不长期进口轿车，而且汽车工业亦将不可能达到形成支柱产业所必须具有的规模、水平和对国民经济的带动能力。

汽车工业对国民经济整体的支柱效应是以达到经济规模的大生产为基点的。对于中国这样的大国来说，汽车工业在2000年前必须在现有基础上以百万数量级的规模发展，才能形成对国民经济的巨大带动作用。而上规模，则不能不上轿车。

许多国家的经验表明，在振兴汽车工业阶段，轿车的增长率都大大超过载重汽车的增长率。目前世界平均千人轿车保有量为76辆，而我国是0.5辆，居世界之末。我们可以限制轿车的使用和生产，但不能阻止日益增长的内在需求，随着经济的发展，我国巨大的潜在市场将逐步转变为现实市场。根据对我国汽车市场较保守的预测，到2000年轿车年增长率约为14%，轿车总保有量约在300万~400万辆。届时我国千人轿车保有量仍不足3.5辆，当年的轿车产量必须达到60万~70万辆才能应付需求。如果现在不把轿车工业的发展放到重要位置，使之尽快进入实质性推进阶段，那么，到2000年我国不仅不能成为轿车出口国，而且国家仍将不得不以成百亿美元的经济代价以及越来越难以承受的社会代价继续大量进口轿车。与其买车，不如造车。

人们对我国发展轿车的疑虑主要是：资源不足，资金短缺，相关设施跟不上。我们认为，把轿车发展目标定得过高是不适宜的，但300万~400万辆的保有量和60万~70万辆的年产量不会超过国力所能承受的限度。

2000年我国石油产量将达到2.3亿吨，除去出口，可炼制成品油约1亿吨。若汽车总保有量按1300万辆计，消耗油约3500万吨，占成品油的35%，汽车燃油比重仍大大低于大多数发达国家。

2000年我国钢材产量将达到8000万吨。汽车年产量按170万辆计，约耗钢材500万吨，占钢材总量的6.3%，这一比重也大大低于大多数发达国家。

2000年我国公路通车里程约为130万~150万公里，每辆车平均占有公路长度为87~125米。这个数字远高于美国和日本的水平。

以上粗略分析说明，石油、钢材、公路都不会构成对轿车工业合理发展的严重制约。

资源条件比我国差得多的日本，在50年代也出现过要不要发展轿车的激烈争论。通产省和汽车界力排众议，毅然采取强有力措施迅速振兴了汽车工业，经过20多年的努力夺取了世界汽车皇冠，近年来年出口量已超过600万辆。在我国卡车生产已有相当基础的今天，我们应迅速做出正确判断，使汽车工业的发展重点有计划地实现向轿车工业的战略转移，及早确定轿车在汽车工业中的战略地位，制定发展轿车的战略目标。

二 市场目标的抉择

发展我国轿车工业所应选择的市场目标，究竟是以国内市场为目标的进口替代战略，还是以国际市场为目标、国内市场为后盾的双市场型出口导向战略？

当前，我国对轿车工业采取了一些抑制需求、限制进口的措施，但供需矛盾并未因此而缓解，相反，随着国民经济的发展，供需矛盾日趋尖锐。透过这些矛盾我们看到，有这样广阔的市场为后盾，这使我国发展轿车与韩国、中国台湾等国家和地区相比，有着无可比拟的优势。

汽车是国际贸易中量最大、面最广、市场需求相对稳定的商品，全世界每年约有1200万~1500万辆的国际汽车销售量。巨大的利益吸引，使得国际市场早已被发达国家和地区所瓜分。但是很多事实说明，这种瓜分并非攻不可破。要挤入这一市场的关键之一是选择时机。近年来日元大幅度升值，日本所占有的600万辆国际汽车市场和上百亿美元的国际汽车零部件市场有所松动。韩国成功地利用了这一机会。机会往往比金钱更可贵。在国际汽车市场重组中，我们应当积极争取占据世界汽车市场的一角。

面对国内巨大的市场需求，面对国际上难得的机会，在我国轿车发展起始就必须研究市场目标的选择。

以国内市场为目标的进口替代战略，其优点是可以实行国内标准，很快提高国产化程度，尽快满足国内需求，挡住进口浪潮，企业近期风险较小，对经济发展和社会安定十分有利。缺点是起点比较低，在国内市场站住脚之后要想进入国际市场，必须实行新的转换，要经过长期艰苦努力；由于没有创汇能力，建设和改造所必需的外汇需长期依赖国家，在很大程度上阻碍企业与日新月异的世界汽车技术和市场的联系，限制企业的发展。实际情况表明，中国的轿车市场从本质上早已国际化了。随着对外开放政策的实施，这一趋势将继续发展而不可逆转。在国家不能长期封关保护的情况下，仅仅面向国内市场的企业潜伏着危机。事实上，不能出口的轿车，难于长期挡住进口。

以国际市场为目标、国内市场为后盾的出口导向战略，其基点是发展具有国际竞争能力的轿车工业。其优点是有助于从根本上增强民族汽车工业的实力，积极引入国际竞争的压力；可以有力地带动汽车工业及相关产业的技术、管理高度化；能较快改变我国出口产品结构，建立我国机电主导出口产品，增强创汇能力。人们对中国轿车能否出口抱有疑虑。我国汽车工业积30多年经验，已有一定实力，不应简单地用现有40万辆的能力来衡量我国汽车工业的技术、管理水平。比起十几年前才真正起步的韩国、中国台湾，我们有自己的优势。我们精心利用后发优势，一举赶上是有可能的。国际汽车市场是由多层次的需求构成，我们选择高可靠性、低成本的中低档车型作为主攻目标，有可能在国际汽车市场占有一席之地。韩国的"小马"正是以性能适中，价格低廉的优势顺利打入美国市场的。建设双市场型轿车工业的关键是如何用适当的办法处理好两个市场的关系，从而既满足国内日益增长的需求，又顺利完成由较低的起点向较高的国际水平的过渡。

以两个市场为目标，采用两个标准、两种牌号、两种价格有可能实现"以内养出，以出促内"的良性循环。就是说，出口的轿车严格按国际标准要求，自制不出来的零件，可以引进部分散件装车出口；供国内使用的轿车，在保证使用安全可靠情况下，初期允许部分零部件采用过渡标准。由于有两个市场的保证，零部件及配套件较易组织专业化、大批量生产，有了批量就有了提高质量的基础。随着国产件水平的提高，出口车的进口件可逐步减少，直至全部取代，基本实行同一技术标准。用这样的办法，有可能探索出外汇"近期平衡、中期有余、长期创汇"的路子。

总之，以国内市场为目标的进口替代战略，近期是稳妥的，但远期有风险；以国际市场为目标、国内市场为后盾的双市场型出口导向战略是积极的，但起步比较困难。我们认为，两种方案都是可行的，如何选择主要依据条件、形势而定。

三 发展模式的抉择

我国轿车工业的发展是走闭关锁国的"封闭型模式"，还是选取资金、技术仰仗别人的"依赖型模式"，还是采用"自主开放型模式"？

全球化趋势是当今世界汽车工业的一个显著特征。在汽车的社会化大生产在国际范围内急剧扩展的今天，我国的轿车工业发展要想起点高、进程快，必须跻身世界竞争舞台，走开放之路。对外开放的国策和世界产业转型的机会，使我国新兴轿车工业选择"自主开放型模式"的外部条件已基本具备。我们必须而且可能积极向世界体系渗透、推进，争取外部的技术、资金、装备，乃至市场和售后服务为我所用，以有限的代价获取更大的发展。在处于起步阶段，且与当代水平有较大差距的情况下，在进入国际汽车体系过程中，关键是能否坚持自立、自主。在建立中国轿车工业之始最重要的是培植自己的优势和自主的实力，始终注意维护我们在世界体系中的民族性、自主性。

我国汽车工业自一汽建成投产后的20年间，经历了一个封闭阶段，其间虽有充分自主的形式，却无自主的实力，结果发展迟缓，而一旦国门稍开，就受到巨大的压力和冲击。

70年代末期，中央实行改革开放方针以后，各企业加强了国际交往，竞相引进技术，并办起了3个合资厂。这对提高我国汽车工业水平起了积极的推动作用。但是，在采用引进技术或合资办厂以散件组装逐步实现国产化的过程中，近期巨大的困难是难以做到在短期内有计划地减少进口件，提高国产化水平，减少对外汇的依赖；对今后的严重考验是能否尽快消化、吸收引进的技术，在不太长的时间内开发并生产出自己的新一代产品，避免新的"多年一贯制"。而这两点也正是抛弃"封闭型"，避免"依赖型"，走向"自主开放型"的基本着眼点。

对应于不同的市场目标，"自主开放型模式"有两种体现形式。

以国内市场为主的进口替代型企业，其发展模式应为"技术引进，自主建厂，进口替代，远期出口、国内销售"，所以容易实现国产化，天津大发就是一例。但是技术引进所能得到的往往是过时的产品，或当时的产品，结果经过几年的建厂和实现国产化后，所能生产的不过是别人已经淘汰的车型，进入世界市场的可能性很小。搞得不好有可能再次引进，这样循环下去，就难以真正自主，就不能摆脱对外的依赖。

以国际市场为目标，以国内市场为后盾的双市场型企业，其发展模式可为"联合开发，合资办厂，出口导向，进口替代"。通过联合开发，可以获得投产时在国际市场上有竞争能力的产品，同时培育出自己的产品、技术开发队伍，使企业具有创新、再生能力；通过合资办厂，可以保证企业有较高的起点，较充分地获得后发性利益，提高我们的管理水平，学会经营本领和国际销售、服务业务。但在合资办厂时一旦丧失自主，就很可能走上依赖型的死路。

对外开放是发展中国家发挥后发性优势，迎头赶上国际水平的重要措施，是自主的必要条件；自主是实现开放，并使之长期坚持的基础和前提。无论是合资办厂还是技术引进，在一些基本的工作环节上都要遵循自主开放的原则。把合资办厂与依赖外国相提并论是不正确的，实际上，联合开发、合资办厂搞得好不会沦为依赖型企业；而引进技术、自主建厂并不能保证走向自主型企业。关键是必须一开始就建立掌握汽车生产的现代化经营管理、掌握汽车开发技术这一确保自主、自立的基础。

四 依托力量的抉择

建设轿车工业是全国支援，新建企业，聚全国力量为一家，分担任务，共同建厂；还是以成熟的汽车集团为主体，联合军工、地方工业力量进行建设？

过去，在产品经济条件下，一汽、二汽的建设，主要运用行政的办法，国家投资，全国支援，新建企业，都取得了成功。现在，随着经济体制改革，这种建设方式的条件已不复存在。且不说国家直接承担全部投资有资金上的困难，就是在已初步形成的企业间竞争、竞赛格局下，用行政的办法调集成千名熟悉汽车生产的管理人员、技术工人，以及上千名搭班配套的工程技术人员也是难以想象的。

汽车是资金、技术密集型产业，它不仅需要巨额资金，更需要有强大的技术力量，只有同时具备这两大要素，企业才能创造和保持繁荣。因此，我们当今建设轿车工业的着眼点不仅限于建厂出车，更重要的是要着眼于新建轿车厂的开发能力和发展后劲。走传统路子，集中全国资金，保证必要的投资强度，进行有效的协调，有可能在较短时间内把工厂建设起来，生产出第一代产品，但是这一新企业在短时期内不可能真正建立起基本配套的开发能力。建设一汽时，从全国抽调了大量技术骨干；建二汽时，一汽支援了1/3的技术力量，即使如此，一汽、二汽均分别花费10多年的艰苦努力才基本具备独立开发汽车技术的能力。面对日益国际化的国内市场，面对两年一大改、四年一换型的国际轿车市场，技术能力短缺这一致命的先天不足，将会导致新建轿车工业一开始就难以形成新兴企业的良性循环，难以避免新厂老化。苏联陶里亚蒂汽车厂，采用国家投资（包括引进外资），另建新厂的办法，尽管建厂出车的速度比较快，但功能不全，在建成投产16年后不得不再次请外国人帮助进行第一次换型。这个教训应引以为戒。

一些同志认为，轿车建设需要巨额资金和雄厚的技术、管理力量，现有骨干汽车厂都不具备独自承担的能力，只有聚全国资金和技术为一家，合理配置，组成统一的集团公司分担任务，建设一个轿车项目，才是一条出路。近年来一汽、二汽相互间既是主要竞争对手，又是互相合作的帮手，较好地体现了社会主义有计划商品经济条件下企业之间的新型关系。一汽、二汽在友谊竞争中竞相改进产品，改善服务，用户和企业都已深切地感受到社会主义条件下防止垄断的必要和竞争带来的活力。目前各主要汽车集团已有各自中、长期发展规划，已初步形成了竞争、竞赛的格局。在发展有计划商品经济的过程中再要求共同出资合办一个轿车项目，违反了防止垄断、保护竞争的原则，必定会出现牵制多于协调、牺牲竞争减少活力的局面，就会带来一系列难以处理的问题。

比较合理而可行的做法是在国家强有力的产业政策支持下，在行业规划指导下，以骨干汽车生产厂为主体，建设两三个轿车工业集团。在产品上实行"先避开，后交叉"，体现系列化的原则。即发展初期各集团在产品级别、档次上先避开，不重复，迅速拓宽轿车型谱，挡住进口，满足急需，之后，各集团间产品级别、档次合理交叉，适当覆盖，以促进竞争，协力对外；在建设次序上，从现在到2000年有计划地一个时期以一个项目为主，分期分批，集中力量打歼灭战；在建设规模上，原则上以24万辆左右为一个生产单元，在国家支持下形成经济规模，使我国轿车工业的成长走上一条避免重复、分散的新路；在主机厂与配套厂关系上，明确以骨干企业为主体，但这绝不意味着要搞全能型封闭体，而是在强调骨干企业厂核心作用的同时，采用国际上通常采取的自制率，充分发挥集团优势，把众多军工和地方企业纳入轿车集团发展的大系统，通过改造、改组转变成新的生产力，对配套件、零部件要跨出集团实行"择优选点、集中订货"的原则，培育"专业化巨人"。

作为轿车集团主体的骨干企业，要充分发挥主导作用，成为发展我国轿车工业的依托力量，它必须具备一定的条件：

（1）实力雄厚的自我开发能力和对引进技术的吸收、消化和发展能力；

（2）高水平组织大批量生产和经营管理的经验；

（3）先进的制造工艺综合水平和采用当代最新技术的规模；

（4）横向配套和集团协作的坚实基础；

（5）健全的人才培训体系；

（6）强大的技术后方；

（7）较完善的对外经济联络与销售服务系统；

（8）巨额资金的自筹能力。

在我国有计划的商品经济不断发展的今天，发展轿车必须依托的力量是骨干企业和成熟的企业集团。

五　筹资方式和经营主体的抉择

发展轿车的资金筹措，是走"国家出钱，企业建设"的老路，还是走国家和金融部门支持下，通过利润留成积累和集股、借贷的方式筹集？轿车项目的建设经营主体是投资公司还是企业本身？

建设一个年产 30 万辆的轿车厂，约需 40 亿~50 亿元，因此，巨额资金的筹措自然是各方面十分关注的事情。历史的经验一再证明，实行国家包投资，企业管建设的方式，在绝大多数情况下投资效果都不好，它往往引发企业的非正常行为。企业在争投资时张开大口，多多益善，往往背离技术经济综合效益，追求高标准，隐瞒生产能力，宽打窄用，助长眼睛向上、追求外延式发展的倾向。企业经营者的权力和责任不对称，很难创造出优良的投入产出绩效。此时经营者的水平往往表现为争投资的能力，因此，改革投资体制是我国经济体制改革的重要内容之一。近年来，首钢、一汽、二汽实行双包经济责任制的实践说明：当投资和经营的风险压到企业头上时，企业行为明显变化；在企业面临风险与获利并存，压力与动力结合的局面时，企业就会相应产生自我制约和注重长远后劲的内在需求；企业用自筹资金搞建设，深知资金来之不易，比较能自觉地把钱用到点子上。首钢用自筹资金保证了实现利润连年递增20%的增长速度，一汽用自筹资金完成了换型改造的艰巨任务，二汽用自筹资金实现了逐年递增10000 辆生产能力的扩展。经营者的顽强追求集中在投入产出的效益上。两种投资体制，效果泾渭分明。实践证明，使企业作为自身发展的投资经营主体是一条改革统收统支模式、废止投资"大锅饭"、依靠企业自身快速扩大生产能力的路子。

企业作为投资建设主体，并非建设的巨额资金全部由企业积攒，更不能先攒足钱，再建设。赚一分钱办一分事，这是自然经济扩大生产能力的主要模式。在商品经济条件下，企业可以而且必须运用和提高自己的"资信"，用这种无形价值的力量募集资金；企业的财务结构必然包括自有资金、集股资金与外借资金三大部分，在风险可控的前提下，使可贵的有形和无形资产发挥更大的效益。在改革开放的形势下，国内的金融市场会迅速发育成长，争取国外金融支持和合作的机会开始出现，如果按照国际通常筹集建设资金的办法及比重关系，处在经营繁荣状态下的企业在扩展生产能力时，自筹资金（即注册资本）可保持在占总投资的 1/2 至 1/3 的水平，其余资金向金融机构借贷。在有计划商品经济体制下，企业不学会负债经营，就不能求得最大的发展。

建设大型轿车厂，有金融机构做强大后盾十分重要。按照经营权和所有权适当分离的原则，以经营货币为对象的金融机构通过对企业资信、项目效益的评估，决定资金的投向与数量，实现对企业发展的引导。但是应该明确，投资和经营的主体是生产性企业，投入产出经营风险的主要承担者是生产经营性企业。

当前，发展中国轿车工业的时机已经成熟，急需做出正确的战略抉择，使我国轿车工业一开始就能健康、迅速地发展。

为了顺利走上以大型骨干企业为主体，以经济规模为基础，生产专业化、技术高新化、资金集约化、组织集团化的发展道路，我认为，在当前的改革中，不能无限弱化行政干预，片面强调放权搞活，实行"无为而治"，放任原有企业在现有基础上普遍扩张，而必须通过改善进而加强宏观控制，用强有力的产业政策等宏观手段遏制重复、分散、落后的现象在新型轿车工业中重演，坚持搞活为改组服务，发展在改造中进行。这样，我们社会主义中国，就有可能在充满希望和艰难的道路上，建设起具有国际竞争能力的新型轿车工业。

振兴我国轿车工业的政策支撑*

(1987年5月27日)

1986年12月26日，国家计委主任宋平同志在《二汽动态》上批示：二汽提出的问题很重要，大家对联合很积极，但联合起来干什么？要尽快解决。他们说现在中型卡车已无发展余地，那么开发什么产品呢？二汽多次提出要搞小轿车，国家似乎没有必要限制。现已联合了160多家企业，应该由二汽组织他们有计划地去开发新产品，行政干预要减到最低程度。

得到这一消息后，陈清泰厂长立即找到国务院经济技术社会发展研究中心的鲁志强部长和张盘副主任，策划在二汽召开一次中国汽车发展战略研讨会，以此推动轿车产业的发展和二汽项目的落地。1987年5月25日至29日，国务院经济技术社会发展研究中心以国务院决策咨询协调小组的名义，在二汽召开"中国汽车工业发展战略研讨会"。全国上百位汽车工业领域有关企业家、经济学家、工程技术专家出席会议，有关政府领导同志也尽数到会。原机械工业部部长段君毅、周子健、饶斌等领导同志也应邀到会。

1987年8月以来，二汽的轿车前期准备工作一直是按照国家决定的原则，坚持出口导向，围绕1996年形成15万辆普通型轿车的生产能力，1998年达到年产30万辆的目标进行的。在深入探索合理的建设模式的同时，对外谈判、产品选型、工程设计、厂址选择、零部件配套、资金筹措、职工培训等方面的准备工作也在全面展开。

作为出口导向型的轿车项目，我国起步已经晚了，跻身国际汽车市场

---

* 本文是作者在1987年5月27日研讨会上发言的整理稿，刊登在《汽车工业研究》1988年第3期。

的多次机会正被某些发展中国家捷足先登。国内轿车需求的饥渴已到难以承受的地步，因此，无论从尽快占领国际市场，还是满足国内日益增长的需求来说，北戴河会议已确定的轿车项目实施的关键是速度。

对于出口导向型轿车项目，从筹备、建设时起就已经加入了国际汽车市场的竞争。轿车是一种开发周期长、寿命周期短的商品，因而项目本身具有强烈的挑战性。正确决策之后，在市场竞争中，速度就是竞争力，速度就是经济效益。对于一个30万辆轿车的大型项目来说，速度同时意味着高强度的投资；速度意味着良好的投资环境；速度意味着简化的办事程序；速度意味着高效率的管理。失去速度，在一定意义上就会失去进口替代的意义，偏离"出口导向"的目标，丧失进入国际市场的机会。

充分认识现代大型轿车项目的基本特点是制定正确政策的基础。我们认为其主要特点是：

（1）投资规模巨大，市场竞争激烈，具有一定的投资风险，因而要求投资者呈多元化格局，要求所有权与经营权的分离更为彻底；

（2）只有实行达到或接近经济批量的生产，才有可能保证价格竞争能力；

（3）技术集约化程度高，产品换型快，必须有强大的开发能力作后盾，具有及时吸收国外先进技术、高技术人才的机制；

（4）市场国际化和日益相对狭窄，使得销售往往难于制造，获利与风险相称，因而商业利润比重增大，必须建立自有的强有力的健全的销售体制，才能获得最大效益；

（5）资金集约化、技术高度化、生产专业化、组织集团化以及产品与市场联系的紧密程度，都导致轿车的生产、经营、管理具有极大的挑战性。

现实国情与必须加快建设速度和上述特点之间有一段明显的距离。因此，我国已确定的轿车建设项目，特别是以出口导向为目标的大型项目，其实施办法必须从根本上不同于以往在产品经济条件下的传统路子，它要求我们从准备阶段开始，就要探索一条把改革、开放和发展更紧密地结合起来的新路。

从二汽轿车项目的实际情况来看，振兴我国轿车工业的政策支撑，主要表现在以下诸方面。

一 借鉴各国经验，加强宏观调控

中国作为轿车工业的后起国，在着手建立现代轿车工业时很有必要重点研究世界各国，尤其是汽车工业后发性国家在这方面走过的道路，借鉴成功的经验。这是争取后发性效益极为重要的一环。

比较典型的，在不同程度上取得了成功的发展模式有三种。

（1）苏联模式——以伏尔加汽车厂的建设为代表，国家投资，全国支持，保证必要的投资强度，授予企业执行计划所必需的特别权利。结果创造了三年出车，四年达到设计能力，收回全部投资的高速度。1986年产品出口27万辆，其中向西方国家出口近半数。其不足之处是高度依赖统制经济，缺乏技术发展后劲。

（2）巴西模式——限制乃至禁止整车和零部件进口，实行建厂开放（扎死一头，放开一头），吸引外资，境内建厂，鼓励外销，控制内销。结果，经过30年时间发展为世界汽车生产第十大国。1987年产量达92万辆，占总产量的38％。其问题是外国资本几乎占领本国汽车工业的全部阵地，本国没有真正掌握技术，没有规划和发展本国汽车工业的主动权。

（3）韩国模式——在轿车工业成长期（1964～1986年）实行封关政策，强制性规定零部件厂及大公司的产品发展方向，促进关联产业发展，同时企业积极引进国外技术和高技术人才，培育具有国际竞争能力的产品，掌握产品、技术开发及开拓市场销售的本领。当汽车生产的合理布局已经形成并进入成熟期后，制定"汽车厂制造产品自由化"和"汽车进口自由化"政策，促使汽车生产形成竞争局面，并用本地区较小的市场换取更大的国际市场。现代公司（HMC）在这种环境下获得了长足发展。20年前HMC成立时，几乎对汽车行业一无所知，从1972年引进三菱技术，1976年投产，1977年出口第一辆轿车进入出口导入期，到1980年已出口汽车达2万辆左右，持续到1984年生产接近30万辆经济规模后，进入出口高速成长期。1987年HMC年产汽车已达59万辆，向40多个国家、地区出口汽车50万辆，创汇20亿美元。HMC的成功集中说明韩国所选择的轿车发展模式更适合发展中国家的国情。

后发性国家发展轿车工业的经验给我们以启示。当前,在我国发展轿车工业起步之际,不应无限地削弱和排斥国家的行政干预,要利用国家手中的行政权力,着力搞好轿车发展中的宏观调控。第一,进行必要的行政干预,促使轿车工业较早地形成合理布局;第二,分阶段地实行倾斜政策,有效地扶植民族轿车工业的发展,使之成为具有国际竞争力的产业;第三,利用国家力量组织相关产业的同步发展,而具体技术、管理和建设工作放手让企业去做。为了迅速发展轿车工业,国家与企业要有明确职能划分,不应做重复的工作,国家应当使用法律、法规、法令、基金甚至必要的行政手段搞好宏观调控。我们希望尽快制定并颁布我国汽车工业振兴法,这是至关重要的战略性措施。我们认为,在培育我国轿车工业之初,借鉴国外经验要做到以下几点。

(1)在2000年前,坚定地实行限制整车进口的政策。目前轿车供需矛盾已相当尖锐,但为了民族的长远利益,国家对限制整车进口的政策必须用法律法令的形式确定下来,坚决实行。通过关税税率调整,挡住没有自制率计划的散件进口,限制进口件比例,促进国产化率的提高,鼓励出口外销。为了缓解国内轿车供求矛盾,包括必须设法满足的特别需求,而采取的各种措施,都不应背离保护和促进民族轿车工业成长的原则。

(2)坚持1987年8月国家确定的定点与分工原则,高度警惕轿车工业发展重蹈载货汽车重复、分散、落后覆辙的危险,在中国的轿车工业起步之始,就形成比较合理的生产力布局。

(3)下决心实行倾斜政策,扶植轿车及零部件相关工业,充分享受后发性效益,较快地建立具有国际竞争能力的轿车工业,把30万辆轿车项目办成迄今为止国内最大的合资项目。

我认为,认真总结国外发展轿车的成功经验,有利于我们结合国情掌握轿车发展的培育期、成长期、成熟期的特点,进而有针对性地确定各时期宏观应调控些什么和如何调控,使我国轿车发展之初即可集多国之所长,走上健康迅速发展之路,享受后发性效益。

二 实行投资主体转移,探索改革与发展的新路

二汽建设经历了两种模式,一是"国家投资,全国支援,二汽建厂"

模式，二是"自筹资金，量入为出，发展能力"模式。这两种模式在当时条件下，都取得了成功。但在改革开放的今天，这种条件已不复存在。前者过分依赖于国家；后者使企业有争投资、隐瞒能力的不端行为发生，并且由于是用自然经济的办法搞建设，企业难以承担风险，发展速度慢。这两种模式都不能满足在有计划商品经济条件下发展轿车的需要。

为此，我们要充分利用改革开放以来国家的有关政策，实行投资主体转移，改变有多少钱办多少事的做法。现在是国家没钱，地方有钱；政府没钱，老百姓有钱；中国没钱，国外有钱。我们要使别人的钱、别人的力量为我所用，办我们发展轿车要办的事，使稀缺资源从社会、从国内外获取，来发展我们的事业。

首钢和一汽、二汽等大型骨干企业对国家实行上缴利税与企业发展双包经济责任制的成功，使企业内正在形成风险与获利对称，压力与动力结合，自我积累与自我制约并存的新型机制，正是投资主体转移的结果，也是投资主体下移的必要条件。

在不断深化改革开放的今天，对部分基础较好的企业，有条件试行以企业为投资主体，在国家大力支持下由企业完成国家批准的大型工业项目的建设。这将是改革与发展结合的一大创举，它有可能为我国发展重大项目，为培育具有国际水平大型企业开创新路。我们设想30万辆轿车项目可否在国家批准项目后，在倾斜政策和相关行业支持下，资金主要由企业筹集，风险主要由企业承担，在不违反法律法规和宏观控制条件下，具体事项让企业去做，合作谈判、技术准备、组织建设等放手让企业去干，若干年后企业为国家抱个大"金娃娃"。此举，在社会主义国家尚乏先例，如能成功意义重大。以30万辆轿车重大建设项目为例，实行投资主体转移，这是改革开放与经济发展紧密结合，加快建设速度，明确责权关系，端正企业行为，培育大型企业，锻炼经营人才的重大社会实验。

为了实行投资主体转移，探寻改革与发展的新路，可以考虑以下几点。

1. 二汽对国家实行项目经济承包

（1）二汽利润递增包干政策延续到2000年，基数不调减，递增率保持不变，即不减少对国家的贡献。

（2）在国家支持下，以企业筹集资金为主承包30万辆轿车项目的建设。

（3）按出口导向原则从1990年到1998年实行外汇累计平衡包干。轿车建设期所需外汇、主机厂由政府贷款或国内外金融机构贷款。到1998年，也就是投产后四五年，即可通过外销、返销将此前外汇平衡。对于零部件生产国家和地方给予必要支持，缺口部分通过实行以产顶进、综合平衡的办法予以解决。

2. 组织零部件国产化

零部件生产缺乏基础是发展轿车的重要制约因素，零部件与主机厂建设能否同步及超前，是30万辆轿车项目成败的一大关键。

零部件生产体系应兼顾规模效益与竞争机制，在横向配套产品方面，要在全国择优选点、统一规划；在纵向配套专用件方面，由于涉及整车产品的技术特性和技术产权，则必须由主导企业负责。为此，国家批准的零部件项目总笼子中有一块应一次批给主导厂，由主导厂在总笼子内行使具体项目的审批权限。这样做对于紧密结合实际，提高决策效率和投资效益，确保建设进度，是非常必要的。轿车的零部件、配套件的国产化需要全国各领导部门及相关行业的共同努力和大力支持，但是将来谁对零部件国产化负责，这是不容回避的问题。合资企业自身是没有条件，也不可能负责。国内有经验似乎是：轿车零部件、配套件的国产化以某级地方政府部门负责组织，其进展速度并不理想；以行业出面组织，往往容易形成"两张皮"；以企业或集团为主组织，进展较为顺利。我们认为相关工业的配套发展也应以行业为主进行推进，对于30万辆轿车零部件、配套件的国产化，在行业统一规划指导下，由主导企业负责，比较实际。这样，在轿车零部件国产化方面可实施：政府——实行政策扶植；行业——进行规划协调；企业——从事组织推进。通过上下配合、左右衔接，既有明确的国产化责任制，又能发挥各方面积极性。

3. 相对完整授权

在国家宏观控制和大力支持下，按政企分离，所有权与经营权分开的原则，实行相对完整授权。在"使外国企业家能够按照国际惯例，在我国经营企业"的同时，也应让轿车的投资主体能够按国际惯例根据市场需要开展建设和经营活动。

（1）在国务院规定的普及型轿车档次范围内的具体产品选择权；

（2）在国家审议的基础上，对国外合作对象和合作方式选择权；

（3）集资方式选择权；

（4）建设资金（包括外汇）使用权，即按合理工期跨年度调整笼子使用权；

（5）必要进出口和限额以下二次配套项目立项和引进权；

（6）必要的人事权。

以大型企业为主体建设大型工业项目，这是我国投资体制改革的重大课题。我们希望国家能把30万辆轿车项目作为投资主体转移的试点，探索改革与发展结合的新路。

三　培育企业竞争能力，进入国际市场角逐

中央确定的沿海地区经济发展战略，对于我国较快地走向外向型经济，促进沿海地区经济发展，更大规模地引进国外的资金、技术和管理至为必要，特别在解决我国开放初期的困难方面具有十分重要的意义。但必须同时下决心增强大企业的活力，培育一批具有国际竞争力的企业集团，使之成为社会扩大再生产和未来进入世界市场角逐的主体，大型企业搞活与沿海经济蓬勃发展相呼应，带动整个经济发展，建成我国经济起飞的两只轮子。

今年4月，我们邀请欧洲经济共同体专家，较深入地讨论当前中国的投资环境。

欧洲专家认为，"没有免费的午餐"。尽管合资对中方的好处是显而易见的，但西方企业几乎拥有可在全球选择投资对象的机会，他们要全面考虑投资环境。专家认为投资环境一方面是政府的政策、自然条件和基础设施，而不容忽视的另一方面就是合作企业的素质。中国政府注意到了要给予外国投资者以优惠政策，但西方企业更注重的是优惠而稳定、规范而有法律保证的投资条件，是了解并能按国际惯例办事的对象以及自身所具有的条件。他们指出：中国应当了解，对有意与中国企业合作合资经营的外商来说，合适的合作伙伴比优惠的政策更重要。优惠的政策是"嫁妆"，而更有魅力、更重要的是"嫁娘"。目前中国对中小企业开始放活，但中小企业素质太低，国营大型企业受控于国家，显得过于僵硬，实施一些国

际常规往往会成为很大的难题，这是西方企业考虑投资环境时，感到头痛的一大问题。

因此，我们把30万辆轿车项目看作二汽向外向型大企业迈步的阶梯，是提高企业素质、学会国际合作和按国际惯例经营企业的课堂，是增强二汽国际竞争能力，跻身于国际市场，进而创造自己国际型名牌产品，提高企业国际知名度的重大措施。

1. 坚持"出口导向"的方针

1987年北戴河会议的决定是二汽轿车项目的重要根据。面向两个市场，实行出口导向，是30万辆轿车项目必须遵循的基本方针。这是改变我国出口产品结构、促使汽车工业走向国际市场的重大措施。根据对国际汽车工业发展过程的分析判断，我们认为这一方针是必要的和可行的。

为贯彻这一方针，我们是按照如下指导思想开展工作的。

（1）产品选型。选用后发性国家低成本、高可靠性、进入国际市场可能性最大、发动机排气量在1~1.6升的B级、C级轿车；引进新车型或目前尚未投产的未来型产品，使之成为在新厂投产时具有一定国际竞争力的车型；采用国际质量标准，满足多数国家法规要求（如有左置，又有右置方向盘等）。

（2）生产成本。不盲目追求生产自动化，以关键部位保证质量、生产过程成本最低为原则；尽快达到30万辆能力，实现经济规模，降低生产成本，增强经济竞争能力。

（3）市场战略。以国内市场为后盾，确定大规模生产体制，以内销养外销，度过出口"发育期"进入"导入期"；以环太平洋发展中国家为第一阶段出口目标，考验产品，培养销售服务队伍，进而进入北美、西欧；返销自销结合，与外商谈判中要求对方负责部分返销，但在主攻市场要逐步建立自己的销售服务系统。

（4）出口设想。1993~1998年为出口"导入期"，轿车出口由零逐步增到数万台。这一时期的主要任务是，开拓市场，建立销售服务系统、考验工艺、考验产品，训练队伍、培养信誉、以内销养外销。1998年起进入出口"成长期"，达到经济规模生产，产品日趋成熟，建立销售服务系统，这时期可保持较高的出口递增率。到2000年将达到年出口10万辆左右，搞得好还会更多,当进一步达到出口"成熟期"时,出口量会超过半数。

国际汽车具有十分广阔的市场,每年汽车出口超过 1000 万辆。作为传统制造业,我国确实具有相当强的潜在优势,但由于其附加价值较高,强者如林,后起者甚多,在这一市场上竞争十分激烈。换型周期日渐缩短,因而在确立出口导向型轿车项目后,要用速决战、歼灭战的方式快速投产,以防产品时效老化,失去竞争能力,尽快形成经济规模,这是走向国际的必要条件。

2. 迅速伸展"两翼"

市场竞争的现象表现为产品的竞争,而实质是技术与经销水平的对抗。现代化大型企业如果将生产比作"机身"的话,技术开发与市场经营则为"两翼"。没有开发和更新产品、技术的能力,没有自己的国际销售服务系统,企业就不能起飞,就不能创立自己的名牌产品,不能树立自己的声誉,将长期受制于人。

长期产品经济的桎梏,使企业的"两翼"异常弱小。

二汽必须下决心改变这种状态,通过 30 万辆轿车的建设健全这两大功能,真正使自己成为具有国际水平的企业,首先要加强产品的研究和发展,近期要担负引进轿车产品工艺技术的国产化,并能自行开发第二代轿车产品的任务。为此,应使二汽技术中心具有相当于国家一级所的功能。其次要加强销售策略的研究和销售渠道的建立。支持二汽着手研究和尝试在国外建立自销与代销相结合的销售网,为将来从充分利用外商的销售渠道起步,到最终靠自己的本事把产品推出去创造条件。现阶段,要支持二汽尽快起步,实施先零部件后整车,先发展中国家后发达国家的出口战略。

30 万辆轿车项目的建设将使二汽真正面向两个市场,走向外向型企业,并且逐步形成不仅有一定生产能力,而且有较强的开发和经营销售能力的"两翼",可立于世界强手之林。

四 实行倾斜政策,建立轿车开发区

发展出口导向型的 30 万辆轿车是我国经济发展战略的一项重要决策,它的重要性已引起全国关注。这样一个投资几十亿的重大项目,主要由企业承担，国家必须给予强有力的政策支持，否则是不可能成功的。

由于二汽30万辆轿车项目将按出口导向、合资建厂方式实施，因而投资环境特别是稳定而优惠的经济政策是企业和外商首先关注的问题。我们所接触的外商普遍认为，中国决心拿出这样大的项目寻求中外合资，是改革开放的结果，但又对合资的环境和条件是否成熟持观望的态度。雪铁龙、雷诺、通用等厂家都表示沿海特区更有吸引力。因此，从经济环境、经济政策的角度来看，这一重大项目必须考虑如下条件。

（1）30万辆轿车基地的建设作为大型出口导向型项目，必须得到沿海特区一整套扶持政策的支持，从根本上保证良好的投资环境，使其有可能吸引迄今为止国内最大的一笔外资。

（2）节省投资。初步测算，如把厂址放在离二汽不太远的中部地区，汽车成本比放在沿海地区每辆约降低几百元左右，由于充分利用了二汽原有基础，可节省投资几亿元。如果在中部适宜地区开辟一块约3平方公里左右的开发区，兼收技术、经济之益，则可提高投资效率，使社会、企业都得到好处。

（3）创造按国际惯例、实行国内国外结合、快速建设的环境。企业在成长期有利可图，并使之投产后较快赢利，为扩展第二期工程积累资金。

（4）为实现出口导向，需要在小范围内创造与国内现有体制不同的环境，保证合资厂有可能按国际惯例经营，特别是有可能面对国内、国外组织大规模生产，灵活组织原材料、半成品和最终产品的进出，采用全新的经营方式。

这种建设和经营的适宜环境，目前只有沿海开发区才有。

从生产力发展和加速建设、合理布局的角度来看，二汽轿车项目厂址选择应考虑满足如下条件。

（1）有利于实现双市场目标，兼顾出口和内销的要求，因此必须考虑充分利用长江中下游"黄金水道"。

（2）主机厂所在地须有良好的工业基础和动力、通信、道路等基础设施。

（3）大宗原材料和主要零部件供应点均在经济运输半径内。

（4）有利于充分利用二汽十堰襄樊基地现有基础，充分发挥后方支持系统和零部件生产系统的作用。轿车技术、管理的成果要促进二汽载货车基地水平的提高并使指挥中枢反应灵敏、指挥有效、管理方便。

（5）所在地政府具有改善投资环境的财政支撑能力，当地社会能提供较高素质的劳动力。

要满足上述条件，现实的出路是在长江中下游沿线确定厂址。

这一出口导向，合资建厂，自筹为主的特大项目，一是要求沿海开发区的投资条件，二是要求沿长江确定厂址。因此，我们要求国家批准在中部地区适当的地方建立3平方公里左右的30万辆轿车项目开发区，援用沿海经济开发区（如厦门的湖里工业区）的政策，使之兼备吸引外资与按技术经济原则建厂，方便出口导向的优势。

总之，这样一个以企业自筹资金，承担风险建立的大型合资企业，从对外商的吸引，从资金紧缺，从中外人员合作办事效率，从建设速度的保证上都需要建立开发区。

国家关于轿车发展战略的正确决策，为我国汽车工业发展规划了蓝图，国家把第一个出口导向型30万辆轿车交给二汽实施，是对我们的极大信任。这对二汽来说是一项非常光荣而又异常复杂，带有挑战性的事业。二汽是国家的二汽，职工们怀着一定要用自己创造性劳动改变十亿人行路条件的决心，甘愿走上一条艰难而有风险的路程。面对这样繁重的事业，我们看到了改革的希望，也寄希望于改革，我们殷切地盼望着改革能给我们开创新路，十分渴求得到国家强有力的政策支持，渴求得到国家部门，各相关行业、企业的支持和帮助。让我们通过轿车项目的实践，探索改革开放与发展相结合的新路，为中国汽车工业打一场漂亮的翻身仗！

一九八七年八月六日的北戴河报告*

（1987年8月6日）

国务院经济技术社会发展研究中心以国务院决策咨询协调小组名义，于1987年5月25日至29日在二汽召开"中国汽车工业发展战略研讨会"之后，马洪主任将《国务院经济技术社会发展研究中心关于发展我国汽车工业的建议》签报国务院主要领导同志。国务院主要领导同志很快批示：印发国务院常务会议，北戴河期间议一次，请计委、机械委准备意见。

得知此情况后，陈清泰即与中汽总公司陈祖涛、李荫寰、薄熙永等同志商议，可以趁国务院在北戴河工作期间去做做工作。陈清泰一行7月下旬即赶到北戴河。商议后，陈清泰在北戴河起草了报告（手抄本）并于1987年8月6日报给国务院副总理姚依林同志。

1987年8月12日，姚依林副总理在北戴河主持国务院会议，李鹏、张劲夫副总理参加，国家计委黄毅诚、国家经委林宗棠、国家机械委何光远、中汽联陈祖涛等参会。会议听取了陈清泰的汇报并展开了讨论。会议最后决定同意二汽发展普通型轿车。按经济规模规划，分期建设。

姚依林副总理：

报请国家计委批准，二汽"七五"末期形成年产15万辆汽车生产能力的改扩建工作，到1990年可基本结束。

---

* 本文是作者于1987年8月6日报给姚依林副总理的报告稿。

一 前期准备工作

现将二汽"八五"期间发展轿车的前期准备工作的主要情况，向您报告。

1. 车型选择

在国内以公务用车为主要对象。选择发动机排气量为 1.3～1.6 升，车长 3.7～4.2 米，自重 740～900 公斤，有三门、四门及五门式轿车和箱式车等系列化车型。国际上分类属小型级（B 级）和次中级（C 级）轿车。此类车配以不同的内饰及附件，可有高、中、低档之分。它既有广泛适用性，又可靠省油。据统计，排量 1.5 升与排量 2.0 升的 B 级与 C 级车相比，百公里油耗可差 25%～30%。

这是市场容量最大的车型。世界产量最大的大众的"高尔夫"，丰田的"花冠"，日产的"阳光"以及苏联的"拉达"（年产 66 万辆）等都属 B 级、C 级车，1980 年以来世界此级车年产保持近千万辆。按中国目前经济及能源水平，它应当成为国内用量最大的多用途一般公务用车，亦即"普通型"车。以此可形成国内第一个达到经济规模的大量生产车型。

这是出口可能性最大的车型。美国有 B 级、C 级车很大的市场，但已无制造利润。日本曾为 B 级、C 级轿车最大制造商，日元升值后被迫向更高档次车型发展。1985 年美国进口 B 级、C 级车 132 万辆，这正是发展中国家挤入美国市场具有优势的车型，南斯拉夫"红旗"、韩国"小马"、马来西亚"赛卡"等都属这一级轿车。

2. 生产纲领和建设规模

生产纲领：两班制，年产 30 万辆，达到经济规模。

建设规模：主机厂（包括发动机、变速箱的机加工厂及总装配厂），投资规模为 45 亿元，协作配套约 15 亿元。

视经济能力，可采取一次规划、两期建设的方案。第一期年产 15 万辆 C 级车，投资规模 25 亿元；第二期建成年产 30 万辆的 C 级和 B 级系列轿车，需再投资 20 亿元。

3. 工厂建设与协作配套

新建轿车厂自制率约为 35%，由总装厂（包括冲压、焊装、油漆、内饰、总装及大型塑料件制造）和机加工厂（包括发动机、变速箱等主要零件加工及装配）组成。

机加工厂初步拟放襄樊。二汽襄樊基地地多人少，有10平方公里可用面积。经"七五"建设，电厂、水厂、铁路、水路、通信等基础设施将完成，铸造厂将投产，全国第一个适用于轿车开发的汽车试验场第一期建成，机加工厂可充分利用二汽十堰、襄樊现有能力和设施，大大节省投资，加快建设进度。

总装配厂的厂址要在可行性分析时确定。襄樊、武汉或沿海可作候选方案。

协作配套：在全国"择优选点，集中订货"，利用国内逐步成长的轿车零部件配套力量，发挥二汽一批具有先进水平的零部件能力，利用、改造部分军工和地方企业发展零部件生产。在主机厂与国外某家合作的同时，多协作厂与对方协作厂合作，转移零部件技术。

4. 成本估算

当形成年产15万辆能力时，单车平均成本1.1万元（1987年6月价，下同）；30万辆建成时，单车平均成本0.9万元。

5. 资金来源

二汽自筹："八五"期间按利润递增包干办法，二汽自筹18亿元用于轿车项目，为30万辆主机厂投资的40%，如按两期建设，可达第一期投资的70%。

贷款：自筹不足部分和用款高峰时，请国家给予贷款的支持。

外汇：请国家支持3.7亿美元外汇额度指标或请有关部门支持，争取国际长期低息贷款。

协作配套所需资金：原则上谁承担，谁投资；不足部分贷款。

为能实现与外商合资，还可吸收部分外资。

6. 两种发展模式

在"自主开放"，面向两个市场的前提下，有两种可行的模式。

"技术引进，自主建厂，进口替代，远期出口"：这是以国内市场为主的进口替代型方案。此方案面向国内市场，与外商技术转让关系明确，可控因素较多，易于国产化，作为发展第二步仍可争取出口。但引进国外现有产品，当投产时，别人已近淘汰，起点较低，近期难于进入国际市场。

"联合开发，合资办厂，出口导向，进口替代"：这是以国际市场为目标、国内市场为后盾的双市场型方案。此方案可获得投产时在国际市场上有竞争力的产品，有可能一举进入国际市场，接近国际水平，易于培养技术及管理人才。但与外商谈判及实现自主，联合管理有很大的困难。这方案前提是出口导向。

第一方案作为基本方案，是我们的立足点。目前多项技术准备依此进行。技术引进方案，我们正与马自达、福特、三菱汽车、雷诺等进行有限度接触。第二方案作为试探性争取方案，正与日本富士重工和美国通用汽车公司进行接触。

7. 需要国家的支持

（1）延长利润递增包干到 2000 年。

（2）轿车项目建立专门账号，用于轿车项目的投资免交能源交通基金和建筑税。

（3）项目自筹外的贷款，请国家支持在国内解决或争取国际贷款。

（4）外汇：请国家支持 3.7 亿美元外汇指标，或支持由国际贷款解决。

8. 项目进度

1987 年 12 月国家批准项目建议书；1988 年 12 月国家审批可行性研究报告；1990 年土建施工开始生产准备；1993 年生产线出车。

二　会谈进展情况

日本富士重工田岛社长去年提出三国联合开发，在中国建厂，分担销售轿车的建议。您和劲夫、谷牧同志都做了批示，国务院主要领导同志也指示祖涛同志与对方接触。按祖涛同志安排，我们与富士重工进行了多次会谈并已互访。共同选定的第三国厂家为美国通用汽车公司。双方分别与通用进行商谈，通用积极响应并表示愿承担在美国的销售。现将会谈进展情况向您报告。

1. 三国合作的基本原则

三方同意，发挥日本的技术与管理，美国的资金与市场，中国的低制造成本的优势，实现"联合开发，合资办厂，出口导向"。

以富士重工国际上畅销的车型为基础，二汽与其共同开发下一代具有国际竞争力的世界经济型（B级、C级）新车型，三家共同投资在中国建厂，分担销售（如多承担1/3），投产后尽快实现外汇"自用平衡，中期有余，长期外汇"。

2. 产品水平

轿车式样的寿命周期约为4年，因此，联合生产的轿车不是现有车型，是投产时具有竞争力的未来车型。

发动机为1.3～1.6升富士重工新开发，尚未投产的OHC3V和4V，即顶置凸轮轴三气阀和四气阀型，每升功率比传统结构提高30%以上。其重量、油耗指标均属当前第一流水平，此系列发动机在一条生产线通过，供B级和C级车使用。

车身为联合开发，造型符合世界潮流的新车型，外部尺寸略小于桑塔纳，内部空间则优之，后排乘坐舒适，进出方便。

底盘结构：采用新型横置发动机，前轮驱动方式。

系列化车型：在生产线上混流生产三门、四门及五门轿车，厢式车，小型客车；内饰分标准型、豪华型。

最高车速：150公里/小时和180公里/小时。

经济性：90公里/小时等速油耗每百公里为5.8升（C级）和4.8升（B级），仅为发动机排量2.0升的桑塔纳耗油量（9.2升）的63%和52%。

联合开发的基础车型为富士重工每年向美国销售约20万辆的"莱昂"牌轿车，该车在1984年美国市场"顾客满意程度"调查中仅次于西德"奔驰"，名列第二。预计此联合开发的将是一个在B级、C级轿车中很有竞争力的车型。

3. 实现国产化和外销

投产初期，以"两个市场，两个标准，两种牌号"的形式实现零部件国产化的过渡。即出口车以国际标准要求，初期国产化率不低于40%，达不到国际水平的装进口零件，内销车在保证安全情况下允许使用过渡标准，初期国产化率即应超过80%，随着国产零部件水平的提高，逐步替换进口件，投产五年后出口车国产化率达90%，内销车为100%。

投产初期出口量占产量的20%，随国产化率提高，出口比例增加。

一九八七年八月六日的北戴河报告

  按照姚依林、李鹏副总理关于对富士重工项目"拟同意与日方进行初期研究"和"要进行可行性研究，主要是落实外销，外汇平衡"的指示，在"联合开发，合资办厂，出口导向"三原则基础上，中国、日本、美国三方拟就进行立项前的初期研究，于九十月达成协议，开展工作。

  轿车发展是个孕育期很长的工作，我们已向国家计委上报了"关于调整'第二汽车厂年产二十万辆扩建和技术改造设计任务书'及轿车发展规划的请示"。按照1990年开始建设，1993年出车，挡住进口，满足国内需要，挤占国际市场，时间已很紧迫，这是对二汽保持后劲至关重要的大事。望国家对二汽下一步发展轿车的目标和规划调整方案给予批示，及早定点，以利我们对内、对外放手工作。

特此报告

第二汽车制造厂厂长
陈清泰
1987年8月6日

做好转变企业经营机制这篇大文章[*]

（1987 年 11 月 12 日）

改革的目的是发展生产力，企业是生产力的基础单元，搞活企业是发展生产力的中心环节。

中央领导同志在党的十三大报告中指出，当前我国经济体制改革的主要任务是：围绕转变企业经营机制这个中心环节，分阶段地进行体制的配套改革，逐步建立起有计划商品经济新体制的基础框架。

转变企业经营机制是我国企业面临的重大课题。

对应于产品经济，我国原有企业基本上是在"计划国家统一制定，材料国家统一调拨，产品国家统购包销，财务国家统收统支"模式下的生产型企业。这种体制使企业面向上级计划部门，而与市场、用户隔绝；这种体制造就了大批维持型的"几十年一贯制"的工厂。在此情况下，企业经营机制不进行根本性转变，"放权、让利"只能刺激于一时，并不能真正搞活企业。实际上，搞活企业的本质含义应当理解为，在经济体制改革、为企业创造的平等竞争条件下，促使企业经营机制的转变。

对应于有计划商品经济，企业自身改革的基本目标和中心任务是建立经营开发型的经营机制。由生产型体制向经营开发型体制的转变，对企业变化的深刻程度，几乎可以用"脱胎换骨"来形容。

二汽是以第一汽车厂大生产的管理体制为基础，几经修正而到今天的。目前，就维持年产 10 万辆卡车的生产来说，是一个比较完善的体系。但是，它对于要面向市场，提高竞争能力，强化应变能力，甚至要走向世界，却表现出诸多的不适应。在梳理了二汽自身和许多兄弟企业的现状之后，我们发现"生产型体制"与经营性目标的碰撞在不断发生；僵化的机制与

---

[*] 本文是作者 1987 年 11 月 12 日撰写的一篇文章，发表在《中国经济体制改革》1987 年第 12 期。

企业生产要素流动的摩擦在不断加剧；小生产积习与社会化大生产要求的对抗在逐渐激化；近期激励的强化与长期目标的矛盾在不断发展。与此同时，生产型的企业机制面对经济体制新旧交替的局面，其劣根性急剧发作，在企业中出现了众多的非正常行为。为追求企业目标政治化，有反经济核算的倾向；追求消费基金最大化，有企业行为短期化的倾向；追求扩大再生产外延化，有反技术进步的倾向；追求自我封闭全能化，有反专业化协作的倾向；追求建设资金分散化，有投资规模小型化的倾向，等等。这种情况几乎使我国任何改革的正确做法都可能得到相反的效果。不断出现的建设资金分散化，投资规模小型化，企业行为短期化的现象与我国工业化过程中所需要的专业化大生产的目标、与建立有计划商品经济新体制几乎是背道而驰。二汽从自身发展的需要出发，我们在今年五月起就组织了上百人研究企业的运行机制和改革的总体方案。

在改革企业经营机制中，在企业内部必须要解决的是观念更新，体制改革和运行机制的转变。

观念更新是实现企业经营机制转变的先导。上千年小生产的积习在企业经营管理方方面面不断冒头，顽强表现。即便是按专业化形式组织生产的二汽，仍然没有能完全摆脱"大生产的骨架，小生产的灵魂"这一不对称的局面。这是难于形成企业内部生产要素动态合理配置，出现企业非正常行为的思想根源。对"承包""挂钩""搞活""放权"等现行政策的片面理解和"企业办社会"的现状，进一步固化了小生产的观念。为此，今年我们对专业厂和处室领导分期举办了脱产"观念更新研讨班"，研究如何破除不同程度存在于各个经营者头脑中的自然经济观念、产品经济观念，研究为何树立与社会市场经济相对应的价值观念、市场观念、竞争观念、效益观念、发展观念和人才观念等。我们深深体会到：面对转变企业经营机制这样深刻的变革，不扫除几十年所固有的陈腐观念，对企业就无法输入活力和动力。

生产型企业机构体制的特点是以生产为中心，生产中可能出现什么问题，就分兵把口，对应设立什么部门。这些部门的天职就是把企业的现状维持下去，而少考虑为企业的未来开拓新局面、开发新技术、创造新管理的机能。因此，这套机构运行得越好，现状就会维持得越久。我们较早地发现了，这套机制虽然在保证现生产中可以运行自如，但对企业却蕴藏着许多危机。

作为向经营开发型体制转变的第一步，二汽1983年后持续建立了教育培训中心、技术开发中心、技术装备中心，初步形成了经营开发型体制的三大支柱；同时我们又着力发展横向联合，努力开拓销售和售后服务系统，积极组建外经、外贸和公共关系系统，为使二汽向"公司化"转移奠定基础。

生产型企业是围绕国家计划进行"公转"，以生产为轴心进行"自转"。其外部动力是国家的计划考核，内部动力是某种政治因素。这种运行机制的弊端是企业与用户隔绝，市场的变化，在企业中几乎没有响应，企业在我行我素地运转。它既没有压力，也缺乏动力。要搞活企业，必须改变其运行机制。经营型企业要围绕市场而公转，围绕企业经营目标而自转，企业的动力主要来自市场的竞争。为此，我们在努力研究企业如何建立自己的目标体系、企业的决策程序、企业的运行动力、企业的激励机制、企业的自我制约机制，还在研究企业文化、企业哲学和企业价值观，为形成自主经营、自负盈亏、自我发展、自我制约良性循环的运行机制创造条件。

没有必要的外部条件，企业的经营机制无法最终实现转变。最主要的就是要实现价格、计划、投资、物资、财政税制、金融、外贸等方面的配套改革，为企业创造公平竞争的市场条件。把企业的决策系统回归到企业的内部，使企业的权利、责任和手段相匹配。

转变企业经营机制在我国经济体制改革中是一篇大文章，我们要努力做好这篇文章。

第二汽车制造厂
贯彻十三大精神，深化企业改革的决定[*]

(1987年12月1日)

第二汽车制造厂暨东风汽车工业联营公司领导班子自1987年初研究确定《二汽集团2000年发展战略构想》以后，多次以改革与发展为主题，集中各方面意见，分析面临的形势，总结改革的经验，特别是五年承包的经验，研究企业深化改革的目标、途径与措施、步骤。一致认为：从1978年12月党的十一届三中全会拉开改革序幕，到十三大召开的九年间，二汽始终走在全国企业改革的前列，取得了重大成就，积累了宝贵经验。当前二汽面临的一个紧迫任务是，贯彻党的十三大精神，不失时机地把改革推向深入，尽快实现企业体制模式的转换，使二汽成为经营开发型企业，在改革实践中探索社会主义初级阶段条件下建设世界级企业的道路。

一 深化改革、完善经营机制是当前企业形势发展的迫切需要

第二汽车制造厂广大干部职工20年艰苦创业，始终走在坚持改革，坚持开拓的一条建设社会主义现代化汽车工业的新路。

从1969年动工兴建到1978年五吨车投产的基本建设时期，二汽以改革的精神创造性地实行了"聚宝""包建"，果断矫正极左影响，较早落实知识分子政策，开展工程质量返修和产品质量攻关，有预见地及早做出了"军转民"的决策，从而最大限度地减弱了"文化大革命"的干扰破坏，为后来的发展奠定了基础。

---

[*] 本文是作者起草的第二汽车制造厂文件稿。

在五吨车投产到1986年初通过国家竣工验收的建设期，二汽以极大的勇气和热情投身改革的浪潮。在国家支持下，先后迈出了全额利润分成、量入为出、自筹资金、续建二汽等改革的最初几步，随后又在汽车行业率先发展横向经济联合，实行上缴利润递增包干，开创了产量连年递增万辆，企业兴旺发达的局面。在这个时期，总厂提出企业要转轨变型，由单纯生产型向经营开发型转变的任务，为此组织全厂进行了大量的工作。

伴随着"七五"建设的展开，二汽开始进入一个新的阶段。两年来，二汽与紧密联营厂的计划获准在国家单列，确定了二汽集团发展战略，形成了企业发展"三级跳"的战略格局，狠抓以质量为中心的基础管理。与此同时，领导集团对改革的思索开始向深层扩展。从1987年春天开始，上下结合所组织的关于企业运行机制的讨论，对二汽长远的改革与发展具有重要意义。

回首逐渐离去的起点，改革使当年"人心思走"的二汽发生了历史性巨变。但是从总体上看，已有的改革还只是初步的，还不具有模式转换意义，企业管理体制中妨碍生产力发展的种种弊端还没有从根本上消除，这突出地表现为企业当前存在一系列较为深刻的矛盾，诸如生产型体制与经营型目标的矛盾；企业目标的整体性与分散化倾向的矛盾；管理单个企业的组织框架与发展企业集团的经营战略的矛盾；灵活的市场需求与刚性的体会模式的矛盾；社会化生产方式与封闭式生活体系的矛盾。集中到一点，就是企业已经初步确立的商品生产者经营者的地位与经营机制很不完善相矛盾。在改革过程中出现和突出出来的矛盾，靠已经进行的浅层次改革无力解决，只有坚决地、系统地把改革推向深入，才能拓展出通向更加繁荣的道路。

随着国民经济建设与经济体制改革形势的发展，二汽肩负的历史责任、社会责任愈来愈明确，承受着巨大压力。我们必须在满足国内汽车市场不断增长和提高的需求方面做出主要贡献，巩固并扩大东风系列产品所占有的国内市场份额；必须实现走向世界的目标，使我们的汽车产品尤其是将来的汽车产品成为出口的大宗产品；必须以集约化生产的优势，进一步带动二汽集团的改组改造，带动相关产业的技术进步，并在企业内部培育出一批达到或接近经济规模的专业化、现代化零部件工厂；必须为推动我国经济体制改革发挥应有的作用。要承担起肩负的责任开拓前进，就要下决心义无反顾地把企业改革向深化阶段推进。

还应该看到，正在世界范围兴起的产业结构调整和新技术革命，对二汽的发展和中国汽车工业的发展是一种新的机遇和挑战，二汽在这股世界潮流面前应该而且必须有所作为，否则，在不久的将来将陷入可悲的境地而愧对全国人民。这就要求我们企业在经营机制上具有吸收世界汽车工业发展成就、推动技术进步、挖掘潜能、创造新的生产力的更加强大的能力。因此，深化改革的任务更加迫切。

党的十三大进一步明确了转变企业经营机制是深化改革的中心环节，企业深化改革的外部条件将日臻完善。在内部，经过多年工作东风五吨车开始进入成熟期，企业已具有较强的自筹资金能力，管理基础在新形势下不断充实提高，横向联合、专业化改造有了较好的基础，"七五"以后发展轿车的战略目标基本确立，全厂各级领导和广大职工对二汽加快发展的信心大为增强，深化企业改革的愿望更加强烈。总厂认为：现在，在新的起点上，把改革推向深化的条件已经具备，时机已经成熟；我们有必要也有可能比较系统地提出和说明二汽深化改革中的一系列重大问题，统一和提高全厂职工尤其是各级领导干部的认识，使企业的改革更加卓有成效地进行。总厂希望并且相信，有着艰苦创业、锐意改革光荣传统的广大干部职工，在今后的改革实践中一定能开拓新视野，发展新思路，进入新境界，夺取新胜利。

二 深化改革的历史性任务是抓住时机，形成"超越式"发展态势

形势的变化急切地要求二汽尽快形成"超越式"发展态势。即要求我们充分利用现有条件，超越以往在产品经济体制下积累的经验，超越已有的企业发展模式和经营机制，形成与发展大规模商品生产经营相适应的组织结构、运行机制和新的管理原则、管理风格，使企业摆脱在不能有效运转的体制下低速前进的状态，完成由单纯生产型向经营开发型的转变。

已有的改革实践说明，二汽形成"超越式"发展态势的主要标志在于

充分有效地利用"三大法宝",完成十个方面的转变。

(1) 灵活经营。在市场发育不完善的情况下,主动超越产品经济的框框,进一步促成业已起步的转变:①变刚性生产结构为柔性的开发生产结构,以现代的多品种混流生产取代传统的单品种流水生产,提高企业对市场需求的快速反应能力;②变只管整车生产经营为统筹兼顾配件市场及非东风系列汽车产品,在发挥技术优势的基础上提高整体市场占有率;③变整车单一的利润结构为工商并举,提高商业利润比重,把生意做活,实现利润结构多样化;④在分清生产与经营职能的基础上,变整车单渠道经营为分层分工、统一政策、多渠道经营,在企业内部培育专业化"巨人"。

(2) 挖掘"金山"。在传统体制下,企业确实存在一条尚待挖掘的"金矿脉"。为了把蕴藏在企业里的巨大潜力挖掘出来,必须以新的管理思想和管理原则来改革企业内部管理,完成三个根本性的转变:①变基层围着部门转为所有生产性管理部门围着现场转,企业围着市场转,切实解决考核多于服务、制约多于协调的问题;②变基层的粗放式管理为集约式管理,使通过强化管理提高生产力成为企业发展特别是十堰基地发展的一个基本战略方针;③变工厂的生产职能与生活职能混淆不清为分清职能、解脱基层,让现场的管理者能够集中精力、专心致志地强化管理,保证质量,提高效率,降低成本。

(3) 横向联合。在专业化改组改造、吸纳社会现有生产力上迈出新的实质性步伐。为此,要进一步实现三个转变:①变办好一个企业为办好一个集团,通过调整和充实有关职能,充分发挥专业厂的技术优势、管理优势,使二汽成为更为开放,吸引力与辐射力更加强大的企业集团核心;②变封闭、静态的平衡为开放、动态的平衡,跳出有多少钱办多少事、办多少事要多少钱的老路,发展要办的事,如项目和投资,很大一部分可以扩散到集团内相对优势企业,提高集团集约化经营程度,借助社会的资金和生产能力扩大集团再生产;③集团内变以生产技术联合为主为以经济联合为主,把推进集团企业改组改造建立在牢靠的经济关系之上,与此相应,对外投资、建立其他经济关系的决策与日常管理要纳入规范化轨道。

完成上述转变,充分利用初步形成的"三大法宝",我们就将进入一个新的境界,形成"超越式"的发展态势。

三 深化改革的中心环节，完善和发展企业经营机制

"超越式"发展态势不可能在现有管理体制和运行机制下形成。要实行机构调整与机制调整两位一体的配套改革，建立经营开发型企业的基本框架。

（一）建立公司化体制，形成三级责任中心

九年的改革使我厂原有管理体制的潜力得到空前发挥，同时它也日益成为落在实践后面的东西。从根本上对其进行改造的必要性日趋紧迫。

经过反复研究论证，并征求国内外专家意见，总厂决定，立即着手开展工作，把始建于产品经济条件下的工厂体制改制为适应商品经济要求的公司化体制。

在公司化体制下，设置三级责任中心。总公司本部为第一层次，主要负责经营方向与经营战略的决策；随着所有权与经营权的分离，将逐步成为投资中心。

为了尽可能缩短管理事项的循环半径，为了把对基层单位的粗放式管理转化为集约式管理，为了加强总体经营的灵活性和主动性，公司将设置中间层次—事业部—专业部。其具体形态视情况不同可以多样化，现阶段，有的可以是管理实体，有的则是虚体，不再设置一套完整的职能机构，可首先从开拓市场做起，逐步到位，随着事业的发展和产品市场的逐步分解，这一层次的一些专业部将最终成为公司的利润中心。

作为生产力所在地的专业厂，在公司化体制下是企业管理的基本层次、职能部门的服务对象。其责任与权限的确立要着眼于质量、成本、效率，新体制要为之创造新条件，使其能够有效推行精细而严密的现场管理，进而成为成本中心。

设置中间层次，是改革机构体制的重要一环，它的产生将弥补企业现有体制经营功能不足、缺乏协调机制的重大缺陷，但是要正常发挥作用肯定要有一个逐步到位的过程，因而也将极为需要各方面的支持，中间层次的单位自身也要循着新的思路去开展工作，不能片面追求高效益、高效率

的管理体制，在新体制中要确立三个体系：一是清晰的责权分工体系；二是有效的协作协调体系；三是顺畅的信息流通体系。这样，新体制就能够有效地运行，发挥预期的作用。

（二）突出三个环节，实现五个加强

总厂希望，以改革企业经营机制为中心环节，建立公司化体制，要突出三个环节，实现五个加强。

经营、开发与生产是企业实现经营目标的三大基本环节。深化阶段的改革必须围绕这三个环节，转变管理思想，展开有效工作，不能造成事实上的扬此抑彼。下一步改革需要重点强化五大体制。

（1）强化经营销售体制。经过几年改革，企业的经营销售功能从无到有，但仍然极为薄弱，亟待强化。在新体制下，销售、供应、外贸、计划、财务等直接面向市场和宏观调控部门的单位，要有机地组合成一个经营大系统，以推动企业根据市场变化有效地做出应变反应，为此，一方面要转变干部职工的观念，使全厂的经营活动都能自觉围绕市场做公转，主动承受压力（包括资源短缺的压力）；另一方面要下决心建设一支过硬的、立足于买方市场的销售采购人员队伍。二汽发展的关键一在人，二在钱。要通过改革，理顺体制，强化队伍，用人去赚钱，去不断开拓新的市场。

（2）强化零部件发展体制。当前东风系列汽车零配件每年约十亿元规模的市场需求，将来确定30万辆轿车零配件生产厂家的全国择优，都使得加快我厂零部件发展步伐的要求迫在眉睫。为此首先要在体制上进行必要调整。要实行"放虎下山"的方针，建立零部件专业部和若干分公司，授予产品开发权、安排超产权、组织联合权、委托采购权、投资建设权，以及东风系列产品的委托（代理）销售权和非东风系列产品的自行销售权。为了与将来发展轿车生产衔接好，必须十分重视发展出口零部件生产。要开辟正常渠道，使生产准备、材料供应、工艺协作等环节的工作更加有利于零部件生产的发展。

（3）强化生产准备体制。强有力的生产准备系统是科技转换为生产力、投入转换为产出的枢纽。因而在经营开发型企业中具有特别重要的作用，需要不断加强。在下一步改革中要使基建技改、装备部门形成统一协调、首尾相顾的系统。为了形成这样一个系统，现阶段重点——指挥部门，要通过适当集中和补充力量壮大设计人员队伍，要通过加强管理、横向联合进一步发挥后方厂的潜力和优势。

（4）强化横向经济联合的融合体制。"一套机构，两块牌子"是二汽在发展联营之初审时度势做出的正确抉择。随着产品多样化、生产专业化、管理复杂化的发展，我们必须做出新的抉择，即建立和强化主导厂与联营公司的融合体制。把开展联营工作的依托和重心由总厂转移到中间层次和基层生产单位，把确定联合对象及联合方式，进行对外投资和投资管理纳入规范化轨道，从而在新的广度和深度上发展横向联合。

（5）强化基层管理体制。开掘二汽"金矿"之斧是管理，管理的重心在基层。通过深化改革，要使专业厂的实力地位得以增强，使之形成相对完整的，可以放手挖掘内涵潜力的一个生产体系；各有关部门要时刻注意自身存在的价值，认真切实地搞好服务，同时也要调整考核内容，改善控制方法，专业厂是生产力要素的结合地，是创造物质财富的基本阵地，因此，对很多职能部门来说，他们是帝王，是服务对象，而不是他们头上的上司。

四　继续深化企业内部的配套改革

（1）进一步改革计划管理体制。根据建立三级责任中心的要求，正确划分三个层次的计划管理权限，明确各自职责，以责任为依据，实行完整授权，推行分级分权管理。

（2）进一步改革财务管理体制。建立与三级责任中心相对应的资金流动网络，实行收支两条线，加强集中理财体制，公司所有销售收入相应实行专户管理。充实结算中心和财务公司功能，扩大业务范围，使其充分发挥财务枢纽和"储水池"的作用。要下决心提高企业财务"透明度"，进一步强化基础工作，创造条件使成本、费用、销售收入、利润分别成为评价不同层次、不同部门工作绩效的客观依据。

（3）进一步改革企业内部分配制度。使分配与利润脱钩，而与责任制的执行情况紧密挂钩，适当减刚增柔。要在切实做好科学细致的基础工作的前提下，推行体现岗位责任差别的结构工资。要明确对企业各级领导者的考核内容、考核标准，使之与对职工群众的考核既体现一致又体现适当制约的关系。

（4）改革干部制度。严格逐级负责与治事管人紧密结合的制度。改变企业干部"官员化"的状况，逐步消除干部与工人的区别，进一步做到能上能下。改革任用领导干部的形式，提任处级领导干部实行自荐与推荐、考试与考核、试用与聘用相结合的原则，行政正职领导干部实行委任制，行政副职领导干部和专业技术管理干部主要实行聘任制，党群部门的处级领导干部主要实行选任制。按照管少、管活、管好的原则，在控制编制的前提下，下放科级干部管理权限。根据十三大从严治党的精神，还要加强行政监察和审计，加强企业的法治，严肃执法。

（5）改革社会服务体制。将工厂各自办社会改变为企业统一办社会是社会服务体制改革的方向。在推进方法上要统一政策，创造条件，逐步过渡，重点先行。为了提高办学质量，提高投资效益，解除基层办学负担，教育系统要率先实行统一领导、统一管理；住房改革以后，住房建设、出售、管理实行统一；俱乐部、体育馆等集体福利设施要统一布局建设，统一产权，扩大服务范围；生活物资供应首先要统一标准、统一政策。逐步做到公司统一组织供应，重点建设若干副食品基地；集体企业要逐步与全民脱钩，实行统一领导与管理，重点发展与汽车有关的专业化协作生产。

（6）改革经营机制要与改革政工体制协调发展。在机构体制改革中，统筹考虑部署方面的改革，撤销因人设事的机构，裁减人浮于事部门的人员，着手建立能有效防止机构、人员"再膨胀"的机制，妥善安置富余人员。

五 深化改革的若干指导原则

深化阶段的改革是一个渐进的过程，在逐步深化的实践中，将会遇到很多问题、发生很多"碰撞"，因此，在战役展开之初即确立明确的指导原则并使之贯彻始终是至为必要的。

（1）深化阶段的改革必须跳出以调整行政权力为中心从而导致放—乱—收—死的循环怪圈。应该明确，下一步的机构体制改革既不是一次集中化、收权的运动，也不是一次分散化、放权的运动，而是从改变企业内部经营机制以更有利于实现企业目标出发，确立管理层次，明确责权分工，强化责任体系。

（2）要特别重视管理在改革中的地位和作用。把改革所形成的压力与动力传递到基层，让基层创造性地改进企业管理，为企业改变经营机制打好基础。

（3）要注意搞好新旧体制的衔接。改革后的体制不可能立即完全按照新的要求正常运行，因此必须在确定各部门管理职能的同时明确过渡性任务，保证业务渠道畅通；新体制开始运行的时候，要继续在理顺工作关系上下功夫，保证工作不断不乱；管理权限的转移要建立在有效的调控体系基础上。

（4）按照新的组织框架进行运行机制的设计，不能以互相制约为出发点，而必须以有利于生产力的发展为出发点。要纠正上一层次的计划、管理、调控就是集中、限制、制约的偏见，提倡通过疏通、协作、鞭策、诱导、激励的功能实现各级各类计划目标。

（5）在着手建立清晰的责权分工体系的同时，务必建立相应的协作协调体系，防止出现企业单纯依赖分工解决效率问题的倾向。能否妥善处理合理分工与协作协调的关系，是检验企业是否蜕去小生产的"皮"、确立大生产的"神"的重要标志。这个问题应该引起广泛重视，并争取在改革实践中有明显进步。

（6）深化阶段的改革要有总体设计，但不能四面出击。要有重点、有步骤，循序渐进；研究准备工作要细化，一旦实施就要果断，不能久拖不决。

（7）坚持从实际出发，集思广益。下一步的改革涉及面广、内在规律性强，不是少数人的积极性和智慧所能及的，必须从实际出发，广泛听取意见，集中各方面的经验和智慧，加强各种"对话"，争取广泛理解和支持。

（8）把转变观念、统一认识贯穿于深化改革的全过程。深化改革的第一障碍是传统的思想观念。因此，广大干部职工思想认识的统一，特别是各级领导干部观念的转变，直接关系改革的成功。现阶段转变观念、统一认识要重点弄清一些基本概念及相互关系、传统的利润承包改革与以转变经营机制为中心的改革、厂长负责制与职工主人翁地位、引入市场机制与大生产内在规律等。统一了干部职工对这些问题的基本认识，深化改革的步子就会迈得更加坚定有力。

厂长要"两个文明"一起抓[*]

(1988年1月1日)

二汽地处鄂西北山区。昔日的穷乡僻壤，经过17年艰苦卓绝的努力，建起了一座具有世界级规模的卡车厂。截至1987年底，已生产卡车58万辆，累计向国家上缴利税20多亿元，1987年一年生产汽车11万多辆，跨入世界三大卡车厂家之列。先后被评为国家和省先进企业，产品获得省优质产品称号。在物质文明建设取得巨大成就的同时，精神文明建设也结出了丰硕的成果。具有鲜明特色的"二汽精神"开始培育起来。几年来的实践使我们认识到，物质的力量固然重要，但物质与人相比，人是更有能动性的力量。因此，作为企业的领导，必须见物见人，"两个文明"一起抓，才能在社会主义商品经济的舞台上演出有声有色的话剧来。

一

企业是社会的细胞。社会主义企业不仅承担着物质生产任务，而且肩负着精神文明建设的重大使命。因此，我们把"造就第一流的人才，生产第一流的汽车，提供第一流的服务，创造第一流的效益"作为企业的宗旨、作为我们工作的出发点。

随着社会主义经济体制改革的不断深入和有计划的商品经济的逐步形成，市场竞争越来越激烈。企业要想在竞争中生存和发展，就应该提高质量，降低成本，增加效益。然而，这一切必须依靠从事物质生产的人，依

---

[*] 第二汽车制造厂于1982年和1983年获得全国企业管理优秀奖（中国企业管理协会）、1985年获得全国企业整顿先进单位（全国企业整顿领导小组、国家经委）和全国思想政治工作优秀企业（中宣部、国家经委、全国总工会）等称号。1988年，作者获得首届全国优秀企业家（国家经委、中国企业管理协会）称号。本文是作者1988年1月撰写的一篇文章。

靠这些人的积极性和创造性。因而，我们采取各种措施，努力造成一支具有"艰苦创业的拼搏精神，坚持改革的创新精神，永攀高峰的竞争精神和顾全大局的主人翁精神"的职工队伍。

1. 广泛深入地开展以企业转轨变型为主要内容的观念更新教育

我们认为，由于体制的双重性，二汽也和很多企业一样，企业行为不同程度地存在着一些非正常现象，如追求以外延扩大再生产、反技术进步的倾向；追求自我封闭、反专业化合作的倾向；追求工资收入和福利最大化的倾向；追求超越自己职权的倾向；在管理上追求自我完善的倾向；生活设施自我封闭的倾向。这些非正常现象阻碍着企业的体制改革，是与经营开发型企业不相容的。于是，我们一方面举办处以上干部观念更新学习班，另一方面在全厂职工中开展改革和企业转轨变型教育，从而统一了全厂干部、工人的思想，树立了现代化大生产的观念，排除了小生产影响，加速了企业转轨变型。

2. 进行社会主义经营思想教育

我们提出，二汽的经营思想是"提供最佳的产品，获取合理的效益"。我们在职工中反复宣传，要把社会效益放在首位，在提高社会效益的前提下，通过加强管理、降低消耗来提高企业效益。因此，社会第一、顾客至上的思想在全体职工中开始树立起来，产品每年都有几十项质量改进，创造了较好的社会效益，赢得了良好的信誉。

3. 举办各种文化、技术训练班，不断提高职工文化、技术素质

我们除通过举办业余大学、中专和干部文化学习班，鼓励职工自学成才外，还制定了对自学成才人员与正规学校毕业人员"待遇上平等，使用上一样对待"的政策。全厂职工学文化、学技术的热情空前高涨，文化技术素质不断提高。

4. 开展以理想、纪律教育为重点的政治轮训

几年来，在生产一直较为紧张的情况下，我们几乎每年都要举办青工轮训班和政治夜校，对职工进行理想和纪律教育。在理想教育中，教育职工把树立远大理想同为中国汽车工业打翻身仗、脚踏实地做好本职工作结合起来，提出了"爱国要爱厂，爱厂要爱岗"和"立足本职、放眼全国"的口号。在纪律教育方面，我们结合工艺整顿，教育职工树立大生产观念，

克服小生产的自由散漫恶习，使大家懂得了没有一个铁的纪律，就形不成竞争能力，经济效益就提不高，纪律和管理都是维系企业的一种重要力量。

5. 提高职业道德水准，深化质量意识

我们认为，质量虽然表现在产品上，但它反映的是生产产品的人的职业道德。加强职业道德教育，提高职业道德水准，增加责任感是提高产品质量的关键。1987年，我们在全厂开展了以实现整车和发动机两个一等品为目标的提高职业道德水准、深化质量意识教育，组织了两次"百日质量优胜杯竞赛"，制订了各工种、岗位职业道德规范，使职工树立"上道工序对下道工序负责"，"总成和整车对用户负责"，"二线对一线负责"的观念，产品质量稳步提高。去年11月，经国家抽检，东风五吨车和发动机获质量一等品。

二

政治工作部门是进行社会主义精神文明建设的基本力量。我们在抓企业两个文明建设中，始终把政工部门摆在重要的地位，像生产部门一样，重视他们的组织建设，支持他们开展工作，调动了政工人员的积极性，促进了精神文明建设。

1. 为政工部门创造良好的工作条件

我们认为，作为企业的领导，应该为政工部门创造良好的工作条件。几年来着重做了以下四个方面的工作。一是配合党委健全政工体制，调整和充实政工干部队伍，把优秀的干部配备到政工岗位，使各级政工部门机构健全，人员精干。二是加强对政工人员的培训，提高政工人员的业务素质。我们开设政工大专班、中专班、哲学专修班，还选派人员到外地大专院校政工班进修或接受短期轮训，为政工人员创造学习机会。三是在时间、经费上给予支持。在生产任务紧的情况下，我们支持开展青工政治轮训，支持开展各种文娱活动和体育比赛，我们拨款建立了思想政治工作奖励基金，修建了体育馆、青少年宫、工人俱乐部、游泳池等文化体育设施，支持成立音乐、美术、书法、摄影、集邮等群众性的文化活动社团，并给予经济上的资助；投资兴建了电视中心，从而使政工部门工作有时间、有活动、有阵地。四是支持开展理论研究工作，我们每年举办一次思想政治工作、组织工作和人才开发论文发表年会，党校、思想政治工作协会、《二汽新闻》、《二汽集团研究》和《政工月刊》等，经常组织开展企业改革和思想政治工作的理论讨论，对于优秀论文给予表彰和奖励。

通过这些措施，为政工部门创造了必要的工作条件，增强了政工人员的职业自豪感和光荣感。

2. 尊重政工人员劳动，树立政工部门权威

政工部门肩负着精神文明建设的重要责任，在改革开放中，人们的思想异常活跃，切实把思想政治工作贯穿于建设和改革的各个环节，激励人们的社会主义积极性、创造热情和献身精神，提高企业的凝聚力，是一项十分艰巨的任务。因此，我们始终把政工部门看作推进改革的参谋部、坚持社会主义方向的雷达站、调动职工积极性的加油站，尊重政工人员的劳动，树立政工部门的权威。

对于政工人员的劳动，我们把它与物质生产劳动放在同等重要地位予以对待，凡是做出重要贡献的，都给予表彰和奖励。在开展职业道德教育中，宣传部深入调查研究，广泛发动群众，及时开展宣传教育，对提高全厂职工职业道德水准，深化质量意识，确保两个一等品做出了重要成绩，我们除在综合奖励中给予嘉奖外，还在全厂30名质量标兵中给宣传部一个名额。水厂宣传科长佘金国在枯水季节，冒着酷暑，翻山越岭，跑遍了全区所有水库，写出了水情报告，为领导采取节水措施提出宝贵意见，同时，他连续撰写报道，宣传节水意义，为胜利度过枯水期，保证全厂正常生产和生活用水做出了特殊贡献，我们决定授予他劳动模范的光荣称号。

树立政工部门的权威，必须做一些实在的工作。在党政分开、实行厂长负责制后，一部分人误认为政治工作可以不要了，政工部门可有可无。在这种情况下，我们一方面旗帜鲜明地支持党委做出的各项决定，支持政工部门开展的各项活动，另一方面请政工部门参与企业大事的讨论。我们在企业决策、改革方案和企业方针的制定过程中，都请政工部门共同研究，委托他们进行理论论证。如在推行厂长负责制时，我们请党校和宣传部研究论证厂长、党委与职代会的关系；在推进企业改革转型中，我们请党校进行企业运行机制等课题的研究。在产品创优、质量竞赛等活动中，我们

请宣传部和工会牵头召开现场会、表彰会；所有这些，不仅使企业思想政治工作紧密围绕企业生产、经营中心，做到实处，克服了"两张皮"的问题，而且树立了政工部门的权威。

3. 认真当好宣传员

宣传党的路线、方针、政策，宣传改革、开放的大好形势，不仅是党委和政工部门的事，也是企业行政领导的责任。因此，我们都乐于当好宣传员。

要当好宣传员，首先必须提高自身的政治业务素质和宣传水平。多年来，我们除自学外，还始终坚持参加由党委主持的每周一次形势和政治理论学习。在学习会上，我们坚持理论联系实际，运用马列主义原理和党的路线、方针、政策来研究、解释、探讨企业发展方向和职工思想情况。党的十三大召开后，我们立即组织东风联营公司和二汽所有集团集中一周时间学习十三大精神，讨论二汽经济体制和政治体制改革的方案，统一了领导班子的思想，提高了全体领导成员对十三大制定的路线、方针的认识。

我们认为，行政领导都分管企业生产建设和经营发展工作，向干部、群众进行宣传教育时，会更有现实性、针对性和说服力。因此，我们利用各种形式，宣传二汽的形势、任务和面临的矛盾，宣传理想与纪律、精神与物质的辩证关系，号召职工把远大理想化为具体的行动，把高尚的职业道德化为强烈的质量意识，把艰苦奋斗的优良传统化为"双增双节"的实际行动。我们在干部大会上、在观念更新学习班上、在职工代表大会上，向职工宣传新技术革命给二汽带来的挑战、创造的机会和应采取的对策，在青工轮训班上、职工政治夜校中讲述二汽艰苦创业史，进行传统、理想、纪律与职业道德教育。在去年初开展的反对资产阶级自由化斗争的正面教育中，我们东风联营公司和二汽19位领导分别到各专业厂讲形势、进行直接对话，推动了教育活动的健康发展，巩固了二汽安定团结的大好局面，保证了生产经营与经济体制改革的顺利进行。

三

物质与精神、经济与政治是对立的统一。然而，在一段时间里，有人认为，现在是商品经济阶段，应该以物质奖励为主，精神的东西不起作用了。在这种思想指导下,用承包代替管理,用奖金代替思想政治工作,把职工的思想引导到了无限追求工资和福利最大化轨道。这种崇拜经济刺激的短期行为,给企业带来了极大危害,使二汽也受到了一定的波及。

我们认为,金钱只具有诱惑力,事业才具有凝聚力。企业真正的动力和凝聚力远不是几十元奖金所能刺激出来的。因此,我们把二汽的建设目标选择为"出高质低耗汽车、育社会主义一代新人"。为实现这一目标,我们坚持两个文明一起抓。

在制定企业发展目标时,我们既规定物质生产的指标,又有精神文明建设的目标,把精神文明建设纳入全厂工作计划。几年来,我们在制订年度计划和长远发展规划时都做到了这一点。在制订每年的思想政治工作计划时,把精神文明建设具体到群众看得见、摸得着的实施计划,并与生产建设一样,规定了形象进度,如创建"双文明"工厂、"双星文明"生产厂的标准和计划,我们同时制定了思想政治工作检查验收标准,使思想政治工作的升级活动与生产经营管理的升级活动互相促进,共同前进。

在检查考核物质文明建设指标时,我们同时对精神文明建设指标进行检查考核。为了便于检查考核,我们支持政工部门将精神文明建设的"软指标"实行定量化,变成"硬指标"。即把各项要求转化为一件件可以指导职工行为,有明确标准的考核指标。同时我们将物质生产和精神文明建设并重,制定了"双文明"考核细则,与单位和个人的奖金、浮动工资挂钩,使"两个文明"建设同步发展,不断结出"双文明"建设之果。

二汽如何建立企业自我制约的行为机制*

（1988年1月1日）

党的十三大报告指出，转变企业的经营机制是我国经济体制改革的中心环节。

长期以来，由于体制上的弊端，社会上往往把企业的全民所有制简单地理解为每个企业都由国家某级政府来办。再加上谁管企业谁得利，从而使得大多数工厂都成了某一级政府的附属品。严格地讲，它们并没有成为企业。企业决策权在企业之外，而不在企业之内，这就使政府机关掌握的企业决策权与其所负的经济责任不对称；而企业所承担的自身兴衰的责任又与其可行使的权利不匹配。因而对企业来说，在某种意义上处于无人负责或无法负责的状态。作为生产力基础的企业，责任不清或实质上无人负责的现实，再加上未能建立起企业平等竞争的市场环境，因而在新老体制交替过程中，在我国企业里普遍存在着作为企业的反常行为。例如：一些企业追求企业目标政治化，有反经济核算的倾向；追求扩大再生产外延化，有反技术进步的倾向；追求自我封闭全能化，有反专业化协作的倾向；追求建设资金分散化，有投资规模小型化的倾向；追求消费基金最大化，有企业行为短期化的倾向，如此等等。

一个企业经常出现反常行为，正像一个精神病患者，给他任何正确的指令，都可能做出预想不到的反应。几年来简政放权的措施并没有解决这一问题。

体制上的弊端是造成企业反常行为的重要原因；而企业的反常行为又是影响改革进行的重要因素。加速改革会造成社会的阵痛，但是这种交错矛盾的长期延续，不仅会延迟我国经济起飞的进程，难以造就出具有国际

---

* 本文是作者发表在《比较》杂志1988年第1期上的文章。

竞争力的现代企业，而且会引起社会关系以及精神、心理的畸变，为此所付出的历史性代价可能更为昂贵。

企业特别是牵动国民经济发展的国营大型企业，应当更多地意识到自己在经济发展及社会改革中的地位和责任，在自己可能控制的范围内要努力校正自己的非正常行为，转变经营机制，为改革制造宽松的环境。由于外部条件的制约，企业校正非正常行为的能力可能是有限的，但是绝对不能以此而放松自己的努力。

由于看到某些企业（包括自己）的反常行为，二汽较早就十分注重企业自身的改革，努力端正企业行为。我们深深感到，随着国家改革所引起的企业环境的变化，企业必须眼睛向内，在内涵上下功夫。在走向自主经营、自负盈亏的商品生产者的道路上，要建立自我制约的运行机制，即形成"闭环"式运行体系，使企业不断能监督自己行动，并用监测结果与社会主义原则和企业目标相对照，以此来修正企业行为。在我们注意这样做了之后，感到自己向一个成熟的企业靠近了，感到企业的内涵和后劲得到了充实。

在1984年全国经济过热的情况下，我们制定了一个翻番的发展规划，而且业经国家批准，在仔细测算了我厂的经济能力、中型车的市场容量、投资效果和力量安排之后，我们按国家关于坚决压缩基本建设投资规模的精神，下决心修订了规划方案。"七五"期间，在保住基本目标的前提下，把预期的投资规模压缩近半。在没有外界直接压力的情况下，自1985年第四季度，我们认真清理在建工程，说服有关单位，将63项非生产性建设项目和非重点工业项目坚决停缓。此项节省预算投资5000万元。按国务院指示精神，二汽自1985年4月起坚决控制本身消费基金的增长，制止乱发钱物，将厂属单位购置的高级进口轿车上收，供离退休老同志使用或做接待用，在经过一段整顿之后，全厂消费基金的使用转入正常。

在开始时，一些同志说二汽的领导太老实、太傻，缺乏开拓精神，但当我们组织职代会检查全厂基建，技改工地，总结两年来自我制约措施的效果之后，大家一致认为二汽"战线缩短了，内涵充实了"，"乱发钱物停止了，职工情绪稳定了"，决策有远见。

建立自我制约的运行机制是个很复杂的问题，就二汽目前直接感受到的，至少可以从以下几个方面促进企业行为正常化。

确立合理且相对稳定的国家与企业关系，是实现企业行为自我制约的重要措施。企业既希望改革，又怕多变。在1983年至1984年初国家分两期审批了二汽"双包经济责任制"方案，即一方面承包上缴利润以7%递增，另一方面承包利用自筹资金完成国家批准的二汽改扩建项目。这就确定了到1990年二汽与国家相对稳定的关系。从而使企业可以从长计议，安排增产与节支，统筹发展与消费，基本上克服了怕政策多变，捞一把算一把的短期行为。

确立企业目标，是实现企业行为自我制约的动力。一个崇高的企业目标会给企业职工的工作赋予新的价值，唤起人们的使命感。反之"人无远虑，必有近忧"。社会化生产区别于"种瓜得瓜，种豆得豆"的自然经济，它的经济成就的整体性，近年来"金钱万能"的倾向，对企业的机体有腐蚀变解作用。设想企业的事实都简单地与职工个人经济收益直接挂钩，必定迫使企业上上下下沉溺于各级各层，直至个人的得失之中而不得自拔，由此往往会颠倒局部与整体、眼前与长远的关系，磨灭企业目标，失去自我制约能力。追求也是动力。实际上办得成功的企业大多是以实现企业目标作为奋斗之目的，而报酬只是做出贡献的一种补偿。以实现目标为目的，往往得到应有的报酬；而以报酬为目的，却往往会失去企业目标。二汽领导始终认为社会主义企业，特别是直接控制着巨额的国家固定资产的二汽负有重要的社会责任。我们以干一番事业的献身精神互相勉励；以"七五"计划，以二汽在我国汽车工业打翻身仗中的地位和作用，以国家对二汽的期望来激励职工奋进地工作。我们许多自我制约的措施正是在这个大目标下才使思想得到统一的。

自我承担经济风险，是实现企业行为自我制约的条件。在国家投资、企业得利的条件下，企业并未感受到经济风险，因而行为往往容易出现异常。在国家开始出现社会主义市场，企业由于扩大自主权而逐步由行政机构中游离出来时，经营者的思想就会发生变化。在国家对二汽实行双包经济责任制，并改变了对二汽的投资方式，由企业自筹资金改扩建二汽的情况下，企业开始感受到作为经营者所承受的压力。为了在竞争中求发展，我们注意了在内涵上下功夫。我们自觉控制积累消费比例（在确定利润递增承包时,是以发展、福利、奖励基金6∶2∶2的比例测算的,但在执行中我们调整为6.5∶1.9∶1.6),自觉控制挖掘内涵与扩大外延的关系,更加注重投资结构,注重投资时间效益,注重投资利润率。总之开始自觉按经济规律制约自己的行为。

建立"闭环控制"体系,是实现企业行为自我制约的保证。要建立企业目标体系,并使企业行为不偏离企业目标,就要使企业的体制中具有完好的确定目标、推动执行、检测反馈、比较修正的功能。为了确立正确的目标,建立科学的决策体系,除了常设的规划处外,几年来,二汽初步建立了技术经济研究室、经营委员会、政策研究室等部门,研究市场和经营信息,提供决策依据。为了使企业做正确的事,要建立科学的工作程序。近年来,二汽还制定了基建、技改立项程序,技术引进立项程序,基本建设管理办法等,使企业日常行为规范化。对于检测、监督系统,近年来二汽除加强党委工作外,行政上设立了监查处、审计处和法律顾问室,对企业和干部行为进行监督,发现问题及时纠正。

企业是国家机体中的细胞,搞活企业是我国经济体制改革的中心环节,众多企业的行为关系国家的兴衰。因此,在国家对企业实行简政放权、减税让利等搞活措施的同时,必须制造背景条件,校正企业违反经济规律的反常行为;企业在调整内部关系、改善经营机制时,也完全应当加强企业行为自我制约的机能。

在第二汽车制造厂党委扩大会上的讲话[*]

（1988年2月26日）

同志们：

今天我讲三点意见。

一 党政职能转变与党政干部通力合作问题

当前，同志们都在谈论党政分开问题，但不知道同志们注意到中央领导同志在十三大报告中的一段话没有？中央领导同志说："中央、地方、基层的情况不同，实行党政分开的具体方式也有所不同。"

从二汽的情况来看，党政合作历来都是成功的、和谐的。这是二汽成功的基础。可以说二汽的每一项成果，都是党政通力合作的成果，都凝聚着党的工作者的功劳。在政工体制改革中，要注意到企业的特点，更应注意我们自己的特点。

我们能够较早地顺利地推行厂长负责制，其中一个重要原因是党委和广大政工干部积极支持的结果。我们推行厂长责任制的基本经验有三条。一是坚持厂长任期目标制，而且强调目标要长于任期。二是坚持"三加强"，即"加强行政指挥、加强党委保证监督、加强民主管理"。"三加强"的话，这一段时间讲得少了，可能是党委出于对贯彻厂长负责制、确立厂长中心地位的考虑，但我认为"三加强"是正确的。三者是相辅相成的，是相互制约和促进的。三是发挥一班人的作用。

我认为厂长负责制是个群体的概念，特别是像我们这样的大厂，没有哪一个人有那么大的精力，那么全面的素质，对工厂里的一切事情都能做

---

[*] 1988年2月26日，第二汽车制造厂党委召开扩大会，本文是作者在会议上的讲话。

到正确决策。社会上有些小厂推行厂长负责制，就把党委抛在一边，结果有的就出现了问题。党政合作在企业发展中非常重要，是企业的基础。企业是基层单位，是相对独立、完整的经济实体。一个企业只能有一个统一的目标，应当用民主、科学的方法确立统一的目标。这一目标的实现，就是企业对社会的最大贡献。企业里的政党工团，都应围绕这个统一的目标动作，把这个统一目标分解、落实到各自的工作中去。

"围绕中心，发挥特色"，这句话讲得很透彻。围绕中心，就是围绕这个统一的目标；发挥特色，就是分工合作实现这个目标。因此，在推行政治体制改革时，中央强调的是党政职能分开。在企业，我们要特别强调的是目标统一，协调一致，在党政职能分开后，实现新的合作。在体制改革中，更应该注意防止的是把党政搞成"两张皮"。一方面，我们要坚持改革、坚持党政职能分开；另一方面，也要防止为改革而改革，人为地硬把党政分开，搞成"两张皮"。党委要抓思想工作，而且要渗透到各项业务工作、经济工作中去抓。我们各级党委在二汽发展过程中，在抓职工的思想工作方面，在培养"四有"职工队伍和培育二汽精神，即企业文化方面，发挥了巨大作用。二汽历来都很强调行政领导要注意调动精神力量，要学会和重视做思想工作。

我认为企业政工体制改革的主要任务，第一是要实现党政职能分开，改变"党委领导下的厂长负责制"的领导体制［1978年12月，党的十一届三中全会确定，在企业领导体制上实行厂长（经理）负责制。1988年4月全国人大七届一次会议通过的《企业法》规定，国有企业实行厂长（经理）负责制］。因为这种体制，领导的不负责任，负责的不领导。领导职责不清，无法适应商品经济的需要。第二是转变职能，要以经济建设为中心，保障和监督行政部门努力发展生产力。第三是确立企业只有一个集中统一的目标，防止有两个目标、两个"一把手"、"两驾马车"。党组织是垂直领导，向上一级党组织负责，厂长对企业经营负责，因此，党委一元化领导，容易分散目标，不利于企业的统一效能。企业政工体制改革的任务是不是这些？到底是什么？同志们可以讨论。

政工体制改革后，党政职能分开了，企业由厂长全面负责。在这种情况下，行政领导应尊重党组织的地位和作用，对重要事项要特别注意征求党委的意见，支持党委的工作；在制定经营决策、任用干部等方面要主动和党委协商，尊重党委的意见。我们要十分珍惜党政干部共同创造的党政合作的优良传统。

二 关于思想工作在企业的地位问题

在企业里，诸多工作中最重要的是做人的工作。人是生产力诸因素中最活跃的因素，是企业生产经营的基础。在一定意义上说，管理工作就是做人的工作。思想政治工作在企业中处于非常重要的地位。政治体制改革绝不能搞成一场削弱党的领导、削弱思想工作的运动，而应在新观念、新方法的轨道上，切实加强党的领导，加强思想工作。如果我们的改革削弱了党委的作用，削弱了思想工作，我们这个改革将是失败的。

厂长要对职工的思想工作全面负责，我认为真实的含义是：企业要以生产经营为中心，厂长不抓思想工作，就无法肩负调动各类人员的积极性的重任。因为在企业里，无论是金钱还是鞭子、是胡萝卜还是大棒，都不能真正调动职工的积极性。金钱虽有诱惑力，但只有事业才有凝聚力。物质激励和精神激励都需要，但更重要的是精神激励。当然，用行政化、权力化的方法，靠形式主义和简单的考核做职工的思想工作是不行的，关键是要打动人心，深入人脑。思想政治工作要提高职工的精神境界和主人翁意识。一个企业不下功夫去建设自己企业的文化，培育职工高尚的精神境界，企业是办不好的。这是企业兴旺发达的基础。二汽已经有了良好的基础，思想工作在企业的地位绝不能削弱。

三 要以积极的态度迎接改革

如何迎接改革、参与改革？第一，要抛开自我。要着眼于二汽的全局，要着眼于长远。不能以小生产者的观念或产品经济的观念看问题。第二，对改革必须坚决，不能一遇到困难就退缩。第三，要有纪律性，不能各行其是，不能自作主张。第四，要注意转变观念，转变职能。第五，在改革的过程中，要坚守岗位，工作不能停顿。各级领导要确保生产经营工作上台阶，确保改革工作的全胜。

二汽集团发展与改革的思考[*]

——在洛阳企业集团座谈会上的发言

(1988年4月1日)

多年以来,发展与改革始终是二汽和二汽集团所考虑的重要课题。

对地处深山的二汽来说,持续发展是紧迫的任务,改革是发展的根本出路。东风汽车工业联营公司1981年4月的成立,就是二汽改革的一个重要的产物。东联公司成立以后,我们几乎每年都有一些重要的改革措施出台,这些措施反过来又推动了二汽集团的成长和发展。1982年二汽被批准实行利润递增包干到1987年,1983年延长至1992年;从1983年起,我们开始在企业内部构建"经营开发型"体制的三大中心——技术开发中心、人才培育中心和技术装备中心,并经国家批准成立了东风汽车进出口公司;1984年着手制定二汽发展的七年规划;1985年提出了"自主经营、自负盈亏、自我发展、自我制约"的发展方针,同时还提出"面向市场,科学决策,集中经营,分级管理"的管理体制;1986年在国家支持下实行了计划单列,同时在这一年里,我们狠抓企业的基础工作,提出要以卧薪尝胆的精神狠抓以质量为中心的基础管理,并且开始研究二汽集团发展的战略构想;1987年我们组织研究二汽和二汽集团改革的总体方案,同时在这一年里,在国家的支持下东联公司成立了财务公司、东风汽车贸易公司,而且还成立了二汽集团的工会联合会。这一系列的改革措施对二汽集团的发展起了很重要的推动作用,可以说,二汽、二汽集团是改革的受益者。若说我们的深刻体会,那就是"发展是竞争的需要,改革是发展的出路"。

下面我们就二汽集团发展与改革的基本思路,讲讲我们的看法和目前

---

[*] 本文是作者以东风汽车工业联营公司董事长身份,1988年4月在洛阳企业集团座谈会上,以"三大中心""三级跳""三大宝"为主题,做题为"二汽集团发展与改革的思考"的发言。

正在进行的工作。

一 二汽集团发展的战略构想

1986年1月，经国家计委组织竣工验收，二汽完成了国务院规定的三个基本车型10万辆汽车生产能力的建设任务。在建成了国家下达的生产能力以后，二汽如何再发展？企业的后劲在哪里？如何避免重蹈我国一些企业产品"几十年一贯制"的覆辙？这是摆在我们面前的严肃问题。

在产品经济条件下，工厂是国家行政部门的一个附属品，严格地讲"工厂"只是完成国家计划的一个生产单位，不是独立的"企业"。在这种情况下，企业发展与否不是工厂自己的事，企业发展的重大决策不在企业之内，而在政府组织之中。企业的眼睛不是看着市场，而是盯住国家计划本子。照此行事，只有"国家要我干什么"，很少有"我要干什么"，或者"我能干什么"。企业完全处在被动的地位，缺乏创造企业后劲的内因。

随着经济体制改革的发展，企业开始有了一些"自主权"和"自主钱"。当改革给企业注入了一些活力之后，企业内部很快萌发了求发展、壮后劲的强烈欲望。汽车是投资量大、孕育期长、技术复杂、相关面广的大产业。它是带动能力极强的现代制造业。作为一个战略经营单位，二汽必须要有较长远的战略目标。

1986年在充分准备的基础上，我们领导班子前后用了一个星期的时间，充分讨论了二汽集团发展的战略构想。大家认为，作为一个大型骨干企业，应该把眼光放到2000年。按照现在我们对那时国际国内市场形势的预计来确定自己的地位，并以此明确我们在"七五""八五"的目标及其分步骤的实施计划。

我们设想，二汽集团到2000年应该成为具有一定声誉和知名度、可以立足世界的汽车企业集团。在具体的措施上，我们规划了"三级跳"的发展格局。

所谓"三级跳"，指的是企业发展的三个阶段。1969年开始大规模建设，到1986年1月基本完成国家交给的建设任务，这是第一级跳。在此期间，投入了21亿元，基本形成了三种车型10万辆汽车生产能力。第二级跳就是在"七五"用5年时间,在建设起8吨平头柴油车、发展系列品种、提高质量的前提下,使年汽车生产能力由10万辆提高到15万辆。第三级跳是以发展30万辆轿车生产能力为目标,建设一个达到国际经济规模的汽车生产基地。

以"三级跳"为基础,到2000年我们在国内汽车市场上占有1/3的份额,同时要以达到国际经济规模、出口导向的轿车为主体,以国内市场已占有的份额为基础,开始进入国际汽车市场,参与国际汽车市场的角逐。

为此我们要下决心伸展"两翼"。一方面进一步强化二汽、二汽集团的技术开发能力和技术改造能力;另一方面在国内外进一步强化我们的营销能力和技术服务能力。相应地,我们还在拓宽产品系列、专业化改造、科技与人才开发、市场开拓战略和经营管理体制等方面做了研讨和规划,以保证目标的实现。

二 探索集团发展的新路

二汽发展的历史经历了两个阶段。第一个阶段是1969年二汽大规模建厂到1979年,这个阶段可用三句话概括,就是"国家投资,全国支援,二汽建设"。其间用"包建""聚宝"等创新的方法和"自力更生"的精神,在一个荒僻的深山里创造了汽车生产的基本条件。第二个阶段是1980年到1985年,也可以用三句话加以概括,就是"自筹资金,量入为出,续建二汽"。这期间国家原计划的投资已经停止,国家对二汽实行"利润递增包干"政策,即以1982年上缴利润为基数,每年递增7%,"多收国家不要,少收了企业自负"。留利可作为建设基金,续建未完项目。实际上这五年以自筹的3.3亿元的投入,调动了16.7亿元的固定资产,使潜在生产能力不断地被挖掘出来,汽车产量每年以30%左右的速度增长。到1985年底,二汽已经具有了10万辆的生产能力。也就是经历的上述两个阶段、先后投入21亿元,建成了一个大而全的三个基本车型10万辆卡车和军车生产能力。

按照这个办法,这种速度,到2000年我们最多也只能使我们的固定资产、生产能力翻一番,而且如上那种建设模式存在的历史条件已经成为过去。国家投资已经没有,一个工厂的建设要全国来支援,已经是不可能了。

这种建设模式有这样几个特点：首先，国家安排什么，工厂就做什么，我们的建设任务是国家规定、国务院下达的；其次，国家给多少钱就办多少事、有多少钱就办多少事，所谓"量入为出"；最后，有多少事要做，就事事自己投资、自己来办。

这样几个特点所形成的结果就是，企业发展的投资靠计划拨款。除了助长"投资饥饿症"之外，也窒息了企业追求后劲的动力。这种发展模式在国际竞争中肯定处于被挨打，甚至被淘汰的地位。我们清醒地看到，虽然二汽作为"三线建设"的预算是成功的，但是要按这种模式走下去，二汽下一步发展目标即追赶国际水平是绝对不可能的，因此，我们只能在改革中寻求新路。

实际上几年来经济体制改革已经为企业的发展创造了一系列新的条件，可以归纳为以下三个方面。

第一，"有计划商品经济"已经在中央重要文件中确定，相应地国有企业也应成为"有计划"的商品生产者。我相信，商品经济的宏观环境随着改革的深入会不断改善。我相信，有计划商品经济体制会给企业带来新的压力、动力和活力。

第二，党的十三大报告再次重申：搞活大中型企业是"城市经济体制改革的中心环节"。越来越多的人认识到，作为社会生产力基础的大型企业是我国经济发展的火车头、是我国进入世界经济强国之林的希望。我相信国家会给企业发展创造更好的环境条件。

第三，商品经济的有效手段正在被允许采用。这意味着在我国经济发展中将引进竞争机制，将开放生产资料市场、劳务市场、技术市场和资金市场。股份制在十三大文件中已经得到肯定；合资经营、产权转让、企业兼并等，也将成为合法的手段，如此等等。这些商品经济有效手段的采用，将给企业发展带来新的机会。

作为商品生产者企业，怎样更充分地利用这些条件呢？总结二汽集团改革发展的实践，我们悟出二汽的发展有"三大法宝"。

第一大法宝就是灵活经营。商品经济允许的手段我们要很敏锐地抓住，并把它用好、用活、用足。在产品经济的条件下，企业的经济效益主要取决于生产能力，在有计划商品经济条件下，企业的效益很大程度上取决于灵活经营的水平。为了克服二汽地处山区、信息闭塞的弱点，我们已把信息的触角伸展到全国信息最灵、经营最活跃的大城市和沿海开放区，以及美国、西德、中国香港等地。这几年我们的销售和技术服务网已遍及全国。在目前新旧体制交替的过程中，计划经济体制仍在运行的部分，我们也要把它充分利用好，我们绝不以一个"改革者"自居，简单地排斥旧体制运行当中可以利用的部分。另外，企业要以改革的精神为自己创造"小环境"。比如承包、计划单列、财务公司就是为自己创造"小环境"。

总之，企业发展所必需的手段、稀缺的资源，在取得国家支持的情况下，我们可以也有可能逐渐从市场获得，这样就有可能改变我们过去那种有多少钱或者是给多少钱就办多少事的状况。在灵活经营的过程中，必定会培养出一批高水平的经营人才。

第二大法宝就是"挖掘金山"。技术和管理是生产力，而且越来越成为生产力中的重要因素。因此企业在现有的物质技术基础上，充实一些新的技术和管理，就会焕发新的生产力，会取得新的巨大的经济效益。我们从1983年一直在寻求一条以挖掘企业内涵潜力为主的企业发展的道路。这一年黄正夏、李惠民等厂主要领导到美国IBM公司考察，1984年邀请IBM专家来厂考察。最后确定了两个合作项目。一个是以信息化改造生产管理系统。这是一项难度很大的改建工程，搞了几年才完成。这一举措不仅提高了管理效率，而且畅通了信息流，减少了管理人员、再制品、物流成本，增加了企业的效益。另一个是用"单板机"替代继电器改造自动化生产线的控制系统。一条线自动化用电子系统替代分离器件系统，只需周末半天时间即可完成。控制系统升级后可靠性大大提高，大大减少了停机检修的时间，成本不足万元。在实验成功后，各个专业厂全面铺开。另一个案例是1986年我们请了日本日产柴汽车公司的7位专家，在二汽车桥厂生产比较被动的转向节车间探索实验"一个流"的生产管理方式，历经9个月，取得了可喜的结果：实现了人员减少1/3，产量增加1/3。

事实说明，二汽潜力是很大的，按照日本人的做法，我们现在挖掘出来的潜力可能相当于日本的一半，就是说还可以再增加一倍，从这里使我们看到了新的希望，使我们找到了以挖掘企业内在潜力为主的一条道路，我们组织各专业厂领导开现场会，到会的干部为之大震。大家认为，用这样一套管理的眼光来看二汽的各个生产环节,在每一个生产环节下面都埋藏着一个巨大的金矿,要用管理和技术进步这两把斧头去挖这个"金矿",创造效率和效益。这就是所谓挖掘"金山"。也就是我们要由眼光向外、向上伸手,转变为在内涵上下功夫,力求投入最少、效益最大。在大量流水生产中采用这样的"现场综合管理",必须从观念、管理方法、生产组织和考核激励等方面多管齐下,建立一套全新的系统。我们今年正在有计划地在全厂扩大试点,推广这套办法。

第三大法宝就是横向联合。横向联合的本质是改变"大而全""小而全"的生产组织模式,建立稳固的产业链,实现专业化生产、社会化协作,使整车企业、零部件企业、改装车企业、服务企业,各自在自己的专业范围内做专、做精、做大、做强。这是汽车产业走向成熟的必由之路。目前全国大约有46万家企业,如果都"搞活了",我国工业体系的竞争力是不是能上去?结论并不一定是肯定的。这里有一个生产组织的效率问题。

汽车的产业链很长,它是一个典型的大规模生产的现代工业产品。能生存和保持竞争力的唯一产业组织形式,就是专业化生产、社会化协作。大而全、小而全都是没有出路的。遗憾的是,由于历史的原因,二汽恰恰就是一个"超级大而全"的组织。横向经济联合也算是一种亡羊补牢。

对于一个小企业来说,归入一个稳定的生产链,减少了市场风险、明确了自己的定位,有了长远的发展奔头;对于大企业来说,横向联合实际上是聚集社会资源和生产能力,实现本企业的目标的产业组织形式。也就是说,对于主机厂来说,自己必须做的是产品的定义、系统框架、市场定位、核心部件、技术集成、总装调试。大量的零部件可以选购,也可以外委定制,并不都要自己做。产业链上的各个企业都有明确的定位,所做的产品和服务更加专业,生产成本相对较低;新产品开发、老产品换代的生产准备周期较短、投入较少。专业化协作生产出的产品的市场竞争更强。因此,这种专业化生产、社会化协作的大生产带来的是所有参与企业共赢、多赢。这种生产组织结构是相对稳定的。

三 二汽经营机制改革的基本思路

当前,无论是经济体制还是企业都在改革变动之中。要使企业发展的思路、规划能够付诸实施,没有企业经营机制的改革是做不到的。也就是没有企业内部机制的调整,外部环境再有利、再好,企业也无法有效利用。二汽的管理总的来说是移植了一汽的现代化大生产的管理,有比较好的基础。多年来,我们根据二汽改革和发展的需要也做了很多改进。到目前为止,就组织十几万辆汽车生产这样一个复杂的管理来说,我们已经达到了有条不紊的水平,具备了较好的管理基础。但是,就总体来说,我们的管理模式仍然属于单一计划经济体制下生产型企业的范畴,没有超出生产型体制的管理框架。十三大报告指出,经济体制改革要以转变企业经营机制为中心环节。我们深切地意识到,国家经济改革发展到今天,如果企业经营机制没有新的突破,几乎任何改革措施都可能事与愿违,从而阻碍整个改革发展的进程。生产型企业的体制框架不适应商品经济的发展。在新旧体制交替的情况下,企业出现了许多作为经济组织所不应该有的反常行为。二汽也并没有摆脱这些非正常行为的影响。

第一,有隐瞒生产能力的倾向。层层承包进一步助长了这种倾向。因为承包基数压得越低,自己越主动。各层次都希望有一部分生产能归自己调动,甚至利用一部分生产能力做私下交易,在每年制定承包基数的时候讨价还价,这是现代大企业应当切忌的弊端。

第二,有反经济核算的倾向。层层都希望自己的成本是"橡皮",由自己人为控制,为搞"小名堂"留下余地。企业中层层建立"小金库",把资金有意地埋伏起来,甚至把资金转移到厂外;有的单位有两本账目,有的单位账目不清。在几类账目中,资金互串。这样,一部分资金就会大公化小公,小公化集体,集体化个人。反经济核算倾向往往伴随违反财经纪律,希望自己有投资决策权,一个企业出现多元投资中心。导致资金分散,为企业长远发展布下了阴影。

第三,有追求以外延扩大再生产和反技术进步的倾向。每当安排扩大再生产时,各层领导同志纷纷争投资,扩大外延,在现有水平上重复投入,较少考虑依靠技术进步，改善管理，挖掘自身潜力。实际上，在现有物质技术基础上充实新技术，加强或改进管理，扩大生产能力的潜力是巨大的。这种一味投资、搞外延扩大再生产的做法严重扭曲了企业的投资需求，阻碍了新技术在企业扩大再生产中的应用。

第四，有追求自我封闭和反专业化的倾向。各专业厂都希望建立不求人或少求人的封闭体系，这是一种自然经济的遗痕，致使厂内各层次、各单位、各部门之间纵横协调合作比较差，小社会、小部落林立，新技术、新发明在厂内各专业厂移植困难，以至于相互之间保密。

第五，有追求工资、福利最大化的倾向。企业办社会进一步强化了这一倾向。过高的工资期望与生产效率平衡。由于什么都要与工资奖金挂钩，相互攀比的压力越来越大。

第六，有追求超越自己职责的倾向。每一个层次都希望上面放权，使自己既有投资权，又有经营权。往往把各层次都能够到外面去做买卖、去搞经营才认为是"搞活"。也就是要求把本应由一个经济实体拥有的权力，放给企业内部众多的"核算单位"，致使企业内各层级的权责含混不清。

第七，在管理系统上有自我完善的倾向。每一个部门都要自我完善，要求建立完整的垂直系统，要有独立的考核权，而且要求本系统的管理要囊括相关的一切业务，却忽视了该子系统在企业中应有的职能和责任，致使机构臃肿，相互扯皮，效率过低。

第八，企业办社会有完善化的趋势。企业办社会由不得已而为之，逐步发展为生活设施都要自我封闭，自成系统。这与商品生产者，与我们要达到的专业化分工协作大生产的企业，是绝不相符的。

这八种反常行为，在我们实现企业经营目标、走改革新路的过程中，导致在企业管理上出现了五大矛盾。

第一，生产型体制和经营型目标的矛盾。生产型体制对应的是命令型经济。它面向上级，背向市场，以完成国家计划为宗旨，与用户联系极为脆弱。企业"公转"的轴心是国家计划，"自转"的轴心是生产计划。因此，企业为了完成国家下达的生产计划，在组织设计上是分兵把守，设立若干部门。这些部门以解决生产上可能出现的各种问题作为自己的职责。在这种情况下，企业的哲学是"视现状为必然"。就是把现状看作天经地义的，可以几十年不变。因为把现状维持住就可以不断完成国家交给企业的任务。这和我们要实现的经营型的目标发生了严重的对抗。

经营型企业要面向市场、面向用户。经营型企业公转的轴心是市场，自转的轴心应该是"改变现状，视今天为落后"。企业追逐的是市场、是未来，把今天只看作是企业不断前进当中所留下的"最新的一个印"。脚印留下了，企业前进了。

第二，企业目标的整体性和分散化倾向的矛盾。二汽是"一个企业"，企业和企业集团有一个整体的目标。这个目标的实现是全局利益的体现，是二汽对社会的最大贡献，是二汽最高效益的所在。由于社会上的影响，二汽内部分散化的倾向在一段时间内相当严重。由于大家把"分层经营"理解成每一个层次都可以去做买卖；一说放权，就是每一个层次都要有投资决策权。实际上，对企业经营来说，最重要的是企业内部的稀缺资源合理而有效的快速调度，例如人力、资金、技术能力，后备生产能力，前方生产的短线，如何按全局的需要合理调度配置，这是决定企业发展和后劲的关键。由于对稀缺资源的分散化倾向，稀缺资源的流动变得十分困难。此外，分散化的倾向使许多单位竞相争取放权让利的优惠，形成了轮番调整利益关系的局面，造成了企业内部的总需求膨胀，生产效率下降。在企业内部形成了公平与不公平、合理和不合理的相互攀比。

第三，办好一个工厂和办好一个集团的矛盾。在横向联合的初期，二汽是以"一个机构、两块牌子"的体制来组织横向联合，取得了很好的效果。近两年随着横向联合向广度、深度发展，这一体制开始变得不适应，二汽和各联营厂的同志都感到，在原体制下，联营就好像是从二汽这个本体上节外生枝生出来的一块，二汽本体和联营厂处于一种若合若离的状态。二汽各个直接生产环节和联营厂之间在市场上逐渐出现了碰撞和矛盾，这些矛盾如果不及时加以调整，势必影响专业化生产和横向联合的深化。因此，必须考虑二汽和二汽集团的融合体制，使东风联营公司真正成为层次结构优化、风雨同舟的命运共同体。

企业内部生产的巨大潜力需要通过公司化改革释放出来。各业务部门要实现职能转变，使企业内部管理由"祈求式"转成"服务式"。祈求式管理是基层要办什么事总厂去求部门，服务式管理是别人要办什么事，部门来为他服务。实现这一转变才能使我们的体制较顺利地走上新的运行轨道。

总之，转变企业经营机制，我们是通过三方面的实际运作将这一工作展开的：其一是转变思想观念，对处级以上干部采取轮训等形式，改造管理思想充实新的观念；其二是转变管理体制，即改变企业组织结构，向公司化过渡；其三就是转变运行机制，重新设计企业内部各环节、各部门的相互关系，增强企业的运行动力，抑制各类非正常行为。二汽这次经营机制改革的总体目标就是要建立经营开发体制的基本框架，转变企业的运行机制，解放生产力。

这项改革目前正在进行之中，为了制定这样一个由生产型企业向经营型公司转型的总体方案，我们前后组织了100多位干部用了大约一年的时间研究，整理出了调查研究报告74万字，做了多种方案。在这个基础上，又对照十三大精神，公司和总厂领导干部统一了思想，进一步完善了方案设计，然后在两级干部当中进一步统一了认识。目前正在做"三定"工作，就是定机构、定职能、定编制，我们预计下半年将可陆续按新机制运行。

这一经营机制改革的成功，将为二汽和二汽集团走上更快发展的新路创造出必要条件。

第四，僵化的体制模式与灵活经营的矛盾。在现行的二汽体制中，机构设置的刚性化已经相当严重，以致发展到触动任何一个机构都很困难的程度。靠这样一套体制模式去适应灵活多变的市场，是十分困难的。任何一个办得好的企业，它的组织应该是随着市场的变化、事业的发展而具有一定的流动性。企业用一套僵化的体制去适应灵活经营的目标是不可能的。因此，企业必须使自己的体制模式增加弹性。

第五，社会化大生产和封闭式小社会之间的矛盾。由于历史的原因，二汽的各个专业厂成为一个一个的小的封闭体系。去过二汽的人都知道，二汽是一条沟一个厂。每个厂多年的苦心经营逐渐形成了一个一个的小"部落"。这样小体系的最大危害是使人们的思想封闭、眼界狭窄，并且这样的部落还有不断加强的趋势。在这种小体系里，无论是政治生活、经济生活以及文化生活都在封闭化，这样必将干扰社会化大生产；这种封闭的结果，将来会进一步造成"近亲繁殖"，引起社会人文的退化，造成很多后遗症。我们是一个社会化大生产的体系，而很多人在管理思想沉陷于封闭式的小社会。这是我们必须寻求改变的一个问题。

由于上述五大矛盾的存在，我们不能充分地把经济体制改革给我们创造的良好条件利用起来。为了寻求企业发展的新路，我们制定了企业改革的方案。这个改革方案的要点就是，二汽和二汽集团要向公司化迈进。归纳起来就是实现"三层次""五加强""一提高"。

四　培育具有国际水平的企业集团

企业是国家社会生产力的基本单元。企业，特别是一些大型企业的生产经营水平不仅决定了社会物质财富的多少，还决定了国家在国际经济中的地位，而且在一定意义上也影响着社会文化和精神文明的建设水平。

我国要发展经济实现四化，就必须寻求经济发展的生长点，那么经济发展的生长点在哪儿呢？中央最近确定了沿海开发战略，作为发展战略的生长点，沿海地区确实有很多长处，比如对外交往方便，平均文化水平比较高，以中小企业为主体具有灵活多变的优势，在进入国际市场的初期，具有打开局面的重要作用。另外，我国在计划经济体制之下，经过30多年的努力，聚集了全国的人力、物力、财力，培育了一批大型企业，它们已具有相当强的技术实力，相当大的生产规模，这几乎是任何一个发展中国家都无法比拟的优势，这正是我国进入世界经济圈的潜在主力军。

沿海开发战略和集团战略可以成为我国经济高速发展的两个"车轮"。国家应当实行使沿海地区先发展起来的同时，促使一些集团先发展起来。

"船大调头难"，大型企业要适应面对两个市场的商品经济，要有一个深刻的改造过程。二汽和二汽集团在国际同类卡车生产厂家当中已属规模较大的企业，如果我们再以30万辆轿车作为起飞点，使二汽集团具有更大的技术开发与市场开拓的能力，我想，我们就有可能进一步增强市场竞争力，有可能立身于世界企业强者之林。

东风汽车工业（二汽）集团的发展与改革[*]

（1988年9月1日）

一 培育具有国际水平的企业集团

当前，应该进一步认识我们这样一个企业集团在我国经济发展中的地位，这样就会有一种使命感，就会促使我们去努力办好二汽集团，为我国经济发展贡献力量，为我们的未来开拓一个新局面。

企业是社会生产力的立足点，企业特别是一些大型企业的生产经营水平，不仅决定了社会物质资料生产的发展速度，还代表了一个国家的技术水平、管理水平和人才素质，而且在一定意义上决定了国民经济在国际经济中的地位，也影响着社会文化和精神文明建设的水平。当前，在我国从产品经济走向商品经济的时候，重点培育一批能够影响国民经济发展，能够带动我国进入世界经济体系，能够推进产业结构、企业组织结构改组这样一批大型企业集团，是改革与发展相结合的重大决策。

我国要发展经济，实现现代化，必须寻求经济发展的生长点。那么经济发展的生长点在哪儿呢？中央最近确定的沿海发展战略，对国民经济发展具有长远的战略意义。作为发展战略的生长点，沿海地区确实有很多优势，比如对外交往方便，平均文化水平比较高，企业素质较高，应变能力较强等，这些优势在我国经济进入国际市场初期，具有打开局面的重要作用。同时，也应看到，我国经过30多年的努力，聚集全国的人力、物力、

---

[*] 本文收录在《新生产力的代表——横向联合集团·中国大企业集团概况》一书中。1988年9月1日，中国经济体制改革研究会将本文选刊简报，报中央领导同志以及中共中央、全国人大、国务院、中央军委、全国政协各有关部门。

财力，培育了一批大型企业。它们已具有相当强的技术实力，相当大的生产规模，这几乎是任何一个发展中国家都无法比拟的优势，这正是我国进入世界经济圈潜在的主力军。我们认为，国家同样应该把大型企业作为我国经济发展的生长点。这些大型企业具有相当可观的基础，比如，具有比较强的技术开发能力的管理现代化企业的经验，掌握着我国技术密集度高、附加价值高的产品，有组织众多企业按照经济规模生产的能力。当然，由于历史的原因，大企业确实也存在"船大调头难"的问题。大型企业要适应面对两个市场的商品经济，要有一个深刻的改造过程。然而，这一过程一旦完结，它就可能成为具有强大后劲的战略经营单位。所以，大型企业是我国进入国际经济圈的希望所在，是我国经济起飞的希望所在。二汽集团在国际同类卡车生产厂家当中已属规模较大的企业群体，如果再以30万辆轿车作为起飞点，使二汽集团具有更大的技术开发与市场开拓能力，就有可能进一步增强市场竞争力，有可能立足于世界企业强者之林。

沿海开发战略和企业集团战略可以认为是我国经济高速发展的两个"车轮"。国家应当在积极推动沿海地区先发展起来的同时，下决心实行一些大企业集团加速发展、使一些重大项目先发展起来的倾斜政策，这样就可以使我国经济在发展过程中形成三足鼎立的发展格局。现在，国家已经注意并给予扶植政策，使沿海地区发展起来。但在目前这种体制下，靠自然生长是不可能培育出中国的通用、中国的IBM、中国的丰田这样的大公司的。因此，希望国家选择一些大型企业集团，使之成为战略经营单位，加以重点培育，给它们创造按国际惯例经营的必要条件，使它们在若干年以后能够达到国际大型企业集团的水平，并使这些大型集团具有真正的开发能力，有创建国际经销系统的能力，真正达到经济规模。我们相信，这一批企业、企业集团成熟之际，就是我们民族经济立足于世界经济之时。

我国经济要发展，实行沿海开放政策是非常重要的，在对外开放的初期能起到很重要的作用，但在一段时间内，只能处于一种叫作"两头在外"的境地，即把别人的技术拿过来，经我们加工制造，再利用外商将产品销售出去，而我们这些企业只能成为加工型的生产单位，没有力量开发新技术和开发新名牌产品，同时不具备在世界体系中建立销售网和售后服务网的能力，因而难以摆脱受制于人的境地。由于沿海的中小企业"船小调头快",机动灵活,在形成加工区、在解决我们外汇困难等方面能起到积极作用。目前,我国台湾地区的产品,在全世界各个地方都能找到,但缺少名牌产品,缺少在全世界叫得响的大公司,即使现在外汇储备很高,而在产品知名度方面却做得不够。韩国在世界上已有了一些知名产品,如"小马"牌轿车,还有"现代""金星"等大公司在世界上有一定的知名度。因此,在我国实行沿海开放政策的同时,必须培育一批具有竞争能力的大型企业集团,从而产生出世界名牌产品。这是我国长远发展的后劲所在。

二 二汽集团发展和改革的使命

多年以来,发展与改革始终是二汽和二汽集团所考虑的重要课题。

发展是商品经济下企业成长的紧迫任务,改革则是企业发展的根本出路。1981年4月东风汽车工业联营公司的成立,就是二汽改革的一个重要产物。东联公司成立以后,几乎每年都有一些重要的改革措施出台,这些措施反过来又推动了二汽集团的成长和发展。1982年,二汽被批准实行利润递增包干,这对壮大整个集团核心的力量起到了至关重要的作用。从1983年起,开始在企业内部组建经营开发型体制的三大中心——技术开发中心、人才培育中心和技术装备中心,并经国家批准成立了东风汽车进出口公司。1984年,进一步制订了二汽和二汽集团发展的七年计划。1985年,提出了自主经营、自负盈亏、自我发展、自我制约的发展方针,同时还提出"面向市场,科学决策,集中经营,分级管理"的管理体制。1986年,在国家支持下,实行了集团的计划单列;同时,在这一年里,狠抓企业的基础工作,提出要以卧薪尝胆的精神,狠抓以质量为中心的基础管理,并且开始研究二汽集团发展的战略构想。1987年,组织研究二汽和二汽集团改革的总体方案。在这两年里,在国家的支持下,东联公司还成立了财务公司、东风汽车贸易公司,而且还成立了二汽集团的工会联合会。这一系列的改革措施,对二汽集团的发展,起了很重要的推动作用。可以说,二汽、二汽集团是改革的受益者。在实践中深刻体会到:"发展是竞争的需要,改革是发展的出路"。

二汽集团作为一个大型企业集团,在国家经济发展中负有重要使命,除了要向市场向用户提供质优价廉的商品以外,还肩负着汽车行业专业化改造的带头任务,肩负着促使我国汽车产品走向国际的任务,肩负着为实现企业改革创造经验的任务。因此,发展与改革就成了二汽集团干部和群众关心的中心议题。二汽集团必须做到一只眼睛盯住国内的市场和改革,另一只眼睛盯住国际市场的发展和变化。

在产品经济条件下,工厂是国家行政部门的一个附属物,严格地讲,工厂只是一个生产单位,不是一个企业。在这种情况下,企业发展与否不是工厂自己的事,企业发展的重大决策不在企业之内,而在企业外某些非经营性组织之中,在企业里是眼睛盯着国家计划本子行事,只有"国家要我干什么",很少有"我要干什么"或者"我能干什么",企业完全处在一个被动的地位,缺乏创造企业后劲的内因。随着经济体制改革的发展,企业开始增加了一些活力,特别是汽车行业是一个投资规模大、技术比较复杂、相关面广,因而具有较强带动能力的一种现代化的制造产业,但它同时也有一个弱点,即受制于相关行业的发展。因此,作为一个大型战略经营单位,必须要及早考虑长远的战略目标。

最近这些年中,中央一直很关心如何搞活企业的问题。搞活企业本质就是要调动企业寻求长远发展的一种内在需求,从企业本身的要求来说,要有一种求发展、不断扩大自身生产能力的要求,这恰恰是规范企业的一种本质因素。但是旧体制却束缚了企业的内在要求。

前段时间,人们一直在讨论国有企业的所有者是谁。国有企业的所有者究竟在哪里?人格化代表到底是谁?我认为,对多数企业特别是大企业来说,其所有者不在企业之内,而在企业之外。行使企业所有权的实际上是某一级的非经济属性的政府。而这些政府更关心它的政绩。由于企业内没有生产资料占有主体,同时企业本身也无法形成投资决策的主体,在这种情况下,企业缺乏长远发展的主动性,即缺乏长远发展的动力。企业和企业家的素质和水平,很重要的表现就是对企业的后劲及其长远发展规划的负责精神。在当前体制下,这个问题很突出。现在很多企业有短期行为,有掠夺式经营的行为,这与未形成投资主体有关。因此,很多企业管理者对企业长远发展没有打算,缺乏动力。二汽和二汽集团是一个大型企业集团,在素质上应该超越当前一般企业的水平。我们历来说,二汽不是二汽人的二汽，是国家的二汽；国家对二汽重点扶植，二汽对国家负有重要责任。我们还是比较注重和关心企业长远发展的问题。而企业要获得长远发展，并非简单、容易，这要从企业的素质、企业管理者的素质来做文章。有人企图要把企业的发展与企业管理者的工资奖金挂钩，用这种方法来调动企业管理者关心企业长远发展的动力。我认为，这种方法是把问题简单化了。我曾看过一个材料，其中讲到：无论选择什么指标，无论是否把这些指标和企业领导者的收入联系起来，都不可能设计出追求企业长远发展的企业家。企业家在追求长远发展的过程中，所遇困难之大，所经挑战之严峻，所承受心理和人格的压抑之沉重，所需动力之巨大，远不是几元钱所能刺激起来的。老实说，一个需别人或政府监督或奖励刺激的企业领导者注定是不能成为追求长远发展的企业家的。企业家在追求企业长远发展中，不只是关心某种外生的一次性投资行为，而是把自己的生命和企业的永久性发展融为一体，企业家追求的与其说是自己任期内完成的各项任务，不如说凭借自己的经营能力在平等竞争中把企业转变成为第一流现代化大公司。那种生命不息的雄心之体现是，发明家创造的热忱，探险家的冒险精神，军事家的决策能力，政治家的知人善任，是这一切综合起来的精神力量，即企业家精神。目前，我国这个问题没有得到很好的解决，这是关系到企业发展后劲的重大问题。

二汽和二汽集团，虽然经几次扩权，但到目前为止，仍然没有摆脱作为国家一级政府行政附属单位的这样一种境地。只不过我们的情况比别人好一点。我们应该以一种什么样的精神状态来对待这样的情况？我认为，应有一种向前看的态度，发牢骚不能解决问题，应该在现有条件下去寻找机会为企业发展创造条件。在去年的董事会上讨论二汽集团的发展，把眼光拉到2000年，按照现在对当时国际国内市场形势的预计来确定自己的地位，并以此明确在"七五""八五"的目标及其分步骤实施计划。这样，就使我们有一个从长计议的长远目标。人无远虑，必有近忧。有了长远考虑，就能以拼搏创新的精神，开拓前进的道路。

最近这段时间，对长远目标的议论可以把它概括为：到2000年，二汽集团在国内汽车市场占有1/3以上份额，同时要以达到国际经济规模、出口导向的轿车为主体，以国内市场已占有的份额为基础，进入国际轿车市场，参与国际汽车市场的角逐，创造世界知名的产品和企业形象。如果说去年讨论这个问题还只是一个目标，没有十分的把握，那么今天我认为这个问题已基本成熟，其主要标志是二汽集团发展轿车项目已经国家正式批准。去年8月，国务院在北戴河召开的一次会议上，指定了全国发展轿车三个点（一汽、二汽、上海），并明确规定二汽要建成30万辆普通型轿车基地，这是全国第一个能达到国际经济规模的轿车生产厂。

这样，二汽和二汽集团的发展，到2000年以前大体形成三级跳的格局。第一级跳，主导厂二汽从1969年大规模建设到1975年底，用了16年时间，实现了国务院批准的10万辆建设规模。第二级跳，在"七五"期间，要把卡车的生产能力由10万辆提高到15万辆。作为主机厂二汽这样做，可以进一步扩大集团的生产规模。现在，按速决战、歼灭战的方法，花很大力气在干。第三级跳，就是从"八五"起，主要是建设30万辆轿车基地，希望"八五"期间投产，比较理想的是于1993年底在生产线上正式出车，1998年实现30万辆规模。

到2000年，主机厂45万辆的规模是有把握的，加上集团的生产，可达到60万辆左右。按中国汽车工业联合会的预测，到2000年全国汽车产量为170万辆的规模，我们占1/3，60万辆是比较有把握的。另外，以国内市场占有份额为基础，进一步向国际市场推进，形成面向国内外两个市场的大型企业集团。在轿车项目上，国家对我们的要求，正是我们自己的要求，即以国内市场为后盾，以国际市场为目标，形成一种拓宽汽车产品系列，成为重、中、轻、轿和专用车这样一个全系列的大型汽车生产集团。到那时，作为一个大型集团的重要标志应该是：进一步强化自我开发能力，包括产品、技术、装备、人才等方面的开发能力；逐步建立和完善在国内外的推销体系。如果一方面有强大的技术开发能力，另一方面又有强有力的推销手段，那么我们就会逐渐建成具有国际水平的大型企业集团。近阶段，我们感到要研究企业集团作为一个战略经营单位的后劲问题，特别是二汽如果没有发展后劲，对各个联营厂就没有凝聚力。

三　寻求企业集团发展的新路

用传统的方式，二汽集团的目标肯定不能实现。传统方式的典型例子很多。二汽发展的历史经历了两个阶段：第一个阶段是1969年二汽大规模建厂到1979年，这个阶段可用三句话概括，就是"国家投资、全国支援、二汽建设"，其间用"包建""聚宝"等创新的方法，创造了汽车生产的基本条件，奠定了16.7亿元的物质基础；第二阶段是1980年到1985年，也可以用三句话加以概括，就是"自筹资金，量入为出，发展能力"，此期间以3.3亿元自筹资金的投入，进一步调动了16.7亿元的固定资产，使其生产能力不断地被挖掘出来，汽车产量每年以30%以上的增长速度向前发展，到1985年底，二汽基本上达到了10万辆的设计能力。

我们已经历的两个阶段，使我们建立了这样的概念，那就是我们用16年的时间，形成了21亿元的固定资产，建成了10万辆汽车生产能力。按照这个办法，这种速度，到2000年，最多也只能使固定资产、生产能力翻一番。同时，这两种发展模式所赖以存在的历史条件，实际上已经成为过去，国家投资已经没有，一个工厂的建设要全国来支援已经是不可能了。这两种建设模式有这样几个特点：首先是国家安排什么，工厂就做什么，建设任务由国家规定，企业负责执行；其次是国家给多少钱就办多少事，或是企业有多少钱就办多少事，此所谓"量入为出"；再次就是有多少事要做，就事事都自己办。这样几个特点所形成的结果是，企业发展投资靠计划分配的体制，除了助长投资饥饿症之外，也窒息了企业追求后劲的冲动，而企业发展速度是在国际上处于会被淘汰的速度。

一个月前，我们接待了来二汽访问的韩国现代汽车公司的一位副社长。这位副社长对我说"我二十岁，你十九岁"，即韩国现代公司是1968年组建的，二汽是1969年建设的。两家有很多可比的地方。现代公司今年计划生产75万辆汽车，其中轿车60万辆、卡车15万辆，卡车从轻型一直到重型。该公司有60万辆出口，而二汽今年计划生产12.3万辆汽车。通过这次谈话，我们感到压力很大。在起步时，除环境、体制因素外，二汽各方面的条件都比较好。现代公司从1968年开始搞组装轿车，无资金，无技术。而二汽1969年开始建设时，从一汽来了1/3有经验的技术干部和老工人，资金由国家包拨。但是，现代公司后来发展很快。1972年决定引进日本三菱的轿车技术，并开始按年产5万辆的规模建厂。到1976年这种车型投产，产品名叫"小马"，1976年出口了16辆。到1980年，每年出口数量逐渐增加，达到2万辆。这时再也上不去了。大约维持到1984年，他们的惠山工厂年产30万辆生产阵地投产，出口又大幅度增加，这一年超过10万辆，出口加拿大。紧接着，1986年转向美国出口，1987年出口就达44万辆。比较之下，我们的速度确实太慢。我们的建设模式在当时特定历史条件下是成功的，但从长远来看，如不寻求一条新路，仍按老路走，那么在国际竞争中缩短差距的愿望是不可能实现的。

作为商品生产者，最需要的有两条：一是应有的自主权，也就是投资主体回归企业，对企业发展的投资决策应在企业之内；二是公平竞争的市场条件。现在，虽然开始建立社会主义市场，但还很不完备，这是商品生产者最头痛的问题，大家都感到很困难，如果说汽车开始有了点市场，但原材料没有市场，最近物价上涨很厉害，给各个联营厂带来很大困难，主机厂也相当困难。原材料的问题，使我们几乎都在停产的边缘上摇摆。在新旧体制交替时期，要尽可能利用一切可以利用的条件，为企业发展服务。经济体制改革为企业发展创造了一些条件，如果能充分利用这些条件，并看到改革的趋势，那么就能进一步振作精神，看到希望，开拓前进。

这几年，经济体制改革还不完善，但毕竟为企业发展创造了一些条件，归纳起来有以下三个方面。

（1）社会主义商品经济的模式已经确定。这在国家经济体制改革的文件中已经确定。我们相信，作为商品生产者所需的权利将逐步获得，这就给企业带来了新的动力、活力和压力。

（2）搞活大中型企业已经成为经济体制改革的中心环节。这一点，在经济体制改革的决定中有了规定，十三大报告再次重申。现在，大型企业集团在国家经济中的地位正在发生变化，国家正赋予大型企业集团新的历史使命。实行计划单列后，大型企业集团的社会地位确实发生了新的变化，可以直接同国家各个部委对话，这是很重要的一条。

（3）商品经济的有效手段正在被允许采用。在我国经济发展中，引进竞争机制，开放生产资料市场、劳务市场、技术市场和资金市场，股份制在十三大文件中已经得到肯定，合资经营、产权转让、企业兼并，等等，也已经成为合法的手段。实际上，这些手段在集团内已经或正在被采用。例如股份制问题，在企业横向联合过程中，深深感到了这种内在需要。在国家确认股份制之前，我们有了一套分权的做法，这实际上是股份制条件尚不成熟时的一种创造。十三大报告中正式确认股份制之后，我们在这方面加快了步伐，从原来的分权式转到了股份制，到目前为止，正式合股的企业已有18家。总之，所有这些商品经济的有效手段的采用，给企业发展带来了新的机会，创造了便利的条件。

那么，作为商品生产者本身，在国家已经创造的外部环境条件下，怎样更充分地利用这些条件，在企业内涵上下功夫呢？总结二汽集团发展、改革的实践，我们可以运用三大法宝来探索一条新路。

第一个法宝就是灵活经营。

商品经济允许的手段要很敏锐地抓住。在产品经济的条件下，企业的经济效益主要取决于生产能力；在社会主义商品经济条件下，企业的效益主要取决于企业灵活经营的水平。

掌握稀缺资源，对于搞活企业具有极重要的作用。稀缺资源怎样落实呢？在计划经济体制下，企业所需的资源依靠国家调拨。今天则主要靠企业自身的努力去从市场上寻求，叫作"自筹资源、量入为出"。因此，只要企业搞活，经营有水平，大家感到这个企业有希望、可信赖，再利用企业的知名度，就有可能不断从市场上获得这种稀缺资源，这就为更加灵活的经营创造了物质条件。另外，还可以通过股份化，通过产权转让等手段，来实现企业化经营，即把稀缺资源拿过来为我所用。这是灵活经营的一个方面。

灵活经营的第二个涵义是，在目前新旧体制交替的过程中，计划经济体制仍在运行的部分，也要把它充分利用好，而不应简单地排斥旧体制中可以被利用的部分。

灵活经营的第三个涵义是，企业要以改革的精神为自己创造"小环境"，比如承包、计划单列就是为自己创造"小环境"。二汽较早地注意了为自己创造小环境的问题。在改革中，不断想办法，为企业集团的发展创造更快成长的小环境。这样，企业发展所需要的稀缺资源，就有可能在国家的支持、帮助下，较容易地从市场上获得，从而改变过去那种有多少钱办多少事，给多少钱办多少事的局面，即可用别人的钱来办我们的事，用社会的资源来干我们要干的事。这就叫改革的先发性效益。

总之，企业发展所必需的手段、稀缺的资源，在取得国家支持的情况下，也有可能逐渐从市场获得。在灵活经营的过程中，必定会培养出一批高水平的经营人才。

第二个法宝就是挖掘"金山"。

技术和管理是生产力，而且越来越成为生产力要素中的重要因素。企业在现在的物质技术基础上，充实一些新的技术和管理，就会焕发新的生产力，会取得新的巨大的经济效益。基于这种认识，1983年以来，我们一直在寻求一条以挖掘企业内涵潜力为主的企业发展道路。1987年我们请了日本日产柴公司的7位专家到二汽车桥厂转向节车间这一现生产中最薄弱的环节工作了9个月，帮助改善管理，向管理要能力，最后取得了可喜的结果：实现了人员减少1/3，产量增加1/3。事实说明，潜力是很大的。按照日本人的做法，现在挖掘出来的潜力可能相当于日本的一半，就是说还可以再增加一倍。这使我们看到了新的希望，找到了以挖掘企业内在潜力为主的一条道路。这一结果，全厂震动，大家认为用这样一套管理的眼光来看二汽的各个生产环节，可以说企业里蕴藏着一个巨大的"金山"，要用管理和技术进步这把斧头把"金山"挖掘出来。这就是所谓挖掘"金山"，也就是由眼光向外、向上伸手，转变为在内涵上下功夫，力求投资最少、效益最大。这也是逐步走向国际水平需要解决的一大难题。我们的具体做法，实际上和满负荷工作法有相似之处，在大量流水生产中采用"加强现场综合管理"的办法，从观念、管理方法、生产组织和考核系统上建立一套全新的体制。我们今年正在有计划地在全厂扩大试点，推广这套办法。

第三个法宝就是横向联合。

横向联合的本质是推进集约化管理，推进集约化经营和专业化生产。它是培育一批符合经济规模、具有国际竞争力的大企业集团的必由之路，也是改造目前重复、分散、落后局面的有效途径。我国产业结构不合理，企业组织结构不合理，这是多年来条块分割所造成的。用什么办法来改变这种局面呢？开始是用专业部的办法，效果不佳。后来又企图用专业行政性公司来推动专业化改组改造，实际效果更差。接着又用财政包干、行政性分权、发挥中心城市的作用办法来推动改组改造，结果同样不理想。现在，我们希望用企业集团的办法来推动专业化改组改造，实现集约化经营管理。二汽集团6年来的实践证明，这条路子能够取得新的发展。

全国大约有46万家企业，如果都搞活了，工业是不是能搞上去，结论并不一定是肯定的。这里有一个专业化改组改造的问题。全国众多的企业应该纳入若干个大的战略经营单位当中，在大的专业化生产系统当中每一个生产单位再寻找自己的立足点，发挥自己的优势，这才是真正的、长远的、本质的搞活。对于一个小企业来说，归入一个大的生产和管理系统，减少了风险，明确了方向，有了长远的发展后劲。对于大企业来说，通过横向联合，实际上是一种聚集社会生产力的手段，可以为实现本企业的目标服务，企业重组会创造新的生产力。也就是说，对于一个大的生产系统来说，为实现企业发展的目标所要进行的每项工作，如能调动社会上的生产力来做，这样就解决了一个"事事要自己来办"的问题。

现在，企业发展有了三大法宝，也许过段时间会有五大法宝，但总的想法是，我们所寻求的新路，不是那种不劳而获的道路，而是按照社会发展的经济规律，充分利用国家给予的政策，充分利用商品经济的一些必要手段，来寻求企业发展的新路。这样，到2000年达到企业预期的目标，是很有可能的，是很有希望的。如上轿车项目，投资规模相当大，主机厂需要45亿元投资。这样大的投资，就一个省市来说很难承担，对二汽集团来说，利用上述方法，就比较有把握。八吨车是个很大的项目，若由一个企业承担是相当不容易的，现在采用主机厂——二汽只生产柴油发动机、驾驶室、车厢三大件，其他零部件靠集团力量的办法。总之，在当前艰难的条件下，要积极寻求一条新路，来实现我们的目标。

四 二汽集团经营机制改革的基本思路

要实现企业发展的目标，要使企业发展的思路能够付诸实施，没有企业经营机制的改革是做不到的。没有企业内部机制的调整，外部环境再有利、再好，企业也无法加以应用。

二汽的管理，总的来说，是移植了一汽的现代化大生产的管理，有比较好的基础。多年来，我们根据二汽改革和发展的需要，也做了很多改进。到目前为止，就组织十几万辆汽车生产这样一个复杂的管理工程来说，已经达到了有条不紊的水平,具备了一定管理基础。但就总体来说,管理模式仍然属于单一计划经济体制下生产型企业的范畴,没有超出生产型体制的管理框架。十三大报告指出,经济体制改革要以转变企业经营机制为中心环节。我们深切地意识到,经济体制改革发展到今天,企业经营机制没有新的突破,这就使得几乎任何改革措施都可能事与愿违,从而阻碍整个改革的进程。在改革不断深化的今天,越来越清楚地看到,生产型企业的体制框架,不适应商品经济的发展,尤其是新旧体制交替的情况下,传统运行机制使一些企业出现了许多经济组织所不应该有的反常行为。这主要表现在如下方面。

第一,有隐瞒生产能力的倾向。层层承包进一步助长了这种倾向。承包基数压得越低,自己越主动。各层次都希望有一部分生产能力归自己调动,甚至利用一部分生产能力做私下交易,在每年制定承包基数的时候讨价还价,这是现代化大企业所切忌的弊端。

第二,有反经济核算的倾向。每一层次都希望自己的成本是"橡皮成本",由自己人为控制,为搞"小名堂"留下余地。企业中层层建立小金库,把资金有意地埋伏起来,甚至把资金转移到厂外。不少单位有两本账,有的单位账目不清,在几类账目中,资金互串。这样,一部分资金就会大公化小公,小公化集体,集体化个人。反经济核算倾向往往伴随违反财经纪律,同时也往往使本应高度集中的企业投资行为日趋分散化、多元化,从而出现多元投资中心,导致资金分散,给企业长远发展布下了阴影。

第三,有追求外延扩大再生产的反技术进步的倾向。每当安排扩大再生产时,各层领导纷纷争投资,仰仗外延,在现有水平上重复,因为这样风险最小。很少考虑依靠技术进步,改善管理,挖掘自身潜力。实际上,在现有物质技术基础上,充实新技术,加强或改进管理,扩大生产能力的潜力是巨大的。这种一味投资,搞外延扩大再生产的做法,严重扭曲了企业的投资需求,使企业无法承受,阻碍了新技术在企业扩大再生产中的应用。

第四,有追求自我封闭和反专业化的倾向。企业内各单位都希望建立不求人或少求人的封闭体系,这是一种自然经济的痕迹,致使厂内各层次、各单位、各部门之间纵横协调合作差,小社会、小"部落"林立,新技术、新发明在厂内移植困难,乃至于相互之间保密。

第五，有追求工资、福利最大化的倾向。企业办社会进一步强化了这一倾向。过高的工资期望与企业效率得不到适当平衡。由于什么都与工资奖金挂钩，相互攀比的压力越来越大。

第六，有追求超越自己职责的倾向。每一个层次都希望上面放权，使自己既有投资权，又有经营权。往往把各层次都能够到外面去做买卖、搞经营，看作是"搞活"，也就是要求把本应由一个经济实体享有的权利，放给企业内部众多的核算单位，致使企业内部管理层次更加含混不清。

第七，在管理系统上有自我完善的倾向。每一部门都要自我完善，要求建立完整的垂直系统，要有独立的考核权，而且要求本系统的管理要囊括相关的一切业务，甚至忽视了该系统在企业中应有的作用，忽视了管理的综合效应，致使机构臃肿，相互扯皮，效率低下。

第八，企业办社会有完善化的趋势。企业办社会由不得已而为之，逐步发展为生活设施都要自我封闭、自成系统。这与商品生产，与我们要达到的专业化分工协作大生产的目标，是相悖的。

这些反常行为，导致企业在经营机制管理上出现了五大矛盾。

（1）生产型体制与经营型目标的矛盾。生产型体制对应的是命令型经济。它面向上级，背向市场，以完成国家计划为宗旨，与用户联系极为脆弱。企业公转的轴心是生产计划，自转的轴心是生产计划。因此，企业为了完成国家下达的生产计划，在组织设计上是分兵把口设立若干部门，这些部门以解决生产上可能出现的各种问题作为自己的职责。在这种情况下，企业的哲学是"视现状为必然"，就是把现状看作天经地义的，可以几十年不变，因为把现状维持住就可以不断完成国家交给企业的任务。这和我们要实现的经营目标发生了严重的对抗。经营型企业要面向市场、面向用户，公转的轴心是市场，自转的轴心应该是"改变现状，视今天为落后"，企业追逐的是市场、是未来，把今天只看作是企业不断前进当中所留下的最新的一个脚印。

（2）企业目标的整体性与分散化倾向的矛盾。企业和企业集团应有一个整体的目标。这个目标的实现，是全局利益的体现，是企业对社会的最大贡献，是企业最高效益的所在。但由于社会上的影响，二汽在一段时间里，内部分散化的倾向相当严重。由于大家把分层经营理解成每一个层次都可以出去做买卖，一说放权就是每一个层次都要有投资决策权。实际上，对企业经营来说，最重要的是企业内部的稀缺资源合理而有效的快速调度，例如人力、资金、技术能力，后备生产能力，前方生产的短线，如何按全局的需要合理调度配置，这是决定企业发展和后劲的关键。分散化倾向的存在，使稀缺资源的流动变得十分困难；使许多单位竞相争取放权让利的优惠，形成了轮番调整利益关系的局面，造成了企业内部的总需求膨胀，生产效率下降，在企业内部形成了公平与不公平、合理和不合理的相互攀比。

（3）办好一个工厂与办好一个集团的矛盾。在横向联合的初期，二汽以"一个机构、两块牌子"的体制来组织横向联合，取得了很好的效果。近两年，随着横向联合向广度、深度发展，这一体制开始变得不适应。二汽和各联营厂的同志都感到，在原体制下，联营就好像是从二汽这个本体上派生出来的一块，二汽本体和联营厂处于一种若合若离的状态，在市场上逐渐出现了碰撞和矛盾，这些矛盾如果不及时加以调整，势必影响专业化改造和横向联合的深化。因此，必须考虑二汽和二汽集团的融合体制，这不是一个简单相加的体制，而是一个逐步走向融合的体制，使东联公司真正成为层次结构优化、风雨同舟的命运共同体。

（4）僵化的体制模式与灵活经营的矛盾。在现行的二汽体制中，机构设置的刚性化已经相当严重，以致发展到触动任何一个机构都很困难的程度。靠这样一套体制模式去适应灵活多变的市场，是十分困难的。任何一个办得好的企业，它的组织应该是随着目标的发展和调整而具有流动性。企业用一套僵化的体制去适应灵活经营的目标是不可能的。因此，企业必须使自己的体制模式增加弹性。

（5）社会化的生产和封闭式的小社会体系之间的矛盾。汽车是一种较典型的社会化生产的产品，但由于历史的原因，二汽的各个专业厂成为一个一个的小的封闭体系。去过二汽的人都知道，二汽是一条沟一个厂。每个厂经过多年的苦心经营逐渐形成了一个一个的小"部落"，厂长什么都要管，如同一个"酋长"，精力受到很大干扰。这种小体系的最大危害是使人们的思想退化、眼界窄小，并且这样的"部落"还有不断完善的趋势。在这种小体系里，无论是政治生活、经济生活以及文化生活都在封闭化。这样，必将干扰社会化大生产。这种封闭的结果，将来会进一步造成"近亲繁殖"，引起社会人文的退化，造成很多后遗症。我们是一个社会化大生产的体系，而很多人在管理思想上沉湎于封闭式的小社会，这使我们不能不思考企业体制、机制的改革问题。

上述五大矛盾的存在，使我们不能够充分地把经济体制改革给我们创造的良好条件利用起来。为了寻求企业发展的新路，我们制订了企业改革的方案，要点是二汽和二汽集团要向公司化迈进，归纳起来就是实现"三层次""五加强""一提高"。

所谓"三层次"，就是在公司内逐步建立起三层次的责任中心。现在，基本上是总厂和分厂、联营厂两级管理，仍然是一种工厂的形式。通过改革，向公司化转变，在原来两个层次的基础上，要改造一个层次、发展一个层次、加强一个层次。改造一个层次，就是要改造目前总厂这个层次，使这个层次逐渐地转向若干个专业部，让它形成一个经营管理层。原来的东联公司有六个部，要把这种组织结构作为公司化的一种模式。将来，公司下面是事业部，有的叫分公司或子公司。其划分方式大体有两种，较多的是按产品划分，比如，卡车生产部可以作为一个事业部，轻型车可以作为一个事业部；还有一种是按区域划分事业部，像襄樊有可能作为一个事业部，沿海某地也可能作为一个事业部。加强一个层次，就是要加强目前从事生产管理的专业厂。发展一个层次，就是在企业中发展出一个经营决策中心，形成一个经营决策层。经营决策在原来的企业里是不存在的，因为在旧体制下企业的经营决策权在企业之外，但改革正在改变这种局面。这个经营决策层，应该对企业的长远发展目标负责，决定企业的投资方向，实行科学决策，并相应地完善信息体系。从财务关系上分，在这几个层次中，将来公司应该是投资责任单位，形成投资决策中心；中间层逐渐形成若干个事业部（现在我们把它叫作专业部），作为经营管理层，成为利润中心，负责把投资的利润挣回来，利润如何使用由投资决策中心负责，它可以向投资决策中心建议，在自己管辖的范围内，哪里需要投资、投多少资，然后由投资决策中心决定是否应该投资；专业厂属生产管理层，在事业部下形成若干个成本中心，它应该有很高的透明度。这样，对应三层次的管理体制，在财务关系中建成成本责任中心、利润责任中心和投资责任中心，财务关系变得很透明，从而可以促使公司化体制的实现。要真正形成这样三层次的结构，需要一个过渡过程。一方面，内部要创造条件，把中间这个层次组建好；另一方面，要争取外部条件，即使企业具有投资决策权，按西方就是成立一个比较完全的董事会。

所谓"五加强"，就是针对二汽和二汽集团的现状，作为一个经营开发型企业，必须要加强经营销售与技术开发等薄弱环节。

一要加强经营销售体制。有外国专家告诫我们，当前就二汽和二汽集团来说，经营和销售在企业中的地位无论提得多高也不过分。过去，在这方面的工作太薄弱了，几乎等于零，销售处叫作国库，产品入了库等于交给了国家，任务就算完成了。跟用户是隔绝的，没有什么经营，不经过什么流通环节。这是我们必须尽快彻底解决的问题。

二要加强技术开发体制。要提高市场竞争力，走向国际，就必须建立自己的产品体系。经营销售、技术开发是企业腾飞的两翼，这两翼在几十年一贯制的企业中是不被重视的。我们作为一个决心走向国际市场的大型企业集团，区别于某些来料加工型企业，必须拥有自己的技术开发阵地和经营销售手段。没有这两方面的强大力量，国际上的先进经验不能消化吸收，不能创造出中国自己的名牌产品，二汽集团走向世界就会成为一句空话。

三要加强零部件（包括配套件）开发体制。这是中国汽车工业的致命弱点。上零部件大家都愿干，但怎么干？许多部门主张全国统一布点，让"我"来管。我认为，管可以，但国产化上不去怎么办？谁负责任？这个问题要回答、要明确。作为一个承建30万辆轿车的企业来讲，这个问题不容回避。如果我们形成年产30万辆轿车生产规模的话，国产化率每差1%，相当于进口3000辆汽车，这个外汇责任由谁来负责？零部件国产化还有个质量问题。上海桑塔纳实际实现国产化率不到10%，通过了鉴定的加起来，可以达到14%。但这个速度太慢，而且做鉴定的样品和最终生产出来装车的产品，质量上存在很大差别，德国人现在已发现了这个问题。这个问题又怎么解决？现在是国家花钱挡住进口，让桑塔纳赚钱，这比中国人的钱让外国人赚要好。二汽上的是30万辆轿车，如果也这么干，哪能行？！因此，要加强零部件开发体制，加速这方面的工作。

四要加强生产准备体制，以加速我们产品的更新换代，适应市场变化的能力。我们要加入国际轿车俱乐部，这个问题同样非同小可。日本的轿车四年换型，两年一小换、四年一大换。如果你没有强大的生产准备力量，你八年也换不下来，到那时你加入俱乐部也有可能被淘汰出去。

五要加强主导厂与联营厂的融合体制。在发展专业化协作中，扩大企业生产经营能力。融合体制就是在公司化之后，要使联营厂分别融合到各个有关的专业部当中去，真正成为公司有机体的一部分。或者说，各个相当的联营厂要和主导生产厂之间建立起密切的合作关系。像化油器方面的联营厂，就有可能纳入化油器分公司里面去，由分公司组织化油器专业化生产。这就比把有关化油器的联营厂统在备件生产部或零部件生产部要直接得多。化油器分公司就可以统筹地研究行业信息、行业市场、行业的专业化改造，以及如何更合理地发挥各个化油器厂的优势，以形成各自的拳头产品等问题。在二汽内部叫这为"放虎下山"，就是说你要"背靠二汽、面向全国、走向世界"。现在，整个国家面临着专业化改组改造的形势，各兄弟厂要求强烈，主机厂也有这个愿望，一定要抓住有利时机，积聚社会生产力，使我们集团的发展处在一个更加有利的地位。这就是"五加强"的出发点和归宿。

所谓"一提高"，就是要提高现场综合管理水平、提高劳动生产率。即要进一步推行以"一个流"为中心内容的现场综合管理水平，挖掘企业内部生产管理的巨大潜力。与企业公司化改革相适应，各业务部门要实现职能转变。使企业内部的管理由"祈求式"变成"服务式"。祈求式管理是，我要办什么事，总要去求别人。服务式管理是，别人要办什么事，我来为他服务。比如，公司的各个部门就是要主动为各联营厂、各专业厂服务。实现这一转变，才能使我们的体制较顺利地走上新的运行轨道。

总之，转变企业经营机制，我们是通过三方面的实际环节，将这一工作加以展开的，其一是转变思想观念，对处级以上干部采取轮训等方式，改造管理思想，充实新的观念；其二是转变管理体制，即改变企业组织结构，向公司化过渡；其三就是转变运行机制，重新设计企业内部各环节、各部门的相互关系，确定企业的运行动力、企业行为的制约力，等等。二汽这次经营机制改革的总体目标是，要建立经营开发型体制的基本框架，转变企业的运行机制，解放生产力。

这项改革目前正在进行之中。为了制定这样一个改革的总体方案，我们前后组织了100多名干部，用了大约一年的时间，研究、整理出了研究调查报告74万字，做了多种方案。在这个基础上，又对照十三大精神，公司和总厂领导干部统一了思想，进一步完善了方案设计，然后在两级干部当中进一步统一了认识。目前正在做"三定"工作，就是定机构、定职能、定编制，预计下半年将可陆续按新机制运行。

这一经营机制改革的成功，将为二汽和二汽集团走上更快发展的新路创造出必要条件。

五　建设企业文化——开发精神力量

如何调动职工的积极性，如何使职工关心企业的未来，对这方面的问题，二汽集团已到了非回答不可的时候。

目前，推行的厂长选举制，加剧了企业的短期行为，这是个很大的问题。另外，现在到处都在讲挂钩，跟企业的经济效益挂钩，挂钩后会出现怎样的企业行为？这也是一个很大的问题。我们搞企业工作，不仅要有眼前调动职工积极性的办法，而且从长远看，要建立企业自身的文化，这是推动我们企业集团前进的最重要的力量。

企业是社会的细胞。它的素质、文化和观念受社会和传统的制约，也反作用于社会，影响着社会发展水平。

企业是社会生产力的基础，人又是其中最有活力的要素。因而在企业中如何调动职工的积极性、主动性，是企业管理者永恒的课题。

很长一段时间，我们是用政治挂帅、忆苦思甜的办法，动员职工努力工作，维持以产品经济、大锅饭分配方式为基础的生产体制。"文革"之后，在批判以阶级斗争为纲和大锅饭的体制时，一些人崇拜物质刺激、奖金挂帅的威力，企图以"奖得眼红、罚得发抖"的办法，促使职工努力工作，使企业在商品经济条件下增强竞争能力。

实践经验证明，如上两种方式，在调动人的积极性方面，起过一定作用，但都未能得到预期的效果，要么还是大锅饭，要么是追求高消费，相互攀比。

如果说以奖罚为主的手段，对社会化程度比较低的个体劳动者和小型企业，是一种挖掘内涵力量的有效方法，那么，对社会化程度比较高的大型企业，建设企业文化就显得更加重要。

（1）崇高目标是企业文化的基础。旧体制下的企业，"为政治服务"成了企业的目标。它大而空，没有号召力。在社会主义商品经济体制下的企业目标又是什么？在批判只讲"政治效果"、忽视经济效益之后，一些人认为企业是经济组织，因而其追求的最高目标是利润，这是一种似是而非的有害说法。企业要超越自由市场上的叫卖水平，就必须比金钱——利润更高一层次的追求和目标。目前，国际上办得成功的企业已证明：以利润为最高追求，往往失去企业自身存在的意义；以崇高目标为追求，作为对社会贡献的补偿，企业会得到长远的合理利润；以利润为最高目标，企业会出现许多非正常行为；以崇高目标为追求，企业会兼顾社会、用户、企业和职工利益，并以此约束自己的行为。

财务目标并未表达企业存在的社会价值。在企业中，真正关心并理解"利润"的只是少数经营人员。它难以焕发全体职工的精神动力，难以使全体职工由此而理解自己劳动的意义。如果以职工个人所得直接和企业利润"挂钩"，可以使职工从关心自己利益的角度关心企业的发展。这对摧毁大锅饭的分配方式是一次飞跃。在职工物质生活水平很低的条件下，对动员职工努力工作会起到积极作用，但它带来的副作用是促使职工关心近期实惠，造成攀比压力，而有损企业后劲。实际上，人们除了物质需求的满足感之外，还有精神需求满足的要求。人一生总希望做一番事业，总希望自己的工作得到社会、后人的承认和尊重。在一定的意义上讲，崇高的目标可以赢得追随者，企业的利润只是"记分簿"。

一个没有目标的企业，正像大海中一只没有航标的船，船在随波逐浪，每人在思考自己的前途，一旦遇有风险，它没有力挽狂澜的力量，水手会各寻他路，使船过早地失去平衡。

一般地说，企业的崇高目标是，以自己优秀的产品和服务，引导、改变和改善人们的社会生活形态。这不是唱高调式的空言，而是企业的工作与企业的社会责任、企业在竞争中的地位和企业长远利益融汇在一起的产物。它可以表现企业对社会进步的贡献，它可以囊括职工的理想抱负，可以为职工提供表现才能的大舞台。

二汽建设之初，"为中国汽车工业打翻身仗"的豪情，激励了多少职工，特别是热血青年，当时并没有谁保证提供多么高的工资、多么好的住房。大家都是自愿报名，远离城市，来到荒僻的山乡创业。在"文革"中，虽罩上了某种"政治动员"的色彩，但它仍说明改变我国汽车工业和汽车运输落后面貌这一崇高目标的号召力。当二汽人得知要建设我国第一个大型轿车阵地、改变我国十亿人口行路条件时，二汽人都为之欢呼跳跃，以此作为自己后半生奋斗的事业。为了实现这一目标，他们愿意克服一切困难，这是一种从心底迸发出来的火一样的热情，可以熔化一切困难的力量。

我们已经感受到，崇高的企业目标会唤起职工的使命感，增强职工的向心力，会使职工感到实现企业目标的过程正是职工生活工作价值的自我实现，这正是建设企业文化的基础。

（2）调动企业文化的强大动力。企业文化是指能统一干部和职工的企业目标、信念、哲学、道德和价值观的总和，由此而确定企业的作风、效率和精神风貌——企业的力量。企业文化把企业精神文明建设提到了新的高度。在社会主义条件下，共产主义理想可以通过企业文化而加以具体化。

精神的力量是无形的。它一旦武装了在生产力要素中具有创造性的要素——人，就会转化成强大的物质力量，创造出更高的劳动生产率。

企业中的物质奖罚是非分明，是从严治厂所必需的。但它对人来说，终究是一种"外力"。要正确使用这种外力，来规范人们的行为。对职工来说，它的作用是"要我这样去做"。企业文化的建设，则是把企业的目标、观念与职工生活、工作的价值联系在一起，使职工感到在企业的工作中包含着自己为之奋斗的事业，工作的本身正是自我价值实现的过程，因而它对人来说是一种"内力"，它唤起职工的是"我要这样去做"。企业物质生产手段需要不断更新改造，职工的精神力量，亦需要不断开发。一般来说，人都有上进心，都希望受到尊重，需要用崇高的企业目标、耀人的企业文化，促使人们加深对自身工作价值的理解，用能打动人心的办法去诱发、引导人们的使命感，开发人们的精神需求，在这种需求的满足过程中，焕发出强大的工作主动性、创造性。

多年生产建设的实践、精神力量的开发,在职工中正在培育着献身汽车、实现第二次创业的事业心,面向市场,勇于改革,争创一流的竞争意识;"质量第一,用户第一,信誉第一"的价值观;"改变现状,视今天为落后"的企业哲学;"厂兴我荣,厂衰我耻"的主人翁精神。虽然企业文化的建设是个长期的精神力量开发的过程,但它已显示的威力正是在鄂西北荒僻山区几万职工凝聚力、向心力的精神支柱,正是二汽兴旺发达、具有后劲的重要基础。

(3) 物质鼓励与精神激励。在社会主义初级阶段的中国,谁要否定物质鼓励在调动人们工作热情方面的作用,那是空想主义者。广大职工赖以生活的工资,还只是解决温饱、略有节余的水平。因此,人们十分关心工资奖励是很自然的。作为企业管理者,也必须努力设法随着企业生产、效益的不断发展,使职工生活水平得到相应的提高,这是爱护职工积极性的重要基础。

一段时间以来,只讲"实惠"、不讲精神的弊端比较严重。徘徊于"拉开档次、先富起来"与"照顾左邻右舍、防止贫富悬殊"之间是没有出路的。这种过度地利用物质的牵引作用,将会使我们处于两难的地步。在经济上,目前我们没有能力满足已经吊得很高的物质需求。职工与前几年相比,得到了更多的实惠,但也出现了更多的牢骚。目前,出现的某些精神空虚的社会弊端应当引起关注。

在西方资本主义,人们也发现,金钱有诱惑力,事业有凝聚力。无论是金钱还是鞭子,都不能真正调动起广大职工的献身精神。

中国要进入国际经济竞争大舞台的重要优势是劳动力价格低廉,要十分珍惜追赶世界水平的这一优势,这一优势如果过早丧失,将对我们的国际地位产生影响,将会丧失追赶国际水平的机会。

实际上,企业管理者既要调动物质力量,又要调动精神力量,两者相辅相成,都是实现企业目标的手段与资源。

在社会主义中国,企业的目标与社会目标、职工长远利益的高度一致性,为我们调动职工精神力量、建设企业文化创造了良好条件。建设社会主义的热情,蕴藏在人们的心底里,要使其转化成现实的力量,需要我们下功夫去开发,用尊重人、关心人、能打动人的灵魂,唤起人们献身热情的企业目标和企业文化，去开发职工的精神力量。

面对社会上高消费攀比的现实，近年来，二汽为实现企业目标，避免陷入消费攀比深渊，着手建立物质鼓励与精神激励相辅相成的激励机制。物质鼓励就是要在企业生产和效益不断提高的基础上使职工福利奖励有相应增长，企业工资管理办法与社会脱钩，结合企业情况有计划地用好国家规定的工资总额指标，使职工直接感受到这是经过职工努力、企业兴旺、对社会贡献增长的结果。工资福利的增长，使职工增加参与者的自豪感。精神激励就是以企业文化的建设不断提高干部职工的精神境界，以企业目标与追求形成职工的凝聚力和创造力，这些工作虽只处于初始阶段，但已开始显露出端正企业行为的良好效果。

改革与发展是企业永恒的课题[*]

(1988年9月1日)

我国的经济体制改革已满十年。这是变革的十年,是解放思想、解放生产力的十年。随着企业外部环境的变化,十年来,千万个中国企业都在围绕同一主题——改革与发展,进行异彩纷呈的探索和实践。

改革的实践充分再现了变革的艰辛。十年改革,尽管企业的外部环境朝着优胜劣汰的方向发生了惊人可喜的变化,但是,改革的艰难旅程远没有穷尽。大企业对此尤感深切。在经济体制改革进程中,越是关系国计民生的大企业,越是难以较早从旧体制中剥离出来,因而,在十年改革中,与乡镇企业相比,在不统一的竞争规则、不公平的竞争条件下,面对逐步走向市场经济的形势,不少大型企业则显得迟钝,缺乏生气。然而,作为先进生产力的代表、物质生产支柱的大型企业必须尽快站到改革主力军的地位。改革十年形成的状况是:旧体制拉着大企业支撑局面,新体制召唤大企业成为主角——大企业处于经济体制改革的矛盾焦点。

回首过去的历程,二汽身后留下的是一串改革的脚印。

十年前,国家改革之始,二汽恰处于极不稳定状态。多年建设而未能真正投产,建设工作拖着一个大尾巴,三线建设的后遗症并发,到1979年,国家已对二汽投资16.7亿元,但建成10万辆设计能力尚需投资7亿元。为此,国家忍痛将二汽列为"停、缓建"单位。这几乎是二汽将要为之覆灭的信号。出路在哪里?改革的春潮给二汽人带来了希望之光。二汽开始在新旧体制的夹缝中寻求自担风险、自我发展的途径,向国家提出了"要政策、不要钱"的救生方案,即"自筹资金,量入为出,续建二汽",

---

[*] 此文是作者在1988年9月1日应约为《经济日报》"我看改革这十年(1978—1988)"栏目撰写的文章。

请求国家允许二汽将正常税后留利、更新改造基金和大修理基金捆起来使用、逐年补充生产短线，而国家不再对二汽直接投资。这一方案得到了国家支持，从而使二汽摆脱了欲上不能、欲下不忍的两难境地。

由闭关锁国走向对外开放，由产品型经济走向有计划商品经济，企业面临着尖锐的挑战，但也获得了众多的机会。初享改革之甘的二汽人心中逐渐萌发起一种不怨天，不尤人，在改革中顽强表现自己的意念。

十年来，二汽全方位大胆地进行了一系列重大改革，留下了一串改革的脚印。

1980年组建了东风汽车工业联营公司，发展专业化生产，推动企业组织结构的改造改组，打开了横向联合的局面。到目前已拥有跨24个省市14个部门的278家成员企业。

1982年国家批准二汽实行利润递增包干。这一政策相对固定了国家和企业间的经济关系，企业有压力，有活力，对形成二汽自我发展、自我约束的机制起了重要作用。很快国家又同意二汽的利润包干延长。到1990年，我们与国家有了一个较长期的固定的经济关系，可以从长计议。

1983年成立了东风汽车进出口公司，随后相继在纽约、汉堡、香港建立商务机构，步入了向国际汽车市场迈进的准备阶段。几年来，二汽和二十几个国家和地区建立了贸易关系，产品出口创汇累计达5000多万美元。

1986年实现了国家计划单列，减少了管理层次，取得了与国家有关部门直接对话的权利。企业可以跨行业、跨地区，在广泛的范围内开展生产经营活动。

1987年组建了东风汽车贸易公司、二汽集团财务公司，并将经营的触角伸展到北京、上海、武汉、广州以及深圳、厦门、海南等经济活跃的地区。

1988年推行企业经营机制改革，完成了集团系统改革方案的组织框架设计，着手建立三层次公司化管理体制。

改革的综合效益是显著的。1978年至1988年，二汽的产量、产值分别以37%和36%的年平均速度递增，其间，累计生产汽车663958辆，累计完成工业总产值（按1980年不变价格）184亿多元，累计实现利润约37.9亿元，上缴利税31.2亿元，到1986年已还清国家投资原值，还累计投入

20.56亿元改造和建设发展资金，新增固定资产14亿元。生产能力已达到年产13万辆。同时，着眼于企业发展后劲，相继建成技术中心、教育中心和装备中心。二汽每年用于技术开发和人才开发的费用分别在5500万元和1400万元以上，用于教育的人均费用是我国平均水平的10倍。产品开发基本形成了预研一代、开发一代、改造一代的格局。

自我改造、自我发展、自我制约机制的形成，一改产品经济下工厂投产之日便是老化之时的命运，企业常办常新，朝气蓬勃。企业的繁荣也为职工的生活改善提供了基础。二汽地处边远山区，建厂初期，受"先生产，后生活"的影响，职工福利欠债太多。1979年以来，用从留利中获得的福利基金先后扩建和完善了医院、职工住宅、俱乐部和体育馆等生活配套设施。企业的兴旺和生活环境的显著改善，大大增强了职工的凝聚力、向心力。二汽的繁荣还有力带动了地方经济的发展。

改革的实践使我们切实体会到：企业作为生产力发展中具有活力的细胞，要敏锐地捕捉发展的机会、快捷地吸收改革的成果。清谈成就不了事业，坐等必然丧失良机。对企业来说，一百句解恨的牢骚，比不上一件有效的工作，重要的是研究改革的动向，推进改革的行动。经过不懈努力和实践探索，目前二汽已总结确立了"三个三"的改革发展战略体系，即"三级跳"的发展格局、"三大法宝"的经营体制和"三层次"的公司化管理体制。

"三级跳"。第一级就是1969～1985年，历时16年，其间投入21亿元，形成10万辆生产能力，此举业已完成；第二级是1985～1990年，经过改造和扩建，在上质量、上品种的基础上建设8吨平头柴油车和康明斯发动机厂，把汽车生产能力发展到15万辆；第三级是在90年代建成年产30万辆轿车厂，并拓宽卡车系列，增加品种、规格，使二汽集团达到60万～70万辆生产能力，并获得1/3的国内市场占有率，产品10%～15%进入国际市场，成为具有国际竞争能力的企业集团。

"三大法宝"。即"灵活经营，挖掘金山，横向联合"。"灵活经营"就是充分利用改革所逐步提供的发展商品经济的一切合法的有效手段，以经济效益为中心，灵活进行一切可能形成的经营活动。"挖掘金山"的基本点是眼睛向内，通过对企业内部各系统的逐步优化，充分发挥企业的内在潜力，目前，二汽以生产系统为突破口着手进行改善已取得显著效果。"横向联合"就是针对机械工业重复分散，"大而全""小而全"的格局进行联合改组，充分利用社会的生产力，根据专业化生产的原则和企业的发展目标进行重组。这样不仅为企业发展走出一条速度快、投资少的新路创造条件，同时也可促进产业结构的合理调整。

"三层次"的公司化管理体制。即按照参与国际竞争的要求和国际上管理企业的惯例，调整机制，规范企业内部管理。其要点是建立"三层次"的责任中心——投资中心、利润中心、成本中心。目前我们已初步完成了向公司化体制过渡的结构框架设计，并按"三层次"责任中心的基本原则对现行组织机构作了一系列调整。如为伸展开发、销售两翼，发展销售系统，在各大中心城市设立销售分公司，以此为辐射点建立销售与服务相结合的销售系统；为加快汽车零部件的发展，成立了零部件部，使零部件生产形成高起点、大批量、专业化的格局。

现代经济首先是企业经济，社会主义公有制下的企业应当有强烈的社会责任感，企业的经营和建设只能以国富民强为目标。这是每一个社会主义企业所必须遵循的基本准则。尽管我们追求的是一个有风险的目标，但我们坚信，只有追求风险目标才能创造现代企业的卓越成就；才能无愧于作为大企业的社会地位，并担当起作为大企业应尽的责任。尽管我们的改革还要受到诸多内外因素的制约，但我们坚信，企业发展的出路在于改革。

我们深深意识到，企业的发展是无止境的，适应发展的改革任务也是极其艰巨而长远的，改革和发展是企业永恒的课题。我们将不失时机地按照培养具有国际竞争力的企业和企业集团的目标，继续深化我们的改革、发展实践。

二汽轿车项目选址过程和决策情况[*]

(1988年9月5日)

1988年7月6日，国务委员邹家华同志主持会议，研究二汽30万辆轿车国外合作对象选择和厂址定点问题。陈清泰就轿车项目前期工作进展情况做了汇报。1988年7月9日，邹家华同志再次召开会议，专门就二汽轿车厂址问题，听取襄樊、武汉、镇江、岳阳等城市的主要负责同志的意见（从全国推荐的29个厂址，筛选后的4个城市）。邹家华同志明确指出，有关厂址的会议不再开了，把大家的意见汇集起来向国务院报告。1988年9月5日，国家计委以计工二（1988）695号文给二汽下发通知："我委《关于二汽轿车厂址意见的报告》业经国务院批准，请遵照执行。"至此，二汽30万辆轿车的厂址敲定。

1988年7月6~7日，邹家华国务委员在北京京西宾馆主持会议，研究二汽30万辆轿车的车型、国外合作对象的选择和厂址定点的问题。在当时这可能是制造业最大的一个中外合资项目，政府部门高度重视。参会的有机械工业部的老部长段君毅、周子建、周建南、祁田，国务院副秘书长王书明，国家计委副主任郝建秀，财政部副部长刘仲藜，交通部副部长王展意，铁道部副部长罗云光，机电部副部长何光远，中汽联陈祖涛，以及中国国际工程咨询公司等有关部门的负责同志。

我在会上就轿车项目前期工作进展情况做了汇报。1987年北戴河会议后，二汽按照会上确定的"联合开发，合资办厂，出口导向，进口替代"的方针开展工作。先后与美国、日本、德国、法国、意大利等5个国家14个厂家进行了接触，经过几次筛选保留了法国雪铁龙、雷诺两个汽车品牌，

---

[*] 本文是作者根据会议记录整理的二汽轿车厂址选择的决策过程情况。

美国通用、日本富士重工，以及意大利菲亚特进行深入谈判，产品上倾向于为法国雪铁龙提供"未来型"A级轿车。在厂址选择方面，先后有29个城市提出竞选二汽轿车厂址。在普查了武汉、襄樊、岳阳、镇江、宁波、深圳等城市的基础上，按照经济合理性等筛选原则，保留了武汉、襄樊、镇江和岳阳等4个城市继续开展工作。

两天后形成了一份会议纪要。

会议纪要认为，二汽遵照北戴河会议十六字方针对轿车项目的可行性研究做了大量工作，是有成绩的。二汽轿车项目是发展我国轿车工业战略部署的重要组成部分，尽快建成这一项目，对满足国内需要、挡住进口、改善我国出口产品结构和汽车工业发展具有重要意义。

会议对下一步工作拟定了几点意见。

（1）轿车项目必须继续贯彻出口导向的方针。

（2）对外谈判要坚持货比三家的原则，以此造成外商竞争的局面。

（3）二汽提出的区域场址选择方案，即总装配厂定在武汉，毛坯和发动机加工在襄樊，可以作为一个主要方案考虑，但这次会上不做定论。岳阳、镇江结合二汽长远发展另行考虑。请二汽和中汽联咨询专家组根据大家讨论的意见做进一步论证，特别是对建设投资和建成后正常运行的经济效益论证，提出方案报国务院审批。

（4）要上轿车项目一要靠企业努力，二要靠国家支持。建议批准轿车建设地域享受经济技术开发区的优惠政策。

（5）轿车项目相关配套项目如电力、运输、通信等基础设施，钢铁、有色金属、橡胶塑料、建材、机械装备、电子产品、石油制品等行业和企业的技术改造、技术引进等要纳入国家投资或地方投资计划。

（6）建议建立二汽30万辆轿车项目协调会议制度，不定期开会，协调有关问题。

1988年7月7日，邹家华国务委员主持论证会后，我们根据会议纪要的精神很快向国家计委上报选址报告。其中包括五个附件。第一，二汽30万辆轿车厂址定点的请示；第二，中国汽车工业联合会关于二汽轿车项目区域性厂址选择的意见；第三，湖北省人民政府关于同意为二汽轿车项目建设创造外部条件的函；第四，武汉市人民政府关于二汽轿车创造外部条件的安排意见；第五，襄樊市人民政府关于二汽轿车创造外部条件的安排意见。

二汽轿车项目选址方案经国家计委审议后上报国务院。上报稿写道："根据中汽联及专家组的论证意见和二汽调查比较的大量数据，从全国生产力布局、国内外两个市场、建设和生产运营的综合经济效益、发挥二汽投资主体的作用诸多因素考虑，我们同意二汽轿车项目选址在武汉，发动机项目选址在襄樊，并请湖北省武汉市、襄樊市严格按照各自提出的'为二汽轿车厂创造条件的安排意见'抓紧落实，以利于尽快把项目搞上去。"

1998年9月5日，国家计委以计工二（1988）695号文给二汽下发通知："我委《关于二汽轿车厂址意见的报告》业经国务院批准，请遵照执行。"

至此，二汽30万辆轿车的厂址敲定。

1988年8月10日，赵宝江市长还亲自签发了一份"武汉市人民政府关于为二汽轿车厂创造外部条件的安排意见"的文件。文件明示，武汉市人民政府根据二汽工程设计院提供的30万辆轿车建设及生产的各项参数，本着实事求是、确保重点的原则，多层次、多渠道筹集资金，按照二汽轿车建厂要求的进度进行配套建设。具体提出了厂区建设用地、供水、供电、供蒸汽、供煤气、公路、铁路、港口、邮政电信、生活区公建配套和市政工程、职工住宅、外籍人员公寓等15个配套建设项目。还承诺厂区规划在可行性研究报告批准后局部修改由二汽自行调整，不再审批。合资厂职工户口迁移由二汽申报总迁移户口数，经武汉市人民政府审定后由市公安局根据轿车厂的需要分批办理。

周建南说，二汽对出口导向的态度是积极的，对中央的方针是认真贯彻的。但是出口要有个比较长的过程，要求一投产就1/3、1/2出口是不可能的。选择合作对象、选择厂址都要综合比较，还是要摆开架势货比三家，该决策的时候就要决策。可以考虑按项目所在地国家特批为开发区，有一个好的软环境。

何光远说，时间非常紧迫，二汽要求收收口。合作伙伴的选择我基本赞成二汽的意见。对外货比三家，对内集中到两家。现在很多问题已经到决策的时候，哪些问题需要国务院做出决策，国务院要给个原则意见，灵活性可授权给二汽。可行性报告对零部件要分析透彻，计委、机电部、中汽联都要支持。地方说"投资自理",但到时候不落实怎么办?刘仲藜说,财政不可能出钱给二汽建厂,但财政可让一点利,国家的投资公司也可以入一点股。徐秉金说,出口的问题要有灵活性,可以先从零部件开始。横向的配套是关键。陈祖涛说,开这么高层的会议很难得,对合作对象和厂址都要有个结果。厂址,重点放在湖北,同时考虑岳阳和镇江。王书明说,要写一个汇报提纲;会议要出一个纪要,原则同意二汽的方案。现在到了要画句号的时候了。如车型、外汇、出口、贷款等,资金来源要纳入国家八五的笼子。软环境,建议特批开发区。协作配套,中央各部门要积极配合。国家下这么大的决心,没有一个协调机构不行,建议由家华同志牵头,机械部、计委为办事机构。

中汽公司咨询组的组长张小虞首先介绍了根据五条标准对四个城市打分的结果:襄樊 81.25 分、武汉 75.17 分、镇江 69.9 分、岳阳 67.31 分。接着大家分析了几个城市的交通条件、材料和半成品的运输半径、主要汽车市场、零部件配套条件、地方承担配套设施的能力,以及依托二汽人才和软硬件可能性,国际化的程度,职工,包括外籍员工长期工作和生活的环境条件等。周建南等几位领导都赞成"打分"的办法,认为这样公平客观。同时提出,在可行性研究中一定对两个数据进行比较,一个是建设期的投资;一个是建成后生产与经营成本。因为这涉及这个项目的经济竞争力。徐秉金说,计委已经给房维中、甘子玉、叶青副主任汇报过,认为重要的是听二汽的意见,原则上同等条件可就近就地,甚至稍差一点也可以放在湖北省武汉市。陈祖涛说,既然项目由二汽总承包,就应当给他们权力,在同等条件下可优先靠近,主体放在湖北。

紧接着 7 月 9 日邹家华国务委员又召集襄樊市、武汉市、镇江市、岳阳市的领导开会,专门就二汽轿车项目厂址问题听取意见,做地方的工作。开始时家华同志说国务院在北戴河会议上定的轿车就三个点,一汽、上汽是老的点,只有二汽是个新点。各地表达了很高的积极性,全国推荐了 29 个厂址,二汽和中汽做了大量的工作,经筛选剩下了你们四个。现在轿车项目要进入可行性研究,车型、合作对象、厂址都要定下来。之前已经开了两天的会,今天专门就厂址问题听一听你们的意见。

几个城市和所在省的主管部门领导抢着发言。镇江的夏市长说二汽走出十堰，到了襄樊，第二步到哪里？这一步走错了会"铸成千古恨"！国内轿车最大市场在哪里？在沿海，这一步应当落在沿海，也有利于出口。他还说，每个厂址各有长短，应当全国招投标。湖南省机械厅厅长夏德济说，赞成公开招标，请国务院考虑三省四市的积极性，能不能分分工，有两个点、三个点，甚至四个点。镇江市市长说，武汉做主点，镇江能不能做副点。30万辆轿车放在一个点就最经济吗？

邹家华苦口婆心地做他们的工作。他说有些产业各地都可以搞，但轿车不行。30万辆轿车分解到各个地方三五万辆，大家都高兴，但能有效益吗？不是不要大家搞，但轿车是高技术、大投资，各省都各搞一套，没有效益，将来无法收拾。他说总体上说，这四个地点做厂址没有否决性因素，就是说都具备基本条件。你们的意见还请二汽和中汽的专家做进一步分析，把你们的意见和专家们的倾向性意见向中央报告。关键是哪个方案更有利，建设的投资最节省，生产经营的成本最低。还有，国家把这个项目交给了二汽，这个条件也要考虑。最后家华同志说，有关厂址的会议不要再召开了。我们会把大家的意见汇集起来向国务院报告。

变革大企业制度，建立公司化体制[*]

——循序渐进地深化大型国有企业改革的思路与实践

（1988年11月1日）

当前，我国经济体制改革的基本格局是新旧两种体制相持、对峙。在这种背景下，大型企业也处在新旧两种体制矛盾的焦点——旧体制拉着大型企业支撑局面，新体制等待着大型企业充当主角，壮大力量。大型企业正承受着改革、发展与稳定的三重压力。必须在需求过热、紧缺加剧的情况下，大幅度增加有效供给；必须在两种体制并存、胶着，整体效应十分紊乱的情况下，摆脱在改革中的滞后状态，成为促进新体制形成的生力军；还必须尽快改善自身素质，提高成本消化能力，根治"抗膨胀机能衰弱症"，为稳定经济起到支柱作用。

形势的发展已经越来越清楚：大企业的经营机制没有质变意义的改革，经济效益不能明显提高，宏观的改革是进行不下去的，缓解国民经济的"瓶颈"就将事倍功半，稳定经济的做法也很难摆脱体制复归的厄运。大型企业经营机制的改革已成为日益紧迫的重大课题。

一年多来，二汽在认真总结前期改革经验教训的基础上，深入研究了企业改革与发展的战略，明确了以改革企业制度、建立公司化体制为主线，循序渐进深化经营机制改革的思路。

这一改革思路主要考虑了五个方面的有机结合：一是改革与发展的结合，坚持一切改革措施都必须有利于实现企业的经营战略目标；二是现实基础与发展方向的结合，既考虑目标模式，又坚持从现实起点出发；三是内部改革与外部改革的结合，把工作的重心放在内部，加速企业的转轨变型；四是生产要素的增长与优化组合、结构调整的结合，把视野扩展到企

---

[*] 本文是作者1988年11月撰写的一篇文章。

业集团与社会；五是变革生产关系与强化管理基础的结合，防止"跛态畸形"，着眼企业整体素质的改善。

我们考虑，以变革企业制度，建立公司化体制为主线的深化企业改革思路，在实施步骤与改革内容上，分三步进行。

一 建立公司化体制的组织框架，推进企业经营机制改革

改革中，企业与国家的关系比较明朗和稳定，有了较大的经营权限以后，怎么深化企业内部的改革主要有两种思路。

一种是把国家赋予企业的经营自主权在企业内部逐级传递、水平分解，使企业内的工厂甚至车间在执行厂内生产计划的同时，都开展直接面对市场的经营活动，并使职工收益和工厂发展的资金直接与本部门的利润挂钩，以此调动基层与职工的积极性。

另一种是按照整体经营、分层分工的思路，建立与大生产内在要求相一致的责任体系，通过实行目标管理起到调动基层与职工积极性之效，通过统一投资决策收到资源配置优化之益。

按照第一种做法，作为释放能量阶段的改革步骤，会收到较好的近期效益，但随后也极容易出现如下问题：①企业各层次经营行为紊乱，整体利益被肢解；②投资权限下沉、分散，导致整体配置效应恶化；③内部利润直接决定收益水平，使得层层争利，客观上出现了反协作、反经济核算倾向，强化了消费攀比机制；④管理被削弱。

二汽在按照第一种思路走过一段时间之后，采取了第二种思路来深化企业的改革。

两年来，二汽内部的改革采取边反思、边校正的做法。

1. 集中企业内部的投资权限，克服投资分散化倾向

从1987年开始，我们把在前期改革中下放到专业厂的投资权重新集中到总厂，使发展、改造资金的分配与基层单位的利润水平脱钩，转而以整体发展规划和经营目标为依据，并严格基本建设管理和奖金的统筹管理。

两年调整收到了较好的效果。非生产性项目投资比例由1985年的36.4%和1986年的16.8%，下降到现在的12%。投资结构的改善和奖金的集

中调度使用，使投入产出效益显著提高，企业综合生产能力在达到设计能力以后，继续以每年递增 1.3 万辆的速度增长。"七五"前 3 年共生产汽车 33.47 万辆，比"六五"的总和还多 1 万多辆，3 年实现利润 20 亿元，比二汽正式投产到"六五"末（即 1978～1985 年）8 年实现利润还多 1 亿多元。良好的绩效降低了统一思想、统一步伐的难度，也为深入改革经营机制奠定了基础。

2. 建立三级责任中心，改造企业组织结构

1987 年初，二汽调整了内部分层经营承包的政策，提出了"面向市场，科学决策，集中经营，分级管理"的方针。贯彻这一方针的实践，虽然克服了前期改革出现的无序分散倾向，但不能形成与二汽集团经营目标相适应的经营机制，没有形成调动企业内各层次积极性的机制。

经过反复研究、探讨，1987 年底，二汽决定参照商品经济条件下成功企业的发展规律，改造企业组织结构。

当前，二汽已大体完成了责任体系的构架工作，在管理体制上初步形成了三级责任中心的公司化体制。

第一层次是公司本部——投资责任中心；第二层次是专业部（即公司事业部的雏形）——利润责任中心；第三层次是专业工厂——成本责任中心。三级责任中心，管理分权，各司其职。

第二层次，即作为利润中心的专业部，是新分离出来的一个层次，这一层次的发展受到客观因素制约较多，其主要制约因素还在于目前二汽产品与市场多样化水平还比较低。

三层次责任中心合理分工分权，分别履行一个经营实体的不同责任，从而跳出了大企业在内部管理方式上究竟是集中经营，还是分散经营的两难境地，开拓了一条经营管理实现有序分散的路子。

目前，中间层次已初步建立起来，主要有负责技术开发、产品开发的技术开发部，负责企业改造与建设的基建技改部，负责工艺装备制造、维修的技术装备部、负责零部件发展的零部件部，负责襄樊基地建设与管理的襄樊管理部，负责整个教育系统的教育培训部，以及负责管理所有生活后勤单位的东风实业开发部。这就为分类实施集约管理，提供了前提。

3. 以职能调整为核心，重点加强五大体制

机制调整要以职能调整为依据，为健全、改造企业机制服务。二汽调整和配置职能，重组企业构架时，重点加强了五大体制：（1）技术开发体制，进一步确立其"龙头"的地位；（2）加强销售体制，面对国内市场，建立东风汽车贸易公司及设在各大中心城市的分公司，面对国际市场，建立东风汽车进出口公司及驻国外贸易公司机构，从而形成具有独立性的销售系统；（3）加强生产准备体制，进一步形成投入产出良性循环的正常秩序和高节奏的效率；（4）加强零部件发展体制，在零部件公司内，成立了10个零部件专业分公司，对零部件厂实行"放虎归山，超前发展"的方针；（5）加强主导厂与二汽集团的融合体制，强化经济联系和要素组合的纽带。

4. 推行现场综合管理，挖掘蕴含在企业里的"金矿脉"

经验说明，深化改革与加强管理只有协调发展才能获得预期效果。为了有效加强管理基础工作，二汽在近年来的经营机制改革中，开始推行现场综合管理，力图使新的公司化体制建立在更为坚实的基础上。

现场综合管理的特征是：①贯彻"现场是帝王"的管理指导思想，以生产作业计划的强制性，要求所有的生产管理、辅助服务部门都必须"围着现场转"；②要求在制品以零为目标，不良品向零挑战，减少无效劳动，追求时间、空间、人力、物力、资金的最充分利用，排斥一切浪费；③使多种现代管理技术与方法综合配套运用；④必须实行劳动优化组合，改革分配制度，进而促进管理部门的压编减员。

在大企业向公司化体制过渡的过程中，如何稳住基层，强化现场管理，生产秩序是极为重要的一环。

5. 与责任体系的建立相对应，实行目标责任制

目标责任制是一种把目标管理、计划管理和责任统一起来、三位一体的管理制度。它的基本特征就是使企业内部各层次的收益分配不再直接与内部利润挂钩，而是与综合效益、与各层次履行各自责任的绩效挂钩。

二汽认为，做出这样的调整，实行目标责任制，将会在企业各层次的运行机制、激励机制与整体经营目标保持协调一致的基础上，发挥四个方面的作用：①有利于弱化对投资和消费的攀比心理，抑制乃至克服企业的

投资饥饿症和消费饥饿症；②有利于按照建立三层次责任中心的要求，明确各层次的责任重心，推动各单位共同围绕经营目标协调运行，产生 1＋1＞2 的系统效应；③有利于建立健全公正合理的绩效评价考核体系，持续健康地调动基层与职工的积极性；④反过来，这样做对管理基础工作提出了挑战性的要求，从而有利于促使管理基础工作进一步适应改革的需要，登上新的台阶。

我们认为，在建立公司化体制的第一阶段，抓好上述各点是极为重要的基础性环节。

二 完善承包制，抓住经营机制与产权关系两个环节，推动公司化进程

二汽是较早实行承包制的企业之一。自 1983 年国务院批准实行利润递增包干以来的 6 年间，企业发生了巨大变化。

（1）年上缴国家利税由 2.08 亿元，增加到 4.1 亿元，翻了将近一番。6 年累计上缴国家利税 19 亿元，相当于国家投资的 113.8%。

（2）固定资产由 15.6 亿元，增加到 26 亿元，企业用留利部分 70% 的资金扩大再生产，使固定资产增加 10.4 亿元。

（3）汽车年产量由 6 万辆，增加到 12.6 万辆，年产值由 16 亿元，增加到 32 亿元，翻了一番。

（4）全员劳动生产率由每年每人平均 2.9 万元，提高到 4.4 万元，年均增长 8.1%。

此外，与实行递增利润包干的政策相适应，从 1988 年开始，经国家批准，二汽还实行了计划单列和工资总额与实现利税挂钩的改革政策。

但是，承包制自身又存在一些重大的缺陷，如要素在企业间的流动受阻，迟滞了公平竞争机制的形成，发包方——政府部门对企业的干预和直接牵制固化，等等。然而，从现实的起点出发，考虑到：①价格体制改革难以在短时间内见效，建立规范化的环境需要一个较长的过程，要把承包企业统统改为实行股份化，大而"化"之，时机并不成熟；②要从根本上缓解经济短缺、全面紧张的局面，必然把实行紧缩政策与增加战略产业短

线部门的有效供给结合起来，因此必须继续为搞活大企业提供具有足够强度的政策支持，而承包制已经成为这种政策支持的良好基础；③要实现已经由国家批准并已纳入国家规划的企业战略目标，在国家不再直接投资的前提下，积累机制还需要依靠自筹资金和借贷资金，为此企业必须具备实施规划的财力、实力。所以，我们认为，在今后相当长一段时间，已经实行承包制，确属战略、短线产业的大型企业，国家对企业还应该继续实行承包制。

按照现行的递增利润包干政策，如果延长到 2000 年，二汽将有把握做到：①包干上缴利税 99.5 亿元；②包老厂不老，建成 30 万辆轿车生产能力；③包偿还用于轿车项目建设的借贷资金。

否则，国家既拿不出直接投资，企业自身又不具有必要强度的可用资金，而社会资金又极难跨地方大规模吸纳，实现发展目标的规划就前途未卜了。

实现企业形态公司化是企业改革的目标；完善承包制，使企业增强实现战略目标的实力，是企业发展的需要。二者在一定程度上的结合是可能的，结合的基本思路就是"包中有股"，即在企业与国家的财税关系不变，继续实行承包的前提下，兼容股份制的改革措施，选准适宜的生长点，进行试点，为以后的企业制度变更创造条件。

现阶段，适宜的生长点，不在大企业生产要素的方面，而在企业间生产要素重组和大企业自身要素增长方面。

在企业间生产要素重组即横向联合中，可以进行股份制试点。到目前为止，二汽通过对投资、软件折股，已与 21 家企业建立合资股份关系。下一步二汽集团完善经济关系将更为灵活地采用持股、控股、兼并、归并等方式，在一定程度上弥补承包制的缺陷。

在企业自身要素增量部分实行股份制试点，就是在建设新项目时可以考虑通过股份制，完善积累机制。例如，在建立 30 万辆轿车项目时，不仅要采取中外合资建立有限责任公司的方式，还可以考虑将中方投资部分股份化。这将有利于调动更多的社会资金为我所用。

这一步将是公司化体制逐渐形成的重要阶段，也是二汽到本世纪末的发展战略目标逐步展开的阶段。这一目标的要点是：完成由工厂向公司化体制的过渡;发展集团生产力,面向国内外两个市场,拓宽产品系列,占有国内汽车市场1/3的份额;1988年到2000年累计上缴利税99.5亿元,按"出口导向,合资建厂"方式建成国内第一个达到经济规模的30万辆普通型轿车生产基地,到2000年有成批量的汽车出口。

伴随着蕴含于承包制内的股份制因素逐渐生长,企业经营机制改革应重点着力解决三个问题。

(1) 寻求一条超越式发展的新路。二汽是靠"国家投资,全国支援,企业建设"初具规模的,在前期改革中又依靠"自筹资金,量入为出,发展能力",有了较快的发展,但是这两种发展模式赖以存在的条件都发生了变化,而且都不能满足竞争的需要。接下来,应该寻求一条新路子。其标志应该是:企业真正成为投资主体,在国家批准的规划内自主建设;自主筹集资金,实行负债经营,承担经营风险;探索与金融界的结合。

(2) 更有成效地实施集团发展战略,使二汽集团成为具有强大后劲的战略经营单位。其工作重点是:以30万辆轿车为起飞点,拓展联营领域,增强技术开发与市场开拓能力;继续推进专业化改组和改造,发展内涵扩大再生产潜力,强化经济纽带,主导厂与集团成员厂分别建立规范化的经济关系。

(3) 灵活经营,强化管理。增强企业围绕市场公转,以经营计划为轴心作自转的本事,提高整体应变能力,实施双市场战略,实现产品系列多元化,利润结构多元化。全面推行现场综合管理,用3~5年的时间,使二汽生产现场管理提高到一个全新的水平。

完成了这一阶段的改革,企业实力将得到极大增强,建立公司化体制就将进入一个水到渠成的阶段。

三 建立完全意义上的公司化体制

建立完全意义上的公司化体制,其标志主要如下。

(1) 产权关系得到明确界定,所有权实现了主体多元化、人格化,公司真正成为独立的法人,享有商品生产者、经营者应具有的完整权限,并承担相应的义务。

（2）经营权、所有权在公司内实现合一，其分离是在公司外的分离，董事会成为名副其实的决策机构。任何外力均无法否决其符合法律的决策。

（3）投资中心、利润中心、成本中心三层次责任体系发育健全；母公司、分公司、子公司经营活动正常运行。

（4）公司经营功能实现了产业、贸易、金融三位一体。

（5）按照有关法律和惯例在国内外发行股票和债券。

（6）在企业收益分配上，形成了投资者、经营者与企业职工相互制约的利益机制。

建立公司化体制的第三步改革内容完成以后，即意味着建立新型企业制度的任务已基本完成，新型经营机制已经确立。届时，企业的使命将主要是开足马力，全力以赴地建设具有国际竞争实力的大型企业集团。我们相信，一批大企业及其集团达到国际大型企业集团水平之际，就是我国立足世界经济强国之时。

建设企业文化，开发精神力量*

（1988年11月30日）

企业是社会的细胞，它的素质、文化和观念受社会与传统的制约，也反作用于社会，影响着社会的发展水平。

企业是社会生产力的基础，人又是其中最有活力的要素。因此，在企业中如何调动职工的积极性、主动性，是企业管理者永恒的课题。

在很长一段时间，我们是用"阶级斗争为纲"和"忆苦思甜"等办法动员职工努力工作，维持以产品经济、"大锅饭"等分配方式为基础的生产体制。"文化大革命"之后，在批判"以阶级斗争为纲"和"大锅饭"体制时，一些人崇拜物质刺激、奖金挂帅的威力，企图以"奖得眼红，罚得发抖"的办法，促使职工努力工作，使企业在商品经济条件下增强竞争能力。

实践证明，上述方式在调动人的积极性方面起到过一定作用，但都未能达到预期的效果。要么还是"大锅饭"，低效率；要么追求高收入，互相攀比。

如果说力度大的奖惩对社会化程度比较低的个体劳动者和小型企业是挖掘内涵潜力基本手段的话，那么对社会化程度比较高的大型企业，建设企业文化就显得更加重要。

一　崇高目标是企业文化的基础

在旧体制下，"为政治服务"成了企业的目标。它抽象而空泛，缺乏

---

* 此文是作者担任第二汽车制造厂厂长时，在1988年11月30日撰写的一篇文章，原载于《二汽建设报》。

号召力。在社会主义市场经济体制下，企业目标又是什么？在批判只讲"政治效果"、忽视经济效益之后，一些人认为企业是经济组织，因而其追求的最高目标就是"赚钱"。这是一种似是而非的有害说法。

在新旧体制转轨的今天，以走私、偷税不择手段"赚钱"者有，以假冒伪劣、唯利是图"赚钱"者有，甚至以金融诈骗、掠夺社会"赚钱"者也有。现代大企业要超越自由市场上的叫卖水平，就必须有比"赚钱"更高一层次的追求和目标。目前，国际上办得成功的企业已证明，以赚钱为最高追求，往往忽略企业的社会责任，失去自身存在的意义；以崇高目标为其追求，作为对社会贡献的补偿，企业会得到稳定长远的合理利润。以赚钱为最高目标，企业会出现许多非正常行为；以崇高目标为追求，企业会兼顾社会、用户、企业和职工的利益，并以此约束自己的行为。

财务目标难以完全表达企业存在的社会价值，在企业中真正关心并理解"利润"的只是少数经理人员，"利润"难以焕发全体职工的精神动力，难以使全体职工由此而理解自己工作的意义。如果以职工个人所得直接和企业利润"挂钩"，可以使职工从关心自己利益的角度关心企业的发展。这对摧毁"大锅饭"的分配方式是一次飞跃。在职工物质生活水平很低的条件下，对动员职工努力工作会起到积极作用，但它带来的副作用是促使职工关心近期实惠，造成收入攀比的压力，从而有损企业后劲。实际上人们除了物质需求的满足感之外，还有对精神需求满足的要求。人一生总希望做一番事业，总希望自己的工作得到社会、后人的承认和尊重。从一定的意义上讲，崇高的目标可以赢得追随者，企业的利润只是经营业绩的"计分簿"。

一个没有目标的企业，正像大海中一只没有航向的船。船在随波逐流，每个人在思考自己的前途，一旦遇有风险，船没有力挽狂澜的力量，水手会各寻他路，使船过早地失去平衡。一般说来，企业的崇高目标是以自己优秀的产品和服务引导、改变和改善人们的社会生活形态。这样的目标不是唱高调、不是空谈，而是企业的工作、企业的社会责任和企业的长远利益融合在一起的产物，它可以囊括职工的理想抱负，可以为职工提供表现才能的大舞台。

二汽建设之初，"为中国汽车工业打翻身仗"的豪情，激励了多少职工，特别是热血青年。当时并没有人承诺可以提供多么高的工资、多么好的住房，但大家都是自愿报名，远离城市，来到荒僻的山乡创业。在"文化大革命"中这虽罩上了某种"政治动员"的色彩，但它仍说明改变我国汽车工业和汽车运输落后面貌这一崇高目标的号召力。二汽人的志向和追求就是改善和改变10亿人民的出行和运输条件。当二汽人得知国家批准二汽再建设一个大型轿车基地时，全厂上下都为之欢呼雀跃，许多人以此作为自己后半生为之奋斗的事业，为了实现这一目标，他们心甘情愿地克服一切困难。这是一种从心底迸发出来的火一样的热情，是可以熔化一切困难的力量。

我们已经感受到，崇高的企业目标会唤起职工的使命感，增强职工的向心力，使职工感到实现企业目标的过程正是职工生活和工作价值自我实现的过程。这正是建设企业文化的基础。

二　调动企业文化的强大动力

企业文化是指能统一管理者和职工的企业目标、信念、哲学、道德和价值观的总和，由此而决定企业的作风、效率和精神风貌——企业的力量。企业文化把企业精神文明建设提到了新的高度。在社会主义条件下，共产主义理想可以通过企业文化加以具体化。

精神的力量是无形的，但它一旦武装了生产力要素中最具创造性的要素——人，就会转化为强大的物质力量，创造出更高的劳动生产率。

企业中严格的纪律和奖罚分明，是从严治厂所必需的，但它对人终究是一种"外力"，我们要正确使用这种外力来规范人们的行为。对职工来说，"外力"的作用是"要我这样做"；企业文化建设则是把企业的目标和观念与职工生活、工作的价值联系在一起，使职工感到在企业的工作中包含着自己为之奋斗的事业，工作本身正是自我价值实现的过程，因而它对人来说是一种"内力"，它唤起职工的是"我要这样做"。企业物质生产手段需要不断更新改造，职工的精神力量亦需要不断开发。一般来说，人都有上进心，都希望受到尊重，需要用崇高的企业目标、诱人的企业文化促使人们加深对自身工作价值的理解；用能打动人心的办法去诱发、引导人们的使命感,开发人们的精神需求,在这种需求的满足过程中,焕发出强大的工作主动性、创造性。

1984年二汽提出,要逐步建立经营开发型企业的企业哲学,在6万名职工中要有统一的目标、信念,企业管理者既要调动物质力量,又要调动精神力量——要逐步建设二汽的企业文化。多年生产建设的实践,精神力量的开发,在职工中正在培育着献身汽车、实现第二次创业的事业心,面向市场、勇于改革、争创一流的竞争意识,"质量第一,用户第一,信誉第一"的价值观,"改变现状,视今天为落后"的企业哲学和"厂兴我荣,厂衰我耻"的主人翁精神。虽然企业文化的建设是一个长期精神力量开发的过程,但它已显示的威力正是在鄂西北荒僻山区几万名职工凝聚力、向心力的精神支柱,正是二汽兴旺发达、具有后劲的重要基础。

三 物质奖励与精神激励

在社会主义初级阶段的中国,谁要否定物质奖励在调动人们工作热情方面的作用,那是空想主义者。广大职工赖以生活的工资还只是解决温饱、略有结余的水平。因此,人们十分关心物质奖励是很自然的。作为企业管理者也必须努力设法随着企业生产、效益的不断发展,使职工生活水平得到相应的提高,这是提高职工积极性的重要基础。

一段时间以来,只讲"实惠"不讲精神的弊端比较严重。徘徊于"拉开档次,先富起来"与"照顾左邻右舍,防止贫富悬殊"之间是没有出路的。这种过度利用物质的牵引作用,将会使我们处于两难的地步。在经济上,目前我们没有能力满足已涨得很高的物质需求。职工与前几年相比,得到了更多的实惠,但也出现了更多的牢骚;在精神上,目前一些人失去了追求的目标,价值观念变形,出现某些精神空虚的社会弊端,这确实应当引起关注。

即使在西方发达国家,人们也发现,金钱有诱惑力,事业有凝聚力。无论是金钱还是"鞭子",都不能真正调动起广大职工的献身精神。

中国要进入国际经济大循环的重要优势是劳动力价格低廉。我们要十分珍惜追赶世界先进水平的这一优势。这一优势如果过早地丧失,将对我们的国际地位产生影响,将会丧失追赶世界先进水平的机会。

实际上,企业管理者既要调动物质力量,又要调动精神力量,两者相辅相成,都是实现企业目标的手段和资源。

在社会主义中国,企业的目标与社会目标、职工长远利益的高度一致性,为我们调动职工精神力量、建设企业文化创造了良好条件。建设社会主义的热情蕴藏在人们的心底,要使其转化成现实的力量,需要我们下功夫去开发,需要用尊重人、关心人、能打动人的灵魂、唤起人们献身精神的企业目标和企业文化,去开发职工的精神力量。

面对社会上高消费攀比的现实,近年来,二汽为实现企业目标、避免陷入消费攀比深渊,着手建立物质奖励与精神激励相辅相成的机制。物质奖励就是要在企业生产和效益不断提高的基础上使职工福利奖励水平有相应提高。

企业工资管理办法与社会脱钩,结合企业情况有计划地用好国家规定的工资总额指标,使职工直接感受到收入的增加是经过自己努力、企业兴旺、对社会做出更大贡献的结果。随着工资福利的增长,使职工增强参与者的自豪感。精神激励就是通过企业文化的建设不断提高干部职工的精神境界,以企业目标与追求形成职工的凝聚力。这些工作虽然只处于初始阶段,但已开始显露出端正企业行为的良好效果。

事实不断证明转变企业经营机制的极端重要性。目前,对企业的行为动力、企业自我制约机制进行深入研究并获得正确答案是提高我国企业素质的重大课题,大家应下大力气把这篇大文章做好。

二汽轿车项目进展情况汇报提纲*

(1988年12月28日)

在国家同意二汽发展轿车项目后,二汽在厂内、国内做了大量的技术经济及配套方面的前期准备工作,厂址已经国务院批准选定。货比三家选择合作对象方面,经过几轮的筛选,利用对方矛盾争取到较为有利的条件。现将货比三家选择合作对象和与法国雪铁龙联合进行可行性研究的情况汇报如下。

一 国家对二汽轿车项目的指示原则

1987年8月12日由姚依林副总理主持,李鹏、张劲夫和计委、经委、机械委、中汽联领导参加,在北戴河专题研究了二汽发展轿车项目的问题,会议确定了二汽发展轿车项目的基本原则:

(1) 车型,普通型,发动机为1.0~1.6升的A、AO级普通型轿车;

(2) 纲领,按年产30万辆轿车经济批量规划,分期建设;

(3) 建设模式,着重于"联合开发,合资办厂,出口导向,进口替代"。

1988年1月国家计委批准了二汽轿车的项目建议书。

二 货比三家与合作对象的筛选

北戴河会议后,我们即按十六字方针("联合开发,合资办厂,出口导向,进口替代"),广泛与国外汽车厂家进行接触,有日本的丰田、日

---

* 二汽轿车项目,在制造业领域是当时国内最大的中外合资项目。从项目的立项、建厂指导原则、车型选择、生产规模,到国外合作伙伴、建设资金、外汇来源,到零部件国产化、内销与外销,以及厂址选择等方面,都是在国务院和国家计委直接指导下进行的。本文是与法国雪铁龙汽车公司联合可行性研究报批前,作者在1988年12月28日送国家计委的一份情况汇报。

产、马自达、三菱、富士重工、五十铃、本田、大发，美国的通用、福特，西欧的大众、菲亚特、雪铁龙、雷诺等14家汽车公司。经过第一轮筛选，承认以合资办厂作为条件的共有6家，即通用、富士重工、雪铁龙、雷诺、菲亚特和福特。

初期二汽对外谈判的重点是通用、富士重工。1987年10月二汽与通用、富士重工签订了联合开展"预可行性研究"的协议，之后通用即强行推销不符合我方规格的即将淘汰的产品，直接影响了国内产品分工和出口导向的方针。为此，我们与其相持了8个月，在今年6月通用让步后，才又继续进行。

考虑到大众与上海已有合作，二汽拒绝了大众的合作要求。

1988年4月，雪铁龙、雷诺、菲亚特先后提出项目建议书，其中菲亚特的前提条件是先技术转让，以后视情况再投资，因而暂被落选。

5月福特正式通知，退出竞争。

至此，能接受我方条件的就只剩下了通用、富士重工、雷诺和雪铁龙。

今年7月6～7日由邹家华同志主持，有关部委领导参加，召开了京西宾馆会议，再次专题研究二汽轿车项目。会议明确了轿车厂的选址原则，并详细研究了二汽货比三家的形势，会议同意二汽与通用、富士继续进行可行性研究。在法国的雷诺、雪铁龙两家中，优选后者开展联合可行性研究，并指出在产品型号符合国家要求，出口导向有措施，外汇能基本平衡的情况下，授权二汽在谈判中择优确定合作对象和产品选型。会议纪要经国务院批准。

三　与雪铁龙进行可行性研究

根据京西宾馆会议意见，7月25日二汽与雪铁龙签订联合进行可行性研究的协议，同时要求法国政府为此提供赠款资助（10月法国政府已批准赠款2000万法郎）。

7月下旬，二汽轿车领导小组按北戴河会议纪要和京西宾馆会议纪要原则，研究确定可行性研究的边界条件。

我们着重考虑的是以下几点：

（1）产品规格、适用性和出口竞争能力；

（2）对方的投资和建厂外汇筹集条件；

（3）出口导向与外汇平衡；

（4）国产化措施与进度；

（5）合作诚意与经济效益。

为争取主动，8月二汽集中人力编制了可行性研究草案，并邀集国内有关部门专家来厂指导。

9月初，我们将进行可行性研究的条件及按合资法规定进行联合可行性研究的工作，分别向计委、机电部、经贸部、中汽联的领导及周建南等同志进行了汇报请示。

可行性研究的技术资料主要在法国雪铁龙公司，因此从9月中旬起，二汽派出人员赴法进行联合可行性研究，经贸部及中技公司、长城法律事务所专家同往协助。

11月24日，在法主持联合可行性研究的宋延光总工程师，专程返回，向邹家华、段君毅、周子健、何光远、李岚清、陈祖涛以及国家计委工综二司徐秉金等领导同志汇报了二汽、雪铁龙可行性研究的情况，以及10月在西德与通用汽车公司谈判中，通用处处作梗，富士重工节节后退的情况。会议认真分析形势后决定，鉴于通用缺乏诚意、富士重工缺乏资金，在通用、富士重工与雪铁龙之间内部倾向雪铁龙；如能将争取到的条件列入可行性研究报告，要抓住时机双方签字，之后按程序上报国家审批。

12月中旬，由计委、机电部、中汽联和机电轻纺投资公司有关部门和二汽领导组成的代表团，到法国对合作产品，雪铁龙公司技术经济实力和联合可行性研究进行了实地考察和审议。12月16日，由二汽厂长陈清泰与雪铁龙执行总裁哈夫纳在联合可行性研究报告上签了字。

四 联合可行性研究争取到了较为有利的条件

二汽在与雪铁龙谈判中较好地利用了对方在华寻求合作10年，但一事无成（其执行总裁哈夫纳明年换班）的急切心情，以及在上海地铁竞争失败后，法国政府急于在中国搞成大型合作项目的迫切愿望，迫使对方接受我们的要求，和国内某些项目相比，具有特色，并争取到了较好的条件。

1. 产品车型符合国家要求

合作产品为雪铁龙将于1991年正式投产的未来型N2系列普通型轿车，技术指标较先进，经济性优于目前国际上同类车水平，基本车型美观实用，产品系列化程度高，品种较全，能较好地满足国内公务用车为主的多用途的要求，并在国际市场上具有较强的竞争能力（车内尺寸较大，后排座位可以移动）。

N2系列轿车雪铁龙计划于1991年投产，我方于1993年正式投产，这样将使我方获得一个有较长市场寿命周期的车型，有利于参加国际竞争，而又避免了新车型投产初期可能出现的风险。

2. 技术转让条件较好

雪铁龙向合资企业提供未来型产品，提供动态技术，提供开发技术过程。

以雪铁龙与二汽联合技术开发的形式，在两箱式车型基础上开发三箱式车型。

法方同意免费接受3000人月的劳务培训。

双方同意合资企业委托二汽接受雪铁龙转让的技术，并予消化吸收，这将有利于发挥二汽技术优势，培植我国独立的轿车开发力量。

3. 筹资条件比较优越

合资厂30万辆轿车建设资金为53.1亿元，利息加流动资金为9.7亿元，合计为62.8亿元（含外汇7.1亿美元）。第一期15万辆建设资金为34.6亿元，利息加流动资金为5.8亿元，合计为40.4亿元（含外汇4.9亿美元），按《中外合资企业法》规定，其中注册资本占总投资的1/3。

合资企业中，二汽所占股份为70%，雪铁龙占30%，比例比较适中。

中法政府1988年财政议定书中已申明，支持二汽与雪铁龙轿车项目，合资建厂中所需外汇除对方直接投资外，可从法国政府混合贷款中分年度获得，其中，软贷款占52%，年息2%，11年宽限期，30年还清；出口信贷占48%，年息8.6%，分10年还清。出口信贷中的15%允许买第三国设备。法国已有四家银行与二汽接触，愿参与贷款事项。贷款条件比较优厚。

联合可行性研究明确，雪铁龙以现金方式投资，加上出口信贷中的15%，可基本满足购置第三国设备的外汇需求。

概括地说，到 1990 年，二汽有年产 15 万辆卡车的生产能力，轿车项目的自筹资金可以落实。合资企业所需另一半资金来自法方投资和政府混合贷款。中方二汽所需资金落实，合资企业所需外汇可由外方解决，法国提供优厚条件的混合贷款为早日实现外汇平衡创造了较好的条件。

4. 国产化计划比较落实

国产化分工已明确：合资厂占 44％；二汽占 12.4％；协作配套占 43.6％。

国产化工作明确了几项措施：等效替代原则——充分利用国内兄弟轿车厂国产化成果；集团对口原则——二汽集团和雪铁龙公司牵头，促进零部件相应技术转让及生产准备；超前工作原则——零部件尽早动手，不等整车。

1993 年投产时的国产化目标：按逐个零部件工作计划，投产时国产化率约为 70％；考虑到不可预见因素，按 66％作为计算依据；确保目标（投产时合资厂和二汽生产部分可达 55％左右，加上轮胎、电瓶等），有把握不低于 60％。

5. 销售、出口及外汇平衡措施较为有利

销售分工：国内销售由二汽负责，避免了合资企业的过高利润，外销工作由雪铁龙负责，可利用雪铁龙的国际销售网，二汽同时有权到海外销售，建立自己的海外销售体系。

出口战略：初期以东南亚和环太平洋地区为主要市场，检验产品，完善销售、服务体系，之后向北美市场进军。

出口目标：到 30 万辆达产第二年，即 2001 年雪铁龙外销占 21.3％，总计出口占 38％，当年将出口 11 万多辆轿车。

对雪铁龙制约措施：赚不到足够外汇，雪铁龙不得以外汇分红。可行性研究表明，第二期工程投产的当年，即 1998 年即可实现外汇累计平衡，1999 年当年盈余外汇超过 1.5 亿美元。

6. 经济效益较好

可行性研究的结果如下：

双方确定，第一期为 15 万辆/年，1990 年建设，1993 年正式投产，1996 年达产；第二期为 15 万辆/年，1996 年建设，1998 年投产，2000 年达产。

合资企业1995年开始赢利（报投产第三年）。

全部投资内部收益率为16.3%（中方投资内部收益率为17.3%）。

按较合理的出厂价（达产时C级车每辆为3.0万元，B级车每辆为2.4万元）计算，1990年开始建设，16年后，即到2005年累计如下：

投入资金62.8亿元；生产轿车268万辆；销售收入744亿元；总成本589亿元；利润总额123亿元；外汇结余18亿美元。

国家收入情况：关税31亿元；工商税32亿元；所得税31亿元；总计94亿元。

合资双方收益：中方分利30亿元；法方分利21亿法郎。

还款付息情况：还款17亿元+2.54亿美元；中方银行获利息12亿元；法方银行获利息13亿法郎。

概括地说，从建厂开始到2005年，中方陆续出资约30亿元（投资及人民币贷款），除带动相关行业企业，取得社会效益外，投入资本的增值，即国家、企业、银行直接获益累计超过150亿元（以不变价计算），接近出资额的5倍。该项目的经济效益较好。

7. 合作对象比较适宜

雪铁龙及其母公司PSA集团，经营状况在法国企业中属上等水平，处于上升状态，该集团目标是1992年成为欧洲汽车产量第一的公司（目前次于西德大众，与意大利菲亚特相当）。

雪铁龙及PSA集团在产品开发、工艺设计、装备能力和生产管理等方面有较强的技术实力。

雪铁龙公司拥有在国外合资建厂和合作经营的成功经验（在西班牙的合资厂，目前日产合作的四个系列轿车，其中有一半远销国外，在罗马尼亚及东德也有合资工厂）。

PSA属于国际汽车行业较大的，具有较强竞争力的集团，而雪铁龙公司又属于中型汽车公司，因此，二汽在与其合作中不会沦为"小伙计"的地位。合作中二汽既可利用对方技术、管理、销售上的优势，又能发挥自己的优势，取得主动地位。

此外，法国政府对该项目十分重视和支持，法国总理卢卡尔会见经贸部郑拓彬部长和周觉大使时两次表示，对于法国在上海地铁竞争中的失败，一定要用和平的、经济的方法进行有力的还击（指西德），希望两国政府努力促成二汽、雪铁龙合作项目的成功。

五 希望国家能及时审批联合可行性研究报告

二汽轿车项目，按照国务院规定的合资办厂、出口导向的原则，经过认真的货比三家，吸取国内已有轿车项目谈判中的经验，争取迄今为止国内合资企业少有的优厚条件。合资建厂的主要问题基本解决，建设资金比较落实，所需外汇有保障，出口和外汇平衡措施有力，经济效益较好，此项目较好地实现了国务院对二汽轿车项目的指示原则，合资建厂的条件是可行的。

二汽这一"合资办厂、出口导向"的大型项目，对于我国经济发展和对外开放都具有长远的战略意义，对于改变我国汽车工业落后面貌、调整产业结构、调整主导出口产品结构都将起到十分重要的作用。

一种轿车生产销售的寿命周期为5～8年，合资企业拟生产的N2车是对方1991年投产的新车型。合资厂1993年投产，正值该产品进入成熟期，拖后一年，出口竞争的机会将失去一年，经济损失数以亿元计。再加上日本、韩国正从附加价值低的小型轿车市场上退出。如果我们不能抓住时机，捷足先登，泰国、马来西亚等国都会很快占领这一空档，我们将再次失去以大宗机电产品挤入国际市场的机会。

按可行性研究，该项目约半数资金（即项目所需外汇）由外方提供，二汽又具有一定的筹资能力。投资高峰在1992～1993年，与当前调整经济的任务可以错开。

从可行性研究争取到的条件，从合作对象和法国政府的诚意，以及从长远的国内经济发展和国际竞争的需要来看，我们都希望国家及时审批二汽与雪铁龙联合可行性研究报告，使之及早进入商务谈判。

二汽的企业文化与管理准则*

——未公开的企业哲学

(1989年3月4日)

我们不仅要靠新技术提高产品水平,靠新装备改善生产条件,还要靠现代管理提高劳动生产率,靠灵活经营提高效益。作为这一切的基础,我们需要总结和创造凝聚二汽特色的新的价值观,用以统一全厂职工的信念和意志,改造和充实企业的灵魂,并按新的价值观去行动、去制定政策、创造二汽文化。

二汽的企业文化和企业哲学是二汽待人处事所遵循的原则,是二汽大家庭中干部、职工之间,是我们与顾客进行社会交往时的价值观,它代表了我们的信念、精神和追求,是我们行为的准则、制定政策的基础。

一 事业与宗旨

二汽负有社会责任。我们充分意识到,作为大型骨干企业,二汽在中国经济起飞和汽车工业发展中负有重任。

"引导改善和改变人们出行及运输形态",是我们选定的宏伟事业。创造优秀的产品和服务,是我们的光荣使命;培育具有国际竞争力的企业,是我们的崇高目标。

恰当而有效地调动我们的全部资源(人、财、物和时间),充分利用一切允许的手段,用诚实的劳动、创造性的智慧,以优越的经营,创造更

---

* 此文是作者1989年在黄龙疗养院病休时,于1989年3月4日完成的一篇文章,本想再做修改后供全厂职工讨论,可工作一忙就耽误了,直到离开二汽到京任职。这篇文章只对个别文字和标点符号做了修改,是一篇未公开的企业哲学文章。

多的财富，获取最高的收益，这是我们工作成效的记分簿。

我们必须精心塑造一代二汽人，更新价值观，发展企业精神，总结经营经验，创造企业文化。

二 竞争与发展

二汽人着意抛弃"视现状为必然"的停滞观念，树立"改变现状、视今天为落后"的进取哲学。我们相信，静态经济环境使企业失去进取的机会，公平的竞争将增强企业发展的冲动。市场竞争给我们压力——在比较中暴露我们的弱点，但它会增强企业新的追求欲望，焕发克服困难的勇气和智慧——公平竞争是企业的活化剂。

二汽人勇于接受挑战，同时要刻意捕捉稍纵即逝的机会。二汽人理解，机会比金钱更宝贵。二汽人相信，具有创新而且可行的企业具体目标是激发职工创业激情的力量。二汽人要在选定的行业内，以国内、国际两个市场为对象，确立经过精心策划的企业具体目标，并随着市场和环境的变化而适时进行补充和修订。

二汽人信奉持久稳定的发展，注重企业的现实竞争力，同时十分注重企业的后劲。暂时功利的引诱不会动摇二汽人对企业目标的追求，排除和克服生产经营中的短期行为是实现长远目标的基本条件。

在企业发展中我们十分注重对外的联合与协作，以此发展专业化生产，扩大集约化经营，这是最大限度地调动社会生产力和资金，实现二汽（集团）目标的有效途径。其中，互利、互尊、互助、互信是我们遵循的基本原则。

二汽人信奉技术与管理是生产力，而且它将越来越成为生产力要素中的决定性环节。在广泛学习国内外先进经验的同时，锲而不舍地创造出具有自己的特色的产品、技术与管理是二汽挤入世界汽车之林的阶梯。

二汽人崇尚行动。我们深信每一项成功而有效的工作是创业历程所跨越的一块里程碑。

三　职工和参与

我们深信，人是企业最宝贵的财富，是生产力的诸要素中具有创造性的核心。要通过多种形式鼓励职工"参与"，确立职工在企业中的主人翁地位。

我们深信，人们会因受到尊重、受到重视，能参与设定本岗位目标和参与改进工作而增强主人翁责任感。

活跃的创造气氛与严格的科学管理和谐地融汇，将使二汽充满生机。

二汽人总是在自身的工作中寻求意义，引发炽热的追求。企业目标对职工有强大的感召力，当职工觉得自己正献身于一个崇高目标时，就会更深刻地理解自己努力的价值；当职工懂得自己正在参与一个为之骄傲的事业时，就会焕发出献身的激情，这是二汽企业文化的基石。为此我们要尊重人，并帮助职工尊重自己。

二汽人深刻地理解，破坏社会化大生产中铁的纪律，无异于破坏大生产本身。二汽人对待工作的态度是追求卓越、一丝不苟；对待责任和承诺的态度是埋头苦干、务求兑现。

二汽人把工作责任和承诺看成崇高的。要做事就要做正确的事，就一定能把事情做好。我们信奉，每位职工的"言必信、行必果"是企业力量之所在。

二汽人永远追求全面质量和工作效率。提出有利于提高劳动生产率和改善产品质量的技术革新、合理化建议是主人翁责任感的表现，应受到尊重、支持并鼓励其实现。

二汽人相信上下级之间、部门之间、人与人之间的协商对话，协调合作是发挥个人才能的必要条件。

二汽的未来要由职工的素质来决定。我们相信，对职工进行全员性本职本岗位的技术、技能培训是有效地提高企业素质的方法。高水平的职工素质是增强企业国际竞争能力的基础。

自学业务技能应当受到鼓励。自学成才的渠道永远敞开。以工作需要为前提，为职工创造公平的竞争条件，提供表现才能的机会。职工在不同的部门、不同的岗位能上能下地合理流动是正常的。让更适合的人做更适合的工作是必要的，这些都应符合提高工作效率的原则。

二汽人深刻地理解，工资、福利与奖励增长的基础是提高劳动生产率。二汽人信奉，当我们以诚实的劳动、优越的经营创造出更高的劳动生产率时，职工待遇应不断提高。每位职工尽力尽责、创造性工作；上一级领导要关心并负责其下属的工资、奖金的增减。

四　顾客与效益

顾客是二汽赖以生存的必要条件，质量是二汽在市场竞争中的信誉和形象。

顾客与企业的关系犹如帝王与仆人，顾客是二汽经营成效的最终裁判，赢得顾客是二汽的出发点与归宿。

二汽人深知，二汽的形象来自几万名职工近20年的创造，"东风"车的信誉凝聚在70多万辆汽车之中。企业的形象与信誉是二汽长期兴旺的资本，要像爱护眼睛一样爱护它，这是每个职工的天职。

每一件产品就是一名"宣传员"，它以其质量优劣在社会上对整个企业进行正面或反面宣传。偶然一件不良产品，对使用者来说就是百分之百的劣质品。二汽的每位职工深知自己的责任；"不让一件不良产品在我手中产生"，对质量竭力追求、精益求精！"质量第一、永远第一"是我们遵循的信条。

二汽人信奉，优秀的产品质量依赖于创建坚实的实现产品质量良性循环的物质与精神基础。推行全面质量管理，以优越的工作质量保证一流的产品质量。

开拓市场，就是以优秀的产品、一流的服务满足顾客的需要，占领他们的心理。

每一位推销人员与售后服务人员都明白，东风车的信誉建立在自己的言行中。要谦诚待客，用自己的言行精心在用户心中塑造二汽形象。

二汽尊重顾客，尊重顾客的需要，尊重顾客给予的荣誉，更尊重顾客的批评，即使产品畅销时也同样如此。

产品售出，是对顾客服务的新起点。销售与服务的各个环节都要替顾客负责地、周全地思考，为他们解除使用东风汽车的后顾之忧。

财务目标并不能表达企业存在的全部价值，但它是我们工作好坏的记分簿。

我们的经营哲学是：奉献最佳的产品和服务，获取合理的报酬与效益。

我们深信只有兼顾社会效益、用户效益、协作单位效益和职工的效益，才能获得企业持久效益。

我们信奉公平的交易，不义之财不会改变我们遵纪守法的立场。

五　组织与效率

二汽人明白，二汽（集团）是从事战略经营的整体。严密的组织、高度的协调一致，将增强企业竞争力；有限资源的及时合理配置是经营的成功之道。

我们信奉，企业整体的发展靠局部工作的保证，局部利益寄于整体中。每个局部都应充满进取活力、富有创造精神，以实现上一级组织的目标为己任。

我们信奉，计划对于实现目标的重要性，企业目标纵向要划分清晰的阶段，横向要分解到单位和部门，并分别制订全员可以行动的计划。

企业目标和市场应变计划确定后，就要合理组织资源，不遗余力地如期实现。

组织的作用在于放大人的才干。组织机构应有利于适应外部环境，有利于提高工作效率。

我们遵循的原则是，达到同样效果，采用最少的管理环节，各级组织责权对称且一并交给执行者。

"市场、用户是帝王！生产现场是帝王！"二汽要不断开发新产品、新服务，以最大限度满足市场需要；内部各部门竭力为生产服务，不断改善生产现场，以保证优质、高产、低耗。

"上道工序"全心全意为"下道工序"服务是我们要建立的工作逻辑。二汽人意识到，对工作的评价不仅在于效果，而且在于效率，最终体现为效益。

效率代表企业的力量，二汽人视效率为生命。国际产业结构调整的机会正面临被别人捷足先登的现实，因此要求我们奋起直追；国内汽车市场需求的巨大压力，使人们有很强的紧迫感——我们在与时间赛跑。

时间对于进取者来说永远是一种无法取代的紧缺资源，浪费时间等于消磨企业的竞争力。

二汽人注重工作的有效性。面对改革中新旧体制交替的矛盾，二汽人认为，一百句解恨的牢骚比不上一项有效的工作。

二汽人注重在企业目标指引下的行动——实践。二汽在竞争中发展，在挫折中增长才干，在逆境中创造奇迹，在实践中萌发有生命力的构想。

二汽人深知，不断大幅度提高劳动生产率是我们必须担起的历史性重任，每年都要更新劳动生产率指标，"一个流"生产方式是挖掘企业内涵"金山"的利斧。"一个流"生产方式就是二汽未来的生产方式，要准备克服一切困难，不断推进和完善。

我们信奉不断提高工作充实度的必要性。以工作性质定岗，以工作量定编。在组织中没有多余的层次，没有多余的人员时，工作效率将会提高。

我们信奉工作关系中"协调"的重要性。严格的制度、科学的程序，加上部门及人员之间的信任、对话、沟通、理解与支持是提高工作效率的重要条件。

二汽人遵守严格的时间观念，准确地传递信息，按时完成预定的工作。

在我国改革的新旧体制交替时期，摆脱陈腐和混乱的价值观念，建设企业文化，开发精神力量具有特殊重要的作用。

企业环境在变化，经营范围在发展，经济效益有起落，但对二汽和二汽集团持之以恒、相对稳定的却是我们建立起来的企业文化和经营管理准则。

于二汽黄龙疗养院
一九八九年三月四日

附：

写在《二汽的企业文化与管理准则——未公开的企业哲学》发表之前

企业是一个组织严密的团队，在充满机遇与风险的市场竞争中，面对优胜劣汰的无情筛选，各自竭尽全力地发挥其整体效能、捕捉市场机会、赢得用户、战胜对手，实现经营目标。

在风云变幻的市场竞争中，企业管理者可以调动的资源既有物质资源也有精神资源。为了在市场中赢得用户，企业管理者必须"两手抓，两手都要硬"。在一个大企业，职工分布在不同的地域、上百个工种、千万个岗位。而维系企业凝聚力的并不是"通电即转"的机器设备，而是能吸引和统一全体职工的企业目标和宗旨，是企业的价值观、职业道德、作风习俗——企业文化。

历经沧桑的企业，经长期积累，从领导者到各级管理者、职工会形成一套办企业、抓管理、搞经营的逻辑思维和工作模式。这实际上就是每个企业待人处事的"企业哲学"。他可能并未被管理者和职工所认识、所察觉，但它却深深植根于绝大多数职工心灵深处，像一只无形的手，不仅影响着职工的思想观念和行为，而且还会传导至新来者的身上。

职工建设社会主义的热情和自我价值的实现，共产党员的先锋模范作用和为共产主义的理想所做的努力，主要是在企业环境下，在具体工作岗位上体现的。从这个意义上讲，企业文化是思想政治工作在职工身上的现实体现。

当我还在二汽和东风集团主持工作时，我就想趋利避害，总结、挖掘二汽人在建设发展和改革开放过程中所形成的有益的积极因素，并力图加以升华，以此统一管理人员和职工的价值观，作为行为准则。

从想到并写出这篇短短的文字，断断续续用了一年多的时间，最后内容在住院养病时完成。这篇文章完成后，由于当时全国经济处于"治理整顿"时期，后来又赶上社会动乱，到我离开二汽时都没能面世。

现在时过境迁，我并非想再让二汽的同志以我所写的东西做什么或不做什么，只是想说明总结企业的那些闪光点、挖掘人们内心的积极因素并加以升华，再用它来规范企业和指导职工，这对推动企业文化建设非常有意义。

一九九五年十一月十一日

开发精神力量的重要途径*

(1989年5月1日)

随着改革开放，经济上的活跃，人们越来越关心社会价值观念、道德水准、社会文化的变化与发展。企业是社会的细胞。企业文化受社会经济基础和传统文化观念的制约，又反作用于社会，影响着社会道德、观念和文化。

人是企业诸要素中最活跃、起决定作用的要素。在改革开放的今天，在企业中如何调动职工的积极性、主动性和劳动热情，如何开发人的精神力量，已成为企业管理者迫切要求尽快解决的重大问题。

做好企业的工作，既要调动物质力量，又要调动精神力量。但是，长期以来，我们往往摇摆于两者之间，或者偏重于一方。许多忧虑于企业发展的管理者苦苦探索能把两者结合起来的有机载体，而没有找到一种合适的科学方法。现在，越来越多的企业管理者把建设企业文化、开发精神力量看作一门新的管理科学。

一 企业文化的导向是对崇高目标的追求

企业要运行，要发展，要在商品经济的竞争中立于不败之地，必然有其指导生产、经营和调动职工热情的基本观念及方法，即企业哲学。

在批判只讲"政治效果"而忽视经济效益后，有些人走向另一极端，认为企业是经济组织，它追求的最终目标是最高利润。这是一种似是而非的有害说法。

诚然，企业作为社会财富的创造者，应当而且必须不断降低消耗，以尽

---

* 本文是作者1989年5月撰写的一篇文章。

可能少的投入，取得尽可能大的经济效益。但企业特别是大型企业，又肩负着重要的社会责任，它有比金钱——利润更高层次的目标和追求。改革成功企业的经验一再证明，以单纯利润为最高目标，企业会出现非正常行为，最终将损害企业的前途，失去自身存在的社会意义；而以推动社会进步为追求的崇高目标，企业会带领社会、用户、企业和职工的利益，并从对社会的贡献中得到补偿，使企业获得长远、稳定的利润，从而得到不断发展。

财务目标仅仅是对企业经济效果的预测，并未表达企业存在的价值。实际上，在企业中真正关心并理解"利润"的只是少数经营管理人员。职工很难理解自己工作的意义。以职工个人所得直接和企业利润"挂钩"，可以使职工从关心个人利益出发，关心企业的发展。这与"大锅饭"的分配方式相比，无疑是一次飞跃。在我国物质生活水平还很低的条件下，对激发职工努力工作会起到一定的作用。但它同时也导致职工过多地关心短期实惠，造成消费攀比的压力，推动企业的短期行为，以致损害企业的发展后劲。

实际上，人们除了物质的需求外，还有精神的需求。而且在一定的意义上，精神需求是更高层次、更持久的动力。任何人都希望在自己的一生中有所作为，希望自己的劳动得到社会和后人的承认、尊重。这恰是职工精神追求与实现企业目标的结合点。两者相互促进，构成了企业文化丰富的内容。利润只是企业工作成效的计分簿，而崇高的目标却能赢得众多的追随者，激发职工的进取精神。

一般地说，企业的崇高目标表现为以自己优质的产品和服务引导、改变、改善人们社会生活的形态。这是企业的社会责任，企业在竞争中争取优势地位的努力和企业长远利益融合在一起的"珍品"，是对社会进步的贡献，它囊括了职工的理想抱负，亦为职工提供了施展才能、实现自我价值的大舞台。

二汽地处鄂西北山区，建厂初期，物质生活十分艰苦，精神生活极其贫乏。正是"为中国汽车工业打翻身仗"的豪情，激励着数万职工特别是热血青年，放弃优越的城市生活，自愿报名来到荒僻的山区，从事艰苦创业。虽然在"文化大革命"期间罩上了某种"政治动员"的色彩，但改变我国汽车工业落后面貌这一崇高目标，确实激励着人们奋进。为了实现这一目标，他们以火一般的热情，克服了一切困难，建成了我国目前最大的汽车制造厂。最后，当国家批准由二汽负责建设我国第一个大型轿车阵地、改变十亿人民经济条件的消息传开后，全厂职工无不欢呼雀跃，摩拳擦掌，为了发展轿车事业，立志奉献自己全部的光和热。

我们从实践中深深感受到，对崇高目标的追求，会唤起职工的使命感，增强职工的向心力。当职工意识到在努力实现企业崇高目标的过程中，正是自己生活和工作价值的自我实现时，就会与企业共命运。这正是建设企业文化的基础。

二　企业文化的作用是开发精神力量

企业文化是指能统一全体职工的企业目标、信念、哲学、道德和价值观的总和。并由此而决定企业的作风、效率和精神风貌。企业文化把企业精神文明建设提到了新的高度。在社会主义条件下，它可以把共产主义理想具体化，并转化为指导行动的精神力量。

一个民族应该有民族精神，它是民族的灵魂；一个企业应该有企业精神，它是经过全体职工反复锤炼、代表企业风貌、具有鲜明特色的企业灵魂，它是鼓舞人心、激励斗志、推动企业不断发展的强大动力；同样，一个人也应该有一种精神，这种精神就是个人的理想、追求同企业、民族的兴衰紧密结合起来，在实现企业目标的过程中实现个人价值。

精神的力量是无形的，它一旦武装了生产力要素中具有创造性要素的人，就会转化成强大的物质力量，创造出更高的劳动生产率。企业文化的作用，就是在把物质和精神有机结合起来的过程中，充分调动精神力量。

企业中是非分明的物质奖励，无疑是从严治厂所必需的。但是，它对人来说，终究是一种"外力"。企业管理的职能之一，就是正确利用这种外力来规范人们的行为，维护正常的生产秩序。然而，它对职工的作用是"要我这样做"。高尚的企业文化则是把企业的目标、观念与职工生活、工作的价值观联系在一起，使职工感到在企业的发展中包含着自己为之奋斗的事业，因而，它是一种"内力"。它唤起职工的是"我要这样去做"。被动、主动两种方式会得到两种结果。

如同企业的物质生产手段需要不断更新改造一样，职工的精神力量亦需要不断开发。一般来说，人都有上进心，都希望受到别人的尊重，希望自己的劳动能被社会承认。企业文化正是用崇高的企业目标，促使人们加深对自身工作价值的理解，帮助职工尊重自己，用能打动人心的办法去引导、诱发人们的使命感、责任感，激发人们的精神需求，并在这种需求满足的过程中，焕发强大的企业凝聚力和工作主动性、创造性。

二汽地处鄂西北山区，自然条件恶劣，交通不便，靠什么力量凝聚了10多万主要来自全国各大城市的职工及其家属？靠什么力量使职工安心山区，建设了一座现代化典型企业？多年生产建设的实践使我们认识到，企业管理者既要调动物质力量，又要调动精神力量。因此，我们注重企业精神的锤炼，逐步打造二汽的企业文化。

早在1984年，二汽就提出建立经营开发型企业的企业哲学。我们锲而不舍地培育职工献身汽车工业、实现第二次创业的事业心；面向市场，勇于改革，争创一流的竞争意识；"质量第一，用户第一，信誉第一"的价值观；"改变现状，视今天为落后"的企业哲学；"厂兴我荣，厂衰我耻"的主人翁精神。在职工中提倡"艰苦创业的拼搏精神，坚持改革的创新精神，永攀高峰的竞争精神，顾全大局的主人翁精神"，以此激励全厂职工。这些都已在7万名职工心底里扎根，在他们的行动中得到充分体现。

三 企业文化的功能是建立激励机制

企业的力量来源于职工由共同意识所激发出来的积极性、创造性和工作热情。企业文化的功能便是建立一种激励机制，使职工与企业的价值取向形成共识，形成相同的道德标准和整体信念，对企业产生一种强烈的向心力、凝聚力，增强企业意识。

在社会主义初级阶段，商品经济仍应占重要地位，广大职工赖以生活的工资还只是解决温饱，略有节余。因此，人们十分关心工资、奖励是非常自然的。作为企业的管理者，应当随着企业生产的不断发展，效益的不断提高，努力设法使职工的生活得到相应改善。任何否定物质奖励在调动人们积极性和劳动热情中的作用的想法，都是片面的、不切实际的。

但是，过高地看待物质奖励的作用，必然会走向它的反面。

一段时间以来，在批判"以阶级斗争为纲"和"大锅饭"后，一些人崇尚"物质刺激""奖金挂帅"的威力。于是，只讲"实惠"、不讲精神的倾向逐渐蔓延开来，主张用"奖得眼红，罚得发抖"的办法，促使职工努力工作。这种过度依赖物质牵引作用的机制，已经被实践证明是不可取的。一方面，我们目前在经济上很难满足职工被吊得很高的物质欲望，这种欲望已成为企业的巨大压力和沉重负担；另一方面，与前几年相比，职工虽然得到了更多的"实惠"，但也出现了更多的牢骚，积极性并没有充分"刺激"起来。

在西方资本主义企业中，人们也发现，金钱具有诱惑力，事业却有凝聚力。无论是金钱还是"鞭子"，都不能真正激发广大职工的献身精神。

在我国，企业的目标与社会的目标和职工的长远利益是高度一致的。这就为我们建设企业文化，调动职工的精神力量创造了良好条件。但是，要把蕴藏在职工心底的建设社会主义的热情转化成现实的力量，还需要有一种机制，这种机制正是企业文化的重要功能。

企业文化所需建立的激励机制，应该有利于产生一种聚合作用，能够创造一种共识环境，统一职工的行为规范和准则，从而塑造具有本企业特色的企业形象。

近年来，二汽着手建立物质奖励与精神激励相辅相成的机制。在物质奖励方面，不是单纯去追求工资、奖励的多少，而是通过政策导向，随着工资福利的增长，让职工感受到这是经过他们自己的努力，使企业兴旺发达，对社会贡献增加的结果，从而增强其自豪感。在精神激励方面，我们通过企业精神的锤炼，倡导"爱国要爱厂，爱厂要爱岗"。立足本职，放眼世界，振兴祖国汽车工业已成为全厂职工共同的奋斗目标。这些工作虽然还处于初始阶段，但已开始显露出端正企业行为的良好效果。

在改革、开发、搞活企业的过程中，提高职工的素质是关键的一环。"企业文化"这门软性管理科学，在以高尚的价值观规范企业行为、开发职工精神力量方面将发挥重要作用。

把技术生产力落到实处[*]

——在国家科委企业科技进步座谈会上的发言

(1989年11月16日)

党的十三届五中全会通过的《中共中央关于进一步治理整顿和深化改革的决定》指出,治理整顿必须抓住的重要环节之一就是"深入开展增产节约,增收节支运动,下功夫改进企业的经营管理,挖掘内涵潜力,提高科技水平,走投入少、产出多、质量高、效益好的经济发展路子"。这是十年改革的重要经验,是关系到我国经济发展战略的重大问题,也是关系到治理整顿能否达到预期目的的紧迫问题,而科技进步是走新的经济发展路子的核心。

我们在企业工作实践中深切地感受到,技术是生产力,而且越来越成为生产力要素中活跃的重要部分。我国的企业蕴含着巨大的活力,在现有的物质、技术的基础上,不断充实新技术、新管理,就能调动出更强的生产活力。国家把企业科技进步提到经济发展战略的高度来抓,引起全社会广泛的重视和支持,这是非常必要的。

目前,企业面临经济紧缩时期的巨大困难,要想闯关制胜,根本的还要靠科技进步和改善经营管理。处在背水作战地位的企业,不能寄希望于"统购包销,涨价保收,不战而胜";只有变压力为动力,变挑战为机遇,在挖掘企业内涵上展开正面进攻。这才是明智之举,才有可能实现"治理调整两三年,企业前进一大步"。

企业的发展、国民经济的发展,再也不能沿着速度型、规模型、资源

---

[*] 1989年11月16日至19日,国家科委在二汽召开企业科技进步座谈会,来自全国15个省、市的22家大中型企业、企业集团及其所在省、市科委和所属部门的80多位代表出席会议。会议总结、探讨和交流了大中型企业科技进步的经验、途径与对策。本文是作者1989年11月16日在会议上的讲话。

型，也就是外延型的路子走下去。否则，我们永远也不能摆脱过热—紧缩—停滞—再过热的循环怪圈，并将付出越来越大的代价；我国的经济也不可能实现持续、稳定、协调发展。

企业科技进步已日益成为体现社会制度优越性、关系民族兴衰的重大问题。十年改革，我国经济取得了巨大发展，一些总量指标已进入世界前列，但是很多相对指标与国际的差距却在拉大。当今世界范围的经济竞争已严酷地转化为科技能力的竞争。一个科技落后的国家，即使财力雄厚，人均国民生产总值（GNP）名列前茅，也没有资格进入现代化国家的行列；世界人民通过"中国货"认识中国，中国的老百姓通过中国经济与世界经济的动态比较体验社会制度的优越性。这些都使我国企业的科技进步具有越来越强的紧迫性。

从某种意义上说，如何解决好科技与经济的结合，推动企业特别是大型企业的科技进步，是当前全社会面临的重大课题。

一 科技进步是企业兴旺和发展的基础

二汽建设发展的过程，也是二汽人认识技术是生产力，并调动这一生产力实现企业目标的过程。多年坚持技术进步，使二汽进入了全国十家大型企业的行列；多年坚持技术进步，使二汽出现兴旺发达的局面；多年坚持技术进步，也使二汽获得企业发展的后劲。就是说，二汽在自己的实践中已尝到了技术进步的甜头。

第一，抓住工厂资金投入的时机，实现技术"聚宝"与革新。企业的科技进步一般可表现为"蛙跳"与"蛇行"两种形式。前者常常意味着技术上的质变，后者则是量的积累。而"蛙跳"的载体则是工厂建设与发展的投入过程。抓住了这一环节，企业的技术水平就可以一步一层楼；放松了这一环节，会陷入简单地搞量的扩张、遗憾一个周期的境地。

二汽建设之初，恰逢"文化大革命"时期，二汽人大胆地放弃了照搬成熟技术、即有产品的保险方案，采取了产品自主研发、技术"聚宝"的建设方针。在那个年代，集中采用了我国机械工业、汽车工业的新技术、新工艺、新材料和新设备，其中国内第一次在大量生产中采用的新工艺53

项，新开发、试制的机械设备1200种4417台（套）。全厂共有设备2.4万台，其中，生产线560条，自动线117条，引进关键生产设备403台，技术引进31项，使二汽的综合技术水平一开始就有一个较高的起点。

中国的一些大企业起步时的起点比较高，但是，在原有体制下，企业缺乏科技进步的动力与能力，不少企业落入了产品多年一贯制，工厂早期老化的命运。改革开放，为企业摆脱这一命运提供了可能。二汽在投产以后的发展中，继续抓住"聚宝"和创新不放，使企业的技术水平在生产规模不断发展的过程中得到相应提高，进而反过来又促进了生产的发展。

"七五"以来，二汽利用实施国家批准的发展规划的机会，广泛开展技术革新与开发，有计划地进行技术引进，实现了一批技术进步项目。二汽的铸造、热处理、油漆、组合机制造、微型计算机应用等方面的技术水平，明显地提高了一步；总装、车桥、车架等一些主要生产线都实现了柔性化改造，企业应变能力有了改善。明年"七五"计划完成时，在增加几十种变型车的同时，将有一个全新的平头柴油车系列投产。设备增加16.2%，工业生产面积增加11.3%，汽车产量由9.1万辆增加到14万辆，增长约54%，企业综合技术水平有较大提高。

马克思说过："划分经济的事情，不是生产了什么，而是怎样生产，用什么劳动手段生产。"这确实是值得我们深思的问题。现在已经到了要向资源消耗型、规模扩张型生产告别的时候了。

第二，企业的科技进步围绕企业的经营目标。企业的科技进步与经营目标相结合的程度既决定企业科技工作的价值，又决定企业的兴衰。

二汽把这种结合集中凝聚到产品上来，按照经营与竞争的需要，持之以恒地实行以产品为龙头，质量为基础的科技进步方针。

1980年以来，二汽在日趋激烈的竞争中，加速开发，积极拓宽系列品种，至今已开发了7个系列145个车型和4个系列16种发动机，使二汽可以根据市场需要，组合成数百种变型车和改装车，每年都有新车型投产。多样化的产品结构有效地增强了企业满足社会需求多样化的能力。在当前形势下，整个市场需求的规模明显收缩，企业出路何在？我们的基本对策之一，就是以更强烈的紧迫感和更为有效的工作，加快调整产品结构的步伐。力争尽快使新的基本车型EQ153八吨平头柴油车和新型的东风140－2

载重车投入生产,并加快东风140-3,即新一代五吨载重车的开发研制工作。再经过两三年的努力,我们就完全可以实现东风系列汽车产品的中重(吨位)并举、汽柴(发动机)并举、长平-宽窄(驾驶室)并举,企业经营就会进入一个新的天地。

当然,产品创新相对于设备工艺创新而言要复杂烦琐得多,它会给企业生产的全局带来严重的"干扰",生产准备的工作量也非常大,投入资金多也使企业面临极大的风险,然而如果企业的科技进步不是以产品创新为龙头,那么整个企业的创新就会失去基准,也就不可能开拓出市场的新局面。

以"产品为龙头"还意味着"以质量为基础"。二汽自投产以来,始终不懈地把大部分科技力量集中在质量战线作战,全厂"把产品质量作为二汽兴衰攸关的大事"。以近两年为例,1987年在全厂范围内开展工艺普查、工艺整顿活动,对五吨载重车和两吨半越野车的4802种零件、28531道工序、17553份工艺文件、12296台工艺设备以及53660套工装进行了全面普查,共查出影响产品质量、工序质量问题11761个,接着开展了全面整顿,为稳定实现整车、发动机两个一等品奠定了基础。1988年,全厂又开展了贯彻工艺质量责任制的工作,使质量管理从生产准备一直贯穿到产出,并使工序质量得到了可靠的控制。1989年,我们又在全厂深入开展创质量管理奖的活动。而所有这些活动,都是突出了两大重点:一是质量改进,二是基础管理。目前,在原材料供应紧张,大量改带,产量持续大幅度增长,日产量已高达450辆的情况下,二汽的产品质量能稳定达到一等品水平,是与突出质量保障工作分不开的;而目前现生产的东风140-1产品,也正是在东风140基础上实现了28项重大攻关成果后推出的。没有强有力的科技进步工作,创造东风车在国内市场上的质量优势,二汽就不可能有兴旺发达的局面。

第三,提高科技投资强度,建立强有力的技术开发阵地。尽管科技进步会带来巨大的效益,但是它本身又必须有足够的投入。二汽明确规定,在全年汽车销售收入中,要拿出2%~2.5%用于企业的技术进步与人才开发,这就使企业在技术创新、产品创新方面,有了必要的物质支持。

企业之间的竞争,表面体现为产品的竞争,但背后是技术的竞争,而深层次的则为人才的竞争。企业要实行经营机制的转变，就要有自己为自己的发展培养新人才、开发新技术、提供新装备的能力。1983年，二汽决定集中力量建立技术中心、装备中心、教育中心，形成了三足鼎立的开发体制。

目前，技术中心已集中了2000名工程技术人员，其中有439名高级工程师、487名技术工人，拥有固定资产近2亿元（其中试车场约4000万元），相当于企业全部固定资产的6.2%，各类仪器设备1500台（套），原值9400万元。具有从事产品开发、工艺开发、材料开发、基础技术开发、电子计算机应用等综合功能。它以1/3的力量服务与改善现场生产，1/3的力量从事汽车设计与制造工艺中应用新技术的研究；1/3的力量用来开发第二代产品、工艺和材料，成为二汽向前发展的可靠的生长点。

装备中心是二汽技术改造、设备更新的规划、开发、实施的基本阵地。它由一个组织管理系统和6个后方生产专业厂组成，现有工业建筑面积25万平方米，职工1万余人，设备5500台，具有设计、制造组合机、夹、辅、刃量具、冲、铸、锻等各类模具，以及热工设备、非标设备的开发、制造能力，它装备各前方生产厂，保证逐年都有新品种汽车的投产，他们在引进和消化国外技术的基础上，自行设计、制造了工厂前所未有的"长桥线""扩一线""羊角线"等达到国际水平的生产线，改造了8000吨压床等一批关键生产和大型设备。装备中心的成立是总结我国企业的经验，兼顾现生产和长远发展，能开发汽车制造所需专用设备，大幅度提高企业自我装备能力的重要决策。在改革开放的形势下，装备中心的作用越来越重要。

教育中心是二汽人才开发中心，是以湖北汽车工业学院和中德合作的技工学校为骨干，以各单位教育科室为系统的多规格、多层次培养企业所需各类人才的教育阵地。已为二汽培养出大中专人才5000余人、技术工人4000余人，并培训各类管理干部6万余人次，培训技术工人10万余人次，每年还有1500多名在职工程技术人员在教育中心接受知识更新的继续教育。多年来，教育中心保证了二汽职工的知识更新。源源不断地向企业输送各方面人才，为增强企业的竞争力和发展后劲做出了贡献。

三大中心的建立和健全，使二汽有了开拓市场，改造自我的初步基础。

我们清醒地认识到以逐步走向国际为目标的大型骨干企业,最重要的是要伸展技术开发与市场销售这两翼,只有创立自己独到的技术,具有自己特色的名牌产品,才能挤入世界企业之林。二汽现实的生产效益靠现有生产,二汽企业的后劲靠三大中心,它是二汽实现总体奋斗目标的重要支柱。

第四,强化工艺技术大系统,建立科技成果转换的机制。一段时间以来,二汽和全国许多企业一样,存在着技术成果转移中梗阻现象。一是客观上存在重开发轻转移的倾向;二是工艺系统技术力量相对薄弱;三是人员流失严重;四是工艺力量各自为战,缺乏协调,整体能量严重不足。

实践说明,一些成功企业发展的历史,就是从传统技术向高技术的过渡史。二战后日本汽车工业飞速发展的重要原因之一是,50年代末期在企业结构的专业化、系列化改造中,一并完成了一系列重大的工艺更新,如切削加工自动化和柔性加工自动化。在这一现象背后,则是高度注意工艺技术在企业发展中的地位和作用。

大生产、多环节的汽车生产使二汽较早地注意加强工艺技术力量,防止出现梗阻的问题。首先,花大力量培养工艺技术力量。现在全厂工艺技术人员已达2000余人,其中高级工程师86人、工程师432人,从事专业工艺材料技术开发的技术人员近300人,在生产建设第一线从事工艺工作的技术人员约1500人。这支技术队伍约占全厂工程技术人员的1/3,是二汽各方面技术力量中最大的一支队伍。其次,组建工艺技术的大系统。为了加强全厂工艺力量的组织协调,挖掘工艺技术力量的潜力,二汽组建了包括工艺处、技术中心材料工艺开发部、装备中心工装所、各汽车生产专业厂技术科及工厂设计院等有关处室在内的工艺大系统,在技术副厂长和总工程师的领导下,统一部署和协调工作,有效地发挥了全厂工艺力量的整体作用。

在工艺大系统的协调下,全厂工艺力量近年卓有成效地开展了三条战线的工作。一是开展新工艺、新材料的试验研究。每年开展的工艺试验项目都在100项以上,取得成果每年平均达到40项。如蠕铁汽车排气管、楔横轧工艺、水剂切削液、活塞直径分组仪、非调质钢应用、变截面弹簧加工、液态模锻等都居我国领先地位。二是围绕新产品的投产,开展生产准备工作。近5年完成了11个新车型、3个新总成和860个零星项目的生产准备。"七五"重点项目——东风 EQ153 型八吨平头柴油车的生产准备目前也已进入全面调试和试装车阶段。三是为现生产服务，保证阶段性质量目标的实现和工艺挖潜，降低成本。

工艺是现代化大生产的灵魂，工艺技术在企业中是将技术成果转化成现实生产力的桥梁，而工艺技术自身的提高与创新又会有效地改进生产手段，使劳动力和生产资料的组合更加合理，促进企业经济效益增长。

第五，对外引进、合作，对内发动群众革新攻关。

在十年改革中，二汽富有成效地进行了一系列范围广泛的技术引进。其中引进技术 32 项，引进样机和关键设备 300 多台，接受国外技术咨询 7 项，投入资金 200 万美元，此外，还邀请了 108 人次的专家学者来二汽讲学或现场咨询，派出 1275 人次赴国外学习掌握先进技术装备和管理方法。

二汽在引进技术的工作中本着先进适用、经济合理、内外结合、协调发展的原则，取得了较好的综合效果。比如，通过引进硬件与软件相结合或开拓联合设计、联合制造的途径，成功地进行了 6105 发动机的咨询和改进，自主开发与技术引进相结合，完成了 EQ153 型八吨平头柴油车的设计和评价，完成了驾驶室底漆线、缸体高压清洗机、缸体综合检查仪等关键设备的设计制造，此外，我们还引进了日产柴"一个流"生产方式的管理技术，极大地开阔了集约管理的思路。近年来，我们在引进的指导思想上，已逐步由以进口关键设备、生产线为主，转向以引进技术软件和关键设备为主，由生产使用为主转向消化吸收为主。

技术引进的含义是广义的，它既包括引进国外的技术，又包括国内的技术；既有技术引进，又有设备引进、管理引进和人才引进。为此，近年来，我们与国内大学和科研机构签订了 54 项技术引进或合作开发合同，还与一些机床厂家和原材料企业联合开发、研制了一批新设备、新材料。事实上，国内引进与合作的领域还是相当宽广的，确实值得我们大做文章，扫除障碍。

二汽一方面积极引进、消化国外先进技术，另一方面组织厂内职工革新攻关，攻克生产中的各种薄弱环节，提高工艺和装备技术水平。如车厢边板辊压线的技术改造，在国内首创了车厢边板整体辊压成型两次定尺切割新工艺。这项全部采用国内原件组装的光栅测长数控定尺技术，使车厢边板生产能力翻了一番，节约工艺设备 7 台、劳动力 27 人，按年产 10 万辆计，每年节约钢材 430 吨，节电 194 万度，年节约价值 100 万元。

二汽在实践中既抓引进、消化，又抓厂内技术人员和工人的"小改小革"、合理化建议，"七五"以来累计实现技术革新 22005 项，其中重大成果 2712 项，创经济效益 1.2 亿元；已累计递交专利申请 80 项，获专利 51 项；获得国家和省部级成果奖 40 项。

在改革开放的时代，企业技术进步改造发展可以建立在更广泛的基础之上，培植能广泛吸收人类智慧的养料根系，吸纳科技进步的能量。

第六，用政策导向，建立科技进步的保证体系。

二汽为了实现"超越式"发展战略，在科技工作中采取了一系列的政策。1985 年为增强技术开发能力，二汽从管理制度上明确规定了全厂每年用于技术开发和人才开发的经费应占销售额的 2%～2.5%，其中用于经常性固定资产购置费的发展基金每年保持一定的增长水平。1986 年，在以内涵为主，向技术引进要质量、要效益、要发展的思想指导下，发动全厂各级技术部门制定科技发展规划，并将技术进步纳入计划管理轨道。自 1984 年以来，二汽建立了每年评选十大科技成果的制度。1987 年在确保五吨车提高质量和八吨平头柴油车投产生产准备等重点工作的基础上，广泛开展了生产现场的自我完善的活动，与此同时，二汽近几年还建立健全了能促进科技进步工作的规章制度，如贯彻国家《〈合理化建议及技术改进奖励条例〉的实施细则》《科技与中间试验项目管理办法》《专利、商标工作管理办法》《技术转让管理办法》《技术咨询管理办法》等。二汽还率先制定了在优秀技术工人中选拔聘用高级技师、技师和助理技师的制度。现在二汽全厂已有 34 名高级技师，606 名技师，822 名助理技师。虽然人数不多，但是却极大地调动了广大工人为企业发展和科技进步建功立业的积极性。

二　大型骨干企业是应用技术研究的生力军

我国的科学研究队伍很早就被划为五个方面的生力军。其中科学院系统的研究院主要从事基础研究，产业系统的研究院主要从事应用研究和开发研究。由于体制因素，长期以来，我国存在一种"重基础、轻应用"的倾向，科研与经济的结合不密切，科研成果不能及时转化为生产力，"高科研、低技术"的畸形已直接影响到国民经济的正常发展。

1985年开始的科技体制改革提出了"科学技术必须面向经济建设，经济建设必须依靠科学技术"的方针。一个面向，一个依靠，为科研与经济的结合指明了道路。随着经济体制的改革，企业正逐渐走向国家计划指导下的自主经营的商品生产者的地位，竞争机制的引入，使企业开始有了创新产品、革新技术的内在需求。企业本来是科技与经济的直接结合部，也应当是应用技术研究的立足点。然而现有企业应用技术研究方面尚未引起有关部门足够的关注，特别是大型企业的厂办科研没有获得应有的重视。因此，科研成果转化为生产力就显得缺少一个重要的依托。

我们认为，要发展我国的应用科学研究，就必须重视而且强化大型企业的科研部门，它们应是被纳入我国科研体制的一支正规军。大型企业从事应用技术研究有一系列优越的条件。

首先，厂办科研能从企业生产最需要的角度提出课题和选择课题，并可根据情况变化而灵活调整，能与生产第一线进行最紧密的合作和追踪服务。

其次，科研成果转化为直接的生产力一定要经过中间试验的环节，在大型企业里面，对此具有最便捷的条件。

再次，科研成果的转化一般要寻求最佳机会来实现，或与产品开发同步，或与技术改造结合，对此厂办科研可采取主动。

又次，科研成果的转化一定需要新的投入，厂办科研可从企业发展资金中得到资金来源。

最后，厂办应用技术研究与行业和国家研究院所结合，就更有利于实现"面向"与"依靠"的科技工作方针。

在西方发达国家，大公司都有实力强大的研究机构，它们凭借自己的天然优势，在应用技术研究领域研究出的成果往往可以代表国家的先进水平，这就足以证明，企业具有应用研究的强大生命力。

汽车是一个技术密集、资金密集、劳动力密集的综合型行业；汽车是集广泛的现代化科技成果为一体的复杂产品；汽车技术包容了从传统技术到新兴技术十分密集的学科群。汽车市场竞争性强，又是耗能、耗料、高价值产品，特别是涉及安全和环保等方面，同时又具有大批量生产的特点，其技术开发工作要求特别精细，为搞好相关的产品、工艺技术开发，二汽设立了以技术中心为主体的22个专业门类的研究所，技术中心除对汽车设计与试验有十几个研究开发科室外，还对金属材料、电子技术、计算机应用；对铸造、油漆、焊接、电镀、高频、热处理、无损检测等特殊工艺；对噪声、油料、摩擦磨损、传动、强度压力、热工测量以及燃烧、激光等应用技术进行较深入的研究。全厂有7000余名工程技术人员，高级工程师600余人，工程师近3000人；拥有自我开发能力、试制和试验手段、生产和装备阵地；积累了比较丰富的研究开发经验和技术储备；制定了向轿车领域进军、逐步走向世界的中长期科技发展规划，其中蕴含着不计其数的待研究的科技难题，这一切激发我们在科技进步事业中进入更高层次的愿望和追求，最近经国家科委批准正式成立了东风汽车工程研究院，作为国家一级研究单位，研究院将与产业部门众多兄弟院所携手共进，在应用技术研究领域为我国经济发展创造出更多更高水平的科研成果。

联合国经济合作发展组织通过对西方工业国家的研究分析，发现一个国家的发明创造大多是基础研究水平、大企业的比重和其承担的研究开发工作规模三者的函数。这就是说，承担研究开发工作的大型企业越多，工作规模越大，发明创造的数量也会越多，这个国家的经济活力也就越强，这是不容置疑的统计规律得出的结论。

大中型企业要办好自身的科研，力争充当应用研究的生力军，成为某一应用技术领域的国家队，这是符合客观规律和世界发展趋势的。在科技进步事业中，大企业要勇于挑重担，为国家民族的兴旺发达做出贡献。

三　创造有利于促进企业科技进步的大环境

推动企业科技进步是一项复杂的系统工程，需要发动各方面、各层次的力量，尊重客观规律，花费很大力气才有可能实现。

一段时间以来，企业科技系统与外部环境之间，制约企业科技进步的主要矛盾或主要难点，比较突出地表现为如下几个方面：

（1）科研开发费用严重不足；

(2) 引进科研关键设备仪器与生产设备没有区分，关税过重；

(3) 科研设备折旧与生产设备折旧无区分，设备折旧率太低，试验设备补偿不足，试验设备更新速度过慢；

(4) 产品改进增加成本，国家控制价格不能调整；

(5) 产品更新后减免税不能兑现；

(6) 承包制度不完善带来短期行为；

(7) 技术市场混乱缺乏规范；

(8) 相关行业如原材料和元器件的技术进步不同步；

(9) 分配中的脑体倒挂影响科技人员积极性的调动。

上述这些现象归结到一点，就是我国没有完全建立起科技进步的良性机制，还没有造成一个促进企业科技进步的大环境。我们建议国家考虑以下举措。

第一，进一步确立大型企业在国家应用科学研究和技术开发中的地位和作用。大型骨干企业是我国企业走向世界经济的希望所在，要促使这些企业挤入国际市场，创立自己的国际名牌产品，创立世界知名企业，增加国内的有效供给，关键是要充实其技术开发能力，这些企业区别于"两头在外"的某些外向型企业，要成为我国进入国际经济的主力军，因而重要的是伸展技术开发与市场销售这两翼。大企业肩负着经济发展的社会责任，是社会生产力的基础，因而对应用技术的兴趣最浓、要求最迫切、开发的条件最佳、转化为成果速度最快。大企业与国家和行业的研究院所相辅相成，吸收各方面的技术成果，就会得到更大的社会经济效益。国家要培育大型骨干企业成为应用科学和技术开发主要阵地，使它成为某些专业的国家代表队。

第二，抓紧科技立法。科技进步是关系到民族兴衰的重要事业，面向社会各层的利益关系也较复杂，因而有必要运用法律手段保障社会的科技进步，并使其制度化和规范化。如科技发展基金的提取、固定资产的合理折旧、技术引进和技术改造的管理、对产品更新的奖励与优惠待遇、厂办科研的地位作用、技术商品化的市场管理、对企业科技进步的评价考核，以及对企业短期行为的限制等，都需要有关法律法规或部门规章的制定。总之，我们的政策和科技立法，必须鼓励企业的科技需要，限制落后技术的继续使用。

第三,发展厂办科研机构,适当提高科技投资强度。大中型企业的厂办科研机构应成为最富有生命力的应用研究阵地。如果全国所有大中型企业都建立起自己的科技开发体系,则产业系统的科研队伍将呈千军万马之势,必定有利于促进国家技术水平的提高。有队伍还得有装备,这就需要有一次投资和二次投资,在目前财政困难情况下,我们不能像西方发达国家那样搞高科技投入,但也不能"又要马儿跑,又要马儿不吃草"。必要的科技投入是保证企业后劲的重大问题,国家应制定鼓励企业向科技开发投资的政策,把企业用于科技开发的资金区别于一般基建或扩大简单再生产的投资,加强部门投资的有效性。建议提高科技开发的设备折旧率,给重点企业定比提取销售收入用于科技开发视同上缴利税的政策。

第四,落实政策,充分调动科技人员的积极性。企业的科技进步必须依靠全体科技人员的共同努力,要有一支素质好、水平高的科技队伍,对他们既要关心爱护、放手任用,又要严格要求,以充分调动他们的积极性,挖掘他们的潜在能量。落实知识分子政策年年都讲,但有些问题光靠企业来解决难度较大。国家应制定政策,逐步解决分配中的脑体倒挂和其他社会分配不公问题;要在全社会养成尊重知识、尊重人才的良好风气。

第五,企业科技进步需要国家政策支持和全社会的协同努力。企业的科技进步是促进社会、经济、生产发展的强大动力,理应获得国家政策支持和全社会的关注,人们认识的差异和视野不同,使得企业的科技进步事业难于获得政策的支持和社会的赞助。金融界有兴趣向商业或高利润率的产业投资,却很少有兴趣向社会效益高的新产品、新技术开发企业投资。我们希望做到以下几点:社会效益大,实施相关性强的企业重大科技项目应列入国家科技发展规划;对技术先进的优质产品试行优价;对新产品减免税政策应当兑现落实;对科技开发所需样品和测试设备的进口给予放宽政策;国家应把大型企业的科技开发部门纳入国家科研管理体系,给予指导和扶植,并使其参加有关科技系统的信息交流。

随着科技成果转化成生产力周期的缩短,技术是生产力,而且越来越成为生产力要素的重要部分。我们十分赞赏机电部提出的"以科技为先导,以质量为主线"的企业工作方针,这个方针明确了科技进步在企业中的地位作用，当前的工作重心要放在提高技术水平和产品质量上。它完全符合大型企业的实际。二汽一定努力贯彻好正确方针，随着二汽发展战略规划的实施，以承建年产 30 万辆的轿车项目为契机，二汽的科技进步工作将踏上一个新的台阶。我们要在消化吸收外来技术的基础上，培育自己的技术力量，坚持技术创新，积极开展应用研究和开发研究，把更多的科技成果移植到汽车的开发和生产中来，使二汽逐步成长为具有国际竞争能力的骨干企业，为国家的科技进步的事业做出贡献。

二汽集团发展战略的构想[*]

——在二汽干部大会上的讲话

(1990年7月16日)

从现在到2000年,是我国经济逐步进入全面起飞的新时期。随着汽车工业作为重要支柱产业的战略地位逐步加强,加速发展汽车工业的客观需要日益迫切,汽车工业的实力和发展格局将发生重大的战略性转变,最终将形成以大型企业集团为主体的汽车生产体系。二汽集团作为我国汽车工业的主力军,在这个过程中负有重要的历史使命。因此,制定二汽集团的发展战略是一个重要的课题。

一 战略目标

二汽集团到20世纪末的战略目标如下。

建立满足发展宽系列产品,符合经济规模要求的零部件生产基地、配套件生产基地、基本车型生产基地和改装车生产基地。使集团发展成为一个有机的能够互相配合的汽车生产体系。

在国内市场占有1/3的份额,在国际市场站住脚跟。其中,中型车采取稳固发展战略;重型车采取积极发展战略;轻型车实行联合为主、灵活发展战略;轿车实行自主开放、分段实施的战略。

为了实现上述目标,我们必须完成三大任务。

(1) 以国内市场为后盾,以国际市场为目标,充实发展零部件基地,

---

[*] 1990年国家制订第八个五年计划。二汽和东风联营公司也在研究1991年至1995年的发展计划和到2000年的发展远景。这是二汽实现"三级跳"、做强做大的一个重要阶段。本文是1990年7月16日在二汽干部大会上"抛砖引玉"的讲话,意在引起大家讨论、听取大家意见。

积极建立集团汽车产品的重、中、轻、客、特等较宽系列产品型谱，特别是建成具有当代国际水平的进口替代、出口导向型轿车生产基地。

（2）探索实现集团产品结构合理化和组织结构合理化的路子，提高汽车生产的资源、资金、技术集约化程度，创造新的生产力，把二汽集团建设成一个专业化协作、具有国际竞争力的社会主义新型企业集团。

（3）在集团内部建立既能统一规划、集中投资，又能独立核算、快速反应的经营管理体制，形成自主经营、自我发展、自我调节、自我约束的经营体制，开创持续兴旺发达的局面。

发展集团系列产品的战略步骤是"七五"期间到"八五"初期，以中型车的发展为重型车的能力建设提供资金，以重型车的开发建设带动中型车的更新换代；"八五"时期，以中型、重型车并驾齐驱，支撑轿车的开发和建设；"九五"时期，以轿车的大量投产，开创一个面向两个市场的新局面。

二　专业化改造

为了推进专业化改造，集团实行联合与竞争相结合的方针；实行鼓励走专业化道路，抑制反专业化倾向的方针；实行对底盘分配和零部件价格合理化的方针；实行鼓励成员厂加大研发力度、开发专业化系列产品，开拓两个市场的方针；实行以经济联合为基础，合理进行利益分配的方针。

专业化改造是一个长期、艰难的过程，从现在起就要采取切实步骤，在各个方面大力推进。零部件要进行整顿，实行择优选点，集中订货，形成经济规模。改装车要发挥集团在技术、生产、配套、销售、服务、出口竞争方面的优势；要发展专业化生产和配套件的集中订货，以大客车为突破口。销售服务要逐步做到为公司认定的各种车型提供服务；在服务上实行统一标准，统一备件来源，统一价格。

三　科学合理的经济关系

建立科学合理的经济关系是集团兴旺发达，保障联合向纵向发展的重要前提和基础。集团在发展的第一阶段，根据利益共享、风险共担、兼顾五方（国家、地方、主导厂、成员厂和职工），有利于聚资经营，发展整体优势的原则，积极探索建立以主导厂为核心，单点辐射为主要形式的新型经济关系。第二阶段，进一步探索扩大经济一体化范围，探索事业部、子公司多点辐射的途径。

集团依据成员企业的产品方向，对全局发展的重要程度、生产规模、技术经济实力和意愿，按宝塔形的三个层次，建立以下几种经济关系。

（1）一体化经营关系。由具有一体化经营关系的部分成员厂和主导厂形成资产一体化、经营一体化或资产股份化、经营一体化的经济关系，组成集团的核心。

（2）合资（股份）经济关系。具有合资（股份）经济关系的成员厂组成集团的主干。这种经济关系是由主体厂向成员厂投资，或互相投资（换股），或共同出资组成新的经济实体。投资方按股分利，承担有限责任。建立这种经济关系的企业，按照合资协议和合营企业章程组织经营管理。

（3）协作经济关系。具有稳定产业链协作经济关系的企业组成集团的外围。

四　基本经济政策

与集团的性质和实现目标的要求相适应，实行如下基本经济政策。

（1）在充分考虑集资能力和经济效益的前提下，实行稳健负债的经营政策。攒一分钱办一分事的传统观念已经不适应发展商品经济的要求。为了实现发展目标，到2000年，集团建设所需投资，大半可以自筹。因此，负债经营，高效益地使用资金将是促进集团发展的重要措施之一。集资、聚资的途径主要是：开展集团内的资金横向融通、争取银行信贷、国内外金融机构的支持；利用对外开放的条件，发展与外商的合资合作等。

（2）投资决策权要相对集中。调整好研发与生产、技改与基建、内涵与外延、协作与自制、先进与经济、近期与长远、生产与生活等方面的关系，保障有限资金的有效、高效利用。建立并完善集团内各级投资主体的科学规划、审批程序、核算管理和预算监督等能够自我制约的投资管理体制,切实把握资金投向。主导厂的投资策略是"以中型车养重型车",以重带中;"以中重养轿车",做强整个集团。

(3)集团内部利益分配实行互利互惠的政策。集团内部各企业间不搞平调,根据价格、税赋、市场等各种因素的变动,通过协商,及时合理地调整互相间的分配关系。具体分配收益的办法依不同的经济关系而定。

五 科技与人才

企业集团必须以技术进步为纽带,依靠先进的产品技术、制造技术和管理技术增强辐射力和吸引力。

在商品经济条件下的竞争可分成三个层次。一是直接表现在市场上的销售与服务;二是支撑着产品竞争能力的技术与管理;三是最终起决定作用的是人才的水平与决策的科学性。因此,对于决定成败的深层因素不可掉以轻心。

集团各个层级要充分认识技术和人才在公司竞争力中的重要地位。要保持较强力度的研发投入。集团本部的技术部门要作为全集团技术发展的后盾。有条件的联营厂应建立研发中心,同时主要承担集团的整体规划、基本型产品的研究开发和对长远发展有重大意义的基础研究。设立若干个专业分中心或研究所,按照分工,集中力量研究与本专业发展方向紧密联系的产品及其制造技术。要不断改革,积极采用有利于技术进步的各项政策。制定促进科技成果交流推广的政策,鼓励工程技术人员、集团之间开展竞争,鼓励发明创造和群众性技术革新。

六 市场战略

市场对企业的命运具有决定性意义。在未来的市场竞争中企业的经济效益不但取决于生产能力和质量、成本,在某种程度上也取决于推销能力和服务水平。二汽集团要生存发展必须不停顿地开拓国内、国际两个市场,力争到2000年汽车销售量占国内市场的1/3以上,出口产值占总产值的10%~15%。为此,必须区别两个市场的实际情况,有针对性地培育自己的优势。比如，在国内市场要竭力发挥质量优良和服务周到的优势；在国际市场要创建低成本、高可靠性的优势。有的放矢地增强集团的竞争实力。

快中求稳，寻求时机挤进国际市场。丰田公司乘70年代全球石油危机的机会，将小型、节油汽车成功地推向美国、推向全球，使其成为全球最大的汽车公司之一。这就是一个很好的案例。如今，汽车工业全球化趋势不可逆转，二汽集团必须向世界市场渗透，进入国际竞争舞台。对外贸易由于受到现在产品结构的制约，二汽集团到20世纪末的外贸工作大体分为两个阶段。前6年，主要任务是充分利用二汽集团在国外的据点，进一步开拓市场，锻炼队伍，改进管理；抓紧时机，增强零部件和卡车、军车出口。要在调查研究的基础上，选定二汽集团主攻市场，可以销售卡车、军车，也可以销售大客车、翻斗车、改装车；可以与当地联合建立营销部门，也可以在当地建组装厂和零部件生产厂。后8年，随着中型车换代、重型车产品的成熟和轿车投产，以及大客车和各类改装车品种发展、质量提高，出口外贸工作将进入实质性的大发展阶段。

逐步建立健全完备的销售和售后服务体系。现阶段，在国内实行"计划内""计划外"双轨制计划体制的情况下，要在充分利用传统的计划流通渠道之外，大力发展自销体系和服务网点。要逐步发展到县一级的行政区域，使之与各地区经济发展状况和汽车保有量相适应，使二汽集团的销售服务网覆盖全国。在国外，现阶段主要采取委托代理、积极参与的经销方式，争取在市场潜力较大的地区设立外贸机构，在我国沿海地区设立港口分装和零部件发送基地。在取得经验、增大能力的基础上逐步过渡到建立独立的海外销售服务体系。

七　管理体制

现阶段，二汽与集团成员企业基本上是"单点辐射"的结构。也就是以二汽为中心，二汽与每个成员企业在产品、技术、资金上保持松紧不等的联系；而成员企业之间的关系相对稀疏。相应地，二汽与二汽集团实行的是一套机构、两块牌子的管理体系。二汽决策机构和各职能部门实行双重职能、一元化管理。随着产品多样化和生产专业化的发展，集团总部与生产企业在经营管理职能将逐步分立，形成几个以部件或系统为龙头的专业协作生产网。届时二汽集团将出现事业部或子公司，实行集团总部、事业部（子公司）、企业三级经营管理的体制。因此，在经营管理上，二汽集团将经历一个由分散无序到相对集中，再由相对集中到有序分散的过程。

管理体制的变化必须建立在企业的专业化改组改造的基础上。以有利于克服各种短期、多元行为，有利于调动和保护各方积极性，有利于科学决策、统一政策，有利于提高决策的效率和效益。

近年来，国家处在由计划经济向有计划的商品经济转变的过程中。二汽必须把握国家向商品经济转型的大势，从中发现机会、利用机会。因此，二汽必须由计划经济体制下的一个"生产单位"，转制为经营开发型的企业。集团本部直接承受来自市场的压力和动力，要从改善经营机制着眼，建立健全生产—开发—改扩建长期并存的开发、投资体制；面对两个市场，能正常组织多品种生产的生产管理体制；以市场为中心，具有快速反应能力的计划财务管理体制以及适应集团发展和计划单列的综合管理体制。

新的攀登*

——东风－雪铁龙轿车项目签字仪式的新闻稿

（1990年12月19日）

进入80年代，我国轿车工业落后与社会需求剧增的矛盾越来越突出，国外轿车乘虚而入，一度成为人们关注的政治问题；一些发展中国家在国际产业转型中，将轿车作为战略产业，急速发展，其形势咄咄逼人。"七五"前期，国内有关部门、大企业乃至国外的公司和学术机构，纷纷开展了对2000年以前中国轿车需求和发展的预测。共同的结论是，我国发展轿车工业已刻不容缓。"八五"期间，我国轿车总需求量将达80万~90万辆，1995年需求量也达30万辆。正是在这样的背景下，经过类似50年代在日本通产省发生的关于要不要发展轿车工业的激烈争论之后，1987年国家确定了"三大三小"发展轿车工业的战略。经过3年的培育，当初埋下的二汽轿车项目这粒种子终于破土而出了。

1990年12月19日，东风汽车工业联营公司（以下简称"二汽"或"东风"）与法国雪铁龙汽车公司（以下简称"雪铁龙"）在巴黎签订了合资建设轿车厂的合同。

这是中法建交以来两国企业间最大的经济合作项目，其最终目标为年产30万辆C级和B级普通型轿车。已签订的合同为第一期工程，目标为年产15万辆，总投资约为40亿元人民币，其中包括约5亿美元外汇，合同签订后4年投产。二汽与雪铁龙的股份比例为7∶3，中法政府将为合资厂的建设提供贷款资助。

---

* 东风汽车公司与法国雪铁龙汽车公司合资轿车项目几经周折，最终于1990年12月19日在法国巴黎正式签订合同。本文是作者在东风－雪铁龙轿车项目签字仪式后给媒体的新闻稿。

在我国，轿车作为一种生产、公务手段已较普及地进入社会，需要有适应我国经济及能源水平的轿车。"公家出钱，个人坐车，档次越高越好"，这是不正常的现象，随着我国自产轿车的发展必将有规章的制约。为了发挥轿车生产主力军作用，一步跨入主阵地，我们一开始就选择了具有广阔市场，能形成大批量生产的普通型轿车。经国家批准，二汽第一期工程生产发动机排量为 1.3~1.6 升的 C 级轿车；第二期为 1.0~1.3 升 B 级轿车。B 级、C 级轿车以自重轻、造价低、油耗省、经济实用而在国际上普遍采用。二汽雪铁龙将生产的 C 级车有两厢式、三厢式等系列化品种，内饰附件有豪华、普通之分，充分考虑了生产、商业、公务不同档次和用途的需要，它将成为我国轿车中普遍使用的主力车型。以此可以实现按经济规模大量生产。B 级、C 级车在国际轿车销量中占 1/3，每年约 1100 万辆。巨大的国际销售量，是我们以低成本、高可靠性进入国际轿车市场的好条件。

二汽为发展轿车扎扎实实地进行了 5 年的艰难准备。我们深知，稳固的卡车阵地是支撑轿车建设的基础。继 1985 年末基本实现国务院批准的 10 万辆卡车生产能力建设之后，我们又以速决战、歼灭战方式拿下了"七五"建设主要目标，即在发展品种、提高水平的基础上，将卡车生产能力由年产 10 万辆提高到 15 万辆，这种规模在国际同类卡车厂家中已名列前茅。特别是性能指标达到国际水平的八吨平头柴油车和国际名牌柴油机生产能力的形成，为二汽卡车发展开辟了一个新天地，将带动二汽卡车生产发生质的变化。这积蓄能量的 5 年，使二汽的发展后劲和筹资能力明显加强。在轿车方面，自 1986 年起经过从市场调查、战略研究、舆论准备到合作伙伴选择及艰苦谈判之后，已确定 20 世纪最后 10 年分两期完成 30 万辆轿车的建设，这样一个前后相继的战略是二汽各项工作的主线。

中国经济的现代化是在经济落后的基础上起步的，对工业企业来说，追赶国际水平的行动只能孕育在每次新的投入过程中。新的投入就是新的机会，抓住机会就要促使企业的产品、技术、管理跨上一个新台阶，这是我们考虑二汽发展的主旋律。

在建厂初期对中吨位载重车的第一轮投入中，二汽采取了"聚宝"方针,缩短了中国汽车工业与国际水平的差距。在建设重型车生产能力的第二轮投入中,二汽又将自主开发与引进关键总成技术相结合,走出了一条以总成开发带动车型系列发展的路子。二汽的轿车项目,是迄今为止中国机械工业最大的一项投资,面对21世纪的重大项目,它应成为我国追赶国际水平的一次强劲冲刺。对外开放的结果使中国市场正逐步国际化,汽车是个竞争性行业,缺乏国际竞争力将导致未来的经营风险。因此,我们的选择只能是实事求是的高起点。

1987年8月,国务院研究确认了二汽按"联合开发,合资建厂,出口导向,进口替代"的原则分两期建设年产30万辆普通型轿车以实现高起点起步的方针。

高起点必须有必要的投资强度和适宜的合作伙伴。二汽在先后与6个国家的15家汽车公司接触或谈判中,最后选择了雪铁龙,它是世界上历史最悠久的轿车生产企业之一,拥有轿车开发、生产、制造技术的优势,近年来,在激烈的国际竞争中经营状况良好,并有与发展中国家合作的良好记录,双方愿意以较高的投资强度建设一个全新的合资厂。法国政府对这个合作项目的支持,使这个项目获得了雄厚的资金基础。

在长达三年的联合可行性研究和商务谈判中,二汽高起点、上台阶的初衷已在合资合同中得以确认。合资公司将要生产的轿车是雪铁龙1991年投放市场的新一代轿车,各类技术经济指标在同类型轿车中均属世界先进水平,有明显的"代差优势"。合资公司投产时,正值FX车型进入成熟期,具有出口的良好前景。该车又具有很好的多用途适用性,必将成为我国易于推广的主力车型。引进的发动机是1.0~1.6升系列产品,功率覆盖面宽,为二期工程向小型车发展打下了基础。工厂将合理布局、平地起家;全部新制造工艺装备将采用新的技术成果,实现柔性多品种、大批量生产;质量控制与工艺方案、装备水平融为一体,确立了产品质量的坚实基础;采用计算机管理系统,以提高工作效率。合同规定雪铁龙将向合资企业提供动态技术,合资公司委托二汽接受雪铁龙转让的技术并予以消化吸收;二汽还将与雪铁龙合作开发系列化车型,这将有助于二汽尽快形成轿车开发能力和引进技术的再生能力。东风-雪铁龙轿车项目将以新的产品、新的工艺、新的装备和新的管理实现"高起点、大批量、专业化"的轿车生产。

在新的起点上建设现代轿车工业是一项挑战性的事业。当年,"为中国汽车工业打翻身仗"的豪情曾激励二汽人奋战在武当山下;今天,建设轿车厂,改善人民行路条件的光荣事业已在二汽人心底迸发出火一样的热情。我们坚信,以轿车项目为契机,二汽将实现新的攀登。

从高起点追赶*

——东风-雪铁龙轿车项目签字后的感言

（1990年12月19日）

1990年12月19日，对于二汽集团的发展是一个具有重要意义的日子。经过3年艰苦努力，中国二汽与法国雪铁龙汽车公司今天在这里正式举行了合资建设轿车厂的合同签字仪式。过去我们造卡车，从现在起，我们要造轿车了。

这是中法建交以来两国企业间最大的经济合作项目，也是新中国成立以来我国机械制造业投资规模最大的建设工程。其最终目标为年产30万辆普通型轿车，已签订的合同为第一期工程，年产15万辆轿车、20万台发动机，总投资约为40亿元人民币。

进入80年代，中国在发展轿车工业方面面临着三大问题：一是轿车工业落后与社会需求剧增的矛盾越来越突出，国外轿车大量涌入，一度曾成为人们关注的社会问题；二是面对巨大需求和超额利润，不少地方和企业纷纷准备上轿车，国家倘若不集中力量建设起若干个具有相当经济规模的大型轿车基地，轿车工业将重蹈"重复、分散、落后"的覆辙；三是有的发展中国家和地区抓住国际产业转型的机会，将轿车作为支柱产业，迅速崛起，其形势咄咄逼人。而面对这个机遇，我们该怎么办？

"七五"初期，我国政府主管部门、汽车界的仁人志士、经济学家、理论工作者们，纷纷开展了对2000年以前中国轿车需求和发展的预测和讨论，得出的共同结论是，我国发展轿车工业的时机已经成熟，建设几个大型轿车基地已刻不容缓。

---

* 1990年12月19日，作者（时任第二汽车制造厂厂长）与法国雪铁龙汽车公司董事长卡尔维在法国巴黎签订东风-雪铁龙轿车项目合资合同之后，于当日写就此文。

1987年8月，国务院在北戴河举行会议，确定了二汽发展30万辆轿车项目的基本原则。从那以后，二汽为发展轿车进行了5年扎扎实实的准备工作。我们深知，稳固的卡车阵地是支撑轿车建设的基础。"七五"期间，我们以速决战、歼灭战方式将卡车生产能力由年产10万辆提高到15万辆，并建成了襄樊基地。这是积蓄能量的5年，在轿车准备方面，自1986年起，我们进行了市场调查、轿车发展战略研究，选择合作伙伴，消化和吸收引进技术，经过3年多的艰苦谈判，确定了20世纪最后10年分两期完成30万辆轿车前后相继的战略。

中国经济现代化的进程是在一个经济相对落后的基础上起步的。追赶国际水平的行动只能孕育在每一次新的投入过程中。新的投入就是新的机会。二汽的轿车项目作为迄今中国机械工业最大的一项投资便是新的机遇与挑战，我们有强烈的责任感，要把轿车项目作为我国汽车工业追赶国际水平的一次强劲冲刺。我们所能遵循的唯一正确方针是：从高起点上起步，追赶国际水平。

二汽轿车项目有诸多优势和充足的条件来实现自己的宏伟目标。首先我们选择了一个好的产品。合资公司将要生产的轿车是雪铁龙公司至今尚未投放市场的未来型产品——FX型车，其各类技术经济参数均是瞄准优于当代同类型轿车设计开发的，当合资公司投产时，正值该车型进入成熟期，因而具有良好的国际市场寿命周期。我国的资源条件和经济实力不会允许"公家出钱、个人坐车，使用轿车档次越高越好"的局面长期存在，因此我们一开始选择的这个车型是具有广阔市场，能形成大批量生产的普通型轿车。它自重轻、造价低、油耗省、经济实用。它是系列化轿车产品，有豪华、普通之分，能兼顾生产、商业、公务不同档次和用途的需要，可以成为我国普遍使用的主力车型，未来也可以低成本、高可靠性进入国际市场。

高起点必须有必要的投资强度和适宜的合作伙伴。二汽在先后与6个国家的15家汽车公司接触或谈判中，最后门当户对地选择了法国雪铁龙公司，它是世界上历史最悠久的轿车生产企业之一，拥有轿车开发、生产、制造技术的优势，并有与发展中国家合作的良好记录，双方愿意以较高的投资强度建设一个全新的合资厂。法国政府对这个合作项目提供了23亿法郎混合贷款的支持，使这个项目获得了雄厚的资金基础。

为了追赶国际水平，在技术、装备、工艺、管理等各个方面，我们都着眼于 21 世纪的要求。合同规定雪铁龙将向合资企业提供动态技术。二汽还将与雪铁龙合作开发系列化车型。这将有助于二汽尽快形成轿车开发能力。在装备上，全部新制工艺装备将采用当代国际新的技术成果。合资双方都高度重视人才培训，还将普遍采用计算机管理系统，以适应复杂的高节奏生产。总而言之，东风－雪铁龙轿车项目将以新的产品、新的工艺、新的装备和新的管理，在中国大地上建设起一个现代的轿车生产基地。

在高起点上起步，追赶国际水平，是一项充满挑战性的事业。为祖国轿车事业贡献智慧与劳动，是 8 万二汽职工长期以来的共同心愿。此时此刻，二汽人满怀豪情，鼓足了干劲，只要我们很好地运用后发性优势，就一定能达到目标。我们信奉的哲学是：后来者可以居上。

控制总量 突出重点
努力提高基本建设投资效益*

——二汽"七五"建设情况汇报

(1991年1月1日)

1986年至1990年是国家的第七个五年计划。二汽这5年是对国家的第二个承包期,也有相应的自己的5年发展计划。1986年国家批准的建设任务完成,通过国家竣工验收。从1987年开始,二汽进入在国家指导下自行发展的时期,1991年二汽的五年发展计划基本完成,我们组织力量对这5年二汽发展的情况进行了调查梳理。

一

"七五"期间,二汽认真贯彻"坚持总量控制、实行结构调整、突出重点建设、提高投资效益"的指导方针,紧紧围绕国家批准的"七五"发展目标,努力摸索投资少、产出多、周期短、见效快的建设发展路子,取得了显著成绩。"七五"期间,二汽生产汽车55.49万辆,是"六五"期间30.24万辆的1.83倍;实现工业总产值173.87亿元,是"六五"期间73.22亿元的2.37倍;实现利税39.07亿元,是"六五"期间19.80亿元的1.97倍;上缴利税28.4亿元,是"六五"期间11.21亿元的2.53倍。实现利税和上缴利税的增幅均高于产量的增幅。与此同时,完成基本建设投资规模12.7亿元,其中,基本建设投资6.14亿元,技术改造投资6.5亿元,预计交付固定资产8.5亿元,投资完成率达82%。

---

* 本文是1991年1月1日向国家计委上报的《二汽"七五"建设情况汇报》,题目是作者所加。

控制总量 突出重点 努力提高基本建设投资效益

"七五"期间,二汽在上缴利税28.4亿元的同时,利用企业留利扩大再生产,使固定资产新增11.5亿元,补充流动资金1.36亿元,再加上在建工程6.2亿元,总计创效益47.46亿元,约为国家直接投资16.7亿元(原值)的2.8倍,为国家做出了贡献。经过五年艰苦奋战,二汽"七五"计划的主要目标已基本实现,为"八五"实现更大的发展打下较好基础。其主要表现在如下方面。

第一,提高了生产能力,14万辆中型载货车生产能力改扩建已经完成。汽车生产能力由"六五"期间末的8.5万辆提高到14万辆,增长了64.7%。一些零部件生产能力达到20万辆份,经济规模和专业化生产水平有进一步提高。

第二,EQ153型八吨平头柴油载重车生产阵地基本建成。整车国产化率已达84%,预计到1991年底包括康明斯发动机在内的7个引进总成基本实现国产化。1990年底已形成批量生产能力,已出车上百辆。

第三,拓宽了产品品种,注入了新的竞争活力。随着EQ140-1生产能力的完善和EQ153的建成投产,二汽产品多品种系列化水平有了显著提高。按照整车多品种、总成系列化、零部件标准化、通用化的指导思想,经过"七五"努力,二汽在三个基本车型的基础上,开发、研制和投产了7个系列150种变型车和4个系列16种发动机,基本形成中型、重型车并举,汽油车、柴油车并举,长头长车、平头长车并举,多种轴距和驱动形式兼有的多系列、宽型谱汽车产品,有效地增强了企业满足多样化需求的能力。在1990年底召开的1991年汽车订货会上,二汽签订了10万余辆的合同,加上部分单位尚未补签以及二汽自留的零销车和外汇车需保留部分资源以外,1991年东风汽车的产销均已落实。能出现这种局面是与东风系列产品的品种结构变化分不开的。

第四,调整了生产结构,提高了应变能力。经过"七五"改造,我厂的驾驶室、车架、发动机、变速箱、车桥等关键总成的生产和整车装配都实现了"双轨制",为多品种生产创造了条件。同时,化油器、轴瓦、仪表等零部件和后方生产厂的产品结构和技术结构也发生了显著变化,主要生产线具备了适应市场多变的灵活性。

第五,产品质量稳定提高。"七五"期间,通过改进管理,应用新工艺、新技术、新装备，消化吸收引进技术，提高了企业整体的技术水平，为巩固和提高产品质量提供了新的物质技术基础。从1987年以来，二汽主导产品EQ140-1整车和发动机连续4年保持了一等品水平，汽车大修里程已由15万公里提高到20万公里。到"七五"期间末，二汽累计创国优产品1种、部优14种、省优33种；传动轴分厂获国家质量管理奖，23个分厂创省、部质量管理奖。

第六，襄樊基地初具规模。"七五"期间竣工建筑面积30万平方米。先进水平的第三铸造厂、柴油发动机厂、第二动力厂、配套设施以及汽车试验场第一期工程等"七五"建设的五大项目已基本实现。一个高水平的现代化汽车生产基地已初具规模。

第七，取得了较好的投入产出效益。二汽"七五"在提高生产能力方面，坚持依靠挖掘内涵扩大再生产，因而取得了明显优于"六五"的投入产出效益。"六五"期间每万元投资形成的产值为3.098万元，"七五"期间则上升为5.607万元，增幅达80.99%；每万元投资创利税，"六五"期间为0.838万元，"七五"期间提高到1.26万元，增长了50.36%；每形成一辆中型卡车生产能力所需投资，"六五"期间为2.78万元，"七五"期间下降为2.215万元，下降了20.32%，若加上物价因素，降幅则在50%以上。

第八，技术进步成果显著。"七五"期间，二汽引进新产品、新工艺、先进测试技术19项，有77个技术创新项目通过了鉴定。技术开发和技术装备能力明显提高。特别是在冲模、组合机设计制造、先进刀具和机器人应用，用微机改造生产线，以及铸造、热处理、油漆等特种工艺方面技术水平有较大提高，基础进一步增强。

第九，职工队伍和"双文明"建设取得好成绩。经过"七五"改扩建这个大舞台的锻炼，培养和造就了大批优秀人才，职工精神面貌和素质大大提高，这是"七五"建设取得的又一巨大成果，是无法用金钱来衡量的。同时，企业管理水平也获得提高。"七五"期间，二汽多次被评为全国企业管理优秀单位，全国思想政治工作先进单位，获得了省级先进企业、国家二级企业荣誉称号，1990年还通过了国家一级企业的评审。

"七五"期间，企业的外部环境变化较大，遇到了三次市场冲击，还有来自国内、国际的政治风波,但二汽仍然取得了稳定发展的好成果,为我们以较高的起点进入"八五"打下了基础,创造了良好条件。

二

进入"七五"建设之初,二汽根据国家经济发展的需要和行业与本企业的现实情况,制定了到20世纪末二汽集团实现"三级跳"的发展战略目标:第一级跳是实现国务院批准的二汽卡车生产能力建设纲领("六五"末已经实现);第二级跳是在发展品种、提高水平的基础上把生产能力提高到15万辆,这是"七五"主要目标;第三级跳的目标是在中重型卡车基本实现良性循环的基础上,建设30万辆轿车生产阵地。5年来,二汽自身的工作始终围绕这个发展战略,坚持扎扎实实,一步一个脚印地向前迈进。

第一,在实事求是确定规划目标的前提下,自始至终紧紧围绕目标打歼灭战、速决战。

二汽根据国家经济形势和载重车市场的变化,以及资金筹措的能力,实事求是,在"七五"计划执行的第一年即1986年就及时调整了"七五"改扩建计划,将载重车20万辆的规划调整为15万辆,总投资由25亿元调整为19亿元。实践证明,对载重车纲领的调整是及时正确的。保证了"七五"计划主要目标的实现。在明确了总体规划之后,为了集中兵力打歼灭战、速决战,经过研究,我们又确定了建设重点,即:一是中型车能力从"六五"期间末的8.5万辆提高到14万辆的能力扩建;二是EQ153型八吨平头柴油车1万辆能力和6万台康明斯柴油发动机能力的新建。按这两个重点目标审查规划项目,把关系不重大,眼前不急需的项目,统统压下来,以保证有限的资金用来完成重点项目。1985年和1986年,根据"三保三压"的精神共停建63个项目,压缩投资5000万元;1987年,根据国务院对重点建设项目进行设计复查的精神,又对35个重点建设项目进行复查,调减投资7500万元,调减建筑面积88000平方米;进入1988年第四季度,根据治理整顿的精神,又停缓建项目6个,压缩投资1087万元。1990年为保证EQ153按时建成投产,又压掉了大大小小60多个项目,退掉了一批设备,使十分有限的资金用到了刀刃上。至此,几年来二汽在调整"七五"

总目标的前提下，共停缓建130多个项目，压缩投资1.35亿元，压缩建筑面积10.65万平方米。从而使投资规模得到有效控制，投资结构也趋合理，增强了主要项目的投资强度，使二汽能够集中有限资金投入重点建设项目，确保投资的有效性。

在组织实施规划的过程中，二汽还把握住了两个关系，一是生产性投资和非生产性投资的关系。经过调整，二汽生产性项目投资比例迅速提高。1985年上升到64%，1986年上升到84%，1987年上升到88%，一直保持至今。二是产品之间和区域间的投资关系。根据汽车工业投资周期长的特点，确定了"七五"前两年把投资重点放在十堰基地14万辆能力扩建上。"七五"后三年把投资重点转向襄樊基地EQ153及康明斯柴油机能力及配套设施的建设上。在分年度实施中，也明确投资重点，不搞遍地开花而因营养不良不能结果。如在"七五"后三年襄樊基地建设上，1988年重点突出了第三铸造厂建设，1989年重点组织了以第二动力厂为主的建设会战，1990年则全力以赴组织柴油发动机厂建设会战，并且停建了十堰基地正在建设中的二汽职工盼望已久的煤气厂。把有限的资金集中投入，做到各个击破，保证了主要目标的按期实现，同时收到建设一个、投产一个、见效一个的良好效果。实践证明，如果不及时调整规划，突出重点，集中兵力打歼灭战，那么，今天的二汽将会处在一个被动的局面之中。

第二，发展企业集团，发挥横向联合优势。

提高和发展生产能力，一般有两个途径：一是注重资产增量的增加，新投入巨额资金；二是注重社会现有资金存量的有机调整，提高资产存量的投资效益。这两者都是必要的。但在国家宏观经济紧缩、资产增量投入有限的情况下，更应注重后者。二汽在实施"七五"计划过程中，下功夫组织集团成员企业，将其生产要素的存量调整纳入为发展东风汽车产品系列服务的轨道。二汽把技术要求不高的产品大量扩散给联营厂家，集中有限的财力、物力，发展高难度的关键的产品，借以扩大和发展生产能力。如主要基本车型EQ140-1中有1600种零部件是联营配套厂生产的，经过"七五"调整改造，自制率已从"六五"期间末的79.7%降为61.2%。新开发的EQ153型八吨平头柴油车，二汽只生产几大主要关键总成，其他如车桥、变速箱、离合器等协作配套件1300多种产品是扩散给全国上百家协作配套厂生产的。这不仅使二汽节省投资2亿元,而且带动和促进了地方工业的发展,提高了社会效益,有效地调动了社会生产力。二汽能按期完成"七五"改扩建计划,提高了生产能力,是与二汽发展横向联合,充分发挥专业化协作的优势分不开的。

第三,自主开发与引进先进技术相结合,加速技术进步,为企业发展注入新的活力。

二汽历来重视技术进步,从建厂初期的"聚宝"开始,始终常抓不懈,并取得了显著的成果。"七五"期间是如此,凡技术进步项目,优先安排规划,优先安排资金。"七五"期间,二汽围绕老产品的换型、现生产产品质量的提高、EQ153柴油车的投产,十分注重国外先进技术的引进和消化,先后从日本、美国、西德、英国等发达国家引进33项先进技术,外汇投资达4000多万美元(约合1.4亿元人民币),投入技术开发费用2.2亿元,引进重要设备300台(套),为改进老产品、开发新产品、发展生产能力创造了条件。1986年9月全面转产的EQ 140-1,是在EQ140的基础上经过28次重大改进后定型的;EQ140下一代产品EQ140-2最近将定型,与EQ140-1相比,油耗将进一步降低,大修里程可望由20万公里提高到25万公里。EQ153型八吨平头柴油车,是消化引进国外先进总成技术的同时,与二汽成熟车型技术相结合的产物,它使二汽东风产品找到了一条迅速达到国际先进水平的道路,使二汽卡车技术水平达到了国际80年代同类产品水平。同样,二汽在技术开发、设备制造、计算机应用等方面,舍得花大精力搞技术进步。先后对700余台精、关、稀设备和生产线进行改造,大量成功地采用了个人计算机(PC),使设备开动率和产量质量有了明显提高;又如利用计算机辅助车身设计系统在冲模制造方面,成功地加工了车身主模具,该模具在1988年举行的全国模具展览会上获得金奖;二汽自行设计制造的EQ153汽车门板压合模获1990年上海国际模具技术和设备展览会优质特等奖。与此同时,二汽还十分注重借鉴、吸收、消化国外科学的管理技术,"七五"期间二汽人才引进45项83人次,邀请专家学者讲学及现场咨询108人次,派出1275人次赴国外学习,同时推广了西德弗朗霍夫学会工作法、日产柴现场综合管理、康明斯全面质量管理体系和外协件质量保证体系等先进管理方法。从而充分挖掘了企业潜力,使企业注入了新的活力。

第四，健全制度，强化管理，明确责任制。

为了保证"七五"基本建设目标的实现和顺利完成，二汽从强化管理入手，注重建立健全有关规章制度和责任制的落实。建立了建设项目审查领导小组，建立健全了有关规章制度，明确了有关单位相互间的责任。"七五"期间，二汽制定了《关于专项基金项目计划管理办法》《各阶段设计的主要内容》等基础性文件，建立了科学的立项程序，严格了投资项目的管理，明确了有关单位的职能，做到了责、权、利的落实。同时，还建立了项目负责人制度，负项目技术经济效益、施工组织和质量等投资责任。建立了概算、预算、设计标准的控制，使固定资产投资有了主动的控制手段。建立了完整的项目跟踪管理，控制项目从立项开始，到建成转入固定资产的全过程。从而，从制度上保证了固定资产投资的投向和有效性。

三

五年来，在国务院有关部门、中汽总公司和地方政府的领导和支持下，二汽第一次按照改革的思路，主要依靠企业自身的力量，规划和组织实施企业发展史上一个完整的五年计划；第一次按照自主开发和技术引进相结合的路子，开发具有良好综合效益的一个完整的新车型；第一次在新的水平上依靠联合的力量，发展专业化协作生产，由主导厂组织地方企业、军工企业共同完成引进技术的消化吸收和主要组成、部件的产品国产化任务，为促进结构调整做出贡献；第一次组织实现主要生产线的双轨制改造，为避免几十年一贯制，提高应变能力打下了基础；第一次在汽车生产和销售指令性计划逐年递减，市场调节居主导地位的情况下，较好地完成了既包上缴国家利税，又包建设发展项目的任务。认真总结"七五"的经验，对于顺利完成"八五"的艰巨任务具有重要意义。

回顾五年来的工作，我们认为有如下几点体会对指导今后的工作是至关重要的。

第一，企业每一个阶段的规划必须要有一个明确的、与国民经济发展需要相适应的企业总体发展战略做指导。"七五"前期，二汽领导班子集

控制总量　突出重点　努力提高基本建设投资效益

思广益，制定了到 2000 年"三个三"的总体发展战略。这一发展战略是总结了二汽多年建设的发展经验，充分研究了我国改革开放的形势而制定的。有了这个发展战略，就有了中长期的战略部署，使广大干部职工有了奋斗目标。这是我们实现稳步发展、避免大的反复的重要基础。如果没有一个稳定正确的总体发展战略，二汽不可能在外部环境发生较大变化的情况下，仍能稳扎稳打，一步一个脚印地前进。

第二，坚持从实际出发，在实施总体发展战略时，特别突出地确保中长期产品发展战略取得成功，这是企业走上良性循环轨道，尤为重要的一环。二汽"七五"期间集中力量开发了一个平头车，带动了整个产品系列的改造，起到了突破一点、搞活全局的作用。特别是平头驾驶室和柴油机的开发，对搞活全局起到了至关重要的作用。产品发展在战略上的重大成功，为企业下一步的发展奠定了坚实的基础。

第三，注意通过正确的战术来保证总体战略得以实现。二汽"七五"的基本战术还是缩短战线，有保有压，坚持打速决战、歼灭战。部署上分前两年和后三年。前两年的重点是以改造十堰基地为主，形成 14 万辆生产能力，使二汽在"七五"前期仍然保持每年递增 1 万辆汽车产量水平，从而保证二汽的效益；后三年，集中人力、物力确保 EQ153 的建设。因此，从总体上说，我们缩短了投入产出的周期，提高了经济效益，从战略到战术基本是正确的。

第四，在企业经营规模大幅度扩展的过程中，只有坚持不懈地狠抓以质量为中心的基础管理，才能确保投入产出顺利转换。"七五"期间，在二汽人员大幅度更迭（超过 2 万人）的情况下，能够保持每年递增 1 万辆生产能力，产品质量有新的提高，做到每年投产 2～4 种变型车，生产上千万美元的出口创汇产品，完成 3 亿元左右的基建技改任务，3～4 年完成一种基本车型的全套生产准备，这是与坚持不懈地狠抓以质量为中心的基础管理分不开的。进入"七五"的第一年，我们就下决心把产量增长的幅度适度减缓，提出要卧薪尝胆，强化基础管理。1990 年，在市场疲软的情况下，我们充分利用创一级企业的机会，对各项专业管理做了大量的改善工作，使企业在应变能力、整体素质上经受住了来自市场的考验。

要实现战略目标，继续走以往的路子是不可能的，必须充分利用国家改革开放所创造的新条件，寻求一条促使企业尽快发展的新路子，在"七五"期间，我们在这方面积极进行探索，收到按传统做法不可能取得的成效。我们的横向联合进一步发展，特别是上千种EQ140的零部件扩散及EQ153的扩散，对二汽"七五"计划的实现起到了至关重要的作用。经过充分的研究，我们确定并实施了向"三层次"公司型体制过渡的改革方案，使我们找到了更适合二汽未来发展的一种新型的企业组织管理形式。另外，向经营效益型企业转轨的工作亦已经起步。在"七五"期间，二汽还实现了国家计划单列，成立了东风财务公司，有了自己的金融机构。这方面的探索为我们在"八五"谋求更大发展积累了重要的经验。

第五，党政工密切配合，坚持"三加强"。这是二汽在复杂多变的环境下实现安定发展最重要的基础。此外，以专业厂（处）为坚强阵地，坚持两个文明一起抓，努力使方方面面的工作都有利于进而也得益于职工队伍始终保持高昂的精神状态，使我们能够充分调动企业的精神力量，这可以说是二汽在比较困难的条件下，"七五"建设成功之本。

经过"七五"的艰苦努力，二汽已基本完成了"第二级跳"的发展目标，为"八五"乃至90年代整体实现"第三级跳"的发展战略目标打下了坚实的基础。二汽决心在中央及国务院有关部门、中汽总公司、兄弟厂家一如既往的指导、帮助和支持下，朝着既定的目标，为振兴中国的汽车工业做出贡献。

坚定不移地走发展企业集团的道路[*]

——东风集团成立 10 年总结与发展构想

(1991 年 2 月 2 日)

80 年代初期,一种新型的企业横向经济联合组织——企业集团,在生产力发展内在要求的驱动下,冲破条块行政分制的樊篱和传统体制的羁绊,出现在我国的经济舞台上。东风汽车工业联营公司(以下简称"东风集团"或"二汽集团")是率先登上这个舞台的大型企业集团之一。

东风集团经过 10 年改革和发展的探索,初步走出一条依托国营大型骨干企业,围绕名优产品的开发和生产经营,发展企业联合,实行专业化改造,组织社会化大生产的企业集团化发展道路。

东风集团的迅速发展,是党的改革开放政策成功的一个案例,是各级党政部门、社会各界,以及东风集团广大职工共同探索、实践的结晶。按照党的十三届七中全会精神,认真总结集团 10 年来的成功做法,制定未来十年集团的战略目标和指导方针,对进一步推动企业深化改革,增强企业活力,充分发挥国营大中型企业的骨干带头作用,推动企业集团的健康成长,把东风集团建设成具有国际竞争能力的社会主义企业集团,有着现实而深远的意义。

一 成长的历史

1. 诞生的历史背景

东风集团是在国家有关部门和湖北等八省(区)人民政府的关怀、支

---

[*] 1991 年是东风集团成立 10 周年。集团在 1990 年就组织了一个总结调研小组,总结集团 10 年的发展进程、取得的成就和基本经验;同时梳理了存在的问题,提出了改进建议;并对未来 10 年提出了发展构想等。本文于 1991 年 2 月 2 日成稿。

持下，经原国家机械委批准，于 1981 年 4 月 8 日成立。东风集团的诞生、成长是历史的必然。

70 年代末 80 年代初，我国工业面临着第二次调整、改组。大批汽车企业处于惨淡经营状态，亟须找到好产品，找到新市场，实施产品结构的转换。对二汽来说，"东风"五吨载货车建成投产后，也面临着扩大市场，发展规模生产，组织专业化协作的要求。二汽深感作为国家的大型骨干企业，有责任根据行业调整、改组的要求和一批企业的愿望，把大家组织起来，共同开发东风系列产品，开辟新市场，为民族汽车工业振兴做出贡献。于是在对南方八省（区）80 家企业调查后，一个联合发展的构想萌生了，并且与一些企业一拍即合，许多企业纷纷要求与二汽联合。

但是，路在何方，如何起步？尚无现成答案。当时可以有两种选择：一种是搞行政性工业托拉斯；一种是用经济办法，即在政府部门的引导下，由二汽牵头，企业自愿，按互利互惠的原则组织经济联合体，这种选择，符合有计划商品经济的规律。东风集团是按照后一种思路组织和发展起来的。

2. 联合"三步曲"

10 年来，联合走过了生产联合、经营联合和资产联合三个阶段。

1981 年到 1983 年，联合从组织生产协作开始，一些成员厂淘汰老产品，由二汽转让技术，提供零部件，围绕东风汽车进行初步的专业化分工，联合维持"三不变"，即隶属关系不变、财产关系不变、人事关系不变。

1983 年至 1986 年，为了稳定和强化专业化协作关系，稳定市场关系，要求一批企业突破"三不变"，与二汽建立稳定的经济关系。在集团统一规划的引导下，一些企业与二汽实行人、财、物、产、供、销"六统一"的紧密联合，一些企业则实行"产供销的半紧密联合"。

1986 年以来，为了进一步形成经济规模，加速东风系列产品的开发，提高生产集中度和专业化水平，相关企业要求彼此建立资产关系，有些企业与二汽合并，或由二汽控股、参股，使生产联合进入了产权联合的新阶段。

3. 集团现状

东风集团是一家以第二汽车制造厂为核心，以东风汽车系列产品为主业，以产品、市场、资金为主要联结纽带，按照自愿、平等、互利的原则组织起来的，跨越28个省（区、市）4个产业部门的企业经济联合组织。

截至1990年底，集团成员企业有306家。其中，属于核心层的11家，属于骨干层的38家，属于协作层的256家。此外，还有遍及全国的销售服务网点272个、汽车销售网点50个，全集团职工总数约30万人（其中二汽8.7万人），固定资产原值61亿元（其中二汽32亿元），主要设备6.9万台（其中二汽1.7万台），年销售额约100亿元（其中二汽45亿元）。在306家集团成员企业中，整车、底盘制造厂10家，总成制造厂10家，乘用车制造厂38家，专用车制造厂34家，零部件制造厂193家，装备制造厂19家，科研单位1家，另有3家原材料供应厂。

二 基本成就

1. 优化了产品结构，使单一品种向宽系列多品种发展

横向经济联合的发展，使一批企业淘汰了老产品（包括6个旧车型），过渡到东风产品的专业化生产。有的从事整车装配，有的从事零部件和配套件生产，有的从事专用车、大客车的制造，有的从事劳务协作。成员企业陆续在集团内找到了最能发挥自己优势的位置。以二汽为主导，通过联合开发，"东风"系列产品由原来的三个基本车型发展到现在的7个系列车型、113种变型车、64种专用车底盘；各类专用车、乘用车达11大类245个品种，形成了中、重、轻、特种车、客车兼有的宽系列、多品种的东风汽车"家族"。

2. 建立了专业化、社会化大生产体系

随着二汽"六五""七五"计划的实现，载货车生产规模达到14万辆生产能力，成为国际三大卡车生产企业之一。能力的快速形成，在很大程度上依赖了零部件扩散，自制率降低。五吨载货车扩散671种零部件，使自制率由75%降至58%；八吨载货车有1652种零部件，自制率为50%；随着生产规模的扩大，东风车社会保有量的增多（现已近100万辆），集团内部协作关系的日臻稳定，形成了推进专业化生产的稳固基础。一批"全能"厂按照产品专业化和工艺专业化的方向，引进技术，实施了技术改造。一些零部件厂已经或正在成为系列化专业化的"小巨人"；云汽、柳汽、

杭汽、新汽四家整车的自制率均在25%以内，成为各具特色的东风系列车型的装配厂。专业化、社会化生产的发展，不仅支撑集团整车以每年1万辆的速度增长，而且也改造了二汽自身"大而全"的生产格局。

3. 推动了技术进步

汽车产品的开发能力和装备制造能力是汽车工业发展的关键。二汽作为集团的"技术中心"，组织、帮助成员企业吸收、消化先进技术成果，联合开发了一批新车型、专用底盘、总成和零部件。具有国际水平的八吨平头柴油车，荟萃国际卡车的先进技术，小批量生产时国产件装车率已达67%，全部冲模实现国产化。去年通过鉴定的EQ145载货车，包含了32个系列品种。集团开发的100多个车型、几百种零部件，相当一部分在二汽技术部门参与下由成员企业试制、实验，加速了科技转化为生产力的过程。生产联合也为汽车装备制造水平的快速提高开辟了新径。专用机床联合制造，短短两年内交货，收到了水平上台阶、能力翻番之效。不仅为高水平的康明斯柴油机生产线建设提供了装备，还为斯太尔等汽车引进项目承制了部分设备。

4. 建立了遍及全国的销售技术服务网，稳定占有国内市场

经过10年的耕耘，形成一个遍及全国、由50家销售公司和272个技术服务站组成的销售服务网，是目前国内较完善的汽车销售服务体系。几万名销售服务人员，分布在全国城镇，为用户就地提供整车、零配件的销售和维修服务，从而提高了东风车的信誉，增强市场竞争力。目前，在国内中吨位汽车市场中，东风车的市场占有率达到67%。

5. 形成比较合理的企业组织结构

联合的发展，使企业逐步从条块分割的体制中游离出来。集团成员企业依其与核心企业二汽在产品、市场和资产的不同联结程度，形成以二汽为核心的，包括核心层、骨干层和协作层的三层次企业组织结构，孕育了从传统体制过渡到有计划商品经济体制的新型产业组织形态。

6. 形成了东风集团的企业文化

10年联合，不仅创造了汽车生产的物质文明，而且铸造了有东风集团特色的企业文化。即：推动民族汽车工业发展为己任的拼搏意识；勇于冲击旧体制的改革精神；循序渐进的创新意识和灵活机动的经营战略；联

合竞争的意识和同舟共济的集团观念。东风文化的发展，使东风集团在推进专业化分工和协作进程中，在克服资金和物资的困难中，都能够协调一致。维护集团的总体利益成为职工们的自觉行为。东风文化经历3次市场疲软的重大考验，并在考验中日臻成熟，成为东风集团凝聚力的又一重要纽带。

7. 取得了良好的社会经济效益

联合使一批企业起死回生。5家紧密联合的企业"七五"以来连续3年实现产量、产值、销售收入、劳动生产率、利税5个同步增长，资产增值1倍以上。其中柳汽、云汽与二汽一道跃入全国500家大企业行列。联合带动和改造了数百家企业，推动了地区经济的发展。二汽所在地十堰市、郧阳地区"因车而兴"，东风产品年产值近50亿元，分别占该市、地加工工业的90%。一批成员企业，通过二层次联合又带动一批地方企业，杭州汽车厂在浙江省就有67家配套厂，年提供配套产值近5000万元。联合使二汽能较好地利用社会资源，取得较好的经济效益。二汽仅在"七五"期间就实现利税33.93亿元，上缴利税19.2亿元，分别是1985年前累计数的1.58倍和1.52倍，资产增值1.5倍。"七五"期间，五吨载货车从8.5万辆提高到14万辆产能，八吨车万辆能力的建设，充分利用了社会存量资产，减少自身投入近7亿元；同时以1亿元的投资参股，带动30多家企业的5亿元以上资产围绕集团的发展目标运作。

8. 促进了企业改革的深化和宏观改革的发展

联合使一批企业从封闭走向开放，从生产型转向经营型，建立了符合有计划商品经济的经营机制，二汽正从传统的工厂型体制转向公司型体制，成为集团公司，是一家拥有10多家子企业的母公司。企业制度正在发生深刻变化。企业的改革，联合的发展，呼唤宏观改革与之相适应。东风集团在改革实践中，在与传统体制的碰撞中，逐步形成一些改革思路，提出一些政策性建议，并得到国家有关部门的采纳。如联合的形式和内容、集团在国家实行计划单列、成立集团财务公司、集团核心层的建设，以及集团公司经营国有资产的产权体制改革建议等，都在一定程度上促进了企业改革和宏观改革的发展。

三 基本经验

1. 坚持正确的指导思想是集团健康发展的保证

东风集团在联合初期就确立了"联合要为发展东风系列产品、为发展我国汽车工业服务"的指导思想。以这个宗旨作为处理集团与国家、地方和成员企业间关系的准则和基本出发点。这个宗旨体现了商品经济的规律，也体现了社会主义企业集团的特色，因而能经受时间的检验。10年来，联合的旗帜越举越高，联合的事业越办越好。这个宗旨指引集团不断冲破传统体制、传统观念的束缚，实现了健康成长。目前，二汽正在实现从办好一家企业到办好一个企业集团的转变；形成"二汽离不开成员厂、成员厂离不开二汽"的一种"融合"关系；较好地把自身的发展同民族汽车工业的振兴结合起来，把自身的完善同聚集社会生产力结合起来，把自身的利润追求同社会效益的追求结合起来。

2. 坚持切实可行的联合发展政策，是开展横向经济联合，发展企业集团的基础

联合发展的具体政策要符合商品经济的规律，又要以改革和发展的客观条件为依据。在联合发展的过程中，坚持对国家、地方、成员企业、二汽"四有利"的方针，协调各方利益关系；坚持按商品经济规则处理集团内部关系，如坚持自愿、平等、协商、互利的原则；坚持既联合又竞争，不搞集团内保护，也防止集团外的盲目竞争；坚持按组织社会化大生产的要求，择优组织企业联合，打破部门、地区、行业和所有制界限等。在联合发展过程中，这些政策也需根据外部条件的变化而不断发展完善。如联合初期，执行隶属关系、财政上交渠道和所有制"三不变"的政策，随着改革的深化和组织专业化改组改造的内在要求，就必然要实施"三突破"的政策。实践表明，符合国情的切实可行的政策是集团健康发展的基础。

3. 只有坚持联合、改组、改造的方针，并兼顾当前与长远，才能实现联合的初衷，走上以内涵为主扩大再生产的路子

对进入集团的企业，首先要解决"吃饭"、定向和发展的问题，即做到"眼前有饭吃、长远有方向"。因此，二汽采取了一系列扶植政策，同

时按集团的总体目标，结合各成员企业的特长，通过二汽的产品扩散或开发新的经营领域，使其按专业化方向实施技术改造，实现优势互补。依据产品、市场和资产的结合程度，形成集团的不同联合形式。"联合不改组，等于白辛苦"。东风集团始终坚持改组、改造的方针，从而有效地运用存量资产，并通过适当的增量投入，引导存量资产发挥更大的效益。云汽、柳汽、新汽、杭汽四厂十年累计仅投入1.2亿元技改资金，就形成5万辆装配能力。联合、改组、改造，走的是一条内涵扩大再生产的道路，是实施产品结构、企业组织结构调整的有效途径。

4. 发挥核心企业的带动作用，加强核心层的建设，提高集团成员企业的素质，是促进企业集团发展的关键

企业集团的牵动力源于核心企业和一批与核心企业紧密联合的集团的核心层。核心层的产品竞争力、市场吸附力和资本的辐射力，是集团经济实力的体现，也是得以带动一大批成员企业的技术经济基础。集团的发展，需要全面提高成员企业素质。二汽通过"请进来、派出去"的方式，支持成员企业全面提高素质。十年累计举办各类培训班63期，授培"种子队员"3000多人次；还通过岗位代培，训练了数千名生产骨干。对一些重点企业则派出专家服务组，进行现场指导、咨询，有效地提高成员企业的管理水平。通过这些途径，使二汽现代化生产、管理的观念、制度、技法，在成员企业中得到广泛借鉴、移植，从而形成了一套具有东风集团特色的"软件"和管理优势。目前49家核心层、骨干层企业，进入国家二级企业的有7家，省级先进企业17家。

5. 多种联结纽带密切结合是集团凝聚力长盛不衰的保证

集团各成员企业都是独立的利益主体，又都能协调一致地围绕集团的总体目标开展经营活动。这是因为通过核心企业的牵动力，形成了产品、市场和资产的三种主要联结纽带。在我国的现实条件下，产品纽带，包括产品的水平、生产规模、技术开发的能力，以及管理技术是基本的纽带；成员企业在集团内部市场和外部市场占有的份额以及集团的市场信誉，是成员企业实现利益追求的依托，而资产纽带则具有决定性作用。它是巩固产品、市场纽带的结合力、推动生产要素流动的最为稳定的一种联结纽带。资产的联结是发展企业集团的内在依据，是增强集团凝聚力的决定因素。

多种联结纽带的有机组合,体现了商品经济的内在规律性,也是区别于行政性公司的重要标志。

6. 不断拓宽联合领域,形成多角化经营态势,是企业集团发展的必然趋势

东风集团的联合,首先围绕中型载货车形成经济规模,接着是为重型车的建设和轻型车发展的需求,组织集团内企业的专业化分工,使联合围绕形成宽系列的东丰汽车产品的方向发展。为建立稳定的市场,要求联合向纵向发展。一是开展科技合作。在组织集团内的科技合作的同时,加强同国内科研、院校和国外的科技合作和交流。二是发展工艺装备的联合。发挥二汽后方装备6家专业厂的技术优势,组织了冲模、涂装设备、专用机床等专业集团。三是组织销售服务的联合。通过建立东风汽车贸易公司、进出口公司,并同数百家汽车修理厂、汽车经营部门联合,建立国内市场保障体系;而建立海外的销售服务体系,是进入国际市场的必然选择,集团正为此做出努力。四是组织原材料、能源的联合已开始起步。五是通过建立集团财务公司、拓展同金融部门联合的渠道。实践表明,突出主业、发展多角化经营是企业集团发展的必然趋势,也是集团增强竞争实力的必然要求。

7. 资金的横向融通,是企业集团发展的重要条件

1987年在国家支持下,成立非银行的金融机构——东风汽车工业财务公司,承担集团内的收付款、借贷、担保、贴现和对外融资业务,4年资金收付量累计36亿元,营业额18.1亿元。对加速资金周转,缓解资金困难起到拾遗补阙的作用。产业的成长,需要金融的支撑,没有金融支撑的产业集团,是跛足的集团,终难以壮大,更难以进入国外市场。因此,拓宽财务公司功能,壮大其实力,并探索金融与产业的直接结合,是企业集团发展的又一必然趋势。

8. 大型企业集团在国家实行计划单列,是现阶段培植和加速企业集团发展的重要措施

企业集团的发展,要求打破条块的行政束缚,又要在新旧体制转轨中,从国家行政部门中得到必要的资源。一批关系国计民生的大型企业集团的主要经济发展指标,直接在国家计委和国家有关部门实行计划单列户头,无疑是一项促进集团发展的重要过渡措施。为此,东风集团于1986年提出

了建议,并在国务院各部门的支持下,从1987年开始实行计划单列。单列使企业有了较大的经营自主权,有利于提高决策效率,有利于增强集团核心层实力,有利于发挥集团优势,加快产品结构和企业组织结构调整的步伐,建立计划经济与市场调节相结合的运行机制。

四　实践的启示

1. 企业集团是改革的产物,也是历史的选择

新中国成立以来,我国模仿苏联计划经济的模式。这种高度集权的经济管理,对国民经济的全面恢复起到积极作用。但这种体制排斥价值规律的作用,限制商品经济的发展,人为地割断企业之间、企业与市场之间的联系,把企业置于政府的行政序列之中,成为行政部门的附属物。企业缺乏生机和活力,对政府的依赖性越来越强,经济效益差,劳动生产率低下,技术进步缓慢。这种企业组织结构与社会化大生产的矛盾日益显现。党的十一届三中全会以来,传统体制开始向有计划商品经济体制转换,确立了企业作为商品生产经营者的地位,采取了扩大企业经营自主权的一系列措施。二汽较早地运用国家的改革政策,在政府的引导下,组织横向经济联合,逐步形成一种适应社会化大生产要求的产业组织形态——企业集团。东风集团的成长,使一批企业开始摆脱政府的直接管理,走进了现代化大生产体系,较为平稳地实现生产的集中和规模经济的形成。可以说,这是社会主义制度的自我完善,也是历史的一种选择。目前,我国汽车工业已形成几家大企业集团竞争、发展的局面。这是我国汽车工业自立于国际汽车工业之林的一条可行的道路。

2. 企业集团是搞活经济,调整经济结构,承接新经济体制的重要的社会经济组织形式

在计划商品经济条件下,企业逐步成为独立的商品生产经营者。作为一个利益主体,为了求得生存和发展,必然要把自身纳入社会化大生产的分工体系之中,求得以最低的成本,实现最好的效益。以一家国营大型企业为核心,以名优系列产品为龙头的跨地区、跨部门的企业集团,有效地将一大批相关企业联合在一起,使大中小企业都能在集团的产业分工中,

各得其所，取得相对稳定的市场，实现其利益的最好追求。竞争性产业中的单个企业，按一定的市场目标进入企业集团，成为单个企业实现自己目标的最好选择。企业集团把一大批企业组织在一起遵循商品价值规律，追求资源的合理配置，要素的优化组合，经济利益的融洽和组织结构的合理化，产生集团效应，取得一加一大于二的效应。企业集团把集团整体目标和成员企业的个别目标有机结合，形成一种相互依存、同舟共济的关系，有效地促进计划经济与市场调节相结合的运行机制的形成。因此，企业集团作为一种新型的企业组织结构，将是有计划商品经济体制的基础，一种重要的社会经济组织形式。

3. 发展企业集团是搞活企业、发挥大中型企业骨干作用和改善国家宏观调控的重要途径

企业集团为集团成员企业提供了一个集团内部的市场和一个外部市场，并促使其参与市场竞争，承受竞争的压力，激发其竞争的内在动力。同时推动其自觉地实施生产要素的合理流动、结构调整，从而在总体上实现社会资源生产效率的提高。我国企业集团已经并正在继续发挥着重要作用。一是企业集团作为产品结构调整的组织载体，能够更有效地、更灵敏地根据国家的产业政策和市场需求，不间断地调整产品结构，从而在总体上推动产业结构和经济结构的优化；二是企业集团作为专业化大生产的组织者，能够以市场为导向，用经济手段，推动生产要素的优化配置，盘活积淀的社会资产；三是企业集团作为与社会主义计划经济相适应的产业组织形式，使它能够成为政府部门联系和引导众多中小企业的桥梁和纽带。政府的宏观调控政策，通过企业集团的核心企业——集团公司，用经济的力量，而不是行政的力量，以产品、市场和资产的联结力，形成引导对成员企业经营方向的约束力和推动力。事实表明，企业集团的发展，有效地解决了困扰国家多年的，靠行政管理办法难以解决的经济结构调整的深层次矛盾。

五 问题和建议

1. 集团的组织管理亟待改善

东风集团是在外部环境变化，内部组织管理缺乏经验，又没有现成模

式可以照搬的条件下，逐步探索发展起来的。随着集团生产经营规模的扩大，在组织管理上已暴露出一些不容忽视的问题。这些问题主要反映在产品、市场划分、利益协调和组织管理体制四个方面。产品的生产规模与集团的组织规模不相适应，既有产品的牵动力明显不足，亟待拓宽东风汽车系列产品，开拓新的经营领域。一些产品重复布点、"撞车"，造成过度竞争，需要根据市场的走向，实施结构调整。集团内部配套协作需要遵循商品经济规律，体现既联合又竞争的关系，完善内部法规和工作程序。横向经济联合的发展，呼唤企业体制的变革，现行的管理体制已大大落后于生产发展的水平。作为集团核心企业的二汽，亟待加速向公司体制的转换，带动整个集团管理体制的变革。

2. 为企业集团的发展创造必要的外部环境

企业改革必须有外部环境的推动和支撑。企业集团的发展有赖于各级政府的引导，有赖于财税体制的改革和政府职能的转换，更有赖于社会主义统一市场的发育。东风集团成长的十年历程，向我们昭示，经济体制是企业集团健康成长的决定因素。当前，企业集团的发展要避免走向行政化，重新被纳入政府管理的旧体制中，继续沿着有计划商品经济方向发展。党的十三届七中全会通过的《中共中央关于制定国民经济和社会发展十年规划和"八五"计划的建议》（以下简称《建议》）明确指出："积极发展企业集团。制定具体政策和措施，推动企业的改组、联合和兼并，促进企业组织结构合理化，有计划地组建一批跨地区、跨部门的竞争性企业集团。"全国企业工作会议根据《建议》精神，提出了一系列搞活企业、推动企业集团发展的政策和措施。这些政策和措施是我们党和国家总结过去、思考未来所得出的科学结论和正确选择。它的贯彻和落实，将为我国企业集团的发展创造有利条件。为了更有效地贯彻落实党的发展企业集团的政策，我们应在深化企业内部改革、推动集团组织管理体制创新方面做出更大努力。同时，建议国家对一批以国营大型企业为核心的跨地区、跨部门的竞争性企业集团，进行包括国有资产授权经营、完善国家计划单列、税利分流为主要内容的发展企业集团综合试点。结合试点，推动政府职能的转换实现政企职能分开、经济行政管理权和国有资产所有权分开。

六 发展构想

1. 未来 10 年,是东风集团发展的一个非常关键的时期

国内汽车行业将在新的起点上进入新一轮竞争,挤入国际汽车市场的机会尚存。东风集团必须从高起点上进入新一轮的角逐。改革开放总方针将为企业集团的发展建立更有利的经济环境和政策环境。但新旧体制转轨过程中的摩擦,仍然制约着企业集团前进的步伐。在新的形势下,我们面临经营战略的转换,面临产品结构、组织结构和经营机制的新变革。东风集团作为我国汽车工业的主力军之一,要进一步增强历史的责任感,时代的紧迫感,在前 10 年的成功实践的基础上,为开拓新的 10 年而奋力拼搏。

2. 未来 10 年,东风集团要在高起点上参与国内外市场竞争

为此,我们总的战略目标和基本方针是:遵循社会主义有计划商品经济的规律,坚持改革开放,继续探索实现集团产品结构和企业组织结构合理化的路子,形成适应计划经济和市场调节相结合的运行机制;提高汽车生产的资源、资金、技术的集约化程度,创造新的生产力。把东风集团建设成为一个具有国际竞争力的社会主义新型企业集团。

3. *市场(经营)目标*

以国内市场为后盾,以国际市场为目标,扩展卡车和零部件优势,积极建立包括重型、中型、轻型、普轿、乘用车、专用车的宽系列产品型谱;发挥汽车产品开发技术和装备制造技术的优势,形成包括工厂设计、产品技术、成套装备、工厂建设的配套经营服务体系。汽车产品力争占有国内市场 1/3 左右的销售份额。通过海外设厂(合资或独资),建立销售服务体系,在国际市场上站稳脚跟,力争出口额占年销售收入 1/10 左右。

4. *产品发展目标*

围绕建立汽车的宽系列产品型谱,按符合经济规模的要求,完善零部件生产基地、配套件生产基地、卡车和专底盘生产基地、大客车和专用车生产基地及轿车生产基地。使集团发展成为一个有机地能够相互配合的汽车生产体系。"八五"期间,控制中吨位卡车投资,通过挖潜改造使其生产能力达到 15 万辆;"九五"期间,生产能力达到 20 万辆;各种专用车、

乘用车产量占卡车总量的50%；轿车力争"八五"实现第一期15万辆工程项目，最终年产能力达30万辆；建立包括科技信息、技术装备（专用机床、专用设备、冲模工装、刃量具等）、工厂设计、金融和内外贸等板块，实现"三级跳"战略目标。

5. 组织管理目标

积极探索发展公有制基础上的股份制。股份制的制度特点，有希望成为公有制基础上利用市场机制配置资源的一个微观基础，也是企业集团发展的方向。通过股份制这种形式，发展公有制内部各投资主体之间的合资、控股、兼并、股权交易等，突破部门所有、地方所有带来的僵化、封闭格局，推动生产要素的合理流动和优化组合。加快实施二汽的公司型改制，形成"里三层、外三层"的组织结构。二汽改制为东风汽车公司，是东风集团的核心公司，是一家拥有一批子企业的母公司。公司按产品或地域设立事业部（管理部）、分公司、子公司。形成公司本部—事业部（分公司、子公司）—生产单位三级管理体制，完善企业的经营机制，改革企业的领导制度、产权经营制度、劳动制度和分配制度。

东风汽车工业联营公司改称为东风汽车集团。原董事会改为理事会。东风集团是以东风汽车公司为核心，以汽车为主业，由一批具有生产、经营和资产联系的企业组成的经济联合组织。集团按成员与东风公司资产联结程度，形成集团核心层（东风公司的子公司）、骨干层（东风公司的未达到控股程度的合资公司）、协作层（与东风公司及其子公司建立稳定协作关系的公司企业）三个层次。按产权管理和商品经济的规则，改革和完善集团内部运行机制。

6. 市场策略

一是建立健全完善的销售服务体系。国内销售网力求覆盖全国，逐步将网点设到县一级行政区域，使之与各地区经济发展状况和汽车保有量相适应，同时全面提高销售服务网的素质。在海外，要在充分发挥现有海外商业机构功能的同时，从委托代理、经销到逐步在目标市场建立排他性销售服务网。二是努力发展出口产品。卡车要选择海外战略要地投资设厂组装，参与国际竞争。当前，在继续开拓零部件、毛坯和劳务出口的同时，抓紧重型、中型卡车和乘用车、专用车以及技术装备的出口。推进轿车出口,使出口贸易进入实质性阶段。三是调动成员企业的积极性,充分利用东风贸易公司及其技术服务体系和东风进出口公司的渠道,组织联合销售、联合出口。

7. 卡车的发展方针是着重调整结构

中吨位卡车要加速产品的改进和换型;对各整车装配厂要根据市场的变化,合理分工避免"撞车",形成各具特色的产品系列。重型车要在加快能力建设的同时,形成系列,完善质量;轻型车要按照"联合开发、灵活经营"的原则,尽快形成能力,争取有新的发展。

8. 大客车、专用车的发展方针

坚持系列化、多品种、高质量、市场导向、适度规模的方向。要努力改变产品趋同、品种单一、质量不高,以及部分品种规模过度竞争的问题。为此,要通过规划引导,扩大专用底盘的品种,适当增加底盘供应量,加速技术开发,提高产品档次。集团要重点扶植一批各具特色的高水平的专用车、大客车骨干企业。

9. 轿车发展原则

轿车的发展按照"联合开发、合资办厂、进口替代、出口导向"原则进行。充分运用社会资源和已形成的集团优势,加快轿车建设速度和零部件国产化进程;利用产品、工艺、装备和管理技术引进的机会,尽快形成轿车的开发能力和自我装备能力。

10. 零部件的发展是战略重点

零部件生产要实行专业化、系列化,提高生产集中度,提高技术开发能力,为加速整车的开发和换代、降低整车厂的自制率、提高专业化程度奠定基础。要充分发挥二汽零部件专业厂和集团的一批零部件骨干厂的技术优势和现有基础,按产品系列化、工艺专业化的要求,建立多层次生产协作体制,形成若干有优势的汽车零部件专业厂。立足集团主机产品的配套和维修备件市场,面向全行业,进入国际市场,不断提高市场占有率,防止集团性保护和自我封闭。

11. 提高汽车生产的技术装备水平

充分发挥二汽后方专业厂的技术优势,择优组织专业化协作,建立以各专业厂为主导的专业集团;通过技术引进的消化、吸收、创新,提高装备水平。技术装备的生产，立足集团，面向国内外市场，在集团统一规划下协调市场目标，形成技术装备的成套供应能力。

12. 推动科技发展和人才培养

科技是第一生产力，是集团发展的推动力。科技发展要围绕汽车产品的开发，新工艺、新技术、新设备和新材料的开发和应用，现代管理手段和方法的开发和应用，节能降耗和环保的研究和应用等方面展开。要发挥集团科技部门的作用，组织集团成员之间的联合开发、联合攻关，建立分工合作的研究体系。推行集团内部的科技合作和成果有偿转让的办法。分层次组织集团职工的岗位培训和继续工程教育，提高职工素质。

13. 建立科学合理的经济关系

根据联合对象的产品方向、对集团发展全局的重要程度、生产规模、技术经济实力和意愿，建立三个层次的经济关系：①资产一体化的经济关系；②股份经济关系；③协作经济关系。

集团内部企业间不搞平调，根据成本、税赋、市场等各种因素的变动，通过协商，及时合理地调整相互间的利益关系，建立科学合理的价格体系。集团内部成员企业间的关系是一种商品交换关系，共同遵守商品经济的规则，联合、竞争相辅相成。不搞集团内的保护，也反对集团外的盲目竞争。

14. 建立规范化的母子公司关系

集团公司作为国家授权经营国有资产的经营者，对子公司承担控制、协调、服务的责任。母公司对子公司的控制主要是人事管理和财务管理。对于公司的评价标准主要是资金利润率和劳动生产率。子公司作为独立的法律主体，拥有相应的经营自主权，母公司主要是通过规划、计划和价格，协调其行为。母公司建立集团的公共服务体系，提供市场、科技、信息和咨询服务。

15. 加强集团的组织建设

东风集团前10年的发展，组织建设是成功的，成员企业有强烈的集团意识，显示了强大的凝聚力，但也存在一定问题。未来的10年，应根据集团和二汽向公司制转型的要求，采取相应的对策。一是努力壮大集团核心层。四家实行紧密型联合的企业，应通过国有产权授权经营，改造成子企业；根据发展战略的需要，选择若干企业，通过兼并、合并或租赁，改造成子企业；根据"放虎下山"的战略，二汽的一些专业职能部门、零部件和后方装备专业厂，有的可能成为分公司，有的则可能成为子企业。二是通过组织整顿使集团的组织规模与集团的产品、市场和资产的牵引能力相适应。吸纳新成员企业应依据发展规划，履行审批程序。

16. 建设企业文化

良好的集团企业文化是集团物质文明和精神文明建设成果的综合体现，是集团凝聚力的体现。在新的10年，我们将把企业文化建设提高到一个新的水平。我们要以优质的"东风"系列产品和优良的服务，换取社会和用户的报偿，取得合理的收益；我们要以具有东风集团特色的企业组织、企业哲学、企业精神、企业道德、企业风尚、企业目标、企业民主、企业制度和管理方法，形成东风集团的统一意志和对崇高目标的追求，以推动东风集团持续、稳定、协调发展。

在集团未来10年发展的进程中，我们必须以积极的姿态，落实国家批准的各项改革措施。如国有资产授权经营、发展企业集团综合试点、计划单列、财务公司，以及其他一些推动改革的试验和探索。在国家有关部门的领导和政策支持下做出新的成绩，为到2000年实现集团的发展目标而奋斗。

为实现二汽"三级跳",开创新局面的宏伟目标而奋斗*

——1991年2月6日在二汽六届职工代表大会
第三次会议上的工作报告

(1991年2月6日)

各位代表：

现在,我向职工代表大会报告我厂1990年及"七五"工作情况,报告"八五"发展的战略目标、基本思路以及1991年工作安排,请予审议。

一 面对严峻挑战,二汽取得了一系列重大成就

在过去的一年里,二汽经历了严峻的考验。在即将进入1990年时,我们结合学习党的十三届五中全会精神,分析预测形势,对1990年的工作做了一系列安排,但是形势的发展仍然让我们始料不及。面对建厂以来来势最猛、持续时间最长、波及面最宽的市场冲击,我们紧紧团结和依靠全厂干部职工,自强不息地在四个方面展开了开创性的工作,取得了重大成就。

（一）在生产经营方面,全厂取得较好的经营绩效,职工队伍得到锻炼,向效益型转轨迈出了新的步伐

我们是在指令性计划不足30%的前提下进入1990年的,市场对二汽已具有决定性的意义,我们承受着过去不曾有过的经营风险与压力,这在全国特大型企业中是少有的。

---

* 1991年2月6日,第二汽车制造厂（东风汽车公司）召开第六届职工代表大会第三次会议。本文是作者在会议上所做的工作报告。

全厂职工迎着来自市场的巨大冲击，夺取了较好的经营绩效。全年生产汽车 120623 辆，完成了调整后的年计划，比上年的 135457 辆下降 11%；销售收入 39.96 亿元，比上年的 41.89 亿元下降 4.6%，总产值完成 34.2 亿元，比上年的 36.52 亿元下降 6.3%。产值和销售收入下降幅度明显低于产量下降幅度，说明调整品种结构和强化销售管理收到了良好效果。但是，全年实现利润只有 3.7 亿元，比上年下降 39%。这是一年来成本继续上升，销售价格稳中有降，企业承受着成本与价格内挤外压的结果。一个企业无法改变经营的大环境，但是我们面临来自市场的压力，使大部分生产经营指标仍然创造了在全行业继续领先的好成绩，市场份额又有新的增长。

具有深层影响的是，市场的压力加速了二汽向经营效益型企业转轨。

第一，全厂干部职工的市场观念明显增强，初步树立了危机意识和竞争意识。可以说，市场疲软使二汽从卖方市场的美梦中惊醒，供大于求使我们在优胜劣汰的现实中受到教育。企业要围绕市场转，全厂工作要力保销售的观念得到加强，出现了职工人人关心销售，关心东风车在市场竞争中的状况。很多人都为能在促销筹款，提高东风车竞争力的拼搏中尽一份力而自豪。销售处几位老处长带领销售人员在外面奔波了 8 个月，为了把车卖出去，把钱收回来，真称得上是"千方百计、千言万语、千山万水、千辛万苦"。在他们身上，我们看到了二汽人自强不息的精神风貌。这说明严峻的现实使人们的观念有了积极的变化。

在严酷的市场面前，技术水平决定着企业的前途；质量水平决定着企业的兴衰；管理水平决定着企业的能力；销售水平决定着企业的效益。这已经成为全厂上下越来越多的人的共识。

第二，有效地调整品种结构，增强了企业整体的应变能力。几年前，二汽就在积极准备由速度型向效益型转变，1990 年市场紧缩制约了速度增长的现实，有力地推动了这个转变，全厂从销售到计划、调度，从技术开发、生产准备到生产现场，从前方到后方，各方面都围绕品种结构的调整做了大量卓有成效的工作，使全年生产的整车比例增加了 6 个百分点，曲面玻璃对平面玻璃的比由 1989 年的 50∶50 调整为 1990 年的 61∶39；全年 EQF140/47 增产 3695 辆，EQ144 增产 2510 辆，EQ140－1A 增产 1623 辆。据各种车型的调整量计算，全年由此而增加销售收入 4.3 亿元。以这些产品销售利润率与基本车型比较，1990年的品种结构调整，使利润总额增加了4522万元。

第三，把握市场动态，正确分析市场信息，搞好产销衔接的水平有所提高。从2月开始，总厂派出一批总厂领导、处级干部和专业人员赴全国各地开展市场调研和促销催款，对总厂制定正确的经营决策发挥了重要作用。

从3月起，我们根据市场变化趋势，逐月调整产量和品种，5月决定"初定全年，滚动调整"的盘子。组织和动员车身、车厢、车架、总装、轴瓦等一批专业厂，克服重重困难，增产长箱车和其他适销对路的品种和备件。第三季度，当市场出现某些回升势头时，我们仍然十分谨慎地分析市场发展趋势，在积极促销的前提下，把严格控制库存的增加作为确定产量的基本依据，避免了大起大落。

一年来，我们在经营活动实践中还建立了经营工作例会制度，试行了刚柔结合的价格政策，并着手研究和推行区域性销售管理体制，这都将对提高我厂经营水平产生长远影响。

第四，成本管理有所加强，为提高企业抗冲击能力创造了条件。去年，总厂先后下发了8个文件，对加强财务管理做出了一些具体的规定，贯彻执行已取得初步成效。据统计，在成本计划都比较紧的情况下，22个前方厂中的18个厂完成了变动成本计划；34个专业厂和生产处室中，有24个完成了可控固定费用计划；8个后方厂中的7个厂完成了利润计划。违纪和以各种形式挤占成本的现象有所减少。根据对12月成本的初步分析，基本上没有出现以往那种年底突击进成本、突击花钱的现象。在成本上升因素不断增加的情况下，成本控制能达到现在这个水平是有进步的。

第五，经过多年准备，东风系列整车批量进入国际市场的前景逐步明朗。去年，总厂明确提出了"主市场、主渠道、主产品、主阵地"的出口战略，把出口产品各项工作纳入厂内生产经营大系统，从而取得了成交755辆汽车，出口352辆整车、121.87万美元零部件，创汇1752.71万美元的成绩。随着我厂产品结构的变化，东风系列汽车产品批量出口的前景看好，主要矛盾已从拿不到订单转为能否按期兑现合同。这是二汽寻求新出路、新发展的重要途径。

当然，还应当看到国内中卡市场格局可能发生的变化对我们有巨大威胁，二汽向效益型企业转变的进步还是初步的、表层的，无论是思想观念、体制管理，还是应变能力、营销水平，仍有大量不适应的问题和环节。全厂上下若能不断变压力为动力，我们就有可能在经历了这次市场考验以后，各项工作登上一个新的台阶。反之，一切又恢复到原来的样子，那就注定要在下一轮竞争中处于被动局面。

（二）在企业管理方面，以争创一级企业为目标，各项管理有了新的进步

中汽总公司代表国家对二汽进行的考核表明，二汽的企业管理已符合国家级企业管理的基本要求，通过了国家一级企业预考核，正式考核将在今年进行。这是全厂职工共同努力的结果，是多年来我厂坚持抓以质量为中心的基础管理工作的结果。

一年来，我厂在企业管理工作方面，按照"改善管理、锻炼队伍、提高效益、积蓄后劲"的方针，迎难而上，不失时机地提出了争创国家一级企业的目标，突出抓质量、物耗和效益，广泛深入地开展各项管理升级达标工作。通过一年的努力，现场管理向整体优化方向发展，各项专业管理围绕总厂方针目标又有所改善。

（1）产品质量，整车、发动机1990年第四次获一等品，实现了两个一等品四连冠；

（2）计量管理，被评为国家一级计量单位；

（3）能源管理，通过了一级节能单位预评；

（4）安全生产，安全性评价取得了945.72分的好成绩，列行业榜首；

（5）设备管理，连续三年被评为全国优秀单位；

（6）经济效益，处于行业领先地位。

1990年，全厂把双增双节作为改善管理的重要目标摆到突出位置，明确提出全年双增双节降低总成本1亿元的任务，在全厂范围内开展了"闯难关、做贡献、质量效益杯"立功竞赛活动。从提高产品质量、提高经济效益、推动技术进步、加速能力开发、加强设备管理、节能降耗等六个方面，按照群众性申报立项的原则，确定了总厂级项目505项，分厂（处）

级项目1480项，车间（科）级项目1910项，班组级项目2493项。在项目实施过程中，全厂职工发扬艰苦奋斗的光荣传统，树立过紧日子的思想，不该花的钱坚决不花，能少花的不多花。如发动机厂在曲轴车间改造中不等不靠，自己动手改造了过去闲置的22台设备，花钱不多建成了一个年产3万辆份曲轴生产能力的车间，缓解了曲轴生产能力不足的问题。为了加强物资管理，物资供应部门普遍实行了定（限）额供料制度，还积极清仓利库使材料储备从年初的166天下降到120天。为了降低采购成本，物资部门组织队伍与供应厂家逐个进行分析对比，合理定价，使全年采购成本减少3000万元。工艺部门加强技术与定额管理，提高材料工艺利用率，单车节约钢材22公斤，节支1500多万元。尤为突出的是钢板弹簧厂调整工艺，利用不符合技术条件的积压料11602吨，减少损失1160万元。据初步统计，双增双节活动在各级领导的重视和有关部门的精心组织下，全厂增收2804万元，创效益1.7亿元，其中消化成本6682万元。

现在，企业正一步步走向市场，如何从加强各项专业管理进而发展到优化综合管理，优化现场要素管理，即提高管理有效性的问题，亟待改进和提高。我们必须明白，对企业管理水平的权威评价，不仅在于政府机关，而且在于千千万万个用户，在于来自市场的无情选择。

（三）在基建技改方面，经过五年艰苦奋战，"七五"计划的主要目标已基本实现

"七五"期间，我厂认真贯彻"坚持总量控制、实行结构调整、突出重点建设、提高投资效益"的指导方针，围绕国家批准的"七五"目标，努力摸索投资少、产出多、周期短、见效快的建设发展路子，取得了较好成绩。五年累计完成固定资产投资规模12.5亿元，其中，基本建设投资6.41亿元，技术改造投资6.09亿元，投资完成率达82%。

"七五"期间，二汽在实交利税26.4亿元的同时，利用企业留利扩大再生产，使固定资产新增14.7亿元，补充流动资金1.13亿元，再加上在建工程4.77亿元，总计创效益47亿元。

更具长远意义的是，经过"七五"建设，为"八五"实现更大发展奠定了基础。

首先是为十堰老基地注入了新的生机。从生产能力来看，14万辆中卡生产能力扩改建已经完成。汽车生产能力由"六五"期间末的8.5万辆提高到14万辆，增长了64.7%。一些零部件生产能力达到20万辆份，经济规模和专业化生产水平进一步提高。

从技术水平来看，"七五"期间，二汽用于技术进步的投入近8000万元，加上广大科技人员、技术工人和干部的共同努力，使全厂整体技术水平又有了明显的提高。特别是在冲模、组合机设计制造、先进刀具和机器人应用、利用微机改造生产线，以及铸造、热处理、油漆等各个方面水平有较大提高，基础进一步增强。

从工厂生产结构来看，经过"七五"改造，我厂的驾驶室、车架、发动机、变速箱、车桥等关键总成的生产和整车装配都实现了"双轨制"，为多品种生产和换型改造创造了条件。同时，化油器、轴瓦、仪表等零部件生产厂和后方生产厂的产品结构和技术结构也发生了显著变化，提高了适应市场变化的灵活性。

襄樊新基地初具规模，EQ153型八吨平头柴油车生产阵地基本建成，极大地增强了二汽发展的后劲。"七五"期间，襄樊基地建设累计完成投资4.05亿元，建筑面积竣工30万平方米。具有先进水平的第三铸造厂、柴油发动机厂、第二动力厂、汽车试验场以及配套设施等五大项目已基本完成。一个高水平的现代化汽车生产基地已出现在襄北平原上。

上品种、上质量的基础有了很大的改善。到目前为止，我厂在三个基本车型的基础上，已开发、研制和投产了7个系列150种变型车和4个系列16种发动机，形成了中型、重型车并举，汽油车、柴油车并举，长头卡车、平头卡车并举，多种轴距和驱动形式兼有的多系列、宽型谱汽车产品，有效地增强了企业满足多样化需求的能力。

通过应用新工艺、新技术、新装备，消化吸收引进技术，提高企业整体的技术水平，为巩固和提高产品质量提供了基础。主导产品EQ140-1整车和发动机从1987年以来，连续4年保持了一等品水平，汽车大修里程已由15万公里提高到20万公里。到"七五"期间末，全厂累计创国优产品1种、部优14种、省优33种。

二汽由于目标明确，措施得当，取得了较好的产出效益。"七五"期间生产汽车55.49万辆,是"六五"期间30.24万辆的1.83倍;实现工业总产值173.87亿元,是"六五"期间73.22亿元的2.37倍;实现利税39.07亿元,是"六五"期间19.80亿元的1.97倍;上缴利税28.4亿元,是"六五"期间11.21亿元的2.53倍。

"七五"期间,我厂按照改革开放的思路,主要依靠企业自身的力量,第一次规划和组织实施了二汽发展史上一个完整的五年计划。回顾五年来的建设发展工作,总厂认为如下几点对指导今后的工作是有意义的。

第一,以企业中长期发展战略指导阶段性规划、计划,是实现稳步发展的重要条件。"七五"前期,总厂领导班子集思广益,制定了到2000年"三个三"的总体发展战略。有了这个发展战略,就有了中长期的战略部署,就使广大干部职工有了奋斗目标,有效地防止了顺利时头脑发热,困难时不知所措的局面。这是我们实现稳步发展、避免反复的重要基础,它保证了二汽在"七五"外部环境发生较大变化的情况下,仍能稳扎稳打,一步一个脚印地前进。

第二,确保中长期产品发展战略取得成功,这是企业走上良性循环轨道尤为重要的一环。二汽"七五"期间集中力量开发了一个平头车,突破一点,带动了整个产品系列的发展。特别是平头驾驶室和柴油机的开发,对搞活全局起到了至关重要的作用。我们在多年积累的整车总成和部件基础上,"七五"期间汽车新品种的开发已由单一车型扩展到成系列的产品开发,1990年定型了79种车型,其中,EQ145系列一次定型32种、EQ140-2一次定型41种。

第三,通过正确的战术来保证总体战略的实现。我们"七五"的基本战术还是缩短战线,有保有压,坚持打速决战、歼灭战。部署上分前两年和后三年。前两年的重点是以改造十堰基地为主,形成14万辆生产能力,使二汽在"七五"前几年仍能保持每年递增一万辆汽车产量的水平,从而保证了建设发展的资金来源;后三年,集中人力、物力确保EQ153的建设。因此,从总体上说,缩短了投入产出的周期,提高了经济效益,从战略到战术基本是正确的。

第四,充分利用国家改革开放创造的新条件,寻求一条促使企业尽快发展的新路子。"七五"期间,我们在这方面积极进行探索,收到了按传统做法不可能得到的成效。横向联合进一步发展，特别是上千种EQ140的零部件扩散及EQ153零件、总成的扩散，对"七五"计划的实现是至关重要的一步棋。经过充分的研究，我们确定并实施了向"三层次"公司型体制过渡的改革方案，使我们找到了一种更适合二汽未来发展的企业组织管理形式。"七五"期间，二汽还实现了在国家计划单列，成立了东风财务公司。所有这些方面的探索为我们在"八五"谋求更大的发展积累了经验。

第五，党政工密切配合，坚持"三加强"和全心全意依靠职工群众。这是二汽在复杂多变的环境下保持安定发展局面最重要的基础，使我们能够充分调动企业的精神力量，这是"七五"建设成功之本。

（四）在轿车准备方面，历经三年坎坷，终于开创了被国家纳入"八五"计划和项目正式签约的新局面

这对国家来说，标志着"三大三小"发展轿车的整体部署已到位，对二汽则意味着将进入一个新的历史发展阶段。

二汽与雪铁龙公司的合资项目，是中法建交以来，两国企业间最大的经济合作项目，也是新中国成立以来我国机械制造业投资规模最大的建设工程，其最终目标为年产30万辆普通型轿车。已签订的合同为第一期工程，目标为年产15万辆轿车、20万台发动机，总投资约为40亿元人民币，其中包括约5亿美元外汇，合同签订后4年投产。今年如果项目进展顺利的话，我们将装配部分轿车投放市场。轿车厂将由二汽与雪铁龙公司合资经营，比例为7：3，中法政府将为合资厂的建设提供贷款资助。

这个轿车项目是二汽从高起点追赶国际水平的一次新的契机，它有以下几个特征。

（1）二汽雪铁龙将生产的系列化轿车，能兼顾生产、商业、公务不同档次和用途的需要，可成为我国普遍使用的主力车型，有利于实现按经济规模大量生产。

（2）二汽雪铁龙将生产的轿车是至今尚未投放市场的未来型产品，其各类技术经济参数均是瞄准优于当代同类型轿车设计开发的，因而有明显的优势。当合资公司投产时正值该车型进入成熟期，这有利于我们的产品能以兼有市场寿命较长、水平较高、可靠性良好的特征进入市场。

（3）这个项目将得到中法两国政府的支持，从而获得了良好的资金基础，有利于双方以较高的投资强度建设一个全新的合资厂。

（4）合资合同规定雪铁龙提供动态技术，由合资公司委托二汽接受转让技术，并由二汽和雪铁龙合作开发系列化车型，有利于二汽尽快形成轿车开发能力和引进技术的再生能力。

（5）合资公司在工艺、装备、管理上大量采用80年代末90年代初的最新技术和成果，使合资厂在技术水平上达到当代国际水平。

在新的起点上建设现代轿车工业是一项极具挑战性的事业。它将在增强二汽整体实力，增强二汽技术开发能力，真正实现全系列发展，增强资金筹措能力，增加新的就业机会，带动零部件、装备制造以及企业管理提高到一个新的水平等诸方面发挥巨大的促进作用。我们也将会遇到一系列今天还难以想象的艰难险阻，但是，这一切都不能动摇我们二汽人的信念。当年，"为中国汽车工业打翻身仗"的豪情曾激励二汽人奋战武当山下；今天，建设轿车厂，改善人民行路条件的光荣事业又历史地落在二汽人的肩上。我们坚信，以轿车项目为契机，二汽一定能实现在新起点上的攀登。

一年来，辛勤劳动在后勤、教育战线的职工同志们为全厂夺得上述成就做出了自己的贡献。集体企业进一步发挥了增强整体应变能力、提高效益、增加就业三大作用。

在这不平常的一年，二汽全体职工承受着巨大压力，大家不怨天不尤人，以高昂的斗志，顾全大局，勤奋工作，以创造性的劳动夺得了丰硕的成果。严峻的形势与巨大的成果再一次证明二汽人是困难面前的强者。它为我们在20世纪末实现"三级跳"的战略目标，创造了一个良好的开端。

二 形势和任务

前不久召开的二汽党委常委扩大会和厂务扩大会，结合党的十三届七中全会精神重点研究了二汽"八五"及今后10年的发展战略。与会同志一致认为，对二汽来说和国家一样，今后10年也是非常关键的时期。这10年工作的好坏也关系到我厂的兴衰成败，关系到二汽的前途和命运。

(一)"八五"的出发点和基本思路

90年代,国内汽车行业将在新的起点上进行新的一轮竞争。80年代的竞争是围绕以引进技术为基础的产品换代而展开的,90年代新一轮的竞争,则是以技术引进、合资以及外商独资等形式展开,竞争迈上了一个新的高度。在国内竞争中壮大自己,在走向国际市场中缩短差距,这是我们思考"八五"计划的出发点。

二汽"八五"计划的基本思路是扩展卡车优势,实现更新换代,上新水平;开创轿车新业,从高起点追赶,走向国际。

这个基本思路的要点如下。

(1) 控制总量,调整结构。"八五"期间卡车生产能力与产量主要通过挖潜达到15万辆左右,在能力上不再做更大的投资,主要是调整产品结构。要完善一个系列,使EQ153(八吨平头柴油车)的质量与品种同时完善;改进一个产品,使EQ140-Ⅰ(五吨长头车)转型到EQ140-Ⅱ;换型一个品种,实现EQ140的第二代产品——EQ145大量生产;投入一个产品,使轿车投放市场;准备一个车型,即新一代的长头车EQ140-Ⅲ。同时还要调整组织结构和生产结构,这是实现"八五"计划、搞好转轨变型的重要条件与重大措施。

(2) 发展联合,拓宽品种。"八五"期间,我们必须通过发展联合,进一步拓宽品种,在卡车多品种系列化方面有重大突破,向用户提供的改装车、变型车要达到几百种,使东风车成为国内最成熟的系列化产品。

(3) 支撑轿车,扩大出口。要通过承担大约12.4%的轿车零部件生产,使二汽的工艺和装备达到一个新的水平。在此基础上,积极扩大出口,争取有较大突破,"八五"末期要力争达到年创汇1亿美元。

(4) 注重教育,繁荣科技。通过多种形式的继续教育,持之以恒地不断提高全体职工的职业道德和技术技能;造就一批高水平的人才,搞好就业前教育、中小学教育及学前教育。在实现"八五"计划中要特别注意科技先行,注重做好科技向生产力的转换工作,要在实现多品种生产和发展轿车过程中,使二汽技术水平和技术开发能力有明显增强。

(5) 加强队伍建设,改善职工生活。加强和改进职工思想政治工作,完成出车和育人两大任务，建设"四有"职工队伍，使二汽职工始终保持高昂斗志。在发展生产的同时，努力改善职工的住房、生活福利和文化、医疗水平。今年起恢复煤气厂的建设，力争明年送气到户。

（6）突出效益，提高素质。在卡车控制总量的情况下，通过解决结构性矛盾和素质性矛盾，使企业效益逐年明显提高，企业管理和对市场应变能力明显增强。"八五"目标实现，轿车一期工程达产后，使工业总产值超过百亿元，实现利税突破20亿元，劳动生产率达到年人均10万元。

实施"八五"计划的总体部署是前两年集中力量把 EQ153 搞上去，实现 EQ140－II 转产，从而带动 EQ145 大批量投产，还要把轿车 CKD 搞上去。后3年集中资金和力量把轿车零部件搞上去，后方厂上水平也主要安排在后3年。

"八五"对二汽来说是"机不可失，时不再来"。"八五"建设的任务，不但是二汽发展的需要，也是中国经济发展赋予我们二汽人的历史重任。

（二）目标与现状之间存在的困难与矛盾

1991年是我们结合十年目标，实施"八五"计划的第一年；是承前启后，力促"七五"成果发挥作用的收获年；也是开辟轿车新战场，向第三级跳目标迈进的起步年。从企业的内外部环境来看，1991年同时又是十分艰难的一年。在这一年里，国内汽车市场上价格、品种、质量、服务的竞争将更趋激烈；由于几年的累积，资金的困难将更为突出；要解决好两个五年计划的衔接，全厂在确定规划、设计开发、生产准备、投产转产、调整结构、组织力量、筹措资金等方面还有巨大而复杂的工作要做。

特别突出的是，在目标与现状之间还存在三大困难，两大矛盾。

第一个困难是，"七五"投入尚未充分发挥作用，新的一轮投入又开始，加剧了资金短缺的困难。1989年以来，二汽利润滑坡幅度逐年加大，利润总额1989年比上年减少24.8%。去年又比上年降低38.4%，而上缴利润则每年必须递增7%，企业净留利平均每年减少53%，致使专项资金缺口越来越大，到去年年底实际缺口已超过5亿元。今年仍明显呈上升趋势，千万不能一听说形势有好转，就盲目乐观，想铺大摊子、新摊子，而低估了眼前的困难。

第二个困难是,市场疲软一时难以改变,品种结构调整速度跟不上,生产任务不足的局面依然十分严峻。1991年订货合同与二汽已形成的生产能力相比要低20%以上,从整体上说,上半年一部分生产能力放空似已成定局。在通常情况下,这本应有力地促进品种结构的调整,但由于产品质量尚有一段稳定期,加之我们的企业运行机制还过于刚性化,因此像EQ153和EQ145这两种市场前景很好的车型,产量还是难以迅速上去。企业应变能力还不能适应经营环境、市场变化的要求,这是我们面临的最大困难,这个问题如果解决得好,我们就可以在不久的将来形成新的优势,拉开竞争的距离;否则,就会成为致命的障碍。

第三个困难是,成本与质量的压力越来越大,挖掘内涵潜力、改善管理的工作还缺乏足够紧迫感。1990年,国家调整了能源、运输和一些原材料的价格,使我厂每辆车的成本上升了1800元左右。同时企业内部资金使用效益较差,产成品资金占用量大,三角债有增无减,使得去年全厂的利息支出高达1.2亿元,比上年增长了一倍。此外,由于市场竞争激烈,用户压价,各厂家降价,我们不得不实行一定幅度的让利销售,这就加剧了对成本的压力。今年国家还要出台一些调价措施,再加上去年发生的成本上升的翘尾因素等,预计1991年我厂的单位产品成本还将继续增加1500元左右。提高效益面临重重困难。

在质量方面,一批兄弟厂前几年引进技术的新产品已陆续投放市场,对东风车形成新的竞争压力,尤其是一汽老大哥,近年来,在改进产品、提高质量方面取得了很大进展。解放141汽车的质量问题正逐步得到解决,正在逐步得到用户的承认。今年一汽上质量的目标是CA141创国优。

来自成本与质量的压力应该为我厂广大干部职工所认识,并升华为降成本、上质量、求生存、谋发展的动力。

这三大困难是二汽在当前生产经营活动中直接面临的问题。从二汽发展的战略部署对企业素质的要求来看,深层次的矛盾比较突出的是:①各个方面的工作都亟待上水平、三个基地都要同步发展与人才素质总体上还不适应的矛盾;②市场比重越来越大,对企业应变能力的要求越来越高与企业经营机制过于刚性化的矛盾;③实现新目标必须走新路子与观念更新跟不上的矛盾;④管理跨度加大,战线不断扩展与纪律不严、调控能力不足的矛盾。

以上这些困难，使我们二汽面临着严峻的考验。我们必须认真对待，在思想上和工作上要有充分的准备。但是也要看到，这些困难是前进中的困难，正是我们通过企业改革所要解决的问题。二汽总的情况是发展前景令人振奋，眼前困难不可低估。

（三）工作的方针和目标

为了确保"八五"有一个好的开端，今年全厂工作的方针是：贯彻党的十三届七中全会精神，动员和组织全厂职工，狠抓基础管理，突出质量品种效益，搞好轿车起步，深化企业改革，进一步实现向经营效益型企业转轨。

具体目标如下。

（1）年计划生产汽车初定 12 万辆，争取 13 万辆，实现工业总产值 35 亿元；完成配件产值 3 亿元，短线配件计划按总量为 13.5 万～14 万辆的原则安排；销售汽车 13 万辆，实现销售收入 44 亿～46 亿元，比去年增长 10%～15%；实现利润力争 4 亿元；确保创汇 1500 万美元，其中，国外收汇达到 1000 万美元；尽最大的努力在确保质量的前提下扩大市场急需的新车型 EQ153 和 EQ145 的生产，产量初步安排 2200 辆。

（2）各类专项基金计划安排 4 亿元。基建技改投资规模 3.079 亿元，其中，基建 1.776 亿元，技改 1.3 亿元；更新、大修计划安排 1.307 亿元，比 1990 年的 5456 万元增加 139%，其中机动设备更改 6500 万元，比 1990 年的 4100 万元增加 58.5%。

（3）继续以质量、品种、效益为主线抓企业升级，建成国家一级企业。特别是要在质量上打一场硬仗，向 EQ140 整车创国优的目标冲刺，使现场综合管理有明显改善。全年做到无重大质量事故，无重大安全事故，无重大设备事故，无严重违反财经纪律行为。

（4）继续花大气力抓双增双节，实现效益 1 亿元。加速资金周转，全厂定额流动资金周转天数降低到 96 天。抓全厂性合理化建议活动，实现合理化建议 20 万条，创效益 1000 万元。

（5）完善 EQ153 生产阵地，"七一"实现日通过能力 15 辆，年底达到日通过能力20~25辆。平头驾驶室及康明斯柴油机年底日通过能力达到30~35辆;汽车装试厂年底全部建成并保证第四季度可用于SKD装配。

(6) 为迎接更大发展,加强人才培训,把发展职业技术教育放在突出位置,坚持管理干部、科技干部和生产工人培训三者并举,突出中青年生产工人的技能培训和职业道德教育。

在资金极端困难的情况下,总厂今年还要安排建设一批职工宿舍,继续建设煤气工程,争取职工收入有所提高。

在明确上述目标的前提下,总厂希望能在今年的工作中,全厂上下集中力量突出抓好六件大事:一是层层细化和确定"八五"计划,搞好轿车建设起步工作;二是力争EQ140整车创国优;三是"三牢一机"上能力;四是出口创汇打开新局面;五是双增双节一亿元;六是深化企业改革。

三 完成全年任务的具体措施

今年全厂的任务是繁重而艰巨的,我们务必要抓紧当前,再接再厉,在各条战线、各个环节的工作中更加注重抓实事,讲实干,求实效。

(一) 要认真贯彻党的十三届七中全会精神,加强思想政治工作,进一步振奋干部职工的精神

要通过卓有成效的思想政治工作,振奋全厂干部职工的精神,把全厂干部职工的思想统一到党的十三届七中全会精神、实现二汽"三级跳"战略目标上来,要做到这一点,必须继续抓好四个方面的教育。

(1) 开展形势与任务的教育。把二汽后十年及"八五"宏伟计划和美好前景告诉干部职工,同时又要把眼前形势严峻、困难并未缓解的现实告诉干部职工,让广大职工清楚地了解二汽面临的困难、出路和发展前景,使大家看清方向,增强战胜困难的信心。

(2) 开展艰苦奋斗、勤俭办厂的教育。艰苦奋斗、勤俭办厂是二汽建设、发展的传家宝。"八五"要干的事很多,基本矛盾之一还是资金不足,离开了艰苦奋斗,我们将一事无成。因此,我们必须采取思想的、行政的、纪律的手段多管齐下,保证艰苦奋斗、勤俭办厂的传统在我厂不断发扬光

大。艰苦奋斗的教育要首先在干部中进行，各级干部，特别是领导干部要在过紧日子方面严于律己，为群众做出表率。

（3）开展竞争意识教育。要使干部职工看到竞争日益加剧的态势，提高做好各方面工作的紧迫感。总厂有关部门和各专业厂都要及时了解和宣传市场竞争的形势，要让更多的人了解我们的薄弱环节和具体的前进目标。

（4）开展目标意识教育。要教育全厂干部职工树立全局观念，各自的目标必须服从全厂的总目标，要求各部门、各单位都要自觉地协调好横向的关系，主动承担压力，顾全大局，发挥应有的作用。组织全厂职工重点围绕全厂今年的六件大事，组织会战，开展竞赛，争做贡献。

（二）确保产品质量，提高东风车的市场竞争能力

今年我们必须仍以质量为主线，抓好企业管理升级工作。市场"优胜劣汰"的规律是无情的，靠质量保促销是摆脱困境的唯一出路。鉴于目前竞争的态势，我们全厂要紧急动员起来，从一点一滴做起，向EQ140创国优的目标冲击。扩大EQ153和EQ145产量的前提也是确保质量。只有树立和保持高档车、高质量的形象，这两种车才能争取高效益。实际上质量既代表了竞争力，又代表了企业效益，质量已经成为二汽的生命。这个问题已经到了必须引起广大干部职工高度重视并使每个职工付诸行动的时候了。因此，总厂再一次强调，必须坚持厂长质量责任制，各单位一把手一定要把主要精力集中到抓好本单位的质量工作上，做到有目标、有措施、有检查，确保质量目标按期实现。对于工厂的厂长来说，没有什么比质量更重要。

职能部门要明确质量职能，扎扎实实地抓好总厂级的质量改进项目，每个项目都要分解落实，有专人负责完成。各职能部门都要围绕既定目标，切实为基层服务，帮助专业厂解决困难，同时在质量问题上也要严格要求，绝不允许在质量问题上开后门、送人情、马虎、凑合。如果说要从严治厂，首先要从关系到"饭碗子""命根子"的质量管理严起，并由此及彼，碰到什么障碍因素就下决心去排除。

(三) 全力做好销售工作，确保产销平衡

要防止因销售形势由滞转平后可能出现的松劲情绪。我们要清醒地看到，当前全厂经营工作的焦点仍然在销售。所以总厂要求各有关部门不但要积极促销保收，同时也要加快销售体制改革方案的推进，尽快发挥区域销售经理部和分公司在合同管理、市场管理和技术服务管理中的作用，提高市场预测分析的准确性和超前性。巩固前一段以销定产、产销衔接的成绩，生产指挥系统和各专业厂要尽一切力量满足市场需要。要以实现销售、资金回笼和搞好服务为基本内容，逐步建立销售工作责任制。销售价格仍要根据市场变化，在总体稳定的前提下灵活调整，但在执行中必须强调纪律，统一政策。还要采取必要的措施加强零部件的销售和产销衔接。

(四) 继续深入地开展双增双节活动，切实抓出实效

资金紧缺是今年各项工作的最大难点，我们在尽量争取获得更多的外部支持的同时，应立足于把内部的双增双节工作做好。今年的双增双节工作重点抓"三增"、"三降"和"三个加快"。

"三增"，即努力增产适销对路产品；努力增产短线配件；努力增加出口和非东风系列产品的经营收入，开展多种形式的创收增效活动。

"三降"，即进一步降低流动资金占用，总额降低1亿元，资金周转速度加快20%，控制在96天以内；进一步降低各种消耗，材料、辅料、动能和燃料消耗要进一步修订压缩定额；进一步降低各种非生产性开支，可控固定费用总额降低5%。

"三个加快"，即切实加快EQ153、EQ145、EQ140-Ⅱ的生产准备和质量改进；切实加快各项技术进步成果应用于生产的步伐，1990年质量效益杯活动中所取得的各项技术成果，都应千方百计地加速转化，以利于降低成本，增加效益；切实加快轿车项目的推进，力争从第四季度起试装SKD。

(五) 加速转型，深化改革

"八五"的任务十分艰巨，我们要完成60亿元的巨额投入，规模空前。要实现宏伟目标，靠走传统的路子是不行的。随着企业的发展，生产型体

制的弊端暴露得越来越充分，我们必须借助日趋成熟的内外环境，加速改革、转型，否则没有出路。我们要继续推行"三层次"公司型体制改革。要理顺总厂决策机制，尤其是规划、投资、经营等重大问题的决策程序要进一步合理化、科学化，充分发挥各专门委员会的作用，减少以至杜绝决策的随意性。要抓紧做好襄樊管理部职能到位的工作。零部件都要按照"放虎下山"、加快发展的原则，积极组织试点。要结合推进"一个流"的生产方式，加快建立成本责任中心的步伐。还要进一步理顺"工艺大系统"，加强工艺、材料开发、生产准备、工艺管理和为现生产服务职能。此外，在与国家的关系上，有关部门要加紧研究二汽对国家实行税利分流的相关政策，搞好国有资产授权经营的试点准备，等等。

（六）抓住时机，开拓国际市场

二汽作为一个大型企业，有责任在对外开放、打开国际市场方面做出应有的贡献。我们在较好的出口形势下，今年一定要争取有新的进展。在市场目标上，整车出口要以东南亚为主市场加速开发，中西非为重点市场，千方百计搞好备件供应和售后服务，站稳脚跟，稳定发展，争取有一个相对稳定的市场占有率。零部件出口仍以北美、日本市场为重点，向港澳及欧洲市场扩展。这样做，有利于出口市场的集中开发与管理。在出口产品结构上，要巩固和发展6102D柴油系列车型、东风系列越野车及大客车的出口；零部件的发展以OEM市场的产品为主导，带动备件市场，力争形成数十种具有竞争力的"拳头"产品。在出口基地建设上，要有计划地选择一批技术力量比较雄厚、管理水平较高的专业厂、联营改装厂、零部件协作厂，进行产品的深度加工，开创集团创汇局面，逐步形成以二汽为骨干带动集团出口的局面。还应着手研究推进海外CKD阵地的建设。在外贸产品生产经营的运行机制上，要进一步理顺关系，各单位都不能把外贸生产看成分外的事、额外的负担，要把外贸生产作为二汽正常生产，把经营活动纳入管理大系统。

（七）改进工作作风，提高管理有效性

从总体上看，二汽的管理水平在全国是比较高的，去年通过了国家一

级企业预评，今年还要实现建成国家一级企业的目标。但是，我们的管理水平与我们面临的任务相比，与形势发展的要求相比，与二汽在同行经济地位相比还有很多不相适应的地方，总的来说是管理的有效性不高。在这个关键问题上，我们有很大的弱点。我们必须在今后的工作中认真对待以下三个问题。第一，管理的横向协调和沟通不够，职能部门作为一个管理的层次还没能够发挥整体功能。协调的管理才能产生正效应。应强调进一步发挥综合管理部门的作用，计划部门、企管部门、财务部门、管理调研部门要充分发挥综合管理和协调的职能。各个专业职能部门在考虑工作时必须首先考虑总厂的目标，考虑本部门为实现总厂目标应该做些什么工作，如何对全局多做贡献，只有这样才有积极沟通、协调的内在要求，否则只靠制度协调、领导协调，就无效率可言。第二，各级领导的主要精力还没有完全用在抓自己岗位的大事上。忙忙碌碌、无所作为的情况并不少见。在进入新的发展阶段的时候，总厂要求职能部门的处长要把主要精力放在研究所管业务的方针、政策上，放在对基层的调查研究上，要能够及时发现和解决所管业务工作中存在的问题，提出政策性建议，创造性地贯彻落实总厂的方针政策，抓住两头研究大政方针，当好参谋。专业厂的厂长要集中精力去研究和解决各个车间的组织管理、生产管理的问题，扎扎实实地在提高产品质量、降低成本、降低消耗、提高效益上下功夫。只有这样管理，才能追求有效性。第三，重形式轻内容，重手段轻目的，基层负担过重的问题在某些方面还表现得相当突出。解决这类问题的关键在总厂。在这方面，我们应该提倡"不唯上，不唯书，要唯实"。各专业厂应有自己的管理特色，总厂不能用一个模式要求各专业厂，否则势必会扼杀专业厂的创造力。总厂规定的一些刚性指标，各单位必须完成，职能部门要加强服务、监督和调控。但是，专业厂能自己做好的事，就应该放手让专业厂自己去做，职能部门可以提供指导性意见，总结介绍先进经验。不管属于哪一种情况，职能部门都不能把管理的内容只限于定标准、搞检查、排名次、发奖状。总之，要改进我们管理上的思维方式和工作方法。为了促进工作作风的改进，提高管理有效性，还要继续坚持干部参加劳动、深入基层的制度，还要提倡"三现主义"，真正实现管理重心的下移，真正视现场为帝王。

(八) 做好有关轿车的宣传教育和建设起步工作

轿车建设今年要起步，工作要环环紧扣。第一，要把政府贷款拿到手；第二，成立合资公司；第三，襄樊、武汉两地工地开工；第四，接收图纸，开始工程设计；第五，二汽所承担的轿车零部件准备工作全面展开。我们意识到，做好上述这些工作要有一个重要的前提，就是全厂干部职工对我们即将拉开序幕的轿车事业要有一个正确的共同认识。这是当前不容忽视的一个重要问题，如果解决得不好，轿车事业非但不能顺利进行，而且会成为一个离散的因素。总厂希望全厂职工都能清楚地认识到，发展轿车是全体二汽人的共同事业，需要广大职工的支持和参与。但是认为只有到轿车厂去工作才是参与轿车事业的认识是片面的、狭隘的。对于广大职工来说，搞好本职工作就是支持轿车事业，就是本来意义上的参与。还要认识到，轿车建设是一个艰苦创业的过程，必须依靠艰苦创业精神，如果我们没有这样的思想准备，那一定会事与愿违。因此，总厂希望各级领导、职工代表能够到群众中去，积极开展有关轿车事业的宣传教育，使轿车事业能变成二汽新的凝聚力和各项工作的推进器。

同志们！我们已经步入了二汽发展史上的一个新阶段，在这一新的历史时期，我们将同时面对空前的机遇和挑战，它需要融汇每一位二汽人的智慧和力量。让我们更紧密地团结起来，以无愧于时代的精神风貌，开创新局面，实现"三级跳"，为完成二汽发展宏伟任务而奋斗！

企业集团是发展专业化生产的一支主力军[*]

（1991年3月4日）

1991年3月3日~5日，国家经济体制改革委员会、国家计划委员会和国务院生产委员会在京联合召开企业集团工作会议，40个企业集团以及部分省、市经济体制改革委员会、计划委员会、经济贸易委员会、生产委员会的负责同志出席会议。会议交流了发展企业集团的情况和经验，讨论了促进企业集团发展的政策问题，讨论修改了三委关于选择一批大型企业集团进行试点的报告和三委关于促进企业集团发展的意见。

东风汽车工业联营公司（以下简称二汽集团）成立整整10年了。回顾10年走过的道路，我们是在探索着一条以大型骨干企业为依托，以名优产品为龙头，发展跨地区、跨部门、跨行业、跨所有制的联合，实行专业化改造，组织社会化大生产，走集团化、集约化经营发展我国经济的道路。

二汽集团现在已形成一个按专业化分工，实行社会化大生产的"金字塔"式的多层次企业组织结构。306家成员企业，分布在28个省份14个行业，以产品、技术、市场、资产为纽带，与核心企业建立了不同结合程度的经济关系，形成了里三层（集团公司：经营决策层、经营管理层、生产管理层）、外三层（以集团公司为主的核心层、骨干层、协作层）的企业联合体，年总销售额近90亿元。通过企业集团有力地推动了专业化改造。

---

[*] 本文是作者作为东风汽车工业联营公司董事长在会议上的发言。

一　大型企业集团是实现专业化改造、改组的主力军

多年来，我们深切地体会到，由我国以自然经济为基础的经济结构，走向社会化大生产，必然要经历一个发展专业化生产，实行专业化改造的过程。结构性落后是不可能用技术与管理来改变的。我国曾用过多种办法，如专业部、托拉斯、中心城市、行政性公司等，即用各种行政性办法来组织、推进形成专业化大生产的格局，但问题并没有完全解决。

在二汽稳定生产后，我们看到，无论是"大跃进"时期的头脑发热，还是"文革"时期的严重失控，都使原来就落后的汽车工业生产格局进一步出现布点分散、重复建设、技术落后的局面。我国与其他国家相比，已形成了汽车生产厂家最多，每家平均产量最少，生产成本最高，制造质量最差的状况。为了二汽自身的发展，为了改变汽车行业的这一状况，我们设想发挥大型骨干企业的技术产品优势、市场经营优势，以经济办法通过联合——改造发展专业化生产。

80年代初期，二汽已经投产，当时由于国民经济的调整，国家取消了对地方汽车制造厂的指令性计划，地方政府无可奈何地放手让企业"找米下锅"。同时，"小而全"的地方汽车厂长期以来在低水平上重复生产，远远达不到经济规模，企业效益极差。再加上国民经济的调整，弱化了地方政府的保护，企业难以为继，亟须寻求出路。这种情况实际就是在有计划商品经济的发展中，没有纳入专业化大生产体系的部分中小企业，缺乏对市场冲击的抗争能力，要找产品、找市场、找靠山。当时二汽正处于亟待发展时期，想用商品经济允许的手段发展品种，拓展能力，寻找可以借助的力量。这样，在国家政策支持下，两者一拍即合，从1981年二汽集团组建伊始，就把推进专业化改造、发展社会化大生产作为自己的主要使命。

经过10年按专业化、大生产、规模效益原则的联合，已初步显示在国家和地方的支持下，大型企业集团是实现专业化改造改组的主力军。

1. 调整了产品结构，发展了系列品种

产品结构的调整是集团结构调整的基础。联合初期，首批加入集团的八

个省（区）的八家地方汽车生产厂家，就有六种杂牌车型。如柳汽的"柳江"牌，云汽的"昆明"牌，贵汽的"乌江"牌等，产量低、质量差、成本高，企业均处在"眼前无饭碗，长远没方向"的困境。联合后，通过改组改造，淘汰了老产品，过渡到东风系列产品。集团紧密层的四家整车装配厂，已初步形成依托二汽、各具特色的东风系列33个品种的专业化生产格局。

二汽同数百家企业10年来的联合开发，使东风系列产品由原来的3个基本车型发展到现在的7个系列车型、152种变型车、65种专用车底盘，各类专用车、乘用车已达11大类245个品种，形成一个多品种、宽系列的东风汽车"家族"。

汽车是典型的生产技术难度较大的竞争性行业，我们希望通过横向联合由我生产什么车，用户就使用什么车，转变成用户需要什么车，我们就生产什么车。

2. 调整了生产结构，改造了"大而全""小而全"的生产格局

二汽集团始终坚持专业化改造方向，改变"小而全"的企业林立，"大而全"企业孤立的状态，充分发挥联合优势，走内涵扩大再生产的路子。

整车生产采取专业化协作的生产方式。EQ140五吨车的671种装车件扩散到十堰、郧阳、襄樊地区的零部件生产厂，生产能力由5万辆/年扩大到8万辆/年，直至形成14万辆/年。二汽节省投资近3亿元，自制率下降10%~12%。加上横向配套件，使五吨车的自制率由75%降至58%，缩短了更新改造周期一年半至两年，加速了二汽的建设步伐。EQ153八吨平头柴油车，一开始就利用联合的基础，按专业化协作方式组织生产，二汽只干三大总成（发动机、车身、车架）和总装。969种装车件，通过横向联合进行专业化协作生产，二汽节省投资近4亿元，加快了新产品的开发，缩短了生产准备周期。仅装车件降低自制率达25%，加上横向的配套件，二汽八吨车的自制率只有50%。

产品专业化。集团把同类产品、同类工艺、同类零部件、同类技术和服务性技术工作集中起来，变小规模生产为批量生产，变"小而全""大而全"的全能厂为专业化厂。例如，资产一体化后的杭州汽车厂，已成为专门从事大、中型客车底盘生产的专业化厂，现已形成EQ140T系列客车

底盘 10 个基本品种；柳州汽车厂生产五吨柴油车；云汽生产高原型中吨位卡车；新汽生产具有新疆特色的沙漠车；南充内燃机厂改造成为高原型柴油发动机的专业化厂。

零部件专业化。将分散在各类产品的大小批量的零部件，在系列化、通用化、标准化基础上集中起来，分组件、部件、零部件组织专业化生产。一大批汽车零部件生产厂，通过专业化改造，已逐步变为"小而专"的"小型巨人"，如萧山齿轮箱厂、武汉气门厂、湖北气门厂、昆明化油器厂等。以湖北气门厂为例，依托二汽，坚持专业化改造的方向，经过几年的努力，气门产品已形成由微型、轻型到中型、重型，直至轿车的系列化、多品种的专业化格局，不仅在国内具有竞争优势，而且产品已打入国际市场。

工艺专业化。将产品专业化和零部件专业化厂中的毛坯和相近工艺产品集中起来组织专业化生产。如贵汽 6100 汽油发动机的大型铸件；柳汽的铸造桥壳等，就是利用二汽生产的相同毛坯和铸造富余能力，进行专业化生产。

3. 取得了较好的社会经济效益

东风集团的发展，取得了良好的社会经济效益。二汽通过多种形式的联合，带动和改造了数百家企业，推动了相关产业的发展。东风"家族"近 30 万职工，年销售额近百亿元，利润达 10 亿元。集团核心企业二汽 8 年承包上缴国家利税 40 亿元，资产增值 1 倍，达 32 亿元，自筹资金建设了襄樊基地。二汽"七五"建设目标已基本实现，完成投资规模 12.7 亿元，中型车形成 14 万辆生产能力，EQ153 八吨平头柴油车生产阵地基本形成，零部件在部分引进基础上已具有批量生产能力。"七五"期间，集团紧密层厂家云汽、柳汽、杭汽、新汽四厂共投资 11560 万元，基本形成 27000 辆整车装配能力。其中云汽、柳汽产值已突破 1 亿元，利税比联合前增长十几倍，跨入了 500 家大企业行列。二汽集团的发展实现了对国家、地方、成员厂、集团四有利的原则。

4. 改造了企业组织结构，向竞争性公司型体制过渡

专业化改造的结果使大多数联营厂创造了自己的优势，并在集团内找到了最能发挥自己优势的位置，因而增强了对集团的向心力。集团内市场

的不断扩大，使集团内企业已形成相互依存关系。集团对市场冲击的抗争能力强，增强了集团内企业的凝聚力。

企业间这些关系的变化，为建立集团"里三层""外三层"的公司型体制创造了条件。

"联合不改组，等于白辛苦"。专业化改造改组对骨干企业来说，意味着调动社会资金存量实现集团建设任务。

对联合企业来说，意味着将自己纳入专业化大生产体系，创造优势，发挥优势，减少经营风险。

二 在改造改组中发展，在发展中改造改组

集团实现改造改组缺乏必要的手段，"三不变"难以突破，10年来，我们的改造改组在许多情况下只能在夹缝中寻求出路，因而显得十分吃力。

在推进改造改组中我们注意了以下几点。

1. 要有集团中长期发展战略，作为调整改组的依据

二汽集团在总结了集团成立的前五年工作之后，经反复论证于1981年制定了到2000年二汽集团改革与发展的战略构想。其核心是"三个三"的发展战略，即三级跳的战略目标、三大法宝的战略措施、三层次的公司型体制。这是指导集团专业化改造改组的基本依据。

2. 技术开发与市场销售是主导企业推动专业化改造改组的基本手段

我国大部分中小型企业缺乏技术开发能力，没有适销产品，缺乏经营能力，没有稳定的市场，这是其致命的弱点。主导企业在行业中恰有这两大优势，这就为推动专业化改造改组创造了条件。以二汽技术力量为核心，与联营厂以多种形式实行技术转让，技术支援以至联合开发，使众多联营厂有技术依托，形成专业化转型的基础。在我们集团内有相当一部分厂是"两头在集团"的企业，如十堰市钢套厂、油箱厂、车桥轮毂厂，主要产品和市场都在二汽。集团内企业间营业额每年约40亿元；二汽采购集团厂家零部件超过10亿份；集团内厂家采购二汽的各类底盘每年约3.5万辆。现有270个技术服务站以100万辆汽车保有量为稳定的市场，形成了全国星罗棋布的网点，跨28个省份14个行业，包括全民所有制、集体所有制、

乡镇企业在内的二汽集团。

3. 制定发展专业化生产的方针政策

——采取"跨部门、跨行业、跨地区、跨所有制进行联合"的方针，制定了鼓励专业化"小型巨人"的方针。

——"联合与改组、改造并举"的方针。

——采取"既联合，又竞争"的方针；零部件"择优选点，集中订货，鼓励竞争""货比三家，弹性合同"；"对内不搞集团性保护，对外不搞盲目竞争"。

——坚持对国家、地方、成员厂，二汽（集团）"四有利"的方针。

——二汽零部件厂"背靠二汽，面向全国，走向世界"，采取"放虎下山"的方针。

——从"三不变"到"三突破"的灵活方针。

这些方针政策对鼓励和推动集团内专业化改造改组起了重要作用。

4. 企业的发展是改造资产存量、有效投入增量的重要机遇

改造改组必然牵动企业利益的调整，生产如不发展，维持现状最稳定。只有生产发展才为改造改组提供了可能，要珍视和充分利用每一次发展的机会推进专业化改造。

10年来，二汽自制率降低和培养零部件小型巨人产量是在年产3.5万辆增加到年产14万辆过程中实现的。

5. 要设计出可操作的过渡过程

我们对成员厂的改造多是采取"眼前有饭吃，发展有方向"的办法实现较平稳过渡，防止大起大落。如新疆汽车厂一边组装EQ140，一边发展了沙漠车；云南汽车厂开始也是一边组装EQ140，一边发展了高原车；等等。

6. 集团的财务公司是改造改组的调节力量

专业化改造，产品结构调整离不开必要的资金投入。集团财务公司虽财力尚弱，但它的投资借贷方向却可起到引导作用。

7. 发展经济关系是巩固专业化改造成果的重要基础

现在，二汽在30多家集团企业中有近1亿元投资，对这些联营企业形成参股、投股的资产关系，以此作为联结纽带，进一步加强了集团的凝聚

力，形成了"一荣俱荣、一损俱损"，风险共担的关系。必要的资产联结纽带的强化将有力地推动专业化改造的成果。

实现产品结构、企业组织结构及产业结构的调整是解决我国企业经济效益差的深层次问题，它要靠国家政策导向、某些行政干预，但也应看到，大型企业集团从自身发展需要出发，亦会努力推动这一改造、改组过程，并在实施中充当主力军的角色。要赋予企业集团这一历史性重任，就应当为集团创造必要的条件，给予一定的推动改造、改组的手段，使我们能配合国家政策从不同角度加速这一改造、改组过程，为实现国民经济持续、稳定、协调发展做出贡献。

发展企业集团之我见[*]

(1991年4月26日)

80年代初期,一种新型的企业横向经济联合组织——企业集团,冲破条块行政分割的樊篱和传统体制的羁绊,出现在我国的经济舞台上,如今已过去10年,如何看待这一新生事物呢?在此,提出几点个人见解和大家探讨。

第一,企业集团是改革的产物,也是历史的选择。新中国成立后,我国模仿苏联管理经济的模式,建立了以高度集权为特征的经济管理体制。在特定的历史条件下,这种体制对国民经济的全面恢复和发展起到了积极作用。但它排斥价值规律的作用,限制了商品经济的发展,并以行政管理手段,人为地割断企业与企业、企业与市场之间的密切联系,把企业置于政府的行政系列之中,成为行政部门的附属物。企业缺乏生机和活力,对政府的依赖性越来越强,经济效益差,劳动生产率低下,技术进步缓慢,这种企业组织结构与社会化大生产的日益发展不相适应。党的十一届三中全会以来,传统体制开始向社会主义有计划的商品经济体制转换,确立了企业作为商品生产经营者的地位,采取了扩大企业经营自主权的一系列措施。在国家政策的引导下,我国一批大型企业(包括二汽在内)根据生产技术和市场的内在联系,组织横向经济联合,逐步形成了一种适应社会化大生产要求的产业组织形态——企业集团。企业集团的成长,使一批企业逐步从条块的夹缝中游离出来,走进了现代化大生产体系,形成了生产的经济规模和专业化生产格局,取得了在旧经济体制下无法比拟的社会效益,走出了一条与社会化大生产相适应的发展企业集团的道路。这条道路,避免了资本主义原始积累时期那种大鱼吃小鱼和企业大量破产而产生的社会

---

[*] 本文为作者于1991年4月26日发表在《光明日报》的文章。

震荡，通过企业的自愿和互利互惠的联合，较为平稳地实现了生产的集中和规模经济的形成。可以说，这是社会主义制度的自我完善，也是历史的一种选择。

第二，企业的集团是搞活经济、承接新经济体制的重要的社会经济组织形式。在计划商品经济条件下，企业作为一个利益主体，为了求得生存和发展，必然要把自身纳入社会化大生产的分工体系之中，求得以最低的成本，实现最好的效益。以一家国营大型企业为核心，以名优系列产品为龙头的跨地区、跨部门的企业集团，能有效地将一大批相关企业联合在一起，使大中小企业都能在集团的产业分工中，各得其所，取得相对稳定的市场。竞争性产业中的单个企业，按一定的市场目标进入企业集团，是单个企业实现自己目标的最好选择。企业集团把一大批企业组织在一起，遵循商品价值规律，追求资源的合理配置、经济利益的融洽和组织结构的合理化，能取得一加一大于二的集团效应。企业集团把集团整体目标和成员企业的个别目标有机结合，形成一种相互依存、同舟共济的关系，有效地促进了计划经济与市场调节相结合运行机制的形成。因此，企业集团作为一种新型的企业组织结构，将是有计划商品经济体制的基础，是一种重要的社会经济组织形式。

第三，发展企业集团是发挥大中型企业骨干作用和改善国家宏观调控的重要途径。企业集团为集团成员企业提供了一个集团内部市场和一个外部市场，并促使其参与市场竞争，推动其自觉地实施生产要素的合理流动，实施结构调整，从而在总体上实现社会资源的最大节约。在利益追求和市场压力的驱动下，企业集团需要向规模大型化、资本集中化、经营多角化和市场国际化方向发展。这种发展趋向，使企业集团能更好地发挥其产业间的综合配套能力、产品开发能力、网络服务能力和稳定发展的竞争能力。具有这种综合功能的大型企业集团将是我国社会主义制度重要的经济基础和现代化建设的重要支柱。事实表明，企业集团的发展，能有效地解决困扰我们多年的、靠行政管理办法以及现行条块行政分割下难以奏效的经济结构调整的深层矛盾。

第四，全社会为企业集团的发展创造必要的外部环境。企业改革必须有外部环境的推动和支撑。企业集团的发展有赖于各级政府的引导，有赖于财税体制的改革和政府职能的转换，有赖于社会主义统一市场的发育和健全。当前企业集团的发展要避免走向行政化，避免重新被纳入条块管理的旧体制里去。为了更有效地贯彻落实国家发展企业集团的政策，我们应在深化企业内部改革、推动集团组织管理体制创新方面做出更大努力。同时，建议国家对一批以国营大型企业为核心的跨地区、跨部门的竞争性企业集团，进行包括以国有资产授权经营、完善国家计划单列、税利分流为主要内容的发展企业集团综合试点。结合试点，推动政府职能的转换，实现政企职能以及经济行政管理权和国有资产所有权分开，从而为企业集团的发展创造更有利的外部环境。

走发展企业集团的道路[*]

(1991年5月8日)

党的十三届七中全会和全国人大七届四次会议再次强调要搞活中型企业，充分发挥它们的骨干作用。积极发展企业集团，实行横向经济联合，推动企业的改组、联合和兼并，是我国在现有条件下搞活企业的一项重要措施。

一　十年探索的历程

东风汽车工业联营公司（二汽集团）成立整整10周年了。回顾10年历程，我们是在探索一条以大型骨干企业为依托，以名优产品为龙头，发展跨地区、跨部门、跨行业、跨所有制的联合，实行专业化改造，组织社会化大生产，走集团化、集约化经营的发展我国经济的道路。

80年代初，二汽经历了10年建设，东风卡车开始站住了脚。为了进一步发展，当时我们考虑如何采用经济手段，通过联合发展汽车品种，拓展生产能力，组织技术服务，筹集资金等办法。此时，恰逢国民经济调整时期，国家取消了对地方汽车制造厂的指令性计划，地方政府只得放手让企业"找米下锅"。那些"小而全"的汽车厂达不到经济规模，企业效益差，难以为继。在有计划商品经济发展中，缺乏对市场冲击的抗争能力，急需寻求出路。这样，在国家政策支持下，1981年东风汽车工业联营公司成立了。

经过10年的努力，二汽集团现在已经形成一个以二汽为核心，以东风汽车系列产品为主业，按专业化分工、实行社会化大生产的多层次企业组

---

[*] 本文为作者于1991年5月8日发表在《人民日报》的文章。

织结构。成员企业以产品、技术、市场、资产为纽带，与核心企业——二汽建立了不同结合程度的平等、互利的原则组织起来的，跨越28个省（区、市）14个产业部门的企业经济联合组织。截至1990年底，集团成员已达306家企业；集团职工总数约30万人；固定资产原值62亿元，主要设备6.9万台；年销售额约90亿元。

10年来，随着经济联合程度的深化，二汽集团走过了生产联合、经营联合和资产联合三个阶段。

1981年到1983年，联合从组织生产协作开始，一些成员厂淘汰老产品，由二汽转让技术，围绕东风汽车进行初步的专业化分工，企业联合维持"三不变"（即所有制、企业隶属关系、企业核算不变）的关系。1983年至1986年，为了稳定和强化专业化协作，确立企业间在市场中的关系，一些企业突破了"三不变"，与二汽实行了人、财、物、产、供、销"六统一"的紧密联合；另一批企业则实行产、供、销协作的半紧密联合。1986年以来，为了进一步形成经济规模，加速东风系列产品的开发，提高生产集中度和专业化水平，企业间开始建立资产关系，有些企业与二汽合并，或由二汽控股、参股，从而率先进入产权联合的新阶段。

二 十年发展的成果

经过10年按专业化大生产、规模经济原则的联合改组，二汽集团已初步显示出在国家和地方政府支持下，企业横向经济联合的强大生命力。

（1）调整产品结构，发展系列品种。实行横向经济联合后，各成员厂几乎都淘汰了老产品，围绕东风系列产品组织生产。以二汽为主导，通过联合开发，"东方"系列产品由原来的3个基本车型发展到现在的7个系列车型、152种变型车、65种专用车底盘，共224个品种，各类专用车、乘用车11大类245个品种，形成了宽系列、多品种的东风汽车"家族"。

（2）建立专业化大生产体系，改变"大而全""小而全"的生产格局。在联合过程中，随着专业化、社会化生产的发展，汽车生产规模迅速扩大，主导厂自制率降低，东风车社会保有量增多，集团内部协作关系日趋稳定，专业化生产集团内部的市场基础逐步形成。一批"全能"厂按照产品专业化和工艺专业化的方向，引进技术，实施了技术改造。一些零部件厂已经或正在成为系列化、专业化的"小型巨人"；云汽、柳汽、杭汽、新汽四家整车厂的自制率均在25%以内，成为各具特色的东风系列车型的装配厂。专业化、社会化生产的发展，不仅使二汽省投资，缩短了建设周期，而且也改变了二汽自身的"大而全"，形成了较规范的专业化大生产格局。

（3）发挥主导厂技术优势，推动技术进步。二汽作为集团的"技术中心"，与联营厂以多种形式实行技术转让、技术支援。以至联合开发，使这些联营厂有了技术依托，二汽技术力量也得以充分发挥。10年来集团开发的上百个车型，上千种零部件，有相当一部分安排在成员厂试制、试验和组织生产，从而实现了主导厂向成员厂的技术转移，加速了科技转化为生产力的过程。

（4）改造企业组织结构，逐步向竞争性公司体制过渡。联合和改组使大多数成员企业创造了自己的优势，并在集团内找到了最能发挥自己优势的位置。集团内为适应专业化大生产的需要，提高市场竞争能力，成员企业依其与核心企业——二汽的产品、市场和资产的连接程度，形成了以二汽为主体的核心层、骨干层和协作层的"金字塔"式结构，集团的运行正向市场竞争性机制转化，并逐步向公司型体制过渡。

（5）建立销售服务体系，增强市场竞争力。二汽集团在全国有50家销售点、272个技术服务站网，有几万名销售服务人员，活跃在全国城镇，从事整车、零部件销售维修服务和用户信息反馈，它们是东风车扩大市场、增强信誉的重要支柱，这些站点，可供各成员企业使用和提供服务，增强了市场竞争力，这是任何一个成员企业都难以单独做到的。

（6）联合促进生产发展，取得较好的社会经济效益，联合使一批企业起死回生。"七五"以来，5家紧密联合的企业，连续3年实现产量、产值、销售收入、劳动生产率、利税同步增长，资产增值1倍以上。其中柳汽、云汽与二汽一道跃入全国500家大型企业行列。联合带动和改造了数百家企业，推动了一些地区经济的发展。一批成员企业，通过二层次联合又带动一批地方企业，联合能够较好地调动和利用社会资源，保证了二汽的生产能力连续10年以每年递增1万辆的速度发展，中吨位卡车已达到经济规模，成为世界级卡车厂。二汽在"七五"期间就实现利税39.34亿元、上缴利税 20.63 亿元，分别是 1985 年前累计数的 1.72 倍和 1.74 倍，资产增值 1 倍。

（7）推动企业转型，对国家经济体制改革做出贡献。联合使一批企业从封闭走向开放，从生产型转向经营型，开始建立适应有计划商品经济发展的经营机制。二汽正从传统的工厂型体制转向公司型体制，逐步成为集团公司，母公司已拥有 10 多家子企业和分公司，企业体制和运行机制正在发生深刻变化。东风集团在改革实践中，逐步形成一些改革思路，提出一些政策性建议，并得到国家有关部门的采纳，在一定程度上促进了企业改革和宏观改革的发展。

实践证明，发展企业集团，实行横向经济联合是大型骨干企业实行集约化生产和经营的重要途径，它是我国改造产业结构和企业组织结构，发展专业化大生产的一支重要力量。

三 10 年实践的启示

过去的 10 年是二汽集团改革与探索的 10 年，有成功，也有曲折，认真总结其中具有规律性的东西，有利于扬利除弊，减少盲目性。

（1）确立企业集团的地位，授以必要的权限，是发挥企业集团作用的基础。实现集约化生产与经营为主要目标的企业集团，特别是大型企业集团，是我国经济发展的重要生长点，在国家的扶植下，使它们成为我国社会化大生产和市场经营的主角，大型项目建设（或投资）的主体，实现产业结构与企业组织结构调整的着力点，进入国际市场的主力军。确立大型企业集团在我国经济发展中的地位，创造公平竞争环境，并授以社会主义商品生产者和经营者的必要权力。使它们发挥应有的作用，是加速国民经济发展亟待解决的重要问题。

（2）坚持正确指导思想，制定中长期发展战略，是企业集团健康发展的前提。二汽集团在联合初期就确立了"联合为提高东风系列产品竞争力，为发展我国汽车工业服务"的指导思想。这一宗旨体现了商品经济的规律，也体现了社会主义企业的特色，因而经受住了时间的考验，以这一宗旨正确处理集团与国家、地方和成员企业的关系取得了很好的效果。

二汽集团在总结了集团成立的前 5 年工作之后，经反复论证，于 1987 年制定了到 2000 年二汽集团改革与发展的战略构想，提出了实现这一战略目标的措施和管理体制。有了中长期发展战略就避免了短期行为，减少了工作的盲目性。

(3) 制定有利于资源优化配置的方针和符合商品经济发展的政策，是企业集团健康发展的条件，总结和积累集团工作中的经验，我们陆续制定了如下方针政策。

跨部门、跨行业、跨地区、跨所有制进行联合的方针；坚持对国家、地方、成员厂、二汽（集团）"四有利"的方针；"联合与改组、改造并举"的方针；采取"对内不搞集团性保护，对外不搞盲目性竞争"的既联合、又竞争的方针；鼓励专业化"小型巨人"的方针；联合从"三不变"到"三突破"的灵活方针。

上述这些方针政策对鼓励和推动集团内专业化改造、改组起了重要作用。

(4) 坚持联合、改造、改组，设计可操作的过渡过程，是发展专业化生产的重要途径。企业联合、改造、改组的过程，是大型企业改组的深化过程。我国现实的状况是很多中小企业缺乏技术开发能力，没有适销产品，没有稳定的市场，这是致命的弱点，而主导企业在行业中具有技术开发和占有市场这两个优势，加入集团的企业面临如何进行专业化改造的问题。

我们对成员厂的改造多是采取"眼前有饭吃，发展有方向"的办法实现较平稳过渡，防止大起大落，对一部分"两头在集团"的工厂，如十堰区汽车缸套厂等，主要产品技术和市场都在二汽，过渡的风险较小。除此之外的一些厂，如新疆汽车厂则一边组装 EQ140，一边发展沙漠车；云南汽车厂一边组装 EQ140，一边发展高原车，使工厂的专业化改造有可操作性。

(5) 壮大核心企业力量，提高成员企业素质，是促进企业集团发展的关键。企业集团的主要劳动力在于核心企业和与其实行紧密联合的集团核心层，增强集团力量的关键是壮大核心层的产品竞争力、市场吸附力和资本的辐射力。二汽在"七五"期间完成 12.5 亿元投资规模，发展了平头柴油车，增强了集团核心的实力，带动了一大片，二汽通过"请进来、派出去"的方式，使二汽现代化生产和管理的观念、制度、技术在成员企业中得到了广泛借鉴、移植，使其纳入专业化大生产的体系，并初步形成一套具有东风集团特色的标准"软件"和管理优势，使集团成员的素质不断提高。

（6）发挥多种联结纽带功能，强化经济纽带作用，是加强企业集团凝聚力的保证。集团内各成员企业都是独立的利益主体。多年来，我们以联合技术开发、合作协作生产、建立集团内部市场，以东风车 100 万辆社会保有量和参股、控股的资产关系等多种联结纽带，保持和发展集团凝聚力。其中资产联结纽带，保持和发展集团凝聚力。资产联结纽带对建立集团内各企业的利益共同体具有决定作用。二汽以 1.2 亿元的投资参股、控股，带动了 30 多家企业的 5 亿元以上的资产围绕集团发展目标运转，形成了集团的中坚。

（7）资金的横向融通，是企业集团发展的重要手段。1987 年，二汽在国家支持下，成立非银行的金融机构——东风汽车工业财务公司，承担集团内的借贷、担保、贴现和对外融资业务。目前，财务公司的财力虽较弱，但它的投资借贷方向对专业化改造、产品结构调整起到重要的引导作用。4 年资金收付量累计 36 亿元，营业额 18.1 亿元，对加速资金周转、推动集团发展起到拾遗补阙的作用。这对逐步形成集团的投资中心具有十分重要的意义。

（8）大型企业集团实行国家计划单一，是现阶段培植和加速企业集团发展的重要措施。大型企业集团的发展，已经跨越了部门、地区甚至所有制，在新旧体制转轨过程中，需要从国家行政部门得到必要的资源，直接在国家计委和有关部门实行计划单列户头，这是一项促进集团发展的重要过渡措施。1987 年国家批准东风集团实行计划单列，使企业有了较大的经营自主权，从而有利于提高决策效率、增强集团基层实力，有利于发挥跨地区、跨部门、跨所有制横向联合的集团优势，加快产品结构和企业组织结构调整的步伐，有利于探索通过国家订货，实行计划经济与市场调节相结合的运行机制。

四　未来10年的构想

未来10年，国内汽车行业将在新的起点上进入新一轮竞争，二汽集团必须从高起点上进入新的角逐。改革开放总方针，将为企业集团的发展建立有利的经济环境和政策环境。但新旧体制的摩擦，仍然制约着企业集团前进的步伐。在新的形势下，我们面临市场目标和经营战略的转换，产品结构和产业结构的第二轮重大调整，企业制度和企业集团组织管理体制以及经营机制的新变革。因此，尚有许多需要研究解决的问题。

（1）坚持"三个三"的发展战略，逐步建成具有国际竞争力的集团。这一发展战略的要点如下。

"三级跳"的战略目标：从1969年到1985年，基本形成10万辆汽车生产能力；从1986年到1990年，在发展品种、提高质量的前提下，把汽车的生产能力提高到15万辆；从1991年到2000年，发展年产30万辆普通型轿车，其产品发展战略是"七五"至"八五"初期，以中型卡车的发展为重型车的能力建设提供资金，以重型车的开发和建设带动中型卡车的更新换代，"八五"以中重型车并驾齐驱，支撑轿车的开发与建设，"九五"以轿车的大量投产，开创一个面向两个市场的新局面。

"三项"战略措施："灵活经营"即把改革开放所允许的发展商品经济的手段用好、用活，降低成本，创造更好的经济效益；"挖掘金山"即转变企业机制，用改进管理和技术进步这一双利斧挖掘内部潜力；"横向联合"即聚集社会生产力和资金，实行优化组合，创造新的生产力，实现集团发展目标。

"三层次"的公司型管理体制：成立投资中心、利润中心、成本中心，归结起来是，按社会主义有计划商品经济的改革趋势，在国家产业政策引导下，进一步转变运行机制，提高汽车生产的资源、资金、技术的集约化程度，把东风集团建设成为一个具有国际竞争力的社会主义新型企业集团。

（2）加快完成参与国际联合与竞争的准备工作，到20世纪末成为进入国际角逐的企业集团。汽车工业国际化的趋势不可逆转，二汽集团必须以国内市场为后盾，以国际市场为目标，参与国际合作，跻入国际竞争舞台。

为此，我们拟分两步走：前5年，主要任务是通过引进技术、合资建厂、合作生产、联合销售等体制，锻炼外贸队伍，以增加整车和零部件出口，在竞争中形成销售策略和主市场；后5年，随着中型卡车的换代，重型车的成熟和轿车的大批量生产以及客车、各类改装车质量和品种的提高，建立自己的技术经济优势及国际销售服务网点，进入国际市场，出口贸易将进入实质性发展阶段。

（3）为适应社会主义商品经济的发展，要逐步向公司型管理体制过渡，目前的工厂是以实物形态管理为主，缺乏经营功能，向公司型管理体制过渡已势在必行，集团的核心要建成集团公司，公司内的决策、经营与生产必须明确职责，适当分心，着重价值形态管理，决定集团发展方向和资金运作；公司下层以产品或区域形成若干事业部（管理部）或分公司、子公司，主要从事经营活动，形成利润中心；各工厂主要任务是提高实物质量，降低物资消耗，形成成本中心，这样，使二汽和二汽集团经营管理逐步过渡到真正适合有计划商品经济发展的经济运行机制。

（4）加强联结纽带，推动产品结构、产业结构和企业组织结构调整，发展专业化大生产，国家准备在二汽集团试点有资产授权经营，使企业真正成为自主经营、自负盈亏的社会主义商品生产者与经营者。这有利于通过公有制内部各投资主体间的参股、控股、合资、兼并和股权交易等形式，强化集团内的资产联结纽带，在保证各方利益的前提下，跨过部门、地方所带来的僵化、封闭格局，推动生产要素的合理流动和优化组合，构造规范化集团母公司，同时在国家计划指导下，利用市场机制优化资源配置，以推动专业化改造与改组。

10年的建设与改革是一条不平凡的道路，10年的实践开拓了我们的思路，它使我们深刻认识到一个道理：坚持在企业间的横向经济联合中发展企业集团，是调整结构、壮大企业的一条成功之路，也是深化改革之路。

促成企业依靠技术进步的机制*

（1991年6月25日）

现代经济越来越明显地表现出与科技进步之间的紧密联系和相辅相成的关系。企业的强盛和持续的后劲越来越依赖于对新技术的掌握程度和向生产转化的速度。

在我国实行搞活大中型企业政策时，必须注重研究如何促使企业形成调动科技进步这第一生产力的经营机制。这是缩短与国际企业差距的一项必要条件。

一 鼓励市场竞争，弱化政府"保护"，将会体现技术的价值，有利于促成企业依靠技术进步的机制

在单一计划经济体制下，企业可以维持产品的"几十年一贯制"。因此，技术在企业中体现不出其应有的价值。改革开放以来，人们越来越清楚地看到市场与商品的竞争，其实质是技术实力的竞争。市场竞争越激烈，技术的价值和地位就越显重要。近10年来，在有计划商品经济指导下，在逐步发育的市场推动下，许多企业积极开发应用技术成果，特别是在竞争性行业中，已出现了良好的开端。第二汽车制造厂"七五"期间平均每年完成200项左右技术开发成果，成果转化率达70%，使企业的产品开发、工厂设计、工艺制造的技术及管理水平有了明显提高。事实证明，市场竞争的胜与败都同样强有力地显示了技术在企业中的强劲地位，这是促使企业加速形成依靠技术进步机制的强大动力。

在我国目前政企不分的情况下，必然存在某些反技术进步的机制。当

---

* 本文是作者1991年6月25日完成的一篇文章。

一些产品在市场上竞争力殆尽，难以售出时，却可以得到国家部门的"统购包销"；当一些产品得不到用户认可时，却有某些流通环节实行"组合销售"，强加于用户；当一些企业长期滞销，资不抵债时，却可请求政府出钱发工资。当市场给予企业强烈的必须加速产品更新和技术进步的信号时，企业理应做出积极而迅速的反应，这是企业依靠技术进步，实现良性循环的必经过程。但某些政企不分和不恰当的"保护"，却使这些信号严重扭曲，得到了完全相反的效果。

加速科技成果转化成生产力，就要形成企业依靠技术进步的机制。这当中市场公平竞争会起到积极作用。

二 制定鼓励技术进步的政策，增加企业的科技投入

技术开发和技术成果转化成生产力，都是投入产出效益较高的过程。但"开发"特别是"转化"，仍需必要的投入。新技术的采用有的可转化成企业效益，但其投入也并非都能在近期回收；有的转化成社会效益，则难以直接返还给企业。目前，我国企业经济效益较低，维持简单再生产已感困难。这时恰是企业迫切需要充实新技术，却又十分缺乏投入能力的状况，加之企业技术改造贷款大部分由国家直接控制，如果国家没有强有力的鼓励技术进步的政策，为企业增加科技投入开辟渠道，面对世界日新月异的技术发展，我国的企业技术老化速度还会加快。这将使我国企业难以摆脱技术越落后，越缺乏市场竞争力；企业效益越低，越缺乏技术投入能力的恶性循环。如果认为科技水平是综合国力的表征，是国际竞争力的基础，那就需要国家权衡近期与长远、制定鼓励技术进步的政策，甚至强制推行某些技术进步法律、法规，促使企业增加技术投入，同时开通技术进步贷款渠道，为企业摆脱困境，解决走上良性循环的技术—资金投入的第一推动力。

三 大型骨干企业的科技力量是发展应用技术，实现科技成果转化为生产力的一支主力军

新的技术成果要转化成企业现实生产力，大部分存在"二次开发"的

问题。企业科技力量是社会科技成果移植到企业的"接口",是实现"二次开发"的主力。国外大型骨干企业的科技工作早已向基础技术延伸,产业部门创造重大科技成果已屡见不鲜。企业在物质生产第一线,在市场竞争的前沿,从自身生存和发展的需要出发,它会敏锐地捕捉国际科技新成果,刻意迅速用其创造新产品、新装备以至于新的生产方式,以此又会推动社会的技术进步。

二汽在80年代初决心向经营开发型企业转轨时即着手组建了技术开发中心,并设想其中1/3的力量服务和改进现生产的产品和技术;1/3的力量开发第二代产品和技术;1/3的力量用作基础技术的研究。目前,已形成拥有1800名工程技术人员和辅助人员,对汽车工程而言专业门类较全,各种试验研究设施原值达2亿多元的技术开发阵地;已和全国不同层次科研部门建立了广泛密切的联系与合作,每年完成科研和技术成果上百项。其中基础技术的研究包括金属材料、高分子材料、油料、振动、噪声、摩擦、磨损、燃烧、电子等。着重将科研部门成熟的成果移植到产品与生产。

企业特别是大型骨干企业的科技队伍是全国科技力量不可缺少的一部分。科技转化成生产力周期的缩短,以致出现科研生产一体化的新产业。这一现实,迫使我们必须加快确立大型骨干企业科技力量在全国科技工作中的地位,提高他们的素质,以适当的政策调动和发挥他们的作用,应纳入我国技术发展的国策。

国家实行对外开放的结果是,企业特别是大型骨干企业,不管自觉不自觉、愿意不愿意,最终都将被推到国际企业竞争的舞台。没有国际竞争力的大型企业,也很难长期独占国内市场。国际新技术革命的浪潮给我们提供了机遇,也让我们面临严峻的挑战,它迫使我们必须加快扭转多年体制上的原因而形成的生产—科研和科研—生产脱节和"两张皮"的现象,从观念和政策上推动企业形成依靠技术进步的机制,把企业科技纳入国家科技大系统。

科技生产力与搞活企业*

(1991年10月16日)

1991年10月16日,"科技生产力与大中型企业的发展学术研讨会"在二汽举行,来自各地的49名专家学者出席会议。这是中国生产力经济学会第一次与特大型企业合办的学术会议,在企业里把生产力经济理论与生产力社会实践直接结合起来。这次会议给二汽干部提供了一个学习和开阔思想的机会。

国家科委借鉴国际经验,鼓励和支持一些城市建立"生产力促进中心",帮助和支持企业以提高技术、管理水平和提高人员素质能力来提高生产率。这一宗旨与二汽"以内涵求发展"的思路高度一致。

无论是从我国社会主义建设的发展,还是从国际竞争大背景的需要,我们都面临着迅速发展生产力的急切任务。经济发展频繁起伏,大中型企业普遍老化,劳动生产率停滞不前,企业效益持续低下,已经威胁到国家的长期政治稳定。增强大中型企业活力,提高社会生产力水平已成为全党全民关注的重大政治任务。

在这里,结合我在二汽的工作和我的思考,讲一些想法和大家一起讨论。

一 科技是第一生产力

国际形势的发展与我国改革开放的现实已经表明,国际间政治上的对峙,其背后就是一场没有硝烟的经济战。闭关锁国,拒绝国际经济交往已

---

* 本文是作者在会议上的讲话。

经没有出路。对外开放，必定使我们投身于国际经济大战之中。国际经济竞争第一层次交锋是商品，而商品竞争的背后是技术的竞争，技术竞争的背后则是人才的竞争。

生产力，无非就是指人类认识自然、改造自然、开发自然资源、生产物质财富的现实能力。随着科技的迅速发展，科技在这种现实能力中的作用越来越大，甚至已经形成一种新型的相对独立的生产力——科技生产力。这种新型科技生产力的巨大辐射力，已经渗透到社会生活的各个方面。"科技是第一生产力"与其说是一个理论问题，还不如说是各个发达国家已公认的现实。

确实，在科学技术飞速发展，并向生产力迅速转化的今天，综合国力的竞争，实质上就是科学技术的竞争；世界经济的竞争，越来越多地表现为物化在商品中的技术水平的竞争。实际上，科学技术正日益成为现代生产力中最活跃的因素和最主要的支撑力量。在改革开放之始，邓小平同志就高瞻远瞩地指出，科学技术是生产力，而且是第一生产力，这确实切中了现代经济的要害。但是，我们都感觉到，这样一个极为重要的观点到目前并没有被广大的干部所深刻理解，更没有在社会主义建设中广泛实践。多年来，体制和机制上的缺陷，使众多企业仍然处于那种重数量、轻质量；重速度、轻效益；重投入、轻产出；重新建、轻改造，甚至宁可在低水平上重复，也不愿意下大功夫在技术上实现突破，仍然在低水平上徘徊。归结起来，在我们许多人的心中，并没有真正相信"科技是现代经济的灵魂，是生产力要素当中活跃的支撑力量"。这种观念上的落后，已大大延缓了实现"四个现代化"的进程，甚至使相当一部分企业进入了绝境。由于观念上的落后和政策、机制上的种种弊端，作为发展中国家，我们本来可以利用经济发展中的"后发性效益"，没有把它用起来，就是借助别人技术开发的成果，借鉴别人发展历程的经验，迎头赶上。

我还记得，在1956年上中学的时候，科学院一个专家到学校讲半导体，他拿了那么个小小的东西，广播就响起来了，当时我们都非常吃惊。回想当时，在半导体技术上，我们和某些国家的差距还不是很大。但是发展到现在，已经不知道差距有多大。再如，汽车行业在中国建设第一汽车厂的时候，当时的日本虽然有比较长的制造汽车的历史，可并没有像第一汽车厂那样的一个完整的、比较现代化的汽车厂。但是，几十年过去了，日本和国际上的汽车工业已经向前跨出了很远，而中国的汽车生产方式基本上没有超出当时一汽的水平。形象地说，每人每年生产2~3辆汽车，一汽建厂时是这样，现在还是这样。不仅没有进步，反而由于企业背上了沉重的办社会、冗员的包袱，全员劳动生产率实际上在下降。与此同时，日本丰田汽车公司每人每年生产的汽车数量已超过50辆，在60辆左右。日产汽车公司每人每年生产的汽车平均在46辆。这是1988年的数字。这一年通用汽车公司，平均每人每年生产汽车12.6辆；美国克莱斯勒公司为19.5辆；福特汽车公司为20.9辆。尽管西方国家和我们有很多不可比因素，包括自制率等，但是把所有的不可比因素加在一起，我们的汽车人均产量也不应该和这些国家相差这么大。

再如，在我们汽车工业起步的时候，韩国还在打仗。但是，最近韩国已经跃跃欲试要向中国汽车工业出口技术，要帮助我们建厂。在韩国排在第三位的大宇汽车公司有12万职工，一年的销售收入是163亿美元，平均每人每年产出13.4万美元，折合成人民币将近70万元，相当于二汽的10倍以上。这使我们心中有些愤愤不平。大宇生产汽车之前，我们有些同志已经介入汽车行业约20年了，他们那些人对我们来说只是学生辈的，现在却走在了我们的前头，我们心理确实不好受。

大家回顾一下，新中国成立以后，新建一些大型企业，在建设之初，起点并不低。但是，在原有的体制下，国家给企业的任务和企业的责任，就是维持现状，完成生产任务。只要把现状维持下去，能完成国家下达的计划任务，就是好样的。企业长期缺乏科技进步的动力和能力。很多曾经处于明星地位的企业却落入了工厂和产品的"几十年一贯制"地步。然而，国外的企业却恰恰相反。比如，在我们汽车行业，最老的是奔驰，他们号称在1886年制造出世界上第一辆汽车，从此发展出了一个奔驰汽车公司。后来，20世纪初，福特汽车公司成立了。通用汽车公司也在20世纪20年代成立。这些企业向世界上炫耀的是自己的"老字号"。给人感觉是企业越老，它的技术和管理就越成熟、品牌价值越高，它越能站在新技术的前沿来领导整个行业的潮流。实际上，从某种意义上，这些企业的动向几乎成了世界行业上的发展方向。中国的这些老企业同国外那些办得成功的老企业相比，反差确实太大。因此，在这种情况下，我们确实感到现实是对我们严峻的挑战。我们二汽开始思考这个问题是在1984年，就是二汽按照国务院的规模将近完成10万辆能力建设的时候。二汽从60年代开始，到70年代大规模建设的中国较新的企业，会不会重复当年156项工程那种企业的发展道路？是否也会"未老先衰"？

我们确实感觉到国际新技术革命带来的是严峻的挑战。当然，也给我们带来了宝贵的机遇。科技生产力正在产生生产率倍增的效果。依靠科技进步，确实是发展经济的捷径。我们要尽可能利用后发优势，借鉴国外成功的经验，吸收更多国外新技术，实现迎头赶上。我们在企业中有一种感觉：国际产业结构调整的机遇到现在还没有完全过去，但是给我们的时间是很有限的。回顾一下，大体上是这样：汽车属于传统产业，虽然不断充实新技术，不断有新的突破，但是，它仍然属于传统产业的范围。在发展过程中，对某些发展较快的先进国家来说，产业结构的转移在所难免。第二次世界大战后，第一次汽车产业结构的转移被日本人捷足先登了。日本、西德，战后的意大利，他们牢牢抓住汽车这个支柱产业往上爬。到了80年代初期，日本已经爬到国际汽车工业的顶峰，夺取了汽车工业的皇冠地位，汽车产量超过美国，现在仍然保持世界第一。而第二次汽车工业的产业结构转移，又被后来发展起来的国家所夺走。那就像韩国、巴西、墨西哥，甚至于像南斯拉夫、西班牙等。第三轮的转移，很可能在泰国、马来西亚，或者在其他后发性的国家。而我们国家第一轮没有赶上，第二轮又被淘汰，第三轮有没有可能占有一席之地还要看我们能不能把企业真正搞活。

我们二汽作为国家的骨干企业，有十足的紧迫感，有一种责任感，看到国际汽车工业迅速发展，深感巨大的压力；我们感到企业科技进步已经日益成为体现社会主义优越性、关系到民族兴衰的一个重大问题。在一定意义上说，没有科技的独立，就没有真正的国家独立自主。

10年改革，我国经济取得了巨大的发展，一些总量指标已经进入了世界的前列。但生产率指标和国际的差距却在拉大。当今世界范围的经济竞争，已经转向科技竞争。一个科技落后的国家，即使资源总量比较雄厚，也没有资格进入现代化强国的行列；受制于人的局面，也无法扭转。世界人民是通过"中国货"来认识中国的,中国的老百姓也是通过中国经济和世界经济的动态比较来体验社会主义制度优越性的,这些都是迫使我国企业依靠科技生产力提高其素质。

二 科技进步是企业兴旺发达的基础

二汽的建设和发展过程,也是我们学习和认识科技是生产力,并且调动这个生产力来实现企业目标的过程。

在改革开放之前,二汽属于建厂阶段。新的投资过程引发了我们提高技术起点的一种冲动。改革开放之后,汽车特别是中型卡车,较快地形成了市场竞争性的行业。市场竞争、对企业的放权,又培育了二汽依靠技术求发展的一种企业行为。

我们在努力调动科技生产力的过程中特别注意了以下几点。

1. 以产品创新为主导

企业和用户交换的主体是产品或商品,企业对社会的贡献也主要是通过产品或商品来实现的。因此,产品创新始终是二汽调动科技生产力的一条主线。

1975年,经过6年建设,二汽投产了。第一个车型是有2.5万辆生产能力的二吨半军用越野车。但没有销路,只要军方不买,几乎没有人买。因此,二汽并没有摆脱吃基础建设饭,每年要求国家给予补贴。在这种状况下,我们在三线企业中,较早地开始了军转民,经历了3年的"背水一战",到1978年,民用车投产,使二汽开始摆脱了危机。当我们在"背水一战"的时候,全厂职工几乎是以一种战争状态来对待产品开发的,只要是关于产品开发的事,在全厂就畅通无阻。因为全厂已深切感受到企业的希望就在这里。自此以后,通过不断拓宽民用车系列的产品品种,不断改进产品质量来拓宽市场。至今已经形成了7个系列车型。我们的基本车型走过了"以量变求质变"这样一种技术开发过程。老产品每年有若干项重大改进,把几年的重大改进积累起来,转化成一个新的型号,这样把风险分散到每一个年度,无论在技术开发、市场风险和投资强度来说都是企业可以承受的,比较现实。这是区别于我们的老大哥一汽的"垂直转产"。

一汽的这种状态当然是历史条件逼出来的,在一个产品达到了几十年一贯制,没有多大改变的情况下,它已经无法在市场上生存下去了。这时就经过准备,确定某一天"垂直转产"。我们分析以后,认为在转产的时候,风险太大,一旦遇到风险,企业就没有退路。因此,二汽吸取了这个经验,采取了"以量变求质量"的办法,使用户年年感到车型上有新东西,对用户更有吸引力。

对变型车来说,我们要年年有新品种。所谓变型车,就是在基本车型的基础上,为了某种特殊需要而加以局部改进的这些车。比如,像大客车的专用底盘、做翻斗车的专用底盘、做牵引车的车头等都是变型车。我们基本车型实现了"以量变求质量",变型车每年有新品种,这样就保证了二汽10余年以来,平均每年递增1万辆的市场销售。1978年生产5000辆,到今年大约生产135000辆。在10年多一点的时间,保持了每年递增1万辆的水平。能够递增1万辆,市场的容量是关键。我们的产品不断创新,因此,市场每年能接受我们递增1万辆的产量。同时,使我们的销售利润和销售收入同步增长。

1982年生产汽车51000辆;1983年60100辆;1984年70200辆;1985年83400辆;1986年87600辆;1987年104000辆;1988年118000辆;1989年125000辆;今年大约135000辆。大体每年持续增长1万辆。以1990年为例,新产品销售额占总销售额的69.94%,新产品的利润占总利润的78.77%,这就是在产品创新上的成果。

"七五"期间,我们又发展了一些高档次的车,为我们"八五"不断改进奠定了基础。如果做得好的话,我们的目标是:"八五"期间要使"七五"期间的民用产品全部更新,使产品提高一个档次,现在生产的民用产品在"八五"后期全部淘汰。下一步,我们还有发展轿车的任务。

2. 建立科技生产力的组织框架

科技是生产力,但是它的发展需要有一个温床。我们越来越清醒地看到,在有计划商品经济发展的过程中,二汽这样一个大型骨干企业,吃饭和盈利靠现生产,而发展和后劲要靠科技开发。也就是二汽必须有为自己的发展不断培养新人才、更新新知识的能力;必须要有为自己的发展开发新产品、开发新技术的能力;必须要有为自己的发展制造新装备、提供新的手段的能力，就是人才、技术和装备。因此，我们从1983年开始，就着手建立"三大中心"，即教育培训中心、技术开发中心和技术装备中心。这三大中心在我们现生产中发挥作用是有限的，而在企业的后劲和发展上却是关键。从某种意义上说，二汽的真正力量所在是"三大中心"。现在，我们用在人才教育上全厂平均300元/（人·年）。通过各类学校，二汽职工同时进行培训的占职工的5%。有的是高层次培训，也有的是应知应会的培训；也有技术技能的培训。技术开发中心，有1900多人，每年技术开发费用在7000万元左右。技术开发部门大体上是"三三制"，有1/3力量用作为现生产服务，不断改进现生产产品；1/3的力量用作开发第二代产品，为我们的明天或后天准备新产品；1/3力量做基础技术的研究，即把国外已经成熟的技术以及国内开发的技术移植到汽车产品和汽车生产中来，做好二次转化的工作。

我们的技术装备中心，每年能为二汽提供大约600万工时的装备能力。装备中心的人员大约有8000名职工，这是一支很强大的力量。这是我们保证每年有新产品投放市场的一个基础。通过"三大中心"的建立，加上有一套科学管理的体系，就实现了科技生产力的组织框架。总的来说，二汽在科技决策、科技管理上的体系比较完整。

3. 以资金的投入为契机，实现技术"聚宝"与革新

科技成果转化为生产力，一般需要必要的投入。因此，二汽的科技进步主要体现为两种形式。

第一种形式是长流水，每年有相当一笔技措费用，对零星的、比较短期能见实效的那些技术改造、技术措施给予支持。这使我们每年获得的效益是相当大的。比如，我们在生产设备中采用个人计算机（PC）来实现电子控制，现在已超过800台（套）。这个规模在全国是第一位的。通过日积月累的改造，我们的设备主机，机械部分还是原来的，但是它的心脏、头脑已经采取电子化，使设备的故障率大为降低。现在，我们每个专业厂都有能力来实现改造。每年通过一定数量的技术措施费实现相当数量的技术进步项目。

第二种形式是把技术进步寓于工厂的重大改造和新项目的建设之中。这种大量的资金投入是实现技术水平一步一层楼的机遇。如果放松了在资

金投入过程中的技术转化，那么，我们就会陷入一个简单重复的过程。因为建设好了，不可能再为了进步而进步，这是工厂做不到的。必须抓住工厂改造和建设的机遇，来实现一步一层楼。二汽建厂之初，就实现了国内的"聚宝"，即工厂实行对外开放，引进外边的先进技术，移植外边先进技术为我所用。二汽建设的时候在闭关锁国的情况下，采取了新产品、新工艺、新设备、新材料等一系列"聚宝"方式。因此，当时机电部同志说，二汽是中国机械工业的一个展览会。我们当时在国内新试制的设备超过了1200种，达到4400台（套）。这风险也是比较大的，如果新设备过不了关，就会引起很多矛盾。但是不管怎么说，在闭关锁国的情况下实现了一个比较高的起点。建厂初期就采取了新工艺53项，采取了当时的新材料40多种，避免了在低水平上的简单重复，在二汽大规模建设的投入中，实现了一个较高的起点。

在"七五"期间，我们更加有意识地在投入过程中提高技术水平含量，每年大约有200项科技成果，科技转化率大约70%，使二汽在国内产品工艺水平上保持了一定的领先地位。为了实现科技进步，也需要有必要的科技投入，我们的科技开发费逐年增加，1986年大约是5090万元，到去年，在市场极端疲软的情况下，我们的科技开发费仍然提高到7370万元。1986~1990年技术开发费的总和达到2.94亿元，占同期销售收入的1.7%。"七五"期间，基建技改投资完成了12.7亿元的投资规模，实际花的钱大约为16亿元。这些都是科技向生产力转化的物质保障，是财力上的保障。

4. 以自行开发为主，引进先进技术

引进技术，是迎头赶上先进水平的一条捷径。但是没有自行开发的基础，引进的东西也难以真正消化、吸收。比如，EQ153八吨平头柴油车，我们从70年代末开始策划，80年代初开始自行开发，从驾驶室、发动机到整车各个部件都自行开发。在二汽自行开发的基础上，提出引进技术，因此，我们和外国人谈判的起点就比较高。因为所有的工作，我们都已经做过。这样，二汽在"六五""七五"期间在国内各项汽车技术引进中，消化、吸收是比较领先的，而且能把引进技术转化成可销售的商品。"七五"期间，我们引进了软件技术19项，累计科技成果2712项；获国家专利51项；获得国家和省部级科技成果40项。EQ153八吨平头柴油车是我们自主开发和引进技术相结合的一个典型。整车是二汽自主开发的，但一些关键部件，有7大总成是从世界5个国家引进的。通过消化吸收使整体水平提高了一大步。这个车型很适合国内的使用要求，而且很多经济指标达到了当代技术水平。

5. 以技术人员为主体，调动职工开发科技生产力的积极性

首先，到1990年末，二汽中专以上学历的职工已超过2万人，工程技术人员8005人。从文化技术程度来说，中专以上学历的人员所占比例，已经由1986年的24.5%提高到1990年的28.8%；平均文化水平已经从1986年的人均受教育10.26年提高到1990年的10.75年。我们能把大量科技人员吸引到二汽这样一个山沟，是做了大量工作的，最关键、最重要的是二汽的事业有所发展；我们的工作为广大科技人员提供了一个舞台，这个舞台使科技人员感到做科技工作有奔头；工作有任务，项目有投资，自己的科技成果能转化成生产力，这是吸引广大科技人员的一个重要条件。

其次，通过二汽艰苦建厂的历程，在广大科技人员中树立了十分可贵的事业心，逐渐形成了二汽特殊的企业文化。很多人难以想象，在这里工作几十年的广大技术人员，当年几乎是以移民的形式到了这个荒山区，他们怀着为中国汽车工业打翻身仗的强烈的事业心和责任感，进行着艰苦的创业，反映了广大科技人员为祖国汽车工业贡献力量的事业心。这种事业心至今还存在于很多科技人员的心目中，在他们生活中占据着很重要的地位。

最后，我们这里科技工作条件比较好，每年科技费用投入相对来说稍充裕一些，物质条件相对较好。我们有一个完整的科技管理制度，脑力劳动、科技成果总的来说是受到尊重的。全厂工程师有3000名左右，高级工程师有600~700名，高级技师，现在全国刚开始试点，总共评了200名左右，二汽有41名。众多的技术人员造就了全厂学习技术的良好环境，涌现了大批的科技人才。比如，在青年技工的全国考试中、在省里的考试中都能名列前茅。全厂每年都在大量的科技成果中，评选出10个重大科技成果给予表彰。另外，我们重视人员培训，无论是在职的技术人员，还是普通工人都能受到一定程度的培训。

近几年，我们特别重视调动职工的聪明才智。今年，我们采取了有效措施鼓励职工搞合理化建议活动，并取得了重大突破。往年，合理化建议，每年有两万条左右，今年1~8月，合理化建议已经实现13万条。有些专业厂，采取了很好的鼓励办法，如职工提出合理化建议、自己动手实施建议。厂里把职工的名字和改进的内容用不干胶贴在改进的地方，使职工有一种自豪感。这些活动在全厂很活跃。我们就感觉到，企业在现有的物质、技术基础上，能充实一些新的管理、新的技术，生产力可以大大提高。我相信，一个大企业可以挖掘的潜力，不是10%，也不是20%，而是1倍、2倍。但我们要有一些办法把它充分调动挖掘出来。

三 要促成企业依靠科技生产力的机制

搞活大中型企业的工作已经10年，与10年前相比，企业确实发生了巨大的变化。回顾10年来的历程，搞活企业是从"放权让利"开始的，而对理顺经济关系、转变经营机制却没有实现突破性的进展。我们始终在减税让利、放权让利上兜圈子，由于放权让利，或减税放权，各个受益单位甚至个人相互攀比，竞相要获得"放、让"的优惠，而政府部门考虑到承受能力和调控能力而又不得不寻求收权收利的途径，从而在我们国家形成了企业和政府之间轮番调整利益关系，反复地"收、放、退、让"，而多数大中型企业并没有真正搞活，经济效益低下的问题没有解决。企业穷于应付简单再生产，没有形成依靠科技生产力的动力机制和能力体系。所以，我认为搞活企业本质上是要使这些企业在市场上有竞争力。

企业改革应该从减税让利为主发展为转变机制为主，借此才能促使企业调动科技生产力的作用。

在这当中，实现政企分离，鼓励公平竞争，弱化政府的"保护"，是重要的一环。在市场竞争中，才能体现科技生产力的价值，才会促进企业形成依靠科技生产力的机制。在单一的计划经济体制中，既然很多企业可以维持产品"几十年一贯制"。那么技术在企业中就体现不出它的价值。改革开放以来，人们越来越清醒地看到，市场与产品的竞争其实质就是技术实力的竞争。所以，竞争越激烈，技术的价值和地位就越重要。改革10

年来，在有计划商品经济的指导下，在逐步发育的市场的推动下，很多企业已经开始积极开发新产品、应用新技术，特别是在竞争性行业中，已出现了比较好的开端。事实证明，市场竞争的胜或败，都强有力地显示出技术在企业中的应有地位。这是促使企业加快转型的强大动力。但是，在我国目前政企不分的情况下，存在着某些反技术进步的机制，比如，当一些企业的产品在市场竞争中难以推销的时候，一些国家部门却可以实行统购包销；当一些产品得不到用户承认的时候，却可以"打包销售"，强加给用户；当一些企业长期滞销、资不抵债的时候，却可以请求政府出钱发工资……如此种种，就形成企业在市场失利的时候，是寻求技术进步、加强产品开发，还是依赖政府保护这样两种导向。市场给企业一个强烈的信号之后，企业理应做出迅速积极的反应。但是，恰恰相反，由于政企不分和不恰当的"保护"，一些企业做出了完全相反的反应。如上这类"逆调整"，可以说比比皆是。比如，现在企业之间缺乏公平竞争的条件，企业投资决策的权力仍在政府，价格体系的不合理，脑力劳动、体力劳动分配的倒挂，等等，这些都限制了科技生产力真正的作用。或者说，在这些体制、机制中都存在着某些反技术进步的倾向，不利于形成、调动企业科技生产力的作用。

技术开发和技术成果转化成生产力，都是投入产出比较高的过程。但是，也应该承认，开发和转化都需要投入；新技术的采用有可能转化成企业的效益，但并非都能在近期内实现。甚至有的转化成社会效益，就难以直接返还给企业。比如，在节能减排上的改进，效益主要是社会的。目前，我国企业的经济效益很低，维持简单再生产已经感到拮据，这本来是企业迫切需要提高产品的技术含量、提高附加值。但企业没有必要的投入能力。

面对世界日新月异的技术发展，我国企业技术老化的速度还会加快，这将使我国企业难以摆脱技术越落后，越缺乏市场竞争力；企业效益越低，就越缺乏技术投入能力的恶性循环。如果认为科技水平是综合国力的标志，是国际竞争力的基础，那就需要国家来权衡利弊，制定近期与长远鼓励技术进步的政策，包括财政政策，促使企业增加科技投入。

最后一个问题，就是大型骨干企业的科技力量是发展应用技术、实现科学技术成果转换成生产力的一支主力军。也许我是站在企业的角度来讲这番话，但这确实就是我们的想法。

新的技术成果要转化成现实生产力，无不存在二次开发的问题，企业科技力量是社会科技成果移植到企业的一个"接口"，是实现"二次开发"的主力。长期以来，由于体制上的原因，我国的科研和经济的结合不密切，科研成果不能及时转化成生产力。国外大型骨干企业的科技工作早已向基础技术延伸，产业部门创造重大"诺奖"级的科技成果已屡见不鲜。企业是在物质生产的第一线，在市场竞争的前沿，从企业自身的生存和发展需要出发，企业会敏锐地捕捉国际科技新成果，迅速地创造新产品、新装备以至于新的生产方式，借此来推动社会技术进步的发展。因此，企业的科技工作是科技成果转换成生产力的重要一环，特别是大型骨干企业的科研队伍是全国科技力量不可缺少的一部分。当前，科技转化成生产力的周期缩短，以至于出现了科技生产一体化的"技术科学"。这一现实迫切要求我们必须加快确立大型骨干企业科技力量在全国科技工作中的地位，把他们列为我国科技体制中的一支正规军。这应当是我国技术发展的一个国家政策。

大型企业从事应用技术研究，有它一系列的独特条件。首先，厂办科研能从企业生产最需要的角度提出课题和选择课题，并可以根据情况变化而灵活调整，能与生产第一线进行最密切的合作和跟踪服务；其次，科研成果转换成生产力一定要经过中间实验环节，在大型企业里对此有最为便捷的条件；再次，科研成果的转化一般要寻求最佳的机会来实现，或与产品同步开发，或与技术改造相结合，对此，厂办科研可以很好地对接；又次，科研成果的转化需要新的投入，厂办科研可以从企业发展资金中得到资金的来源；最后，厂办应用技术研究与行业和国家研究院、所相结合，就更有利于实现"面向"和"依靠"的技术工作方针。

在西方发达国家，大公司都有实力强大的研究机构，他们凭借自己的天然优势，在应用技术研究领域，搞出的成果往往可以代表这个国家的水平。这就足以说明，企业具有应用研究的强大生命力。

汽车制造业是一个技术密集型、资金密集型、劳动密集型的综合性行业；汽车是集广泛的现代科技成果于一体的复杂产品；汽车技术包容了从传统技术到新兴技术十分密集的科技集群。汽车制造业市场竞争性强，又是耗能、耗料、高产出的产品。二汽每年所耗钢材已达 40 万~50 万吨，每年所耗的主要材料加起来有 200 多万吨，占全国消耗总量近 1%。我们所生产的汽车，相关性耗费就更大了，因此，对这种产品的技术开发要求相当深、细。总之，我们应该把企业的科技力量作为全国科技力量的重要部分。我看了一份材料，是联合国经济发展组织对西方工业国家的研究分析，他们发现，一个国家发明创造的多少，是和基础研究水平、大型企业的比重以及大型企业承担研究开发的规模三者形成正相关的关系。这表明，可进行研究开发的大型企业越多，工作规模越大，发明创造的数量也就会越多，这个国家的经济活力就会越强。这可能是各个国家发展的规律。

国家实行对外开放的结果，使我们这样的大型骨干企业不管自觉不自觉、愿意不愿意最终都将被推到国际企业竞争的舞台上。没有国际竞争力的大型企业，很难长期独占中国的市场。国际新技术革命的浪潮，给我们提供了机会，但也提出了严峻的挑战，它迫切要求我们必须加快扭转多年来体制上的原因而形成的生产—科研和科研—生产的脱节和"两张皮"现象，从观念和政策上来推动企业形成依靠技术进步的机制，把企业科研纳入国家科技的大系统。

视质量如企业的生命[*]

（1991年10月23日）

感谢汽车工业信息发布会在二汽召开，使我们得到了更多的学习机会。

下面，我想就质量品种效益年主题，结合二汽情况，谈谈我们的一些认识和做法。

一 质量品种效益年的本质意义，在于把企业推向市场

改革开放以来，我们党和国家把搞活大中型企业，当作经济体制改革和发展社会生产力的中心环节。但是，企业缺乏动力机制和开发手段。多年来，产品质量差、品种单一、经济效益低下，已经困扰我国经济的发展。解决我国企业的质量品种效益问题，从本质上讲，必须转变经营机制。特别是对于我们这样的竞争性行业，市场和用户是企业的出发点和归宿。提高产品质量、发展新的品种、提高企业效益的动力，与其说来自企业领导者和职工的觉悟，还不如说来自市场的压力、市场的导向和市场对企业的评价，以及市场对企业的报偿。

我国已确定要建立有计划的商品经济，也就是在社会主义计划与市场的结合中，不是局限于原有计划体制修修补补，而是要大力发展社会主义商品经济，让市场能够发挥更大的作用。相对改革开放之前，和老的计划经济体制相比，企业外部环境已经发生了很大变化。比如，国家对企业指令性计划每年都在减少。对二汽来说，二汽总产量中国家指令性计划所占比重，1983年为91.67%；1985年下降到74.26%；1987年降至48.75%；1989年降至33.12%；今年估计国家指令性计划只占28.8%。现在二汽每

---

[*] 1991年10月23日，汽车工业信息发布会在二汽召开，本文是作者在发布会上的讲话。

年有130多万吨材料和辅料，近10万辆汽车，要通过市场买进卖出。今年二汽买进卖出总额要达100亿元。

产品进入市场，就意味着要接受用户的比较和选择，即要在质量、品种、价格上接受用户的评定。改革开放的10多年中，在我们汽车行业里，经历了1981年、1986年，特别是1990年三次市场疲软的冲击。如果说在过去短缺经济供不应求的情况下，我们还没有感受到质量、品种、价格对企业的影响力，那么在这几次出现市场波动时，就迫使我们急切地在提高质量、扩展品种和降低成本上找出路。我们感到这时用户的选择确实是无情的，但也是最公正的。用户的选择就是对企业工作成效的公正评价，这也是形成优胜劣汰、调整产品结构、调整产业结构、调整企业组织结构的机制条件。每一次市场疲软的冲击，对二汽几乎都形成了转变观念、转变机制的一次机会。1981年的市场疲软，是在计划经济体制下出现的。在市场发展比较好时，国家实行统购包销，但在市场发展不好时，车子放在那里没人管。企业承受了巨大的压力。当时，我们觉得企业，必须由生产型企业向经营型企业转轨，否则，企业没有出路。我们迫切感觉到，多一个品种，企业多一条生路。那时，在全厂的努力下，仅用了半年时间，我们就开发出 EQ140S5A 大客车专用底盘。紧接着在1980年又开展了产品质量创优的"零号战役"。所谓"零号战役"，就是比一号还要重要，一切向质量创优让路。在1983年着手建立"三大中心"，即技术开发中心、教育培训中心和技术装备中心，这是我们企业要向经营型企业或经营开发型企业实现转轨的三大支柱。经历了1986年市场疲软，我们就深刻反省了企业内部经营机制，下决心调整企业内部某种"以包代管"的经营机制，并且提出要以"卧薪尝胆"的精神狠抓以质量为中心的基础管理。

汽车是竞争性行业。几次汽车市场的起落，使二汽经受到一种强烈的信号：市场给予二汽的，有压力、有动力、有批评、有表扬，而这一切比什么评比、检查都更加实在。我们企业所极力争取的就是用户的"货币选票"。在接受这些信号之后，我们1986~1987年比较系统地研究如何建立有计划商品经济的企业经营机制，来提高企业的应变能力，适应国家经济体制改革发展的需要。

在经历了一系列的研究之后，我们确定二汽和二汽集团改革和发展的战略构想。这个战略构想的要点是"三个三"。

第一个"三"就是"三级跳"的战略目标。第一级跳,从1969年大规模建厂到1985年底,基本建成10万辆/年生产规模。第二级跳,就是用5年的时间,经过"七五"的改造,在增加品种、提高质量的前提下,把生产能力提高到15万辆/年。第三级跳,是用10年的时间,在2000年之前,完成一个年产30万辆的轿车建设项目。这个在1987年制定的发展战略,当时有很多边界条件还没有最后确定,现在这些都已经获得了国家的批准。

第二个"三"就是"三大法宝"的战略措施。就是说,我们为了能实现"三级跳"的目标,用传统的办法是不可能做到的,必须有一些战略性措施。这些战略性措施我们归结成"三大法宝"。第一是"灵活经营"。就是把国家改革开放以来所允许使用的那些商品经济手段,充分调动起来,这里包括充分利用对外开放、利用社会主义市场条件。第二是"挖掘金山",即挖掘企业内在潜力。我们在调查研究基础上确认,像二汽这样的企业,如果能够充分发挥新的管理、新的技术的作用,就有可能在现有的物质技术基础上实现一个飞跃,使企业的生产能力、产品质量,有一个较大幅度的提高。第三是"横向联合"。横向联合对于大型骨干企业,本质上意味着可以调动社会生产力实现企业的发展目标,调动社会的资金来完成我们的建设任务。

为了充分发挥"三大法宝"的作用,企业内部经营机制就必须要有相应的调整。经过反复研究,我们初步确定了二汽内部的管理体制,即第三个"三",就是实行"三层次"公司型管理体制。所谓"三层次",就是在公司内部,最上层是公司总部,主要职责是决策中心,对企业发展方向负责,在财务上它是一个投资中心;中间一个层次,设立若干事业部或分公司、子公司,这些是经营单位,对投入产出负责,财务上是一个利润中心,但利润的支配权要交给投资中心;第三个层次是专业厂,是生产管理层。责任是完成生产计划、提高质量、降低成本,在财务关系上是成本中心,主要用成本来考核。

确定"三个三"的中长期发展战略构想,就是希望以此来明确到2000年,我们的主要目标和实现目标的主要措施,以及在企业的主要管理体制;

希望借此来转变企业经营机制，改变过去那种国营大中型企业以国家计划为中心的运转方式，逐步转移到企业以市场为中心来运转，或者形象地讲，企业公转围绕市场；企业自转围绕年度的生产经营目标。也就是我们的企业要着眼于市场、立足于现场，进而提高对市场的应变能力，提高对用户的满足能力，逐步走向自主经营、自负盈亏、自我发展、自我约束的社会主义商品生产者和经营者。

1990年对二汽来说，是惊心动魄的一年，也是我们在疲软的市场中获得丰硕成果的一年！全厂干部和职工几乎都是以临战的状态对待市场的冲击。我们及时地调整品种，满足市场和用户的需要；加速"短、平、快"项目的技术改造。比如，市场一段时间比较欢迎曲面玻璃驾驶室，我们就在几个月之内由原来曲面/平面玻璃驾驶室生产能力的比例为30∶70转变为65∶35。现在我们已做到用户可随意选择。另外通过"短、平、快"来加速加长车的生产，也取得很好成效。

同时，我们狠抓质量管理，经过全面调查以后，要求全厂把质量管理扩展到贮运环节，一直伸展到用户手里。我们增加了售前服务，即在汽车交给用户之前，要进行一次服务，服务费用由二汽承担。另外，我们动员全厂降低成本，提出的目标是：总成本降低1亿元。还特别加强市场调查和控制，总厂领导三次分六片派到全国各地，抓促销、了解市场信息、加强市场调研；还在全厂广泛开展质量效益杯立功竞赛活动。所有这一切，都是为了转变企业经营机制。由于全厂的努力，1990年我们的产量比上年下调了9%，但因及时调整了产品结构，产值只下降3%。

1990年销售量下降，"三角债"严重，利润下降了38.5%，利润总额降到4亿元。尽管利润下降了，但是收获是很大的。长期在卖方市场中所无法感受到的一种压抑感，迫使我们冷静思考许多问题。现实比任何说教都更有力地告诫我们，质量和品种关系到企业的兴衰。在今年年初总结时，同志们有两点感受最深：第一点是中国的汽车并不会永远是卖方市场！这一点告诉我们，不管愿不愿意，我们的立足点都必须迅速转移到买方市场轨道上来；第二点就是二汽的单车利润已经下降到很低了！这对我们的启示就是必须加速产品结构调整，使产品品种和档次要尽快地实现一次转变。1990年二汽生产12万辆汽车，利润只有4亿元。平均生产一辆汽车的利润是 3000 元，和同行业的兄弟厂相比，我们感到压力很大！

据有关方面的统计数字表明，1991 年 1~9 月，二汽销售 119315 辆汽车，实现利润 66897 万元，平均利润 6050 元/辆；但是上海汽车公司仅销售 28299 辆汽车，就实现利润 76940 万元，平均利润 23300 元/辆；江西五十铃，生产 5164 辆，实现利润 9603 万元，平均利润 18600 元/辆；广州标致销售 8852 辆，实现利润 14952 万元，平均利润 16500 元/辆。这说明二汽产销量再大，如果产品结构不调整，就没有出路！当然，这里有不合理的定价问题，现在指令性计划定价办法是成本加一定比例的利润。因此，成本越高，利润越大，效益越好。这种导向确实有问题。大生产低成本的优势被不合理的价格吃掉了。但不管怎么说，我们的产品结构落后、档次较低，这是制约我们经济效益上升的主要因素。

以上两点，是我们在市场疲软中最大的收获。虽然利润下降了，但是从长远来看，我们所得到的，比失去的更多。这一切，为我们今年开展质量品种效益年活动，打下了一个很好的基础。

二　质量效益是企业永恒的主题

质量对用户来说，就是需求的满足；质量对企业来说，就是市场竞争力，就是效益。用户的需求是无止境的，因此企业质量改进也是无终点的。当然，我们这里讲的质量是指广义的概念，包括品控。二汽建厂以来正反两方面教育已经使二汽确立了"质量第一、永远第一"的工厂方针。二汽年年都有质量目标，年年都有质量措施，年年产品质量都有改进。质量的年年进步，保证了二汽近 10 年来，以每年递增 1 万辆的速度实现销售；1982 年销售 5.1 万辆，1983 年销售 6.01 万辆，1984 年销售 7.02 万辆，1985 年销售 8.34 万辆，1986 年销售 8.76 万辆，1987 年销售 10.04 万辆，1988 年销售 11.8 万辆，1989 年销售 12.5 万辆，1990 年销售 12 万辆，1991 年预计销售 13.5 万辆。每年市场能够接受东风车增加 1 万辆，这是与我们每年产品质量有所改进和提高是分不开的。

质量—品种—效益是牵动企业各个方面的一个整体。下面简要谈一下二汽抓质量品种效益的一些基本思路。

1. 确立用户评价第一的质量标准

企业和用户交换的媒体是产品或者商品。产品到用户手里才能实现价值，才能实现其使用价值，才能体现企业存在的意义。因此，我们认为，从本质上讲，用户是二汽赖以生存的基本条件，用户是对二汽工作成效、产品优劣最具权威的最终裁判。多年以来，在产品开发和质量改进中，我们十分注意来自用户各种反馈的信息。比如，质量部门每个月都要向我们上报关于东风车的赔偿车次、赔偿金额等用户反馈的质量信息。另外，我们特别注重加强对用户的服务。1980年开始组建东风车的全国售后服务体系；1986年开始实行对东风车强制免费售后保养，目的之一就是希望收集汽车使用初期的质量信息。现在我们建立了比较完整的质量使用信息档案，初步建立了全国的质量信息网。用户质量反馈信息是指导厂内质量工作的重要基础资料，也是我们每月一次的厂长质量例会分析质量形势的基础资料。用户对企业的评价是最真实的，用户对我们工作是具有否决权的权威。

2. 要夯实以质量为中心的基础管理

从实践中感受到，抓质量，必须老老实实地从基础开始做笨工作，不能企图找一种包治百病的灵丹妙药。在建厂初期，饶斌同志就从抓班组、抓培训做起。1986年以来，我们每年都提出要以"卧薪尝胆"的精神，持之以恒地抓以质量为中心的基础管理。质量是企业综合工作的反映，是企业的生命，只有厂长才能对质量最终负责。因此，我们在推行厂长负责制的时候，第一条就是推行厂长质量责任制。

这几年我们认真组织了全厂工艺普查、工艺整顿、工艺整改和工艺攻关，在全厂开展抓松、漏、错、碰等除"四害"活动，抓创质量奖的管理，抓质量职能的分解，落实质量职能。现在，我们在全厂抓工序达标、抓职工培训、抓职工养成性教育。抓基础管理就是要经过多年努力，建立实现产品质量良性循环的物质、技术和管理基础。

3. 售前、售后服务是质量保证的重要环节

汽车产品的好坏，不仅在于制造质量，更在于用户的使用效果。我们作为生产企业，有责任提供全寿命周期服务。售后服务对企业来说，其中一种职能就是对制造质量某些漏洞的一种弥补，这是保证我们东风车社会保有量110万辆正常使用的基础；同时，售后服务也是我们质量信息重要

的反馈点。现在，我们在全国建立了 273 个技术服务站点，已经形成了一个比较完整的体系。二汽为技术服务站点提供维修人员的培训，对他们有评比考核，制定了管理标准，为他们提供技术资料和维修配件等。特别是新产品投放市场的时候，我们首先使全国服务站的技术培训先行，接着要使备件到位，这时汽车才能销售。

4. 以量变求质变的产品改进方针

一个好的产品是有时间性的，它不可能永远是受欢迎的。我们的做法是，现生产的产品在接受用户的信息以后，产品要年年有改进、工艺质量要年年有改进，要使用户每年都能拿到新的实惠。年年的改进是在总体统筹规划下进行的，这样就使一个车型的换型工作，分散到了各个年头，减少了投放市场的风险，同时也使资金筹措、生产准备的工作量分散了。对若干重大改进积累之后，整个车型的性能和可靠性就会迈上一个新的台阶，这时我们就可以改换一个车型号。

在 1978 年民用车投产时叫作 EQ140，到现在，它已经发生了重大变化。比如，驾驶室和车头，由原来的军车车头换成了民用车车头；由原来的平面玻璃驾驶室，发展到现在已经可以选择曲面玻璃驾驶室；车身漆前处理增加了阴极电并改善面漆工艺。另外，整车实现了双管路的制动；曲轴增加了平衡块，减少了震动；管带式水箱也已转产；等等。在经历了 28 项重大改进之后，1986 年把 EQ140 转型成 EQ140-1。之后，我们又积蓄了一系列重大改进，在这些重大改进完成之后，我们将适时把 EQ140-1 转型成 EQ140-2。

5. 不断拓宽品种

目前我们的水平，还是有什么样的车，就希望用户用什么样的车。我想总有一天，我们应该做到，用户需要什么样的车，我们就造什么样的车。因此，多品种、系列化是我们的发展方向。多年来，我们在产品拓宽品种上不断下功夫，特别是经过"七五"改造，为我们拓宽品种奠定了相当的基础。到现在二汽可以为用户提供的是 7 个系列车型 150 种变型车；4 个系列 16 种发动机；通过联营公司可以向社会提供 11 大类 172 种改装车。在"七五"期间，我们每年都有新的车型品种投放市场。

随着 EQ153 系列产品投产，EQ145 系列产品转产，二汽多品种系列化将会有重大突破。EQ153、EQ145 都是平头车，这两种车型是较高档次的车型，可以起进口替代的作用。它们更加适用我国公路不断改善的条件。随着系列化水平的不断提高，我们在卡车方面，可提供民用车，也可提供军用车；可提供中型车，也可提供中重型车；可提供长头车，也可提供平头车；可提供汽油发动机的车，也可提供柴油发动机的车。同时，还可以提供多种轴距、多种驱动形式的车。因此，现在和过去相比，用户已经可以在较大范围内对车型加以选择。我们希望逐步做到让更适合的车型承担更适合的运输任务。

6. 以资金投入的过程来实现技术的"聚宝"

资金投入可以有两种方式：一种方式是实行简单的、量的扩充，在低水平上扩大产量；另一种方式是以资金投入为契机，在质量、品种、工艺上加以提高，实际上是从企业素质上加以改善。当然，我们应该选择后一种。

上质量、增加品种，如果没有必要的投入是很难实现的。在"七五"期间，二汽采取了收缩战线的战略，基本建设、技术改造紧紧围绕卡车的质量和品种强化投入，收到了比较好的效果。二汽"七五"期间完成基建技改规模12.7亿元。通过这部分投入，我们大大地拓宽了品种。随着"七五"建设成果逐渐转化成生产力，已经使二汽通过7个系列的开发和投产，能够在主要部件通用化、系列化的基础上，有可能开发出几百种车型。"七五"的投入，使二汽的主要生产线形成了"双轨制"生产结构，也就是说，同样一个汽车的部件，可以有两条生产线进行生产；当一条生产线需要改造适应市场时，可以加大另外一条生产线的生产批量。这样可使企业在调整品种时，不会大起大落。现在发动机、车身、车架、车桥等生产线已经实现了"双轨制"；通过"七五"的投入，我们实现了相当数量的设备更新，工艺得到了相应改善，全厂的质量薄弱环节得到了明显的改进。例如，"七五"期间全厂利用PC改造生产线达到了800多台（套），这在全国也是规模最大的，它减少了设备故障率，提高了生产均衡率，保证了质量，提高了水平。

在"七五"期间，以技术开发为主，引进了七大总成，设计制造了具有当代国际水平的八吨平头柴油车。特别是EQ153和EQ145的投产，使我们系列化品种得到了拓宽；同时，在产品开发上，我们也开始试行了成系列地开发。比如，1990年EQ145的设计定型，就是30多个车型一次通过。

7. 开展群众性的质量效益杯立功竞赛活动

提高质量，降低成本，必须全厂动员才能奏效。在1990年全厂开展的第一届质量效益杯立功竞赛活动的基础上，今年又开展了第二届质量效益杯立功竞赛活动。这是一种发动群众加速工厂改造的比较有效的办法。今年设立总厂级的质量效益杯项目一共是878项，1~9月完成465项，其中，质量攻关和产品改进项目125项；设备攻关和进口设备配件国产化项目43项；双增双节降低成本项目257项；发展品种的生产准备项目191项；技术进步项目109项。此外，专业厂还设有专业厂级的项目1837项，车间级项目2044项，班组级项目5733项。

今年，我们总的目标是完成预定的质量改进的新产品生产准备，同时节支降耗1亿元。1~9月通过质量效益杯立功竞赛活动，已经创效益14730万元，其中属于降成本的部分达到5535万元。

今年，在多年准备的基础上，开展群众性的合理化建议方面有突破性进展。群众性的合理化建议，或叫群众性的改善活动，就是广泛发动群众，针对生产、管理、质量等各个环节不适应生产需要的部分，加以改进。我们专门请了一部分日本专家到二汽来讲课，传经送宝；还派出一些人到日本去学习。今年实现了比较大的突破。往年合理化建议活动每年大约是实现2万件左右，今年计划要实现16万件，1~9月全厂职工提出合理化建议346364项，经过两级评定已经接受采纳的261684项，已经在各个环节实现了195463项。通过合理化建议改善活动。创经济效益达到4393万元。我想合理化建议很重要的是要使那些细小的、正式的工艺和管理顾及不到的地方也要不断改善。有些车间，他们把已经改进的地方贴了一个不干胶的标签，让该项目建议的工人有一种荣誉感。比如，一种刀具调整，原来要多长时间，现在通过一套新办法减少了多少时间，谁是建议人和实施人都要写上，贴在设备上。总之，这项活动很活跃，是提高质量品种效益的一个重要途径。

8. 质量——目标无尽头，改善无止境

市场对我们来说是一个大课堂，它使我们体会到用户确实是帝王，使我们理解到技术在企业内部的地位，同时也使我们认识到质量和品种在企业中的分量。进入市场，就是要准备让用户去挑选。

只要我国坚持改革开放，从长远讲，没有国际竞争力的产品，是难以长期占领国内市场的。刚才周忆俭同志讲的，我认为很重要的一点就是如果关贸总协定一旦恢复，过去那种把进口车斩尽杀绝的美梦，就要过去了，即挡住进口，关起门来保护我们这些企业的日子不长了。因为参加关贸总协定，对我国的经济发展将会起到积极的作用，但是在汽车这样一个竞争性行业里，舶来品对我们的挑战却是严峻的！中国的市场必将成为世界市场的一个组成部分。应该承认，我们的水平和国际水平相差还很远，无论在质量上、品种上、企业效率上，我们都相差甚远。目前，国内用户的某些赞誉，绝不是我们洋洋得意的理由。二汽的领导班子多年来心里总是不踏实，不踏实的原因就是在质量上我们还没有完全摆脱落后状况。因此，坚持"质量第一、永远第一"的指导思想，是我们领导班子公认的办企业的基本方针。国家开展质量品种效益年，对企业、对二汽来说，是一个很大的推动。我们要力争在做好质量品种效益年各项工作的基础上，更深切地理解质量品种效益对企业的重要作用，努力做好各项工作。

风神奔向世界*

——访二汽厂长陈清泰

（1992年1月4日）

"中国的汽车工业要赶上世界先进水平，就一定要实行高起点的发展。搞合资，引进先进技术有好处，但光靠引进，自己无所作为，是没有希望的。"初见陈清泰，记者就被他的侃侃而谈深深地吸引住了。

陈清泰，这位由我国自己培养的汽车专家，全国著名优秀企业家，60年代初毕业于清华大学汽车系。1985年，他担任统率近10万名职工的二汽厂长和拥有25万名职工的东风汽车联营公司董事长兼总经理。目前，集团成员厂已发展到306家，遍及全国27个省、自治区、直辖市，成为一个跨行业、跨部门、具有较大实力的企业集团。如今，二汽生产的"风神"卡车（即"东风"出口牌号）已驰骋在非洲、中东、东南亚及南美等地。而陈清泰并不以此为满足，他密切注视着中国汽车工业未来的发展和二汽集团产品在国际汽车市场竞争中的地位。他主持制定了到20世纪末二汽集团的发展战略：年产轻、中、重型卡车20万辆、轿车30万辆，使二汽集团汽车产量占全国总产量的1/3，出口量占全国总产量的10%~15%，成为具有国际竞争能力的大型汽车生产集团。

采访前，二汽新闻科的老吴告诉我一件"旧闻"。陈清泰80年代出国考察时，被外国厂商的一句话激怒了，外商说："中国汽车不能在国际市场上纵横驰骋，不仅仅是技术和设备问题。"那位外商拿出海外某家报纸登载的一篇评论给他看，上面这样写道："今天，中国二汽生产的东风牌汽车，从鄂西北山区飞往中国大陆，飞往世界16个国家或地区，但是面对连美国汽车工业都害怕的日本汽车工业鲸吞蚕食的事实，以及东风汽车现今

---

* 本文是《企业导报》1992年1月4日对作者的专访。

给人的质感、卖相，恐怕东风汽车驰向世界市场的路途还很遥远。"

愤怒与冷静碰撞，深思与追求交织，回国后的陈清泰立即将考察中的深思熟虑化为决策：产品走向世界，必须有先进的管理，而先进的管理，又要具备一支高素质的人才队伍。

1986年，二汽同日产公司商谈引进日产柴油机生产线。在谈判桌上，陈清泰出人意料地向日方提出了一个附加条件：引进生产线的同时，日本专家必须答复二汽人对管理的咨询。在日本专家的指导下，二汽轿车转向节生产线开展"一个流"生产方式的试点，产量当年翻了一番，完全能满足二汽的装备需要。

"一个流"是生产储备要素在时间和空间上不断获得优化组合，从而达到以最小的投入，实现最大的产出。随着它在全厂的逐步推广，二汽人的思想观念也在发生巨变。生产干部一定要到现场指挥，控制好各个环节，保证全线生产正常流动；维修员以前是"叩头菩萨"，现在红灯一亮，他会立即抢修故障，否则生产线瘫痪，损失成千上万，岂能担当得起?!

重视教育，舍得投入，是陈清泰手中的一张"王牌"。目前，二汽已建成各类学校74所，形成了从普通教育到职业教育，从幼儿教育到理工科研究生培养，造就多种企业人才的较为完善的教育体系。陈清泰对记者说："没有一流的教育，就不会有今天这样一个一流的企业。"

当记者要求陈厂长介绍二汽的"雪铁大红"计划时，一向谨慎持重的他流露出几分亢奋之情：国家向二汽投资33亿元（原值），是向一个企业投资最大的一笔，作为国家支柱骨干企业，二汽不仅要出一个好的产品，而且应该出经验、出人才。在某种意义上讲要代表当代水平，起到一个样板作用。

陈清泰还告诉记者，世界平均每千人轿车拥有量是80辆，中国却不到1辆，还不如印度。差距带来的是紧迫感和使命感。发展中国汽车工业，二汽责无旁贷。

历史终于给了二汽这样一个机遇，国务院1987年确定二汽为发展轿车的三大基地之一后，他们做了大量扎实的准备工作，先后与美国、法国、日本、德国、意大利、韩国等6个国家的15家汽车公司进行了接触，寻求合作伙伴。在商务谈判中，二汽坚持的原则是技术立足高起点，不要人家淘汰或过时的产品。二汽即将生产的轿车是法国 1991 年 3 月才新开发的雪铁龙 ZX 型轿车，其各类技术经济参数均是瞄准优于当代同类型轿车设计开发的，具有国际 90 年代水平。当二汽投产时这种产品正处在成熟期，不仅在国内市场上有竞争力，而且在国际普通型轿车市场上也有较强的竞争力。新的生产基地已在武汉沌口破土动工了。

陈清泰讲到这里，两眼熠熠生辉，充满着自信。我们深信，经过 100 多万辆风神大批量生产的熏陶和锤炼，进入了英姿勃勃青壮年时期的二汽及二汽集团，一定能大步从发祥地十堰跨出国门，奔向世界。

为了中国民族汽车工业*

(1992年2月4日)

1987年，西方国家一家汽车公司总裁到第二汽车制造厂考察后说道：十七八岁的中国二汽，像是个朝气蓬勃、美丽娇艳的姑娘，谁见了都想和她联姻——合作生产小轿车。

这是赞扬，也是实话，如果那时二汽像一个朝气蓬勃、美丽娇艳的小姑娘，那么现在则像一个年轻漂亮、丰满成熟、仪态万方、楚楚动人的美女，更吸引人了。

不是吗？二汽已经是一颗璀璨夺目的汽车明星，在神州中原武当山上闪闪发光。现在，它的年生产能力已达15万辆，跻身于世界级卡车厂家之列。它已经生产了100万余辆，在中国辽阔土地上跑动着的中吨位载重汽车中，有65%来自二汽。二汽的汽车质量也有长足进步：自1987年以来，东风5吨载重车和发动机连续4年保持国家一等品；去年初，上海组织20万名司机评选最优国产车，东风汽车荣获中型货车第一名。去年10月，东风140-1汽车荣获国家优质产品称号，二汽晋升为国家一级企业。东风汽车不仅在国内畅销，而且已销往世界10多个国家和地区。

二汽的成长壮大，是二汽几代人艰苦努力所创立的业绩，也是二汽几届领导人长期奋斗的结果，其中包括现任二汽厂长、东风汽车工业联营公司董事长陈清泰的一份功劳。

一　志在深山创业

要找陈清泰本人介绍自己的事迹是很困难的。过去曾有记者采访过他，

---

* 本文是《湖北经济报》1992年2月4日对作者的专访。

他说，他的工作只不过是前几任厂长奋斗目标的延续；如果说有一点儿成绩的话，那也是前几任厂长打下的基础。

陈清泰不愿谈自己，也不愿身边的工作人员介绍他的事迹，鉴于这种情况，记者取消了采访他本人的计划，决定从侧面来了解他。

那是一个晚上，记者敲门进入陈厂长家里，一进屋只见一个高约2米、宽约120厘米的大型玻璃柜立在客厅右侧，分隔层摆上了上百辆小轿车的模型，有美国的，有西德的，有法国的，有日本的，似乎世界各国的"小轿车"都集中摆到他的这个"停车场"了。从这些小轿车模型中，我们可以看到陈清泰开拓我国轿车工业的雄心壮志。他在探寻，他在比较，他在瞄准世界一流目标。

好在陈清泰的妻子楼叙真比较健谈，她是二汽技术开发中心的主任。她告诉记者，她和陈清泰是清华大学不同年级的同学，陈清泰早在学习期间，就立志为振兴中国民族汽车工业贡献自己的青春。1957年高中毕业，报考了清华大学的汽车专业。进清华校园后，他勤学苦读，品学兼优，毕业时获得清华大学最高荣誉——优秀毕业生金质奖章。毕业后，他希望到一家汽车工厂去施展自己的抱负，可是他那出类拔萃的学习成绩和严于律己的道德修养却给他的抱负帮了倒忙，他被留在清华园。

不过，志在汽车工业一显身手的陈清泰并没有死心，他在创造条件，他在寻找时机。二汽党委书记马跃告诉记者，陈清泰首先鼓励自己的爱人来到位于湖北西北部武当山下的第二汽车制造厂，然后每个月打报告要求离开北京，调到二汽。他的这一招真灵，1970年便如愿以偿了。

其实当时的二汽正在建设之中，它分布在武当山脚下的几十条山谷里，吃、住、行都很差，条件非常艰苦，住的是芦席棚，吃的是咸菜，晴天一身灰，雨天一身泥，夏天炎热异常，冬天寒冷无比，很多人熬不下去了想离开那个鬼地方。可是这些困难都挡不住这位有志之士。他认为只要能够调到二汽，有条件去为自己的理想而奋斗，这就是最大的幸福，至于艰苦的环境，那不一定是坏事，因为它更能锻炼一个人的意志。

陈清泰调到二汽后，当时厂里的军代表知道他是清华大学的高才生，能写会讲，便把他安排在宣传组写材料、抄大字报、搞大批判。这又同陈清泰的愿望相违背。他来二汽的目的，本来是想把自己在学校学到的知识运用于实践,当一名出色的工程师,用振兴中国民族汽车工业贡献自己的一分力量,哪知领导却让自己搞这些东西,怎么办呢?正当他为此事而感到烦恼的时候,恰好工厂进行调整,厂领导根据陈清泰的要求,把他调到了生产组的产品组(后来改为产品设计处)。卓越的才干,突出的成绩,使他脱颖而出。他好似一颗新星在武当山冉冉升起。不久他就当了科长,1980年提拔为产品设计处副处长,1983年担任二汽总工程师,1984年出任二汽厂长。

二 质量阶梯扬威

一个工厂的产品能不能受到消费者欢迎,关键在于质量;一个国家的产品能不能独立于世界之林,关键仍然在于质量。陈清泰清楚这一点。因此,他担任厂长后,把提高汽车质量放在头等重要的地位。他明确提出:总厂厂长、专业厂长是产品质量的第一负责人;不重视产品质量的,不能担任第一把手。

1985年,由经济过热刺激的汽车过量需求,东风汽车成为市场上的抢手货,全国各地争相购买,工厂不少干部的衣袋里揣着亲戚朋友要求购买汽车的来信来函。在这种情况下,有些干部职工产生了错误观念,认为二汽生产的是"皇帝的女儿"不愁没人要。"上质量不如产量,创优质不如夺高产"。陈清泰及时指出了这些不好苗头,立即在全厂开展了一次质量意识教育。他指出,二汽之所以有今天这样兴旺发达的大好局面,一个根本原因是在产品质量上有一定优势。产品质量是企业的生命,是企业赖以生存和发展的根本。目前,二汽产品质量虽然有一定的优势,但市场竞争激烈,如果两三年产品质量仍停留在现有水平上,人家上去了,优势就会丢失,企业就会处于被动地位。他告诫人们说,"皇帝的女儿也要居安思危啊!"

每当人们谈及陈清泰抓质量问题的时候,自然会想起铭刻在心的一件往事:那是1987年,车厢分厂一个零件出了质量问题,后来被发现了。这个零件生产了几百件,而且都安装到汽车上销往各地了。陈清泰不惜工厂停产带来上千万元的产值损失,也要买来这个严重教训,他下令全车厢分厂停厂整顿，找出原因，采取措施加以补救，责令这个分厂派人背着重新加工的合格零件，分赴购买了这批汽车的单位，硬是将不合格的零件换了下来，挽回了二汽的质量信誉。

为了引导全厂干部职工不断进取，日益提高产品质量，陈清泰提出了一个形象的口号——"攀登珠穆朗玛峰的质量阶梯"，而且制订了攀登质量阶梯的"三步计划"：第一步，省优；第二步，部优；第三步，国优。

二汽在提高产品质量的时候，紧紧围绕汽车的可靠性、耐久性和经济性这"三性"目标来进行。为此，工厂积极采用新技术、新工艺、新材料，甚至不惜增加一点成本，宁可少赚点钱。如汽车上的排气管，原来是用普通灰铁制作的，使用寿命不长；现在他们采用蠕墨铸铁制成，使用寿命延长3~4倍，可工厂一年要增加成本7万余元。

在采用新技术、新工艺、新材料的同时，陈清泰进一步加强了质量管理制度。从1985年开始，总厂设置了质量口，除自己直接抓以外，还派有关领导同志专门负责，并且组织了由总工程师办公室、全面质量管理办公室、技术检查处和工艺处等部门领导参加的总厂质量管理核心小组，坚持每周一次质量例会制度，及时协调解决生产中出现的质量问题。各专业厂也都有一名领导干部管质量工作。同时，二汽还强化了质量管理系统，充分发挥职能部门的作用。二汽各专业厂质检科，业务上归总厂质查处直接领导，质检科科长的任免必须征求总厂质检处的意见，并且不断提高质量检查人员的素质和待遇。保证质检队伍的相对稳定，坚决制止打击、刁难、侮辱、殴打质检人员的歪风邪气。总厂还设立了质量专项奖，对那些提高汽车质量方面有突出贡献的单位和个人予以重奖。

二汽经过四五年的奋发努力，终于登上了梦寐以求的第三步台阶。中国汽车质量检测所按照载货汽车国家优质产品检测评定办法的规定，经过用户调查走访之后，去年4月从二汽总装厂生产流程中截取500辆汽车，再从中抽出4辆放在各种不同路面上进行了25000公里的长途运行。检测结果，东风汽车各项指标达到规定要求，达到国优标准。

达到国优标准的喜讯传来，二汽8万名职工无不为之高兴，理应开个"庆功会"，但是陈清泰认为，创国优不是目的，而是不断提高产品质量、满足用户需要的一种手段，而满足用户需要是无止境的，攀登质量阶梯也是无止境的。于是他变"庆功会"为"挑毛病、找问题"现场会，动员全厂职工在继续提高产品质量上做文章，让东风汽车再上一个新台阶。

三　视今天为落后

1984年的一天，住在北京的原二汽厂长饶斌，请陈清泰去他家做客。陈清泰刚坐下，老厂长问道："清泰，这两年你搞了些什么？"陈清泰一下子懵住了，他想了一阵回答道："这两年做了一件事，就是当了一名宣传员，向全厂干部职工宣传科技开发技术进步是生产力，让大家知道，我们二汽要兴旺发达，跻身世界汽车行业之林，必须抓科技开发技术进步。"饶斌听了很高兴，说他工作抓到点子上了。

其实，早在他担任产品设计处副处长的时候，就写过一篇文章，阐述了自己对二汽科技开发技术进步的发展战略。他认为，我们的企业哲学要求一个大改变，不能"视现状为必然"，而应"视今天为落后"。他举例说，世界上发达国家有些企业，如德国的奔驰汽车公司有近百年的历史，为什么它在激烈的市场竞争中表现得更成熟、更有活力？就在于他们"视今天为落后"，重视科技开发技术进步，不断推陈出新，有一代更比一代好的新产品问世；可我国有许多新中国成立初期才建设的大型企业，仅仅走过二三十年的历程，就显得未老先衰，等待输血、供氧。其原因在于"视现状为必然"的形而上学观念在作怪，不重视科技开发技术进步，其产品多年一贯制，总是停留在原有水平上。如果二汽要缩小同世界发达国家汽车工业水平的差距，跻身于世界汽车行业之林，就必须"视今天为落后"，把科技开发技术进步放在重要地位。

陈清泰的企业哲学像一丝春风，吹拂了武当山脚下的几十条山谷，得到了当时担任厂长的黄正夏和总工程师孟少农的赞赏和肯定。1983年，一个投资上亿元兴建的二汽技术开发中心，巍然屹立在汽车城的中心。它像一座灯塔，指引着二汽汽车工业的前进方向；它像一个巨人，引导着二汽依靠科技开发技术进步走向世界。如今在这个中心荟萃精华，集聚了1800多名工作人员，其中工程师1000余人、高级工程师100余人。

二汽技术开发中心成立以来，在适应我国商业经济发展，开发新产品不断满足用户需要,追赶世界汽车工业先进水平方面,起到了不可磨灭的作用。

东风 140 型载重汽车,是根据我国国情,在总结我国载重汽车经验基础上设计而成的。其动力性、经济性、平稳性、操纵轻便性、环境适应性以及维修方便性等方面都达到了国内当时的先进水平。但是,二汽人"视今天为落后",并不满足于现状,从 1982 年开始,产品开发部门先后完成了对车头、驾驶室、发动机、离合器、变速箱、传动轴、车桥、车架、车厢、电器系统等几乎全部总成的换型和革新,并进行了几十种变型车的开发生产,形成了比较完整的东风汽车系列。到 1986 年,技术中心全面完成了包括双管路制动系统在内的 28 项重要技术进步,这时从总装配线上滚流下来的东风汽车,无论从车头、车身的外观,还是驾驶室内部装饰;无论在内部结构,还是各方面的性能,都已经比 1978 年投产时的东风 140 型载重汽车有了质的飞跃,很多方面达到了世界先进水平。经报请中国汽车工业总公司批准,该车型的型号更改为东风 140 - 1。这种新型汽车深受用户青睐:超载能力强、性能可靠,要它多装就多装,超载量竟达到规定量的 1 倍;别的车不能去的地方,它却可以大显身手;而且评为劳动模范的驾驶员,绝大部分是驾驶东风汽车的。因此,东方 140 - 1 汽车被用户誉为"憨厚车""苦命车""模范车"等。一些原来使用进口车的单位,在进行了综合对比试验之后,转而购买东风车,一些地方甚至出现买几辆东风车要搭一辆进口车的局面。东风车成为挡住中吨位载重汽车进口中的中流砥柱。二汽技术中心的科技开发技术进步得到上级有关部门的肯定。1988 年,中汽联给二汽颁发了科学技术一等奖;1989 年,国家科委又给二汽颁发了科技进步二等奖。

陈清泰对于在技术中心工作的工程师们,从各个方面给予关怀和支持,为他们创造良好的工作条件,对高级工程师们还专门建了"高工楼"宿舍;对做出重大贡献的,予以精神奖励和物质奖励。因此,尽管他们身居深山,却乐于尽职,许多人在事业上不断追求,立志为振兴中国民族汽车工业倾注自己的全部心血。技术中心的这些工程师们在实现了东风 140 - 1 型全面改进以后,又继续努力,开发出了具有国际 80 年代先进水平的东风 140 - 2 型换代产品和东风 153 型、东风 145 型等新型产品;并且正在开发更高水平的东风 140 - 3 型第三代产品。这样,二汽的汽车生产做到"口里含一个,手里拿一个,眼睛瞄一个",不断推陈出新。

二汽由于重视科技开发技术进步,不断开发新产品,增加新品种,加上质量保障,东风汽车在市场竞争中立于不败之地。1990年,在全国市场普遍疲软的情况下,二汽生产、销售形势更好,生产、销售和利税等方面,比上年有了大幅度的增长。职工们每当谈及二汽的大好形势,都不约而同地赞扬技术中心所做出的贡献,自然也异口同声地夸奖陈清泰的战略眼光。

四 发挥整体优势

陈清泰知道,发展我国民族汽车工业,赶超世界先进水平,光靠一汽、二汽孤军作战是不行的,必须借用社会力量,形成一个强大的合力,才有可能比较快地实现。这种合力,就是企业集团。他要感谢前任领导黄正夏在这方面为他打下了坚实的基础。早在1981年,黄正夏就创建了东风汽车联营公司,这是我国汽车行业最早成立的企业集团,到1983年底,已经发展到有66家企业参加,分布在全国18个省区市。自1984年陈清泰接任二汽厂长,特别是1986年兼任东风汽车公司经理以后,他把相当一部分精力用在发展东风汽车企业集团上面。如果说前任厂长黄正夏在为创建东风汽车联营公司方面做出了卓越贡献,那么在探索具有中国特色的社会主义企业集团,并使之沿着健康正确的方向发展方面,陈清泰则立下了汗马功劳。

现在,东风汽车企业集团已经走完了10年历程,人们给它大致划分了三个阶段,叫作"三部曲"。老厂长黄正夏带着联营公司成员企业唱了"第一部曲",即从1981年到1983年,联合从生产协作开始,一些成员企业淘汰老产品,由二汽转让技术,提供零部件,围绕东风汽车进行初步的专业化分工,但联合成员仍然维持所有制、隶属关系、财政体制"三不变"的方针。1985年陈清泰兼任东风汽车集团经理后,在老厂长的支持下,带着企业集团唱了"第二部曲",他把强化专业化协作、稳定市场关系列为工作重点,让一批企业与二汽建立稳定的经济关系,经过几年的努力,一些企业突破"三不变",与二汽实行人、财、物、产、供、销"六统一"紧密联合。1986年以后,为了进一步形成经济规模,加强东风系列产品的开发,提高生产集中度和专业化水平,陈清泰又率领东风汽车集团唱了"第三部曲",让一些企业与二汽合并,或由二汽参股、控股,实行资产联合,使企业集团进入产权联合的新阶段。

东风汽车集团经过这"三部曲",不仅得到巩固,而且走上了健康发展的道路。1990年底,东风汽车集团已拥有306家企业,职工达到30万人,拥有固定资产(原值)61亿元,年生产能力达20万辆,销售收入突破100亿元,利税超过10亿元。它分布在28个省区市,成为我国汽车工业规模最大、经济实力最雄厚的企业集团。

东风汽车企业集团的创立,变分力为合力,存量资产能够充分得到利用,为产品的开发、试制、试验创造了更好的条件。在二汽技术开发中心的带领下,一批成员企业集结一起,共同开发新产品。

多品种、宽系列的"东风家族",能够满足各种不同用户的需要,不仅称霸神州,而且走向世界。在国内,东风汽车集团建立了以北京、上海、武汉等中心城市为依托的8个贸易分公司,并与30个省区市建立了长期的贸易关系,形成了广阔市场,整车和零配件出口到30多个国家和地区,并与美国福特、康明斯和日本日产柴等300多家国外企业建立了技术交流和贸易往来。

五 奋力"三级跳"

二汽早就有一个长远发展目标,陈清泰给了它一个形象说法,叫作"三级跳"。第一级跳,10万辆汽车生产能力,1985年已经形成;第二级跳,15万辆汽车生产能力,1990年已形成;第三级跳,45万辆汽车生产能力,包括15万辆中重型载重车和30万辆小轿车,计划到2000年内完成。

要完成第三级跳,而且要把它跳好,这是相当艰巨的。15万辆中重型载重汽车虽然已经形成生产能力,但为了更好地满足用户需要,在激烈的市场竞争中立于不败之地,还需不断调整产品结构,多生产一些八吨平头柴油车及6吨平头柴油车,并且进一步提高产品质量,这就有大量工作要做。关于发展30万辆小轿车,那是二汽一件开天辟地的事业。对于陈清泰来说工作就更繁重了,要派人到国外考察比较、要与外商谈判、要选准合资对象、要签约、要筹集资金、要落实政府贷款、要安排基本建设、要物色零配件生产厂家……而且他还是东风汽车企业集团董事长，306家企业30万人有多少事情需要他去协调解决。他工作太忙了，日程不是用天来计算，而是用小时来安排，他处于超负荷运转中。陈清泰为了"三级跳"，把整个身心都扑在工作上了。

1988年初夏，陈清泰与二汽党委书记马跃一起去南京、杭州、上海等地考察企业联合。首先到南京，为了争取时间，他们中午不休息就去有关工厂考察，晚饭后，接着举行会谈，直到深夜12点，第二天又去工厂考察了一天，晚上南京市市长举行小宴为他们饯行。在宴席上，陈清泰突然昏倒了。医生诊断，是身体过度疲劳所致，要求他注意休息。

1990年8月的一天，二汽得到通知，法国代表团要来中国商谈小轿车生产技术合作的问题。为做好安排，陈清泰晚上打电话同二汽驻北京办事处联系。可电话就是打不通，一直打到深夜12点也没有打通。陈清泰无法睡觉，第二天早晨5点又来到办公室，折腾了两个小时才把电话打通。上午8点钟，参加党委政治学习，陈清泰感到身体不适，便请假去医务室看病，可他刚踏进医务室大门便倒在了地上。医生们知道自己的厂长夜以继日地工作，太劳累了，含着泪水把他抬到病床上进行急救，为他注射葡萄糖。

二汽的医务人员看到陈清泰长期超负荷运转，已经严重影响他的身体健康，于是给二汽党委提出意见，提醒注意他的健康问题。为此，党委书记马跃曾先后两次安排他去疗养，可陈清泰认为现在正是"三级跳"的关键时刻，不能离开，他都婉言谢绝了。

陈清泰忙得顾不了自己的身体，也忙得顾不了家庭。陈清泰的母亲住在北京，谈判、汇报、请示，他经常出差去北京，然而他也很难有时间去看望自己年迈的母亲。1990年10月，得知母亲病倒了，他出差北京便抽了办事间隙时间回家看望母亲。"妈，我来了！"陈清泰进屋就喊。"你是谁呀？"躺在床上的母亲竟然没有听出是谁的声音。"我是你的小儿子——清泰""哦——"妈妈认出来了，两行热泪从眼眶内流淌出来，她再没说什么，显得有些伤心，她知道清泰不是不孝顺的儿子。陈清泰14岁的小女儿陈肖，在十堰市读初中，尽管父女俩同住在一个套间里，却很难交谈一次。晚上陈清泰回家，女儿已经睡着了；早上父亲起来，女儿已上学了。星期天应是一家人团聚的最好时间，可是对于陈清泰来说，等于"星期七"，父女俩仍然很少在一起交谈。陈清泰有时也感到内疚，觉得自己没有尽到父亲的责任，没有给女儿父爱。不过，懂事的女儿很理解自己的父亲，有时还为父亲分担忧虑。1990年12月19日晚，当陈肖在中央电视台新闻联播节目中看到中法双方草签合作生产雪铁龙轿车合同的新闻时，非常激动，她当晚在日记中写道："想到爸爸为联合生产小轿车成天奔波劳累，脸上增添了皱纹，头上长出了白发，现在总算有了个眉目，我不能不为爸爸高兴，不能不为爸爸祝福！"

经过几年的谈判，现在二汽与雪铁龙公司已经签订了合资生产轿车的合同。这是新中国成立以来我国机械制造业投资规模最大的建设工程。合资公司的总部和总厂设在武汉市，机械加工设在湖北襄樊市，今年开始建设，计划1995年开始投产，其最终目标为年产30万辆变通型轿车。目前，二汽已经做好了施工前的各项准备，并且物色了一批配套厂家。我们坚信：二汽的工人、工程技术人员在陈清泰的领导下，一定能够在高起点上阔步追赶，顺利完成"三级跳"，而且这一步一定会比前两步跳得更出色，为改善和改变11亿人民的行路条件，加快社会主义建设步伐做出新的贡献。

在二汽 1992 年科技工作大会上的讲话*

（1992 年 6 月 8 日）

  二汽每两年或三年，由厂科协组织一次科技工作大会。几乎每次我都参会，意在向广大科技人员和科技管理干部介绍一下厂内外的形势，听一听技术人员的意见，调动科技人员的积极性，加速二汽科技进步，使科技这个"第一生产力"在二汽发挥更大的作用。

  1992 年 4 月，朱镕基副总理已经找陈清泰谈话，要调他到北京工作，但厂里还不知道。陈清泰心知肚明，这可能是他最后一次参加二汽的科技工作会了。

同志们：

  我想借这个机会讲一讲当前的形势，讲一讲关于二汽改革和发展的思路。主要是想能使全厂广大科技人员和科技管理干部更加理解我们当前的形势，大家齐心协力，进一步加速二汽科技进步，使科技这个"第一生产力"在二汽发挥更大的作用。

一　当前全国改革的形势

  当前，全国已经进入了改革与发展最有利的时期。今年以来在我们的经济生活和政治生活中有一件非常重要的事情，那就是邓小平同志在年初到广东深圳做了一次巡视，发表了非常重要的讲话。对建设具有中国特色的社会主义具有十分深远的意义，对于实现工作也有重要影响。现在从中

＊ 本文是作者 1992 年 6 月 8 日在会议上的讲话。

央到地方都在学习研究邓小平同志的讲话，都在根据讲话的精神来布置自己的工作。总厂认真学习了邓小平同志的讲话，我们深深感觉到，讲话对于我们二汽加速改革、发展具有十分重要的现实意义。经过学习，我们有以下三点体会。

第一点体会就是我们看到了要开创新局面，必须摆脱落后的思想禁锢，就是要进一步解放思想。长期以来，在坚持一个中心两个基本点、建设具有中国特色社会主义的一些方针政策时还有不少争论、有很多模糊认识。比如，计划和市场的关系，经济发展速度的快与慢的关系，持续稳定、协调发展和抓住机会迈上一个新台阶的关系；一些地区先富起来和共同富裕的关系，国有企业和股份制的关系，自力更生和借鉴国外的关系，改革和稳定的关系，沿海开发区和内地的关系，以及选拔干部的标准，等等。特别是在计划与市场，姓资与姓社、左和右的问题上，是非标准并不十分明确，思想认识上含糊不清。这些都是进一步改革开放和发展的思想障碍，是实现有计划商品经济的行动障碍。对这些问题邓小平同志的南方谈话都通俗易懂地讲清楚了。通过深入学习、理解邓小平同志的讲话，我们就可以弄清这些重要政策界限。

按照邓小平同志的思想，在经济建设方面，姓资姓社的判断标准主要是三个"是否有利于"：是否有利于发展社会主义生产力；是否有利于增强社会主义国家的综合实力；是否有利于提高人民的生活水平。这就大大开阔了改革和开放的思想空间，就可以放开手脚，大胆地借鉴和吸收一切有利于企业发展的成功经验，大胆地利用一切已经证明行之有效的有计划商品经济的手段和方法。

第二点体会就是深化改革和发展，既要解放思想，又要坚持实事求是。划清政策界限是解放思想的基础；而实事求是是工作成功的法宝。只要我们做到这两个坚持就能使我们既开拓前进，又可以避免头脑发热，少犯或不犯错误。当前我们正从事许多前无古人的改革实践，解放思想十分关键。要改革就要向小平同志讲的有一种"气势"，要允许改、敢于改，要有一点冒险的精神。但与此同时，我们又要不断检查我们的方针、目标、计划、规划有没有脱离实际。发现问题就要及时纠正，这样我们的工作就可以做得更加扎实。

第三点体会就是要抓住机会加快发展。邓小平同志讲,有条件的地方要尽可能地发展快一点。只要讲质量、讲效益、讲外向型就不会出大问题。二汽作为一个大型骨干企业,是不是属于"有条件"的那些企业呢?我们是不是有条件发展得更快一点?对于这个问题总厂领导班子在工作会议上做了认真的讨论。我们一致认为二汽已经具备了这样的条件,经过"七五"建设,二汽在技术经济实力上都有了很大的提高,在改革与开放方面已有一定的实践经验。充分利用这些条件有可能使自己发展得快一点。现在是二汽迈上一个新台阶的有利时机,机不可失、时不再来。要按照邓小平同志"发展才是硬道理"的讲话精神来推动我们的工作。

认真学习和研究二号文件,结合二汽的情况加快改革与发展,这就是我们当前工作的主题。

具体讲,有三个方面的情况值得注意。

第一个方面,国家当前的经济形势对企业的发展比较有利。经过几年的治理整顿,近期我国的经济发展预计会保持一定的速度。中央已经确认有条件的地区可以发展得快一点,这预示着在今后一个时期我国的经济有可能出现快速、持续增长的局面。李鹏总理在今年的政府工作报告中讲今年的经济增长速度是6%,看样子肯定会突破。如果经济发展没有其他重大问题,至少最近两三年会保持持续增长势头。这就为企业的发展创造了一个很好的外部条件。

第二个方面,全国的改革开放正在进一步向广度和深度进军,这就给我们企业带来了新的机遇。邓小平同志的讲话解决了一系列重要认识问题、政策问题,为深化改革和进一步发展指明了方向、排除了障碍,步伐会加快。今年以来,我们高兴地看到,无论是在价格改革还是外贸改革方面,无论是在劳动工资改革还是在政府的职能转变方面、推进股份制试点方面都有了较好的起步,有了很好的开端。政府职能转变、计划、金融体制改革已经提到议事日程;特区、开发区增加,对外开放已经形成了从南到北、从东到西、由沿海到沿长江发展的新格局。

第三个方面,企业改革,特别是国有大中型企业改革的问题,已经提到党和国家重要议事日程。现实的问题是国家直接管的大型企业的活力比不上地方管的企业;地方管的企业的活力比不上乡镇企业;乡镇企业的活力又比不上"三资"企业。据前几年统计的企业经济增长速度中,国有企业增长速度为2%~3%,地方企业增长速度为15%~16%,乡镇企业增长速度为25%~26%,外资企业增长速度为35%~40%。如果这个状况持续10~20年,那么我们国家的所有制结构就会发生重大变化。这个问题已经引起了社会的广泛关注。因此,搞活国有大中型企业、用各种办法尽快增强国有大中型企业的活力已势在必行。去年的中央经济工作会议上,已经提出关于搞好国有企业的一些根本性改革措施,那就是要使企业"转变经营机制"。我看这是讲到点子上了。现在还有一种说法,就是要"把企业推向市场",我认为这很对。企业真正要活,如何活?活在哪里?应该在市场上活,在竞争中活。企业要走向市场必然触及深层次问题。今年以来,社会广泛关注的企业劳动、工资、人事和社会保障制度配套改革的问题。一段时间叫作所谓"破三铁",就是打破"铁饭碗"、"铁工资"和"铁交椅"。这说明现在已经开始引导企业把改革推向那些更深的层面。

这些综合起来对企业就形成了一个改革开放和发展最有利的时机。

二 抓住时机,加速改革,发展自己

面对这样的形势我们怎么办?我们要做的就是"抓住时机,加速改革,发展自己"。可以这样说,二汽的领导班子多年来最关心的就是企业的改革和发展,目前处于非常良好的状态。国家经过了3年的治理整顿,企业的外部环境相对宽松,特别是今年以来东风车的销售形势非常好。当然在非常好中也有危机,就是我们的产品质量有波动。这一定要引起全厂的高度重视,在安排今年工作的时候,我们最担心的就是这个问题。销售形势好了,去年创了国优,那么我们的质量今年能不能保持稳定的提高?我们努力的目标就是要在产量上有较大幅度增长的同时,质量仍然有所提高。今年产量增长的幅度是比较大的,去年生产了13.5万辆,今年安排15.3万辆,增加了1.8万辆。这个幅度是不小的,但是在全国汽车行业中,我们增长的幅度不算大。上海桑塔纳今年第一季度比去年同期增长了100%,翻了一番,而且质量也能够稳定。

借这个机会,我想说说我们厂的几个数字。1~4月累计生产汽车

5.0024万辆。完成工业总产值19.8亿元，实现销售收入20.3亿元，实现利税4.36亿元，其中利润3.47亿元。产量、产值、销售收入和利润总额分别比去年同期增长了21.4%、27.5%、21.3%和30.8%。我们全员劳动生产率比去年同期增长了21.33%，资金利税率比去年同期增长了5.27个百分点，达到了37.5%。其中可以看出产值的增长大于产量的增长，这表明我们调整产品结构产生了效果；利税的增长大于产值的增长，说明我们的经济效益有所提高。这是全厂职工努力工作的结果。

面对当前较好的形势，正是我们抓紧时机加速改革、加速发展的有利时期。总厂从年初就抓紧研究今年的改革和发展问题，二号文件公布后，总厂和专业厂两级认真学习邓小平同志讲话，召开了总厂工作会及总厂和专业厂两级工作会议。在这两个会议上我们认真研究了当前的形势，提出了我们的对策。归纳起来就是，用大手笔、大动作干大事业。

关于二汽下一步改革和发展的基本思路，我想简单概括一下。首先就是尽快摆脱生产型、工厂型的组织体制，探索建立"干大事业"的公司型组织体制构架。实际上，我们早已发现传统的产品经济条件下的工厂体制是干不了大事业的，因此，要尽快完成向公司型体制的转变，求得更快发展的可能。所谓摆开干大事业的架势，它的内涵就是尽快转变经营机制，适应并充分利用有计划商品经济的政策环境，充分利用国家不断对外开放所创造的条件，以此求得更快的发展。

转变经营机制这句话，社会上在谈，我们也在讲，但对它的内涵却各有各的理解。前一段很多地方认为转变企业的经营机制就要"破三铁"，就是打破"铁饭碗""铁工资""铁交椅"。二汽领导班子冷静地思考了这个问题，我们不同意这个看法。转变企业经营机制是一个很复杂的系统工程，包含很丰富的内涵。也就是说，我们要从一个由一个传统的以完成国家计划为天职的生产工厂，转变成在市场上能放开手脚、灵活经营的经济实体、竞争主体。因此，它的内部结构、外部关系都要有相应的转变，绝不能简单地用所谓的"破三铁"来概括。另外，"破三铁"这个提法不确切，讲多了没有好处。现在的问题是如何从正面调动每一个职工的积极性，使每个干部都能够充分发挥自己的才能，而不是简单地把他们放在对立面，要"砸"他们的饭碗、要把他们的椅子搬掉。我看这个不好，绝不能站到广大干部职工的对立面。应该跟广大职工一起，就如何根据按劳分配原则、调动职工积极性上做文章；在重视人才、人尽其才上做文章。

我们要摆开干大事业的组织架构，就要实现一种转换。这种转换简单地说，就是要由一个工厂变成一个现代公司。

今年，我们转化工作的具体内容可以概括为 5 个方面。

第一，干部制度改革。干部在企业中是带头的，各项工作要通过干部去推动，因此，首先要把干部制度改革放在第一位。干部制度改革的要点就是人尽其才，要通过各个方面的工作，尽量使每一个同志都能安排到最能发挥才能的岗位。因此，在制度上要实现纵向能上能下，横向相互交流，在流动中位于最适合的岗位。

第二，劳动工资和社会保障制度的配套改革。这个改革的要点是我们要实行劳动工资由一级管理转为两级管理。所谓一级管理，就是全厂各个工种、岗位在工资水平、考核标准都由劳资处统一设计、全厂统一执行。这种方式在二汽这么复杂的企业中已经很不适应。所谓两级分配，就是总厂把一级分配搞好，即总厂把各个专业厂的工资总额分配搞好。原则是调动各个专业厂的积极性，使他们形成自主地减人增效，提高劳动生产率、降低生产成本的机制。比如，增人不增工资、减人不减工资等。第二级分配就是专业厂的事了。这是在工资总额基础上的再分配。总厂不干预，但要做原则性指导，意在职工离退休或者工作调动时，全场有一个大体相同的标准，以体现公平。

第三，专业厂的经营机制转变。总的思路就是要把现生产的责、权和资金一并交给专业厂和各个经营单位，建立起有利于专业厂发挥积极性、主动性，形成自主提高生产率、提高质量、降低成本、提高效益的新机制。为此，我们已经做了大量的工作，也与专业厂交换了意见。

第四，要在今年初步形成公司型的体制框架。"第二汽车制造厂"更名为"东风汽车公司"的报批工作已经完成，已经按新名进行了工商登记，所有的手续都已完成。

向公司型体制转型，归纳起来主要是解决三个问题。首先，从管理理念上要由管好一个工厂，转向办好一家公司。工厂在国外的概念很清楚，它是一个生产单位，不具备经营职能，也少有开发职能。要走向市场，我们就要伸展市场经营与技术开发这"两翼"。其次,要在运行机制上改变大厂"直线职能制"的管理体制,转向块块为主的事业部制管理。现行的直线职能制是总厂的职权分配给几十个处室,部分处室还掌握着一定的资金,各个处室再分配给专业厂。这种关系编织起来就形成了一个很复杂的网,我们把一个专业厂作为一个基点,那么牵动它的是很多条线。专业厂说办事难,这是体制问题。这次我们把专业保持正常生产所必须承担的责任和必须拥有权利以及必需的资金,每年就切一块放下去,使其在内部进行运转。总厂下达计划,在执行过程中做好服务,对结果进行监督、评价、考核,这样责任就清晰了、关系就简单了。效率就会提高。虽然总厂可能要多支出一些成本,但花钱的就是"买新机制"。新机制形成后所创造的效益远远超出我们所付出的代价。最后,要在组织机构上按照投资、经营、生产三大功能逐步分离的原则,对组织结构进行必要的调整。因为在传统产品经济体制下的工厂主要是生产功能,至于投资和经营功能是很微弱的。投资功能、经营功能、生产功能这三者相互关联但是处于不同领域。这三个功能从体制机构上应该适当分离。这件事难度很大。可能一次到不了位,但是要向这个方向过渡,这样才能使负责投资决策的领导广泛研究市场、研究经济动态,寻找投资和发展的机会。搞经营就是要走向市场,放开手脚去经营,获取更高的回报;搞经营的主战场不在十堰,而在市场;搞生产的应该安排好生产,提高质量,降低成本,提高劳动生产率。这三者协调互动,提高公司的市场竞争力。

  第五,"办社会"体制要有相应的改革。其要点就是要改变一厂办一个小社会,转变成由二汽来办一个小社会。按说办社会的事情应该由社会来办,但是在目前,特别在十堰市,还不存在"不办社会"的条件。必须要办,那么我们干脆拉出一帮人马,认认真真地去办,搞好后勤服务。使搞生产、搞经营的部门得到解脱,把生活的包袱请这批人马背起来。我曾多次讲到现在这套管生活的体制已经影响到二汽走向市场和发展专业化生产。这种封闭的"小部落"和专业化大生产是格格不入的。现在二汽内部要调动一个人都很困难,什么原因?就是受到了生活服务体制的制约。

  这不是二汽的个别现象。现在全国大型企业改革中几乎都遇到了这个问题。最近,冶金部在宝钢召开了企业改革座谈会,在会上黎明总经理介绍，宝钢在改革中干的第一件事就是把生活管理集中起来。他讲得很有道理，我对此深有感受。但这个问题很复杂，要推行生活管理体制改革是要有成本的，还要有职工的承受能力，没有钱是改不了的。

总之，总厂经过反复研究，面对当前改革开放和发展的大好形势，我们要干的第一件事就是要尽快地摆开能够干大事业的组织架构，就是要加速经营机制的转变，大体上就是我刚才说的这五个方面的内容。这是我们考虑到的第一个问题，也是面对当前形势的第一个对策。

第二个对策就是要逐步完善二汽新事业发展的战略部署。在80年代，我们曾经提到二汽发展战略构想是"三级跳"。应该说到目前为止，我们比较准确地按照这三个步骤在实施。第一级跳，"以军为主，军民结合"10万辆建设任务1986年已经完成；第二级跳，八吨平头柴油卡车建设已经落地；第三级跳，合资30万辆轿车项目建设已经启动，法方的总经理和部门经理现在已经在武汉工作，与二汽派出的干部一起工作情况很好，局面已经打开。合资公司的工商登记、税务登记，还有海关等，这些手续都已经完成。非常重要的一点是5月19日在北京把法方贷款协议正式签订了。这样合资公司已经获得了29亿法郎建设资金的外汇贷款，相当于29亿元人民币贷款已经落实。另外，还有16.5亿法郎的CKD组装件的法国贷款也一次性签订了，担保等问题已经解决。第一笔用款估计在6月底以前可以用于支付雪铁龙前期发出的第一批CKD散件款项。按合同规定6月10日之前要把第一笔注册资本金汇到合资公司的账户上，在三个月之内，二汽要把1.4亿元资金拨到合资公司账户。

有了钱、有了技术、有了人，那么大家就可以放手干了。在法国进行的初步设计到4月底已经完成。武汉和襄樊的场地平整已经完成。可以说，二汽产品"三级跳"从部署上已经完成，但工作上还没有完成。轿车的工作任重道远，万里长征开始了第一步，作为战略上进一步的延伸，总厂研究决定，我们下一步发展要有三个突破。

第一个突破就是要突破区域的局限，要在更大的范围内进行合理布局，并且寻求机会开展跨国经营。这个问题我们领导班子做了认真的研究，二汽经过20多年的努力，我们建立了两个基地，十堰是第一个基地，襄樊是第二个基地。90年代我们还要在武汉建立第三个基地，实现区域布局上的

在二汽1992年科技工作大会上的讲话

"三级跳"之后,我们应该在南方一大片开展战略布局。按照汽车产业的特点,不宜在全国各地盲目布局。要连片开发构成基地,再通过基地向外辐射。很多同志担心,现在改革开放了,十堰这个地理位置太差了,都是劣势,竞争不过别人。在某种意义上这是现实,汽车是个大进大出的产业,交通不便是个很大的问题。但是事情是辩证的,我们仔细考虑了一下,首先,如果从积极的角度来看,这个地理位置也有它的优势。我们所在的位置相对于北方来说,有利于占领南方一大片。而南方一大片经济活跃程度、改革开放的程度要优于北方。其次,我们是"野战军",相对于地方企业来说,地域对我们没有刚性的制约,我们可以打出去,哪个地方机会多、政策优惠,我们就到哪里去。比如,我们化油器厂到湛江去谈合作,对我们来说很正常,没有受到区域限制。所以从这个角度来看,十堰有它地理位置的劣势,但搞得好又是我们的优势。最后,就是要充分利用改革开放的条件,加速发展。我们讲要进一步解放思想,就是要创造性地利用各个方面给我们的政策,要创造性地利用国家改革开放所提供的新条件。违法的事情我们绝不干,但是合法、符合政策的,我们就要削尖脑袋往里钻,把政策用活用足。过去我们的思想不解放,听到广东那边说,"遇到绿灯快步走,遇到黄灯跑步走,遇到红灯绕着走"。我们把这个当作一种贬义,认为广东老在政策上钻空子。现在想一想有什么不对?人家没有闯红灯,没有违反交通规则,遇到红灯绕道走有什么不行?因此,思想要解放,就是要把国家给我们的政策用好、用活、用足,在里面有很大的文章可做。

第二个突破是国家进一步开放政策,要引起我们的特别注意。如果我们可以加快技术引进,可以更多地吸收国外资金,发展进出口贸易,多办一些合资项目,将大大加快二汽的发展。最近,水箱厂与台商在谈汽车用空调的冷凝器和散热器技术合作、合资生产,谈得很好。凭二汽的信誉和二汽自身的市场,可以引进更多的外资,可以引进更多的技术,可以利用国外一些管理经验,还可以进行智力引进。包括对前苏联专家的智力引进,这些政策我们都可以利用。

现在我们发现一个问题,无论是汽车行业还是其他行业的产品,国产化率越低的经济效益越好,这事不能宣传,但这是实实在在的现实。用户一看是原装件,愿意出高价,一说国产化率很高,人们的印象就是档次太低，所以价格上不去。东风车全是国产化的，一辆车才赚3000元，进口件组装一辆车，却赚几万元。这完全颠倒了，但这是现实。现在国家的外汇相对来说多了一点，西方给我们很大压力，因此买一些进口件，国家批起来比较容易。我们要利用这个条件和政策，明年我们的八吨平头柴油车、六吨平头柴油车产量可以大一点，生产准备没有完成的就买一点进口件。

第三个突破是我们在零部件的发展上，还可以多借助一些国外的技术和资金。现在对这个问题琢磨得越来越透了，我们的37个专业厂都要发展，都张着嘴对着总厂，我们有多少钱？但是如果不给他们填满，他们就不能发展，没有投入怎么会有产出？这也是硬道理。因此，资金永远是短缺的。这个问题怎么解决？

其中一个比较好的解决办法就是利用外资，利用沿海开放的政策，大家可以算一笔账，假如给传动轴承5000万元的投资，我们要求它搞这个又搞那个，还要把水平搞上去，这是根本做不到的，只能胡乱凑合了事。但现在要把5000万元作为资本金，利用外资办企业的方式去发展。那文章就可以做大。假如必须用2.5亿元，项目水平才能上去。注册资金只要1/3，2/3可以从各个渠道去争取贷款，1/3也就是8300万元。我们出资4150万元，外商出资4150万元，这部分作为注册资金，其他靠借贷，这是什么概念？也就是说，你只需要整个项目16.5%的资金，就可以占50%的股份，把项目搞起来。资金不足的问题是可以用这类办法来解决的。因此，我们要充分利用改革开放所创造的条件，在这方面要放得开一点，胆子大一点。这是我们在研究了当前经济形势以后，加速企业改革和发展考虑的重要问题。

三 不断壮大科学技术队伍

如果说二汽在中国算是富有的，如果说二汽在中国的企业中具有一定的实力，我认为这个"富有"这个"实力"首要的就是我们这支队伍的本身。我们的财富主要体现在这支队伍之中，我们的实力主要体现在这支专业配套人才之中。二汽的科技队伍是一支很可贵的队伍。我们的队伍是在二汽建设的艰苦年代干出来的，是一支有强烈事业心的队伍。同志们都记得，当年我们进山的时候，就凭着一种"为中国汽车工业打翻身仗"的豪情来到这荒僻山野创业。当时没有人给我们承诺工资要比外边高几倍,没有人给我们承诺子女可以就业、将来每天都可以在家洗上热水澡。而是凭着一种强烈的事业心和为中国汽车工业打翻仗的壮志,使很多在行业中、在全国有名气的高级技术人才聚集到这里。

我们这支队伍在汽车行业是一支专业配套的队伍,这很不简单。因为汽车是一个关联面极宽的行业,某些大城市汽车产业一直搞不好,可能有很多因素,但很重要的一条是没有配套的队伍。而我们恰恰在这样的一个地方有了这样一支门类齐全的配套队伍,真是难能可贵。更可贵的是,在我们这支队伍中有孟少农为首的一批高水平的学术带头人,这些学术带头人实际上决定了我们所在二汽的专业水平。

我们这支科技队伍是经过专业化大生产锻炼过的队伍,是能打硬仗的队伍,是能解决实际问题的队伍。因此,我深深地感觉到,我们的各级领导不管你是管什么的,是总厂的领导也好,是专业厂一把手也好,甚至是主管生活的领导,都应该十分珍惜人才,十分尊重我们这支科技队伍。珍惜他们、爱护他们、帮助他们、相信他们和大胆地使用他们,为他们创造好的工作环境。

二汽落实知识分子政策总体来说还是比较好的。我们为科技人员提供的工作条件也是相对较好的。在知识分子生活条件上也做了一定的努力,但是也应该承认,我们的知识分子工作还不是尽善尽美。我们在爱护人才、珍惜人才上还有做得不够的地方,有的科技人才没有人尽其用,这是最大的浪费,这个我们领导有责任。今天我们开这样一个科技大会,就是要动员广大科技人员为二汽的发展更好地贡献才智。

各级领导有责任为他们创造好的工作和生活环境,使他们感觉二汽是成长的沃土,是自己大干社会主义的平台,是施展才能、成就理想的舞台,使他们在二汽有一种归属感。

我国沿海地方工资高一点,这是现实。而且在这个会议上,我们要向同志们坦率地讲,国营企业,包括像二汽这样的企业,我们对知识分子的待遇至少在近期还不可能完全做到像沿海某些地方的水平,一下子把工资提得很高。一是企业还没有这个能力,二是国家政策的限制。

二汽发展到今天,得益于事业聚人、事业育人、事业留人。

最近科技处、人事处、企管办就尊重人才、用好人才方面进行了深入调研，提出了一些意见和建议，党委常委会也做了讨论。大家一致认为，要采取一些措施，在可能的条件下，要不断地改善技术人员的工作条件，提高生活待遇，尽量把这项工作做好，具体的我不再多讲，最后要变成文件，等落实了我们再讲可能更实在一点。

科技是第一生产力，在当前全国改革开放和发展这样一个大好的形势下，二汽要加快发展，就要充分调动这个第一生产力，只有第一生产力活跃起来了，二汽的整体工作才会做得更好。

企业改革政策研究史库
《陈清泰文集》相关史料数据查询

查询步骤：

第一步：打开手机微信，扫该公众号，点击"关注"

《陈清泰文集》相关史料数据查询

关注公众号

第二步：打开任意一篇文章后，点击图中的"CHJ述说"

陈清泰同志在第一届亚太经合组织中小企业副部长会议上的讲话——国际交流之二（放小-扶持中小企业之二十八）

原创 CHJcn CHJ述说 2021-10-28 00:01

第三步：出现下图后，点击 🔍，输入"陈清泰"

第四步：出现查询结果，如图所示

第五步：也可以直接点击 🔍，输入"第一届亚太经合组织中小企业副部长会议"，可以得到相关信息